国家出版基金项目
NATIONAL PUBLICATION FOUNDATION

上海三联人文经典书库

73

希腊化文明

[英] 威廉·塔恩 著 陈 恒 倪华强 李 月 译

HELLENISTIC CIVILISATION

SJPC

上海三联书店

"十二五"国家重点图书出版规划项目
国家出版基金资助项目

总　　序

陈　恒

自百余年前中国学术开始现代转型以来，我国人文社会科学研究历经几代学者不懈努力已取得了可观成就。学术翻译在其中功不可没，严复的开创之功自不必多说，民国时期译介的西方学术著作更大大促进了汉语学术的发展，有助于我国学人开眼看世界，知外域除坚船利器外尚有学问典章可资引进。20世纪80年代以来，中国学术界又开始了一轮至今势头不衰的引介国外学术著作之浪潮，这对中国知识界学术思想的积累和发展乃至对中国社会进步所起到的推动作用，可谓有目共睹。新一轮西学东渐的同时，中国学者在某些领域也进行了开创性研究，出版了不少重要的论著，发表了不少有价值的论文。借此如株苗之嫁接，已生成糅合东西学术精义的果实。我们有充分的理由企盼着，既有着自身深厚的民族传统为根基、呈现出鲜明的本土问题意识，又吸纳了国际学术界多方面成果的学术研究，将会日益滋长繁荣起来。

值得注意的是，20世纪80年代以降，西方学术界自身的转型也越来越改变了其传统的学术形态和研究方法，学术史、科学史、考古史、宗教史、性别史、哲学史、艺术史、人类学、语言学、社会学、民俗学等学科的研究日益繁荣。研究方法、手段、内容日新月异，这些领域的变化在很大程度上改变了整个人文社会科学的面貌，也极大地影响了近年来中国学术界的学术取向。不同学科的学者出于深化各自专业研究的需要，对其他学科知识的渴求也越来越迫切，以求能开阔视野，迸发出学术灵感、思想火花。近年来，我们与国外学术界的交往日渐增强，合格的学术翻译队伍也日益扩大，同时我们也深信，学术垃圾的泛滥只是当今学术生产面相之一隅，高质量、原创作的学术著作也在当今的学术中坚和默坐书斋的读书种子中不断产生。然囿于种种原因，人文社会科学各学科的发展并不平衡，学术出版方面也有畸轻畸重的情形（比如国内还鲜有把国人在海外获得博士学位的优秀论文系统地引介到学术界）。

有鉴于此，我们计划组织出版"上海三联人文经典书库"，将从译介西学成果、推出原创精品、整理已有典籍三方面展开。译介西学成果拟从西方近现代经典（自文艺复兴以来，但以二战前后的西学著作为主）、西方古代经典（文艺复兴前的西方原典）两方面着手；原创精品取"汉语思想系列"为范畴，不断向学术界推出汉语世界精品力作；整理已有典籍则以民国时期的翻译著作为主。现阶段我们拟从历史、考古、宗教、哲学、艺术等领域着手，在上述三个方面对学术宝库进行挖掘，从而为人文社会科学的发展作出一些贡献，以求为21世纪中国的学术大厦添一砖一瓦。

目录

前　言

当本书于1927年首次出版时,我称之为“对希腊化时代文明 v
进行鸟瞰的一次尝试”,当时的英国学者几乎完全忽略了这一时期的研究。在1927年,为了让这本著作所述范围合理我必须省略希腊人在西方(意大利、西西里)和希腊人在远东(巴克特里亚和印度)①的内容;本书所探讨的时间范围在传统上是自公元前323年(亚历山大去世)到公元前30年(奥古斯都),地理范围是亚得里亚海和波斯沙漠之间的世界,这包括埃及。该书第2版发行于1930年,增加了注释和一些补充文献,自那时以来一直以这个版本再版。但这期间,不仅有新的相关发现,而且有大量以不同语言写作的有关这一时期的专题研究、专题文章出现;因此该书第3版的修订早该完成,但被战争耽搁了;长期以来,本书都在试图以合理的范围来概述这一时期的历史,这一主旨现在变得越来越困难了。就目前获知得用英语写作的卷帙浩繁的著作而言,我必须提到的有凯瑞的《希腊世界史,从公元前323—前146年》(M. Cary, *History of the Greek World from 323 to 146 B.C.*, 1932年);《剑桥古代史》(*Cambridge Ancient History*)第6—10卷相关章节,这些章节涉及这个时期的方方面面,远东除外;罗斯托夫采夫的煌煌巨著《希腊化世界社会经济史》(M. Rostovtzeff, *Social and Economic History of the Hellenistic World*, 3 vols., 1941年)则穷尽了这个时期所涉及的各个主题。

---

① 作者所指的“远东”,是指“巴克特里亚和印度”。——译者注

这本新版的《希腊化文明》(*Hellenistic Civilisation*)一方面做了大量修订,补充了材料,试图尽最大可能地让该书反映出最新前沿研究;另一方面也重新安排结构或者重写,有大量改动的部分。这是一个新版本,但不是一本新书。在当前情况下,完成这一新版本对我而言几乎是不可能单独完成的任务,幸运的是,我找到了格里菲斯(G. T. Griffith)先生与我合作;实际上,在整个修订过程中,
vi 他起着关键作用,做了大量工作,减轻了我的负担,对此我非常感激。通常来说,我们对这本书里所做的陈述拥有共同的责任,但也有一些例外:格里菲斯先生不同意第 49 页有关亚历山大生前神化动机这一富有争议问题的表述,宁愿悬置亚历山大有关人类大同(第 79 页)概念问题的判断。不过,当我在 1927 年撰写该书时,完全是个人行为,我可以随意地使用第一人称单数;经适当考虑后,我们决定还是保留当初的这种语气,或者我们应该这样陈述:对事实的解释仅仅是我个人的解释,或者大概是一种推测;既然是我个人的解释,我的合作者自然不负责任。我在 1927 年版本所感激的那些学者大多数已经作古;我们还想感谢哈佛大学诺克(A. D. Nock)教授,感谢他对修订版中有关宗教问题的一些建议。我们也感谢爱德华·阿诺德出版社(Edward Arnold and Co.)的诸位先生一直尽心尽力准备这个新版本,也感谢这家出版社不断印刷该书的第 2 版;特别感谢的是费根先生(B. W. Fagan)对该书的关注和帮助,他一直在协调此版的出版工作,尤其是在联系地图方面,地图是该版的新特点。

威廉·塔恩

于英国因弗内斯　缪尔顿书房(Muirtown House, Inverness)

1951 年仲夏

缩略语

期刊名称的缩略语，或铭文、纸草的缩略语只有以下情况时，才列出：只有当这些名称和林德尔、斯科特（Liddell、Scoctt）主编的《希腊语英语词典》（*Greek-English Lexicon*，ed. 9）中的名称有很大不同时，或者没有列入该词典中。

Archiv	*Archiv für papyrusforschung.*
Arnim，*S. V. F.*	H. von Arnim，*Stoicorum veterum fragmenta.*
C. A. H.	*Cambridge Ancient History.*
C. d'É.	*Chronique d'Égypte.*
Ditt.[3]	W. Dittenberger，*Sylloge Inscriptionum Graecorum.*
F. H. G.	C. Müller，*Fragmenta Historicorum Graecorum.*
F. Gr. Hist.	F. Jacoby，*Die Fragmente der griechischen Historiker.*
G. G. A.	*Göttingische Gelehrte Anzeigen.*
G. G. M.	C. Müller，*Geographici Graeci Minores.*
Heichelheim，*Wirtschaftsgesch*	F. Heichelheim，*Wirtschaftsgeschichte des Altertums.*
J. D. A. I.	*Jahrbuch des deutschen archäologischen Instituts.*
Mitteis，*Chrest.*	参见 Wilcken.
P. W.	Pauly-Wissowa-Kroll，Real. *Encyclopädie der classischen Altertumswissenschaft.*
Préaus，*Écon. royale*	C. Préaus，*L'économie royale des Lagides.*

续 表

Rostovtzeff, *Kolonat.*	M. Rostovtzeff, *Studien zur Geschichte des römischen Kolonates.*
Rostovtzeff, *Large estate*	M. Rostovtzeff, *A Large Estate in Egypt in the Third Century B. C.*
Rostovtzeff, *SHE*	M. Rostovtzeff, *Social and Economic History of the Hellenistic World.*
Schubart, *Einführung*	W. Schubart, *Einführung in die Papyruskunde*
SGDI	H. Collitz, *Sammlung der griechischen Dialekt-Inschriften.*
S. V. F.	参见 Arnim.
Tarn, *Alexander.*	W. W. Tarn, *Alexander the Great, I Narrative, II Sources and Studies.*
Tarn, *Ant. Gon.*	W. W. Tarn, *Antigonos Gonatas.*
Tarn, *Bactria*	W. W. Tarn, *The Greeks in Bactria and India.*
Wilcken, *Grundzüge*, and Wilcken, *Chrest.*	L. Mitteis and U. wilcken, *Grundzüge und Chrestomathie der Papyruskunde.*

第一章 历史概述

导言——从公元前 323—前 31 年的历史大纲

本书旨在以概要形式展现从公元前 323 年亚历山大大帝去世，到公元前 30 年[①]奥古斯都建立罗马帝国间整整三个世纪的希腊化时代简史。这种划分当然存在局限，因为某些希腊化迹象在亚历山大大帝之前就已萌芽，而有些方面到奥古斯都时代也并未衰竭中止。但它们有助于强调两个事实：一是亚历山大大帝传奇生涯所引起的创造冲动，使得这一时期的任何事物都与以往不同，希腊化世界因罗马内战而走向没落，并随着罗马帝国的开始而走上不同道路；二是这种希腊化文明最终演化成希腊—罗马文明。由于罗马和罗马历史理所当然地贯穿本书始终，我们有必要简略了解希腊化（Hellenism）本身以及罗马共和国东扩时发现的世界。不同于帝国的是，罗马共和国在与希腊化文明的接触过程中是纯粹的接受者。传授给罗马的希腊文明不是古希腊的，而理所当然是希腊化的。如果说希腊是现代文明的摇篮，那么希腊化当然也是它的基础。 1

希腊化（Hellenism）[②]究竟意味着什么？其一，它意味着一种混合了希腊和东方要素的新文化；其二，它是一种向东方扩张的希腊

① 除非特别说明，全书所有日期和年代均为公元前。

② 尽管“Hellenism”一词在形式上不正确，但长久以来，它一直表达着形容词“Hellenistic”这一名词的含义，在任何语言里都不再可能使用“Hellenisticism”一词了，时间已不允许创造另一个词了。

2 文化；其三，它是古代希腊文明的纯粹延续；其四，它是在新环境下被修改过的同一种文明。① 所有这些理论都包含了一定真实性，但没有一条能够诠释其完整含义。实际上严格细化，没有一种诠释可以行得通，举例来说，希腊化时代的数学是纯粹希腊式的，而作为其同类的天文学却是希腊—巴比伦式的。希腊化只是希腊文化作为文明从本土向远东辐射达三个世纪的一种方便表述，②没有一个总体定义可以完全概括它，要获得它的真实画面，我们必须关注所有现象。此外，在某些方面，这三个世纪体现的不是文明的一个阶段，而是两个——前一阶段的创造集中在科学、哲学、文学、政体方面，并伴随着一个独立的希腊—马其顿世界向亚洲传播其文明；后一阶段则明显地被创造欲的枯竭和东方对西方在物质与精神上的反向影响所区分，而希腊—马其顿世界正处于即要对这些做出反应同时又要面对罗马东扩的境地。直到希腊化国家的制度被废除，罗马才最终取而代之成为希腊文化的主导。这两个阶段不能被绝对分开，只要把握住上述广义的区别，任何特殊事物的来龙去脉都容易掌握。因此，希腊化时期在许多方面形成了一个有机联系的整体。接下来，我们就会对此有所了解。

希腊化世界是一个已变化扩张的世界。尽管希腊各城邦间的独立自主原则事实上依旧充满活力，但它在理论上已经垮了，并正在被世界主义及其引发的个人主义所替代。于是，整体"人类世界"(*oecumene*)——文明人的共同财产——的思想开始出现；由于希腊语使用者增多，一种被称为柯因内(*koine*)的通用语也就此产
3 生。许多亚洲人在使用这种希腊语，它通行于从马赛到印度、从里海到尼罗河瀑布的广大地区。民族性不再受人重视；通用语和教育在"人类世界"的每座城市普及一种共同文化；在某种程度上，文

---

① R. Laqueur, *Hellenismus*, 1925；参见 Berve, *Phil. Woch*, 1926, 329; Jüthner, *G. G. A.* 1926, 76; Schubart, *N. J. Kl. Alt.* 1926, 633。

② 一个学派认为希腊化也辐射到了当时的罗马共和文明。本书不包括这方面的内容，但我不表达对这一观点的看法。

学、知识、哲学（尤其是哲学）创造了一个比希腊更大的世界。它们使罗马上流社会和部分亚洲贵族感到希腊文化是一个人必备的素养，至少看起来应当这样。商业已经国际化。在这一时期，大部分障碍已经消失：思想变得自由（这种自由直到现代才再次出现）；除一些土著埃及人和犹太人群体外，种族仇恨已成为过去；对宗教群体的宗教迫害也未有耳闻（安条克对犹太人的打击是一种政治手段）；道德规范成为知识的问题，而不再是权威的附庸；个性得到随意发展。这是一个专业化时代，当时存在技术工人，如有木匠，甚至有专门将木匠做好的门安装起来的人；当波塞冬尼乌斯（Poseidonius）企图像亚里士多德那样博学时，他在某些领域的肤浅是显而易见的。在这一方面，甚至富有创造性的公元前3世纪也与以往不同，虽然希腊精神依旧举足轻重，但我们已不可能把所有思想都归为希腊式的了，例如斯多噶学派哲学——这一时代除宗教和天文学外惟一的最伟大创造，其创始人斯多噶不论是否带有希腊血统，他在当时显然就是一位腓尼基人。

乍一看去，希腊化世界与我们现代惊人地相似。那里有着大大小小，同样复杂，采用不同政体的国家，其中一些比另一些更发达，但它们都在共同的文明范畴内运转。除上述的一些现象外，还有一些现象似乎也非常现代：工资与物价之间无休止的矛盾；社会主义与共产主义，罢工与骚乱；人性和博爱思想夹杂着不文明的争吵
而发展；妇女解放与人口限制；无产者和移民的选举权及（可能是） 4
代表权问题；严谨学问和愚昧迷信共存；有大量反映人类各个方面活动的文学作品，通常写得不错，却未出现能与过去那些大家相媲美的作家；教育普及产生了大批受过部分教育的平民；出现了意识明确的宣传；紧贴着科学、历史和信仰周围的是各种愚昧和黑暗的滋生。我并不热衷于从中找出许多与现代世界的相似性，这可以留给读者去做，我们不能过分强调这类相似性。尽管其中有些事情与现代的事情有某种相似性，但它们极少是“同一的”；如那时埃及人的罢工与现代的罢工之间几乎没有什么相似之处，而现代意义上的共产主义与斯多噶派的共产主义之间也是如此；并且它们

都建立在一个与现代有根本差异的基础上，即那是一个没有机器却充满奴隶的世界，这个事实怎么强调也不过分。要想了解希腊化时代的社会，我们一定不能忽略奴隶制这个因素。当我们意识到这个时代的大多数人都被排挤在这个社会之外时，我们就会发现自由和友爱——甚至是革命——是多么不现实的观念。

长期以来，希腊化时期都被当作一个堕落甚至腐朽的时期，然而可能很少有人会去关注这个想法是否适用于公元前 3 世纪。假使这些词语可被用于我所指称的希腊化时代后一阶段的话，我想这也很大程度依赖于使用者的着眼点。例如，如果以至关重要的物理科学和艺术为准，那么后一阶段是堕落的，但如果某种宗教直觉与情愫的出现可为更伟大的事物开拓道路，其精神价值至少与物质的功用相等的话，那么后一阶段又是进步的。我们在后一阶段所能看到的似乎就是一堆矛盾，例如提洛岛的奴隶市场与德尔
5 斐的奴隶解放，它们中哪一个更能作为公元前 2 世纪晚期的代表？我们是否要从逍遥学派的空谈家，或者从那些相信美德与生俱来的斯多噶派哲人那里得到证明？我自己抱有一个大胆的怀疑，即真正的希腊人和爱琴海地区高贵的种族是否退化了？这是一个与众不同的观点。我已给出已知的事实，相信读者能得出自己的结论。文明没落可通过两个综合因素轻易看出：一是自公元前 200 年以来，纯粹的希腊人数量锐减，同时外族侵入或融合进来，不管这些外族人的潜力有多大，但他们在当时缺乏希腊人所拥有的智力、政治天赋和社会活力；二是罗马共和国的所作所为，它试图摧毁希腊精神，但事与愿违，它使包括叙利亚、埃及国王们在内的许多人意识到，注定无结果的事情最好还是不要去做。在这个问题上，不管是谁，仅凭武力是不可能取得进展的，而为军队喝彩不是历史的职责。

还有一个需要谈论的问题是文献来源。比起这些文献支离破碎的特性，更重要的是同时代的人经常对他们所描写的东西充满敌意（普鲁塔克除外），连波里比阿（Ploybius）也很难做到公平。像波桑尼阿（Pausanias）在阿卡亚同盟解散时所记录的东西，或查士

丁(Justin)所记录的关于托勒密二世所说的话都是一种派别宣传，称这种记录为历史只能是一种误导。对于“什么是传统价值”这样的问题，我们仍然没有适当的解释。在这一时期，我想有许多人和事是我们从未接触到的，我们看到的仅是一层文献的烟幕，但我们拥有一个能够信赖且稳定增加的资料来源，即同时代的铭文和草纸，它们将使烟雾后面的东西逐渐清晰起来。

*　　*　　*　　*　　*

亚历山大大帝去世时，帝国已覆盖马其顿、埃及以及高加索—
里海一线以南从爱琴海至旁遮普(Punjab)的广大亚洲地区(阿拉
伯、亚美尼亚以及小亚细亚北部地区除外)；位于亚洲的希腊城市， 6
除在黑海边的以外大部分都是帝国的盟友，[①]同时帝国通过科林斯同盟与古希腊城邦维持着传统关系。亚历山大大帝没有选定继承人，也没有为他死后的帝国统治作好安排。希腊人在拉米亚战争(Lamian War)中起义并在东方战败之后，一场权利之争在亚历山大的将军们之间展开。殖民地总督们和各种中央政权之间激烈交战，其目的都在于控制统治大权。公元前 301 年的伊普索斯(Ipsus)战役完全决定了希腊—马其顿世界不可能整合在一起，之后该世界迅速回归到亚历山大大帝之前的政治状态，即有不同的统治者和不同的文明并存。到公元前 275 年，亚历山大大帝的三个将军建立了三个王朝：塞琉古王朝统治着亚洲原波斯帝国的大部分领地，托勒密王朝统治着埃及，安提柯王朝统治着马其顿。另一个和亚历山大毫无联系的欧洲王朝帕迦马的阿塔鲁斯王朝(Attalids of Pergamum)以损害塞琉古王朝的利益为代价在小亚细亚发展起来，并在罗马的支持下日渐强大。公元前 212 年，罗马开始试探性地介入希腊化国家事务，并最终控制了整个地中海世界，最后一个独立的希腊化国家埃及也在公元前 30 年消亡。

亚历山大将领之间错综复杂的斗争直至公元前 301 年才落下

① Tarn, *Alexander* II, App. 7.

帷幕，外来雇佣军在其中发挥了很大作用，这里只能作简要说明。亚历山大大帝死后，军队做出决定让王权由罗克姗娜（Roxane）所生的亚历山大四世（亚历山大的遗腹子）和亚历山大同父异母的白痴兄弟腓力三世联合执掌。此时，亚历山大的将军佩狄卡斯（Perdiccas）已经在亚洲建立起有力的统治，而安提帕特（Antipater）则在欧洲为亚历山大统治马其顿并管理希腊。帝国其他地区又重新在将军们之间分配，其中具有远见卓识的托勒密获得了埃及；弗里吉亚（Phrygia）总督“独眼”安提柯（Antigonus）获得的领土更多；
7 吕西马库斯（Lysimachus）则得到了色雷斯。公元前 321 年，安提帕特联合安提柯和托勒密发动了反对佩狄卡斯的战争，理由是佩狄卡斯借捍卫王权之名行觊觎王位之实。结果佩狄卡斯被杀，马其顿军队拥立安提帕特为马其顿王国摄政。作为最后一位腓力二世时代的将军，安提帕特凭一直借自己的威望保持着王国的统一，直到在公元前 319 年他死去。在此期间，安提柯作为他手下的一员大将，统帅大军消灭了佩狄卡斯的军队，但惟有一个做过亚历山大侍从的希腊人卡迪亚的攸美尼斯（Eumenes of Cardia）死里逃生。安提帕特死后，波利伯康（Polyperchon）当选为马其顿王国摄政；安提柯着手建立自己的政权，而攸美尼斯则以捍卫王权为名投靠波利伯康。于是，战火重燃，参与亚洲战场争斗的是攸美尼斯和安提柯，后者受到托勒密和其他将领的支持；在欧洲战场，波利伯康和安提帕特的儿子卡珊德（Cassander）对阵，后者是安提柯的盟友。欧洲战事于公元前 316 年以卡珊德的大获全胜而告终，卡珊德以其卓越才能成为马其顿及大部分希腊地区（包括雅典）的主人。腓力三世和亚历山大的母亲奥林匹娅斯（Olypiams）在王权之争中丧命，卡珊德得到了年幼的亚历山大四世的监护权。在艰苦卓绝的战争中，攸美尼斯以其足智多谋和赤胆忠心演绎了战争史上的一个奇迹。他在远东总督们的可靠帮助下多次击败安提柯，并占领了巴比伦，但在公元前 316 年初被自己的军队出卖给安提柯并被处死。攸美尼斯死后，亚历山大四世的王权也随之丧失。

安提柯是一位雄才大略、才能出众的人物，他在所有的将领中最为强大，自称要登上亚历山大大帝的宝座；他击败了东方的总督们，巴比伦总督塞琉古只身逃往埃及投奔托勒密才免于一死。随着大量弱小势力的消除，卡珊德、托勒密、吕西马库斯等主要统治者们组成了一个反安提柯同盟，理由是安提柯以得到整个帝国为目的，而事实正是如此；尽管塞琉古于公元前 312 年在托勒密的支持下恢复了其在巴比伦的权势，但公元前 315—前 311 年的战争却没有什么结果。公元前 314 年，安提柯公布了一份宣言，且在之后 10
数年里切实履行了这份宣言，这使他在道义上获得了希腊民众的支持。宣言称，所有希腊城市都应该是自由、不设防、自治的。这是亚历山大大帝政策的翻版，矛头直指卡珊德的寡头政治和驻军统治城市的制度（参阅第二章）。这一政策的结果之一便是提洛岛（Delos）从雅典分裂出来，并在公元前 166 年之前一直保持着自由状态。在公元前 311 年安提柯与反对者同盟之间的斗争趋于平静之后，安提柯占领了叙利亚、小亚细亚以及两河流域。他试图击败塞琉古，但没有成功。即便在巴比伦城一半被摧毁的情况下，塞琉古还是保卫了巴比伦城东半部分，不过这以割让印度行省给孔雀王朝缔造者旃陀罗笈多（Chandragupta，月护王）为代价；作为回报，他得到了一大批战象。[①] 公元前 310 年，卡珊德谋杀了亚历山大四世，这是公元前 311 年其他总督们所签署条约里的一个步骤；所有将领现在都成了独立统治者。

公元前 307 年，为得到整个帝国，安提柯和他的儿子狄米特里戌斯（Demetrius）——一个天赋异禀但性情反复无常的年轻人——发动了第二次战争，这场战争最终将希腊化世界所有的军事力量都卷了进去。自公元前 317 年起，卡珊德从一个逍遥派学者法勒鲁姆的狄米特里戌斯（Demetrius of Phalerum）手中接管了雅典；在拥有和平与繁荣的雅典，狄米特里戌斯还以亚里士多德的精神创立了法制，但他的政府偏袒富人。公元前 307 年，安提柯的儿子狄

① 见 Tarn, *J. H. S.* LX, 1940, 84 关于传说中 500 头大象的起源的论述。

8—9

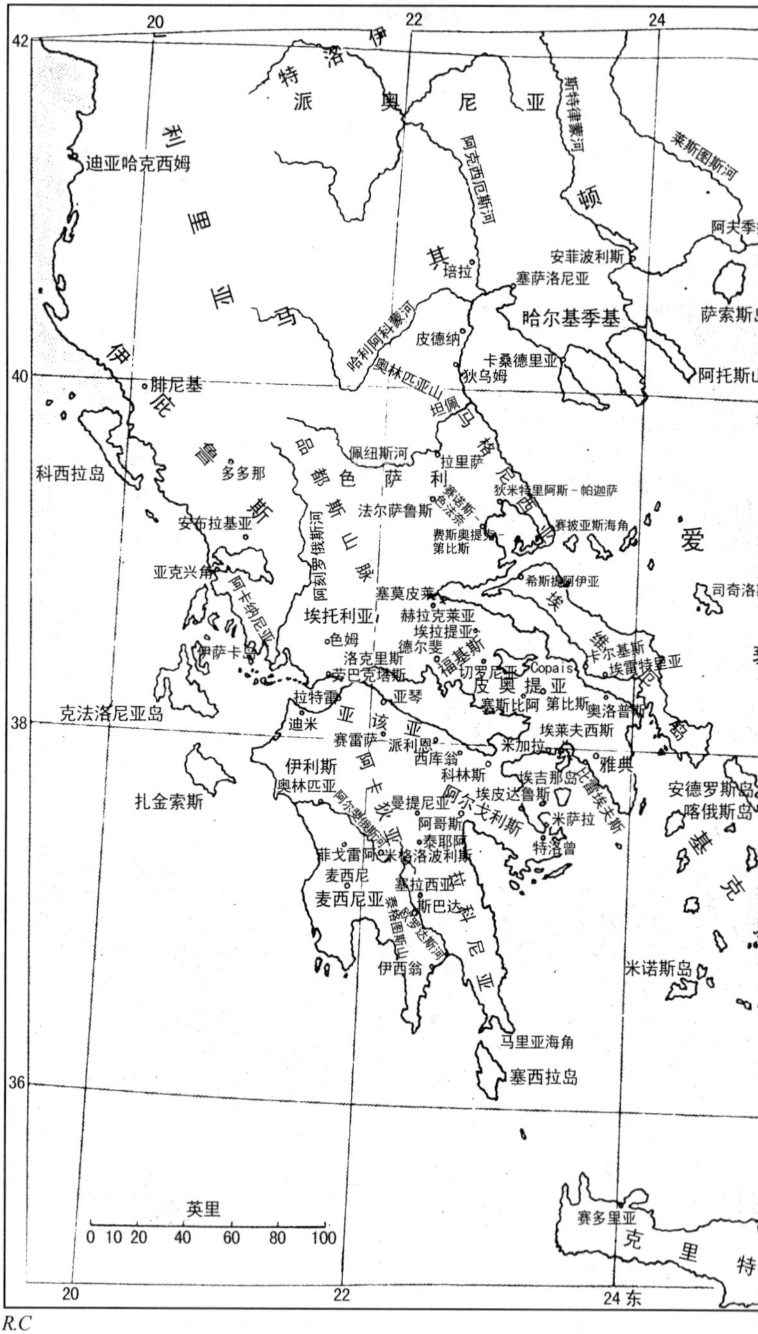

20
22
24
42
40
38
36
伊利里亚
特派洛奥尼亚
马其顿
迪亚哈克西姆
阿克西尼斯河
斯特律蒙河
莱斯图斯河
阿夫季
培拉
安菲波利斯
塞萨洛尼亚
哈尔基季基
萨索斯岛
哈利阿科蒙河
皮德纳
卡桑德里亚
狄乌姆
奥林匹亚山
阿托斯山
坦佩
伊庇鲁斯
腓尼基
科西拉岛
多多那
品都斯山脉
色萨利
佩纽斯河
拉里萨
法尔萨鲁斯
狄米特里阿斯－帕迦萨
赛拔亚斯海角
费斯奥提斯－第比斯
马格尼西亚
爱
安布拉基亚
亚克兴角
阿卡纳尼亚
阿刻罗俄斯河
埃托利亚
塞莫皮莱
希斯提阿伊亚
司奇洛
赫拉克莱亚
埃拉提亚
色姆
德尔斐
福基斯
洛克里斯
瑙巴克塔斯
伊萨卡岛
切罗尼亚
Copais
皮奥提亚
卡尔基斯
埃雷特里亚
埃维厄岛
克法洛尼亚岛
拉特雷
亚琴
亚该亚
塞斯比阿
第比斯
奥洛普斯
迪米
赛雷萨
派利恩
西库翁
埃莱夫西斯
米加拉
雅典
扎金索斯
伊利斯
奥林匹亚
阿卡狄亚
阿尔斐厄斯河
曼提尼亚
科林斯
阿尔戈利斯
埃吉那岛
埃皮达鲁斯
阿哥斯
米萨拉
阿提卡
安德罗斯岛
喀俄斯岛
泰耶阿
特洛曾
基克
菲戈雷阿
米格洛波利斯
麦西尼
麦西尼亚
塞拉西亚
斯巴达
拉科尼亚
泰格图斯山
欧罗塔斯河
伊西翁
米诺斯岛
马里亚海角
塞西拉岛
英里
0 10 20 40 60 80 100
赛多里亚
克里特
24 东

R.C

希腊、爱琴海和

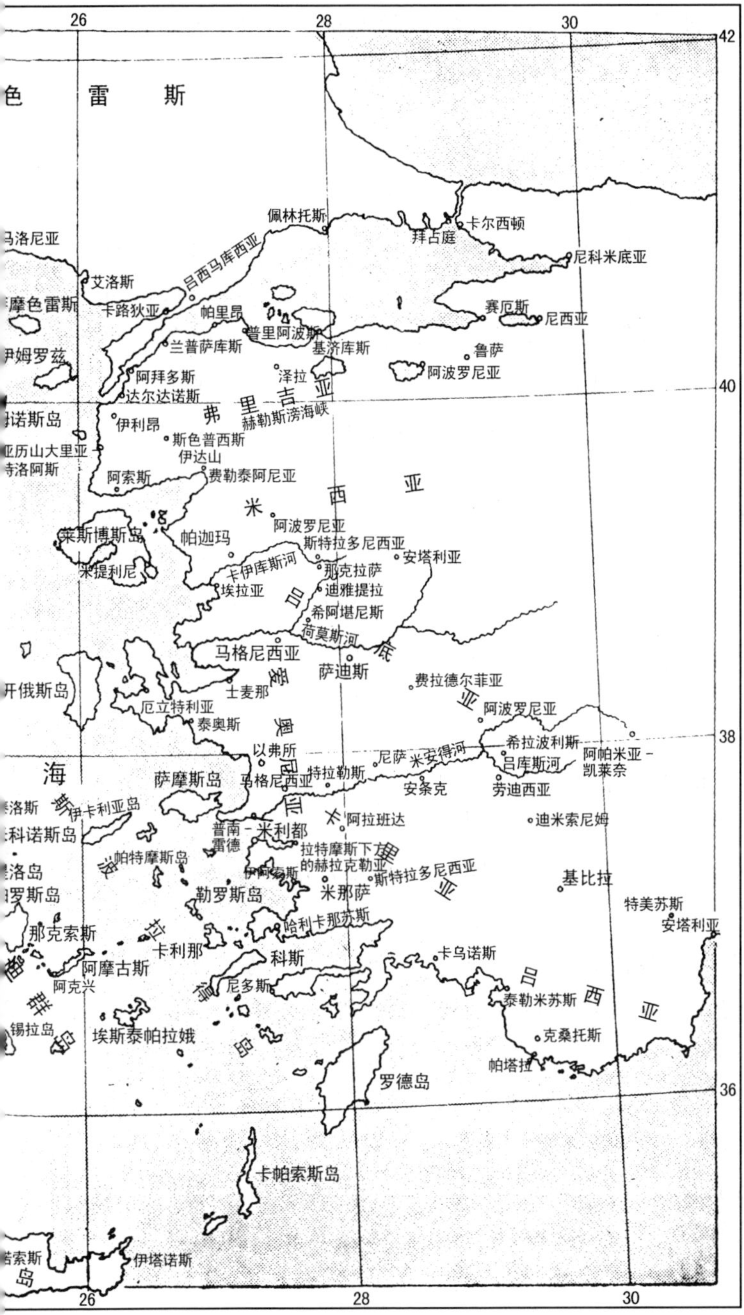
雷　斯
佩林托斯
卡尔西顿
拜占庭
尼科米底亚
艾洛斯
吕西马库西亚
卡路狄亚
帕里昂
普里阿波斯
赛厄斯
尼西亚
兰普萨库斯
基济库斯
鲁萨
阿拜多斯
泽拉
阿波罗尼亚
达尔达诺斯
弗　里　吉　亚
赫勒斯滂海峡
伊利昂
斯色普西斯
伊达山
阿索斯
费勒泰阿尼亚
米　西　亚
阿波罗尼亚
莱斯博斯岛
帕迦玛
斯特拉多尼西亚
安塔利亚
米提利尼
卡伊库斯河
那克拉萨
埃拉亚
迪雅提拉
吕
希阿堪尼斯
荷莫斯河
马格尼西亚
底
萨迪斯
士麦那
费拉德尔菲亚
厄立特利亚
阿波罗尼亚
泰奥斯
以弗所
希拉波利斯
尼萨
米安得河
阿帕米亚－凯莱奈
吕库斯河
海
萨摩斯岛
马格尼西亚
特拉勒斯
安条克
劳迪西亚
伊卡利亚岛
阿拉班达
迪米索尼姆
普南－米利都
雷德
拉特摩斯下方的赫拉克勒亚
帕特摩斯岛
伊阿索斯
斯特拉多尼西亚
基比拉
勒罗斯岛
米那萨
特美苏斯
安塔利亚
那克索斯
哈利卡那苏斯
卡利那
科斯
卡乌诺斯
阿摩古斯
阿克兴
尼多斯
吕　西　亚
泰勒米苏斯
锡拉岛
埃斯泰帕拉娥
克桑托斯
帕塔拉
罗德岛
卡帕索斯岛
伊塔诺斯
26
28
30
42
40
38
36

小亚细亚西部

米特里戊斯解放雅典并重建了民主政府；公元前 306 年，在塞浦路斯萨拉米（Salamis）附近的海战中，狄米特里戊斯完败了托勒密海军，获得了制海权；安提柯父子彼此间完全信任，每人都有一个王衔，成为了亚历山大帝国的共治君主。然而，安提柯入侵埃及并消灭托勒密的企图失败了。公元前 305 年，托勒密和其他君主也戴上王冠，建立了独立王国；由于狄米特里戊斯那著名但不成功的罗
11 德岛围攻战浪费了一年时间，卡珊德得以重新入侵希腊。狄米特里戊斯赶走了卡珊德，解放了大部分希腊地区，并于公元前 303 年重建了亚历山大时期的科林斯同盟，他和他的父亲接替亚历山大的职位成为盟主。公元前 302 年，当狄米特里戊斯率大军移师马其顿时，吕西马库斯率领自己的部队及卡珊德派遣的援军远征亚洲；当时卡珊德、吕西马库斯和托勒密都能获得塞琉古的援助。安提柯想制服吕西马库斯却失败了，为此，他不得不召回狄米特里戊斯。公元前 301 年，安提柯和狄米特里戊斯与吕西马库斯和塞琉古的联军在弗里吉亚的伊普索斯开战，后者在战斗中使用了战象，安提柯战败被杀，但狄米特里戊斯逃脱。

之后，胜利者们开始瓜分战利品，吕西马库斯得到了塔洛斯山脉（Taurus）以北的小亚细亚；塞琉古得到两河领域和叙利亚地区；托勒密在伊普索斯战役中已占领了阿拉杜斯（Aradus）和大马士革以南的叙利亚地区；塞琉古不忘托勒密对他本人及国家的功绩，因而没有要求托勒密归还其占领的土地，但他保留对这一地区的所有权；卡珊德作为同盟核心人物，心满意足地得到了马其顿。狄米特里戊斯仍握有制海权，并控制着推罗、西顿等一些小亚细亚城市以及希腊的一部分。对雅典来说，胜利者彼此互不信任是十分有利的，它仍是除叙拉古外希腊最伟大的城市。公元前 295 年，狄米特里戊斯占领并驻军于此，在此之前，卡珊德一直给予雅典充分自由。卡珊德死于公元前 298 年，[1]他儿子之间的不和使狄米特里戊斯得以在公元前 294 年攫取马其顿王位。狄米特里戊斯的统治持

---

① W. S. Ferguson, *C. P.* 1929, 1，在 *P. Oxy.* 2082。

续了六年，在此期间，他统治着除斯巴达、埃托利亚（Aetolia）和国王皮洛士治下的伊庇鲁斯（Epirus）之外的大部分希腊地区，他还建造了一座以他的名字命名的城市（参阅第 68 页——原著页码，即本书边码，下同。译者注）。那时的希腊城市里阶级划分日益明显，平民阶层通常赞成民族独立，富人们则向马其顿寻求支持，正如他们以后求助罗马一样。尽管狄米特里戊斯是一个骁勇的征服者，但他却不是一个好的管理者；与卡珊德相比，狄米特里戊斯称不上是一个政治家，他从未获得民众爱戴，其原因在于他把马其顿仅当作他再次征服亚洲的基地。公元前 289 年，他的海军准备警告那 12
些联合反对他的国王们；公元前 288 年，吕西马库斯和皮洛士入侵并瓜分了马其顿；雅典因为托勒密的援助也背叛了狄米特里戊斯，使得他只剩下一些希腊城市和他的舰队。尽管他侵入了亚洲，但在与自己最为头痛的对手吕西马库斯的对抗中却没有获得多少优势；最终他被迫翻越塔洛斯山脉，陷入与塞琉古孤注一掷的抗争。他似乎一度要统治亚洲，然而他病倒了，军队也涣散了，他被迫于公元前 285 年投降。在两年的羁禁生活之后，亚历山大大帝最不可一世的继承者饮鸩自尽。

狄米特里戊斯失败后，他舰队的一部分归属了托勒密；托勒密指挥这支舰队控制了推罗、西顿和岛国同盟（参阅第 70 页），并获得了制海权。吕西马库斯则于公元前 285 年将皮洛士从他自己治理的那一半马其顿领土上驱逐出去，势力大增。如今他确实比塞琉古强大，统治着马其顿、色萨利、色雷斯和小亚细亚的大部分。他是一位出言谨慎的政治家、出色的将军和理财者，以卡珊德的模式治理他占领的希腊城市却颇受欢迎；他鼓励贸易，尤其是在黑海地区，因为他想把黑海划入自己的版图。他的首都最初设在加利波里（Gallipoli）附近的新城吕西马齐亚（Lysimacheia），而后他可能将王宫迁回了马其顿。对狄米特里戊斯的最后一战暴露出吕西马库斯和塞琉古之间日益明显的猜疑，这预示着一场对亚洲霸权的争夺。公元前 283 年，塞琉古主动与安提柯·贡那塔斯（Antigonus Gonatas）修好，后者是狄米特里戊斯和安提帕特之女斐拉（Phila）的儿子，他统治着他父亲拥有的希腊城市。

托勒密家族在吕西马库斯的最终垮台中起了一定作用。托勒密的妻子是安提帕特的女儿欧律狄刻（Eurydice），她长期与托勒密的情人贝勒尼斯（Berenice）争风吃醋，这种情况直到公元前287年托勒密与欧律狄刻离婚并迎娶贝勒尼斯时才结束。欧律狄刻的儿子托勒密（后被称为可怕的霹雳——克劳诺斯［Keraunos］）被驱逐，
13 到公元前283年托勒密死时——他是亚历山大大帝继承者中惟一寿终正寝者——他和贝勒尼斯所生的儿子平静地登上王位，号称托勒密二世。克劳诺斯投奔了吕西马库斯，而吕西马库斯娶了贝勒尼斯的女儿即托勒密二世的姐姐阿西诺（Arsinoe）作为自己的第三位妻子；吕西马库斯是一个善搞阴谋的人，以至于杀了他的长子阿加索克勒斯（Agathocles），并将国内的反动派推入塞琉古的怀抱。公元前281年，塞琉古最终跨过塔洛斯山脉，在吕底亚的克鲁佩迪亚（Corupedion）击败并杀死吕西马库斯；一时间，塞琉古作为亚历山大最后和最幸运的战友看到除埃及以外的整个亚历山大帝国都在自己的统治之下。但公元前280年初，塞琉古被克劳诺斯刺杀。吕西马库斯的军队将克劳诺斯当作吕西马库斯的复仇者，拥立他为马其顿国王。克劳诺斯想方设法对付他众多的对手，首先在海上击败安提柯·贡那塔斯，又通过援助皮洛士远征意大利而使其元气大伤；接着他娶了阿西诺，而在得到她掌握的卡珊德里亚之后便将她一脚踢开。当时，塞琉古和他的索格底族（Sogdian）妻子阿帕玛（Apama）所生的儿子安条克一世正全神贯注于国内事务：托勒密二世介入了卡里亚，这无疑是个威胁；叙利亚北部也发生了反叛。同时，他与欧洲和黑海的联系也被北方同盟（Northern League）切断，该同盟由赫拉克里亚（Heraclea）、拜占庭、卡尔西顿、西戊斯（Cius）、提俄斯（Teos）、波斯王子本都的密特里达特和比提尼亚的尼科美迪亚（Nicomedes of Bithynia）组成，目的是为独立而战。此外，他还受到来自希腊的安提柯的攻击。

以下是游牧的高卢部落携家带口从多瑙河河谷到达马其顿边境时的形势。公元前279年初，波尔吉乌斯（Bolgius）领导部落的

一支侵入马其顿，击败并杀死了克劳诺斯，最后带着战利品退出了马其顿；部落的另一支在布伦努斯(Brennus)领导下进入马其顿，他们没能在当地立足，又于年底通过南方地区侵入希腊。布伦努斯以不足三万人的兵力攻陷了温泉关，但在试图快速突击德尔斐时失败了。与此同时，他的主力因受到埃托利亚人重创而被迫北撤， 14
埃托利亚人因此赢得了“希腊救星”的美誉。希腊面临的危险导致安提柯和安条克寻求一种真正的和平，他们于公元前 279 年秋天[①]签署的条约成为希腊化时期政治长期稳定的基础。条约规定，安条克不得干涉马其顿和希腊事务，安提柯也不得介入色雷斯和亚洲事务。从此，两个王朝和平共处很长时间。公元前 278 年，三个高卢人部落托利斯托阿吉(Tolistoagii)、特洛科米(Trocmi)、特科托萨吉斯(Tectosages)来到达达尼尔海峡，这支两万人的彪悍之师被尼克美狄斯(Nicomedes)和密特里达特(Mithridates)用于进攻安条克。他们对小亚细亚地区进行了长达两年的掠夺，制造了一种恐慌气氛。到了公元前 275 年，以逸待劳并在叙利亚站稳脚跟的安条克借助他在巴克特里亚的将军送的 16 头战象击败了这群高卢人，给国家带来了安宁。尼克美狄斯和密特里达特率领剩余的高卢人移居弗里吉亚(Phrygia，加拉太[Galatia])北部以缓冲和安条克的对抗。同时，另一部分高卢人侵入了色雷斯。公元前 277 年，他们中的一部分到达海边并在吕西马齐亚(Lysimacheia)附近的战斗中被安提柯歼灭。藉此契机，安提柯乘胜挺进政局动荡的马其顿，并最终被拥立为王；公元前 276 年底，身为一国之君的他又娶了安条克同父异母的妹妹斐拉为妻。除了在加拉太，高卢人还建立了两个对希腊历史产生过影响的王国，一个是在塞尔维亚的斯科迪斯克(Scordisci in Serbia)，一个是在色雷斯的蒂利斯(Tylis)。

亚历山大大帝东征已过去整整两代人的时间，由于君主们的政治、军事需要，马其顿人和希腊人被重新分散到以后形成希腊化世

① 关于日期，参阅 M. Launey, *Rev. ét anc*. XLVI, 1914, 288。

界的广大地区。鲜血和生命构筑了这些王国。尽管这时不分种族，但希腊人和马其顿人的政治成熟和军事力量的壮大依然是最高利益所在。究竟有多少人离开在欧洲的家园并最终定居在亚洲或埃及的异乡尚不可知，这些人构成了塞琉古和托勒密正规军的
15 核心。[1] 我们更难知道这些人中有多少人是从故乡携妻儿出征的。但是，有一点毋庸置疑，即许多新移民的第一代子女已经有了亚裔母亲，使命运飘忽不定的亚历山大的继承者战争，给卷入战争的人的印象就是制造混乱并带来灾难；同时，参加亚历山大战争的老兵们不久都成为了冷酷的职业冒险家，他们在战争中毫不迟疑地为了他们的家庭和财富而疯狂掠夺。[2] 伊索克拉底曾经记下了能够在小亚细亚实行殖民[3]的希腊军人（有别于未受雇佣者）的数量；被叙拉古的提摩勒昂（Timoleon）重新安置的居民和西西里其他城市里的居民已证明，早在亚历山大大帝之前，“成千上万的希腊人愿意到一个遥远的地方去开始新的生活”已成为现实，而不仅只是被雄辩家讨论的话题。希腊人视之为他们的机遇。希腊人和马其顿人一代接一代地移居国外，主要是充当士兵和行政官员，他们对于统治者的重要性相对他们已有的数量来说是不成比例的。他们是天生的统治者，这不是任何理论或偏见的结论，而是因为他们的素质适合王者之需。

从公元前275年开始，历史上出现三个分别独立的马其顿人王朝；吕西马库斯的王国一蹶不振，他在黑海地区连继承人都没有。在新的君主中，安条克一世是一个伟大城市缔造者和统治者，但有关他的历史记录却失传了。传说托勒密二世是一个体弱多病和爱好艺术的人，但实际上他是个充满侵略野心的铁腕人物，不过他手下没什么人才。他还受过高等教育，是一个能干的外交家和经验

---

① M. Launey, *Recherches sur les armies hellénistiques*, I, 1949, 6 ff。至于这一原因在多大程度上导致了雅典公民人口下降，我们只能通过推测，参阅 A. W. Gomme, *Population of Athens*, 1933, 19。

② 罗斯托夫采夫对这一时期的军队做了生动描述，见 Rostovtzeff, *SHE* 143。

③ Isoc. V. 120; cf. *ib.* 96; IV, 168; VIII, 24, &c.

丰富的组织者。安提柯作为马其顿王国的再造者有着勇往直前的 16
大无畏精神，他异常固执，对他的王朝充满家族式的忠诚；作为哲学家美奈德莫斯（Menedemus）和芝诺的学生、朋友，他的清心寡欲使他成为第一个对哲学烂熟于胸的国王。埃及对外政策的目标是绝对控制爱琴海及其沿岸地区；同时，它的军事力量也足以使其卷入与其他两个王国的冲突之中，尤其是塞琉古王国没有忘记对埃及控制的南叙利亚的领土要求——这个省区的经济重要性在于它的物产和在贸易上的中转地位；但更重要的是，如果国王之间相互猜疑的话，那么它在大家族之间就有战略意义。结果是，埃及和塞琉古、埃及和马其顿之间进行了长期的一系列的战争，史称“叙利亚战争”。若不是这些战争，希腊文明本来能像它在亚洲那样在这里确立其牢固的地位。

托勒密二世开始了长期斗争。公元前 280 年，当塞琉古一死，托勒密二世就侵略塞琉古王国的米利都，并在公元前 279 年将之据为己有。这场无名的战争[1]之后被称为第一次叙利亚战争。公元前 276 年，托勒密二世的军队侵入塞琉古王国的叙利亚地区，但被击败，并被安条克一世联合马加斯（Magas）赶出了叙利亚。马加斯是托勒密二世同父异母的兄弟，统治着昔兰尼（Cyrene）。公元前 276 年底至前 275 年初，托勒密二世与他的妻子（吕西马库斯的女儿阿西诺一世）离婚，并和自己的同胞妹妹阿西诺二世结婚，阿西诺二世则是吕西马库斯和克劳诺斯（Keraunos）的寡妇，或许托勒密二世需要她的头脑。阿西诺二世有力指挥着这场极为不利的战争，并反败为胜，在公元前 273 年至前 272 年间结束了战争，占领了全部的腓尼基和从米利都到西里西亚的卡吕卡德努斯（Calycadnus）的小亚细亚大部分海岸，她由此获得了作为女人和神所能有的空前声誉。从这时起到公元前 270 年她死时的这段时期

① W. Otto, *Beiträge zur Seleukidengeschichte* 1928, ch. I; Tarn, *J. H. S.* XLVI, 1926, 155; *Hermes* LXV, 1930, 446; *J. H. S.* LIII, 1933, 62 n. 50; Otto, *Philol.* LXXXVI, 1931, 400.

17 是埃及的黄金时代，卡里马库斯(Callimachus)甚至预言托勒密将建立一个日不落帝国。① 阿西诺希望由她和吕西马库斯的儿子托勒马库斯(Ptolemaeus)出任马其顿的国王，但她过早去世了；她曾经通过援助皮洛士来阻止安提柯介入埃及与塞琉古之间的战争，试图让皮洛士从意大利返回并进攻安提柯。公元前 237 年，皮洛士短暂占领了马其顿，但在希腊的冒险才是他真正的目的；公元前 272 年，皮洛士试图攻击斯巴达但失败了，并最终死于阿哥斯城(Argos)的巷战，这使安提柯成为希腊的主宰者。

安提柯表现出他的节制。他在希腊的地位首先依赖于对科林斯的控制，这可以阻止希腊联合起来造反(一个联合的希腊比马其顿更强大)；其次他拥有比雷埃夫斯(Piraeus)，这可以确保雅典非正式地成为他的精神首都；他在希腊的统治以确保与狄米特里戊斯的联系为度，并不谋求更大程度的占有(参阅第 65 页)。公元前 267 年，雅典、斯巴达和其他一些城市在托勒密的支持下，与埃及结盟进攻安提柯；这场残酷的战争持续了四年之久(公元前 266—前 262 年)，史称“克里莫尼迪兹战争”(Chremonidean War)，它由雅典政治家克里莫尼迪兹(Chremonides)发动，最后以安提柯胜利并占领雅典告终，雅典自此丧失了在政治上扮演任何重要角色的机会。安提柯派的重要人物也藉此机会成为阿哥斯、麦加洛波里斯(Megalopolis)以及其他伯罗奔尼撒城市的君主，他们维护安提柯的利益并在他的支持下牵制斯巴达。安提柯凭借其卓越的领导才能终于恢复了马其顿原有的疆域，确立了马其顿王朝不可动摇的地位。公元前 262 年，在埃及夺取以弗所之后，安条克一世过世。

安条克一世的儿子安条克二世联合安提柯于公元前 259 至前 255 年间②发动了旨在报复托勒密二世的第二次叙利亚战争；安条克二世收复了以弗所、米利都和大多数小亚细亚沿岸地区，以及从

---

① Hymn to Delos, 166 *sqq.*

② 是公元前 255 年，不是公元前 253 年，比如 Otto *op. c.* ch. II; reasons, *C. A. H.* VII, 714 - 715。

腓尼基到贝鲁特的地区。与此同时，安提柯在科斯岛附近击败托勒密二世的舰队，得到了岛国同盟（Island League）和制海权；他的同父异母兄弟，公正的狄米特里戊斯（Demetrius the Fair）统治了昔兰尼一段时间。但安提柯在科林斯和优卑亚的将军亚历山大约于 18
公元前 252 年发动了叛乱，亚历山大在埃及的支持下在海上击败了安提柯，直到公元前 246 年亚历山大死后，安提柯才重新占领了科林斯；与此同时，托勒密也在公元前 253 年战胜了安条克，安条克不得已将妻子雷奥迪丝（Laodice）休了，改娶托勒密的女儿贝勒尼斯为妻。公元前 247 年安条克二世死后，一场战斗在两个不和的王后之间展开；贝勒尼斯和她的儿子被杀，但他们的死讯被隐瞒了。公元前 246 年 1 月，托勒密三世（母亲是阿西诺一世）继承了父亲托勒密二世的王位。他随后占领了叙利亚北部以及西里西亚，在混乱的塞琉古王国进行了一次军事炫耀，以显示自己拥护贝勒尼斯的儿子作为合法国王，埃及军队一直挺进到底格里斯河流域的塞琉西亚（Seleuceia），只遭遇过小规模抵抗，但自称取得了塞琉古亚洲的战绩。在紧接着的第三次叙利亚战争（也称雷奥迪丝战争，公元前 241 年结束）中，雷奥迪丝的儿子塞琉古二世收复了西里西亚、北部叙利亚（内陆地区）以及东部地区，但没能收复皮埃里亚（Pieria）的塞琉西亚和腓尼基，并再度失去了小亚细亚的沿海地区；此后，托勒密在此扩张他的势力，直至占领色雷斯的沿海地区。然而，托勒密的舰队却于公元前 246 或前 245 年在安德罗斯岛（Andros）附近被安提柯击败；安提柯收复了提洛岛和其他一些岛屿，埃及的海上霸主地位一去不复返，岛国同盟也明显瓦解了。紧随其后，塞琉古帝国因塞琉古二世和他的兄弟安条克·希拉克斯（Antiochus Hierax）间的内战而陷于瘫痪状态，后者与加拉太人结成同盟。在此期间，卡帕多细亚成为一个独立的土著王国；巴克特里亚、帕提亚和在帕提亚那边的行省也纷纷独立，[①]而胜利的加

① 参阅 E. J. Bickerman, ‘Notes on Seleucid and Parthian Chronology’, in *Berytus* VIII, ii, 1944, 79。

拉太人再次成为威胁。

这个威胁突出了帕迦马的地位。菲莱泰罗斯(Philetaerus)——一位来自提俄斯并有一半帕夫拉戈尼亚(Paphlagonian)血统的人——是帕迦马要塞总督,他先后背叛过安提柯一世和吕西马库斯,在安条克一世治下获得了部分独立地位。到公元前263年他
19 死的时候,他把一个在凯库斯(Caïcus)的小公国留给他的侄儿攸美尼斯;公元前241年,攸美尼斯又将经过大面积扩张了的小公国遗赠给自己的侄儿阿塔鲁斯一世。塞琉古王朝在小亚细亚的没落带给阿塔鲁斯一个机会;他以拒绝进贡来挑战加拉太人(加拉太人以纳贡作为不向帕迦马甚至是塞琉古王国进攻的条件),并在公元前230年之前两次打败加拉太人,获得了国王的称号。接着,阿塔鲁斯又将安条克·希拉克斯赶出小亚细亚,在公元前228年至前223年之间统治了塞琉古王国在塔洛斯山脉以北的全部领土。塞琉古二世试图重新统治帕提亚,但死于公元前226年。直至公元前223年,其子塞琉古三世在这方面依然是一无所获。

与此同时,希腊目睹了两大同盟的壮大(参阅第二章)。埃托利亚同盟已是德尔斐[①]地区的霸主,并于公元前279年之后开始扩张;它向安提柯承诺中立并信守诺言,作为回报,弱小的近邻同盟被纳入其中。表面上看,扩张遭到福西斯和比奥提亚(Boeotia)断断续续的反抗,但比奥提亚的势力在公元前245年喀罗尼亚(Chaeronea)之战被埃托利亚同盟削弱后,这个城邦已绝无恢复旧有地位的可能。由11座城市组成的阿卡亚同盟从公元前251年开始扩张,当时一个名叫阿拉图斯(Aratus)的被放逐的年轻西锡翁人(Sicyon)一夜之间震惊了西锡翁城——他驱逐了该城的专制君主,为安全计,西锡翁加入了阿卡亚同盟。阿拉图斯的个性奇特,富有英雄主义色彩,略带神经质,处事不很审慎,但对他的臣民有一种令人惊异的权力;从公元前245年起,他每隔一年都要成为同盟的首领,对一代人而言几乎就是同盟的象征。公元前243年,他

① 参阅 R. Flacelière, *Les Aitoliens à Delphes*, 1937。

着手进行在他一生中意义重大的征战，目的是从安提柯及其支持下的专制君主手中解放伯罗奔尼撒；在一个宁静的月夜，他奇袭了马其顿在希腊的要害地区科林斯，接着又占领了阿克罗科林修斯(Acrocorinthus)。安提柯到死(公元前240至前239年间)都没有收复科林斯，随即两大同盟投入了与其子狄米特里戊斯二世的战争。狄米特里戊斯削弱了埃托利亚同盟的影响，却未予以重创；而阿卡亚人则攻城拔寨，其中包括麦加洛波里斯和阿哥斯，这些城邦的统治者拱手称臣，做了阿卡亚同盟的官员。

狄米特里戊斯二世在遭受马其顿北方邻居蛮族入侵的严重打 20
击后于公元前229年死去。他的第二个妻子伊庇鲁斯公主弗提亚(Phthia)所生的儿子腓力当时还是个孩子，军队最终拥戴了腓力的监护人安提柯·多宋，他是公正的狄米特里戊斯的儿子，是个能干的统治者；他赶走了蛮族并光复了马其顿。两大同盟把握了他们的机会；埃托利亚同盟趁公元前229年的混乱将其沿海地区连成一片(参阅第72页)，当阿拉图斯肃清马其顿在伯罗奔尼撒的势力之后，埃托利亚同盟自信其实力已与马其顿旗鼓相当。阿卡亚同盟在公元前228年达到顶峰，其势力范围包括阿卡狄亚地区、西锡翁、科林斯、麦加那、厄齐那(Aegina)、阿哥斯和沿海城市以及麦加洛波里斯和阿卡狄亚(Arcadia)的大部分，实际上是卡珊德和狄米特里戊斯一世曾经统治过的伯罗奔尼撒地区；它拥有忠诚的公民，完全的独立，与托勒密三世之间名义上的同盟如今已形同虚设，不影响它的政策。同盟运动达到高潮是这些年的特征；安提柯·多宋没有干涉伯罗奔尼撒事务，他满足于获得了埃托利亚同盟的中立。狄米特里戊斯死后，雅典也重获自由；除腓力的攻击这个插曲外，雅典没有受到外界干预，和平状态一直持续到公元前88年；雅典的中立几乎是被普遍认可的事实，因为它是希腊文化中心和光彩照人的学术中心，它的荣耀被许多君主视为文明的最高典范。

阿卡亚同盟既不能征服斯巴达又不能战胜它，最后以失败告终。年轻的斯巴达国王克里奥门尼斯三世(Cleomenes III)与同盟不和，他招募了雇佣军，得到了安全所需的武力，并在公元前227年推行了彻底的改革（参阅第123页），恢复了（他认为的）吕库古时代的斯巴达，国力大增。接着，他入侵阿卡亚，在赫卡托姆拜恩（Hekatombaion）之战中使同盟败于脚下；包括科林斯、阿哥斯在内的许多城市都退出同盟归顺于他，各地的平民都认为他要实行社
21 会改革并把土地分给他们。实际上，他雄心勃勃，志在领导伯罗奔尼撒；一开始，他要求充当同盟的领袖，这将使他成为新同盟的核心。为了挽救行将灭亡的阿卡亚同盟，阿拉图斯孤注一掷，成为一个首鼠两端者；[①]在将马其顿人赶出伯罗奔尼撒之后，他决定再带他们回来。他请求安提柯·多宋的帮助，多宋则要以割让科林斯作为回报，科林斯再度成为马其顿的堡垒。多宋改组了科林斯同盟，使之成为泛希腊同盟（Hellenic League of Leagues，参阅第69页），然而它不包括埃托利亚同盟、斯巴达、雅典、伊利斯（Elis）和美塞尼；尽管多宋的构思具有政治家的风度，但实际上希腊被分成两半。公元前222年，克里奥门尼斯进行了一次有利的战斗，却在萨拉西亚（Sellasia）被多宋击败，并落荒而逃至埃及，最后客死他乡。多宋占领了以前从未被占领的斯巴达，取消了克里奥门尼斯的改革，恢复了古老的君主专制政体，并使斯巴达与马其顿结盟。公元前221年，多宋的过世使马其顿蒙受了巨大损失；他已肯定可以获得腓力的继承权。

波里比阿的历史叙述从所有这些王国的新国王登基正式开始；在叙利亚是塞琉古二世的幼子安条克三世（公元前223年），在埃及是托勒密四世菲洛帕特（Philopater，公元前221年），以及马其顿的腓力五世。托勒密三世任其军队腐败，托勒密四世更是声色犬马之徒，他将政府交给他的一个强壮并且肆无忌惮的大臣索西彼乌（Sosibius）管理。日后被称为“大帝”的安条克三世年轻、精力充

① 这种通常的看法似乎是可信的。*Contra*：A. Ferrabino，*Il problema della unita nazionale nella Grecia*，I. *Arato di Sicione*，1921；F. W. Walbank，*Aratos of Sicyon*，1933，他认为他是个彻底的机会主义者。

沛、富于理智，面对四分五裂的王国，他努力工作以图重建；到公元前 220 年，他的堂弟阿凯戊斯（Achaeus）已从阿塔鲁斯手中夺回塞琉古王国在小亚细亚的领土，他自己则镇压了他麾下将军在米底（Media）和波西斯（Persis）的叛乱；一成为家族首领，他就打算从懒散的菲洛帕特手中夺取南部叙利亚。然而，叙利亚的要塞延误了他，当安条克三世从希腊调集将领、组建军队时，索西彼乌又以谈 22
判的方式进行推延；索西彼乌或者菲洛帕特采取了危险的举措，为其步兵方阵招募了两万名土著埃及人，而自从公元前 312 年托勒密一世之后，已没有土著埃及人服兵役。这场战争又称第四次叙利亚战争，以公元前 217 年 6 月 22 日的拉斐亚（Raphia）之战告终；菲洛帕特舍弃了他的享乐亲自指挥战争，在他的领导和埃及步兵方阵的英勇作战下获得了战争的胜利。菲洛帕特保有了南部叙利亚和腓尼基。这场胜利对托勒密王朝来说算不了什么，但从此以后反希腊的民族情绪开始在埃及复苏。

腓力五世在马其顿登基，他具备天赋和魅力，唤起人们强烈的希望；但任性是他致命的弱点，这到后来才暴露出来。多宋死后，斯库帕斯（Scopas）领导下的埃托利亚同盟日渐松散，并在公元前 220 年对其他城邦发动攻击，挑起社会战争（Social War，又称同盟战争[War of the Allies]），他们和他们的盟友斯巴达、伊利斯共同反对腓力和他的希腊同盟。腓力此刻正注视着罗马在伊利里亚的行动，他不想开战，但他还是忠实地保卫着同盟；他大胆地对埃托利亚同盟的首府色姆（Thermum）进行了劫掠。这场没有结果的战争以公元前 217 年诺帕克图斯（Naupactus）和约的签订而结束。和谈中值得一提的是埃托利亚同盟代表阿格劳斯（Agelaus），他呼吁希腊人联合起来面对“在西方升成的阴云”，因为最终的胜者将在迦太基和罗马之间产生。公元前 217 年，“希腊的宠儿”腓力声名鹊起，那时他似乎有一个比任何前辈都好的统一希腊的机会——如果机会确实存在——但他错失了良机；而且，公元前 214 年至前 213 年间阿拉图斯去世，他失去了最好的顾问——阿拉图斯似乎已从过去的不幸中领悟到什么。公元前 215 年，腓力与迦太基同盟试图把罗马从伊利里亚赶走，结果罗马和埃托利亚同盟联手于公元前 212 年发动了第一次马其顿战争。这是社会战争的翻版，一个大的差别在于：埃托利亚同盟接受了罗马和帕迦马骑兵的援助，阿塔鲁斯则成了罗马的盟军，而腓力的新盟友迦太基和比提尼亚
23 的普鲁西亚斯一世（Prusias I）却几乎没有给予他援助。一度强大的马其顿舰队瓦解了，腓力在海上孤立无援；他的所有行动都无法阻止敌人的进攻。他惟一的收获是麦加洛波里斯的菲洛波蒙（Philopoemen of Megalopolis）改革了阿卡亚同盟涣散的军队。虽然菲洛波蒙在萨拉西亚（Sellasia）的战斗中如同一个士兵那样表现神勇，但另一方面他又特别缺乏爱国心，在关键时刻作为一个冒险者去了克里特岛。他于公元前 210 年从克里特岛返回，并于公元前 207 年领导阿卡亚同盟的新军击败了掌握斯巴达实权的马希尼达斯（Machanidas），信心大增。战争的另一结果是，习惯于相对人道一些的马其顿战争的希腊世界，以惊恐、愤怒的目光注视着罗马人如何蹂躏被攻陷的城市。公元前 205 年，这场无结果的战争以弗尼斯（Phoenice）和约结束。

一场债务人与债权人之间的矛盾随即在埃托利亚地区爆发；斯库帕斯试图取消债务，但没有成功，于是他投靠托勒密，并指挥其军队。马希尼达斯死后，斯巴达处于群龙无首状态，皇室的远亲奈比斯（Nabis）乘机攫取了政权；他通过改革使斯巴达的力量再度强大（参阅第 123 页），并凭借克里特同盟掌握了部分制海权。他尽管有种种不端行为，但还是受到大多数人的拥护，如果我们以敌视的眼光看待他的话就会判断失误。马其顿舰队的衰弱使爱琴海地区没有霸主，到公元前 200 年，罗德岛取得了这一地位，并建立了在其主宰下的岛国同盟。

托勒密四世大约死于公元前 205 年，①他年幼的儿子继位，即“神显者”托勒密五世（Ptolemy V Epiphanes）；波里比阿曾对爆发于

---

① 关于他去世年代、他儿子继承的年代都是混乱的，参阅 F. W. Walbank, *J. E. A.* XXII, 1936, 20; E. Bickerman, *C. d'é.* XXIX, 1940, 124。

亚历山大里亚的起义作了精彩描述，起义者推翻了可恨的大臣阿加索克勒斯（Agathocles），并给幼主“神显者”换了新监护人。遭受托勒密埃及较大压制的腓力和安条克，立即对埃及的海外领地发起攻击。安条克有一个夙愿，即恢复塞琉古的帝国；在夺取拉斐亚之后，他已从他反叛的堂兄阿凯戊斯（Achaeus）手中收复了小亚细 24
亚，与此同时，他还进行了著名的东征。他占领了亚美尼亚的一部分，使帕提亚的阿萨息斯（Arsaces）对他俯首称臣；他打败了巴克特里亚的欧西德莫斯（Euthydemus），并将势力渗透到了帕洛帕米萨德（Paropamisadae）；他还显示出政治家的风范，保留了欧西德莫斯的王位，使之成为文明世界与游牧部落之间的重要屏障。他声称拥有塞浦路斯和基克拉迪群岛（Cyclades），但南部叙利亚对他更为重要，因为塞琉古王朝对这块土地的要求从未放弃过（参阅第 11 页）；公元前 202 年，他发动了第五次叙利亚战争，侵入南部叙利亚；公元前 200 年，他在约旦河源头附近的潘尼亚（Panion）击败了托勒密的将军斯库帕斯（Scopas），由此成为这块土地（包括腓尼基）的主人，他的王朝保持了这一格局。腓力已建成一支舰队，于公元前 202 年进攻海峡地区，夺取了吕西马齐亚、卡尔西顿（Chalcedon）和西戊斯（Cius）；他摧毁了西戊斯，其方式如同日后在阿比杜斯（Abydos）和马罗尼亚（Maroneia）表现的野蛮行为一样；他尝试着罗马人的方法，但引起了人们普遍反感甚至仇恨。公元前 201 年，在北方地区安定之后，他挥师南下并占领了萨摩斯岛；腓力已经承诺将西戊斯让给罗德岛，然而他通过煽动克里特岛而鲁莽地与罗德岛对抗，导致罗德岛人联合埃及的盟友阿塔鲁斯共同反对他。他们的联合舰队和腓力在开俄斯岛[1]附近的海域进行了一场艰苦但并非决定性的战斗，尽管腓力后来在莱德（Lade）单独击败了罗德岛人，并占领了卡里亚的一部分，但他再也没有从开俄斯岛失利的阴影中走出来。

---

① 波里比阿的记述是罗德岛人的版本，腓力战败了，这与事件相矛盾。参阅 Tarn, *J. R. S.* 1941, 172。

公元前 202 年，罗马在征服迦太基之后实力大增。公元前 200 年时埃及、罗德岛以及阿塔鲁斯向罗马求援，这是正常的，然而它使罗马得以称霸东地中海——此后罗马再未放弃这一地位。此前罗马还没有要征服东方的野心，但此刻它的侵略意图暴露无遗；罗马从此以后获得了埃及、帕迦马、罗德岛和雅典的一致支持。雅典的意图是为了和平，埃及是为了自我保护，罗德岛是为了在希腊及
25 其海域的自由，唯独帕迦马由于受到塞琉古王朝的长期威胁而一直在准备怂恿罗马扩张。马其顿王朝、塞琉古王朝及后来的埃托利亚同盟较大程度代表了反对罗马扩张的民族意志。到公元前 200 年，罗马与马其顿似乎相安无事，罗马看上去有些畏惧——害怕腓力与安条克可能占领埃及并控制其资源，继而以整个亚历山大帝国来发动反对意大利的战争。这是一个幻想；两个国王彼此猜忌，腓力绝不可能允许安条克通过希腊。面对想象的威胁，罗马的计划是解放希腊并使她成为罗马对抗腓力和安条克的前哨阵地；罗马公然宣战（第二次马其顿战争），并派出大批军队前往伊利里亚。腓力的老对手埃托利亚同盟于公元前 198 年加入了罗马的阵营，而由于雅典欢迎过阿塔鲁斯，腓力便不惜与爱好和平的雅典为敌，并残酷地劫掠了雅典郊区。这使阿卡亚同盟抛弃了他，其他的盟友就更不用说了。腓力支撑了两年，然而马其顿的国力最终耗尽，以至于公元前 197 年腓力只能召集到 26000 名孩子和老人，最终在色萨利的西诺塞法拉（Cynoscephalae）被罗马总督昆克修斯·弗拉米纽斯（T. Quinctius Flamininus）和埃托利亚人共同击败。

埃托利亚人因遭受的破坏向腓力提出索赔，但弗拉米纽斯不同意。腓力不得不放弃他的舰队，从“希腊的脚镣”——科林斯、卡尔西斯、德米特里亚（Demetrias）——及希腊、色萨利一起撤军，放弃所占领的亚洲城市，使其自由并给予赔偿；同时他与罗马结盟。罗马为这一联合付出的代价是接受埃托利亚同盟毫不掩饰的敌意，因为埃托利亚同盟没有获得它所要求的所有城市。在公元前 196 年举行的地峡运动会上，弗拉米纽斯做出一个惊人之举，他的传令

官当众宣布：所有以前受腓力统治的希腊人以及希腊同盟的成员
国从此自由了。这类似于公元前 314 年安提柯一世的声明，正如
安提柯所说，罗马的行动带有政治目的，并非一时冲动，而且在一
开始说话算数。希腊人热情高涨，但随之而来的是与希望破灭相 26
应的痛苦。多宋的泛希腊同盟（Hellenic League）解散了，其包括阿
卡亚同盟在内的同盟成员也像阿卡尔纳尼亚（Acarnania）那样成了
罗马的盟友；狄米特里戊斯的村镇联合破产了（参阅第 68 页），马格
尼西亚人的城市再度自治并作为联邦的中心和狄米特里戊斯组成同
盟；其他新加入的同盟还有色萨利人、佩里比亚人（Perrhaebian）、优
卑亚人。

再来看看奈比斯（Nabis）。腓力通过将阿哥斯送给他来试图赢得他在战争期间的支持；奈比斯在得到阿哥斯之后便中止了与罗马的同盟。然而，失去阿哥斯使阿卡亚与斯巴达之间的不和日益加深，二者都是罗马的盟友，但弗拉米纽斯公然支持阿卡亚。弗拉米纽斯召集了罗马所有的希腊盟友向奈比斯致意；奈比斯已拥有 15000 人马，并最终在拉科尼亚拥有一支 50000 人的军队。公元前 195 年，当罗马军队最后试图攻占斯巴达时，奈比斯打了一次胜仗，他的将军毕达哥拉斯（Pythagoras）打败罗马军队并将其逐出斯巴达；但奈比斯却不知所措地与弗拉米纽斯达成协议。奈比斯放弃阿哥斯及其沿海地区，只保留斯巴达，弗拉米纽斯既不解放阿哥斯，也不召回那些在变革中被流放的斯巴达人。其原因一方面是考虑到平定希腊之前不希望有别人介入，另一方面则是因为安条克的缘故。

摆脱腓力之后，安条克于公元前 197 年征服了西里西亚到赫勒滂海峡的小亚细亚海岸；他还侵占了阿塔鲁斯扩张所得的领土，同年阿塔鲁斯死去，其子攸美尼斯二世继位，仅拥有帕迦马本土而已；由此双方结下不共戴天之仇。公元前 196 年，安条克越过达达尼尔海峡开始攻占色雷斯沿海。希腊人和罗马人都夸大了安条克的力量：认为他有着非凡的经历，统治着广阔的土地，对罗马构成潜在威胁。罗马特使与他在吕西马齐亚会晤，要求他退

出欧洲。安条克回应称，他只是占领塞琉古王朝的领土，无意入侵
27 意大利，并要求罗马恪守不干涉亚洲事务的承诺。双方围绕这一僵局的谈判持续了三年之久；安条克不想被孤立，而罗马正陷于西班牙事务，也不希望战争。然而有两支力量是希望战争的：攸美尼斯害怕安条克，而埃托利亚则想报复罗马。公元前 194 年，罗马军队撤出希腊；长期驻军不仅使希腊的储备消耗殆尽，而且使民主制度也不复存在，其原因是希腊的富人与罗马统治者相勾结，如同他们以前讨好马其顿一样，而罗马则在所有地方都将权力交给他们。

公元前 193—前 192 年间，安条克将他的女儿克里奥帕特拉一世(Cleopatra I)嫁给了托勒密五世，并得到比提尼亚、卡帕多西亚和加拉太作为盟国；尽管公元前 193 年罗马向安条克发出最后通牒，且埃托利亚人的使节前来向他表达希腊的民意，请求他出兵，并许诺腓力和奈比斯作其盟军，但安条克仍没有做好战争准备。汉尼拔在公元前 195 年被逐出迦太基之后避难于安条克，此刻自然会怂恿他去攻击意大利的罗马；安条克当然从自己的立场出发，不赞同将色雷斯的防御转变成生死之争，不热衷埃托利亚人的计划；然而，他的大臣蒙尼普斯(Menippus)对埃托利亚同盟做出了荒谬的承诺。埃托利亚人立即进攻，奇袭并攻占了德米特里亚，成为轰动一时的事件，但没能触动斯巴达。奈比斯在战争中被杀，菲洛波蒙(Philopoemen)抓住机会迫使斯巴达加入阿卡亚同盟；公元前 191 年，他还合并了伊利斯和美塞尼，使同盟掌握了整个伯罗奔尼撒半岛；然而斯巴达和美塞尼是同盟非自愿的成员，这是同盟衰弱的根源。安条克曾经是个明智的人，这次由于被蒙尼普斯和埃托利亚欺骗而做了缺乏远见的事；公元前 192 年，在军队没有做好准备的情况下，安条克带领一万人穿越德米特里亚，这些军人足以挑起战争但不能控制局势。安条克的战斗口号是从罗马人手中解放希腊；尽管安条克占领了优卑亚和色萨利的一部分，但是允诺的动荡没有发生，腓力及阿卡亚同盟都被罗马控制着。公元前 191 年，
28 一支罗马军队在腓力的配合下收复了色萨利，并在天险温泉关歼灭了安条克的军队，安条克几乎是只身逃回亚洲。

公元前 190 年，罗马执政官科尼利厄斯·西庇阿（L. Cornelius Scipio）作为真正的指挥官，在他的兄弟，汉尼拔的征服者阿非利加（Africanus）的陪同下准备入侵亚洲；他们得到埃托利亚同盟的大力资助，条件是签署停战协定；在腓力的协助下，罗马军队通过了色雷斯，包括攸美尼斯和罗德岛海军在内的罗马舰队也游弋在爱琴海海域。安条克的海军司令叫波里克尼达斯（Polyxenidas），他是一位遭驱逐的罗德岛人，相当善战；他在克吕库斯（Corycus）被罗马人和攸美尼斯击败，随后却歼灭了罗德岛人的一个方阵，在迈欧奈苏斯（Myonnesus）的最后一战中（这也许是仅有的一次罗马在不利情况下的海战），波里克尼达斯本可能单独击败罗马人，然而一支罗德岛的舰队帮助罗马人扭转了战局。这次战役结束了马其顿王朝的海上优势，而这一点，实际上自公元前 322 年雅典海军在拉米亚战役（Lamian War）中阿莫古斯（Amorgus）一战衰败后便持续至今。与此同时，安条克重整他的军队，但是他在迈欧奈苏斯之战（Myonnesus）后变得不知所措，竟放弃了有坚强防御的达达尼尔海峡和吕西马齐亚；他似乎相信命运之神已经抛弃了他。在攸美尼斯的帮助下，西庇阿越过了达达尼尔海峡，并于公元前 190 年底在马格尼西亚彻底打败了安条克，这其中攸美尼亚功劳不小。公元前 189 年，一支罗马军队攻入弗里吉亚并推翻了安条克的盟友加拉太，同时腓力和罗马人在希腊占领了埃托利亚。埃姆布拉西亚（Ambracia）的英勇抵抗为埃托利亚赢得有限的权力，使之再次成为罗马的盟友，然而埃托利亚同盟已名存实亡，并且失去了德尔斐。公元前 188 年，罗马和安条克在阿帕米亚（Apamea）实现和平，为此安条克交出了塞琉古王朝除西里西亚以外所有的小亚细亚领土，放弃了他的战象和舰队，并支付了大笔赔款。罗马还要求抓获已逃往比提尼亚的汉尼拔。

阿帕米亚和平改变了希腊化世界东部地区的局面；罗马成为霸主，希腊已没有一个城邦可以真正地独立于罗马。公元前 202 年、 29
前 196 年、前 188 年签订的三个重要和约中的海军裁军条款使地中海成为罗马的内湖。[1] 接下来的一个时期，罗马四处出击；技不如人的辩论家和受侵犯的当事人都向罗马求援，罗马特使也频繁东渡；当富人们习惯屈服于罗马意志时，众多城市民众则站在民族独立的立场，至少在内心里是倾向马其顿的。攸美尼斯藉和平获利颇丰；他得到塞琉古王朝在塔洛斯山脉以北的小亚细亚地区和米安德(Maeander)，潘菲利亚(Pamphylian)的一部分、色雷斯沿海以及许多城市；但他无法统治皮西迪亚(Pisidia)的偏远地区和塔洛斯山区。他的势力扩张到黑海边的提俄斯(Tios)，并降服了劲敌比提尼亚；二者之间有过战争，公元前 183 年因罗马的偏袒使他得以如愿；此时罗马再次提出要将汉尼拔捉拿归案，汉尼拔被迫服毒自杀以免被普鲁西亚斯(Prusias)交给罗马。攸美尼斯还与本都的法那西斯(Pharnaces)开战，因为他夺取了锡诺普并将其作为首都；攸美尼斯也使自己成为加拉太的君主——这次成功的场面或许曾被刻在帕迦马的大神坛上(参阅第 319 页)，他甚至把他的势力扩张到了卡帕多西亚和亚美尼亚。他与希腊诸城的关系受到广泛的关注(参阅第 165 页)。他虽然盛极一时，但作为罗马人的走狗和希腊主义(Hellenism 这一术语内涵丰富，难以在汉语世界找到一个对等词语，本书根据上下文的具体情况，分别译为“希腊化”和“希腊主义”——译者)的叛徒而四处遭到冷遇。罗德岛得到了吕西亚(Lycia)和米安德南部的卡里亚；作为强大的城市同盟的首脑，并握有制海权，此刻的罗德岛达到了权力巅峰；但吕西亚人的不断反叛却成了罗德岛的一大心病。尽管安条克损失惨重，并丧失了对帕提亚的宗主国权力，但它仍然是一个大国；由于无力凑齐战争赔款，安条克铤而走险。公元前 187 年，在企图劫掠埃利迈斯(Elymasi，埃兰[Elam])的一处神庙时，他不光彩地被杀死。他的儿子塞琉古四世无力发动战争，这也是他可能做的最好的事情。

---

① Griffith, *Cambridge Historical Journal*, 1935, 1。关于罗马海权影响的大体情况，参阅 J. H. Thiel, *Studies on the History of Roman Sea-Power in Republican Times*, 1946。

公元前 175 年，塞琉古四世被他的大臣赫利奥多罗斯(Heliodorus)
谋杀，王子显然也被杀。塞琉古四世的小儿子狄米特里戊斯作为 30
人质留在罗马，王位在同年被他极具天赋的兄弟“神显者”安条克四世(Antiochus IV Epiphanes)夺取。①

如同罗德岛，阿卡亚同盟现在享有很高威望；菲洛波蒙(Philopoemen)主张与罗马保持友好，但不同于罗马盟友的是，他完全独立并摆脱同盟的义务。然而，如同吕西亚之于罗德岛，斯巴达也是阿卡亚同盟的一大心病，菲洛波蒙于公元前 188 年试图以武力来解决该问题；他攻占了斯巴达，摧毁城墙，召回被奈比斯及其前任驱逐的人，废除吕库古法律，将众多的奈比斯的新公民迁往阿卡亚，并把三千名左右拒绝迁移者卖为奴隶；他驱逐了许多人，这些人开始向罗马求援。公元前 183 年，美塞尼(Messene)叛乱，这场叛乱直到他将菲洛波蒙擒获并毒死之后才结束；吕库塔斯(Lycortas)继续菲洛波蒙的政策。历史学家波里比阿是吕库塔斯的小儿子，他护送菲洛波蒙的骨灰盒返回家乡。公元前 181 年，罗马介入斯巴达事务，吕库塔斯的对手卡利克拉特(Callicrates)，作为阿卡亚地区罗马派的首领，按照罗马的命令召回所有流放的斯巴达人，重建城墙，并恢复吕库古法律。波里比阿自然对卡利克拉特的评价不高；但解决了斯巴达的一些难题则是罗马所做的最可称道的一件事。

在与安条克的战争期间，腓力由于罗马的许可重新占领了狄米特里戊斯以及色萨利和色雷斯的一部分，他保持了在狄米特里戊斯的势力，但罗马又命令他从色萨利和色雷斯撤离。他服从了，却心存嫉妒。他对罗马的帮助很大，得到的报酬也不少。战争解决了马其顿的所有问题，腓力又埋头准备第二次战争。腓力陷入了
一种疯狂状态，他在撤离马罗尼亚时进行大屠杀，为讨好罗马他又 31

① 我把 Epiphanes 标为四世，这样做通常是为了避免混乱，即使塞琉古四世(Seleucus IV)被谋杀的儿子的名字也是安条克(Antiochus)。参阅 Otto, *Heliodoros* in P. W.; E. R. Bevan in *C. A. H.* VIII, 497 *sq.* 713。

杀死了自己的幼子狄米特里戊斯，这是安提柯家族内的第一次谋杀；而且，他变得比以前更加专断，但他的天赋总在危难时刻放射出光芒；他恢复了马其顿的繁荣与实力，制止杀害婴儿，引进移民，开发更多的矿藏，获得对色雷斯较大的控制权。到公元前 179 年死的时候，腓力留给其子珀尔修斯(Perseus)一个从卡珊德执政以来从未有过的如此繁荣昌盛的马其顿。腓力之死打断了一个计划，他曾打算利用关系良好的巴斯塔内人(Bastarnae)——一支居住在多瑙河下游的势力强大的高卢人同盟——[1]去攻击蛮族，并在他重新征服希腊时雇佣他们及其他们的旁支斯科迪斯克人(Scordisci)去入侵意大利。由于腓力的死，只有一部分巴斯塔内人投入行动，希腊人警觉到这一点并指责珀尔修斯对希腊的图谋，随即珀尔修斯中止了自己原先允诺的支持，结果蛮族打败了巴斯塔内人，并一度摧毁了他们的政权。

不幸的是，珀尔修斯是安提柯家族中最无能的，他优柔寡断、缺乏自信。然而，他不久便得到了民众的好感；他娶了塞琉古四世的女儿，甚至罗德岛的舰队都为新娘护航；希腊所有的民族派和民主派都注视着他；他还得到了罗德岛和埃托利亚同盟的支持。唯有攸美尼斯依旧与马其顿势不两立，他在公元前 172 年亲自前往罗马，怂恿其摧毁马其顿。毫无疑问，在罗马看来，珀尔修斯似乎可能组成一个强大的同盟；虽然无意反对珀尔修斯，但罗马还是倾听了攸美尼斯的意见(参阅第 124 页)，并且当攸美尼斯在回国途中由于私人争执几乎被杀时，罗马更指责珀尔修斯并积极寻找借口发动战争。由于听信攸美尼斯已死，他的兄弟阿塔鲁斯夺取了他的王国和妻子斯特拉托尼斯(Stratonice)；当攸美尼斯生还时，阿塔鲁斯又使这一切物归原主，而攸美尼斯则觉察到自己的婚姻有些草率(参阅第 40 页)。

公元前 171 年，罗马向珀尔修斯宣战，同时召集了所有盟友；到公元前 168 年，罗马在马其顿和希腊已有十万大军，与珀尔修斯

---

① 他们或许也包括一两个日耳曼部落。

的 43000 人马对阵。珀尔修斯的盟友只有色雷斯的科提斯 32
(Cotys)、伊庇鲁斯以及后来加入的伊利里亚的吉修斯(Genthius of Illyria)——他们治下的希腊城邦相当稳定,他们的真实目的,不在于珀尔修斯的战胜,而是借珀尔修斯制衡罗马以求自保。珀尔修斯因为优柔寡断和贪恋财物而备受指责。或许他相信击败罗马军队只能坚定罗马的决心,他的机会是保存实力并推延战争,直到罗马厌倦自己的劳而无功。在三年的时间里,珀尔修斯是成功的,罗马除了一些微不足道的胜利之外显得无能为力,只是在公元前 169 年底,罗马执政官马尔西戊斯·腓力普斯(Q. Marcius Philippus)才从色萨利越过他的前线。公元前 168 年,罗马为在马其顿的军团送去了更得力的将领——执政官埃米琉斯·保罗斯(L. Aemilius Paullus),此时珀尔修斯为酬金讨价还价而丧失了 20 000 名巴斯塔内人的有生力量。保罗斯诱使珀尔修斯离开对他有利的位置,并成功地在皮德纳(Pydna)让珀尔修斯发动仓促的进攻。马其顿的方阵横扫罗马军队的前锋,当袭击的马其顿人将罗马士兵挑于枪下时,保罗斯也承认感到震惊;然而冲锋陷阵的马其顿战争编排不合理,一部分罗马军队居然冲进了马其顿方阵与持盾士兵之间,整个方阵对于从侧翼攻入的敌人无能为力;方阵最终被冲散。当马其顿人拼死一搏时,珀尔修斯溜之大吉,这使他在他的臣民面前信誉扫地;他甚至没有销毁将连累许多希腊人的文件;最终他被所有人抛弃,只有投降。他被作为战利品牵行于罗马凯旋仪式的前列,并凄惨地死在罗马监狱。

罗马人品格的日益堕落和罗马人亲希腊倾向的消失在殖民运动中都得到了反映。马其顿被强行分成四个共和国,以后更因为经济上的约束而日益衰落。希腊的民族派一直将美好愿望寄托在珀尔修斯身上,如今损失惨重,许多人因此被流放——甚至在阿卡亚这个为罗马提供过军队的地方也有包括波里比阿在内的 1 000
名显贵被放逐到意大利。埃托利亚同盟解体,埃托利亚恢复到原 33
有地位,所有议会都被解散。为报复伊庇鲁斯的皮洛士对意大利的入侵,罗马人毁灭了伊庇鲁斯;被变卖为奴的人如此之多,以至于买一个伊庇鲁斯人只需花几个先令；三个加盟珀尔修斯的希腊城邦就这样被卖空了。珀尔修斯的舰队在提洛岛无力阻止的情况下使用过该岛，作为惩罚，提洛岛被交还给雅典。雅典人放逐了提洛人，让雅典移民在岛上进行殖民。罗德岛这个罗马的忠实盟友也中了执政官腓力普斯(Philippus)的诡计；他建议罗德岛充当调停人，罗德岛依计而行时，罗马却据此剥夺了它在大陆的大部分财产，并通过把雅典治下的提洛岛变成自由港，从而结束了罗德岛的商业优势。甚至当攸美尼斯打算充当调停人时(证据含混不清)，罗马便煽动加拉太人反对他；攸美尼斯前往意大利为他的动机辩护，罗马没有倾听，他无功而返；而公元前 166 年，当攸美尼斯经过几次斗争击败加拉太人的入侵时，罗马立即宣布他们的自治地位；公元前 163 年，苏尔比基乌斯·加尔巴(P. Sulpicius Galba)在帕迦马花了十天时间听取攸美尼斯对自己受到提防的抱怨。服务与顺从都不可能得到罗马共和国这个道德败坏的国家的真正友谊；比起罗马人日后的所作所为，任何一位马其顿君主的非正义与暴行都不算什么。罗马鲁莽的结果使攸美尼斯在亚裔希腊人中不再那么不得人心。公元前 160—前 159 年间，攸美尼斯去世，他的兄弟阿塔鲁斯二世继位，并再次迎娶了斯特拉托尼斯(Startonice)。

托勒密五世在其国人的反叛达到顶点后，于公元前 181 年至前 180 年间被人毒死，他留下三个孩子。长子托勒密六世·菲洛迈托(Ptolemy VI Philometor)后来娶了他的妹妹克里奥帕特拉二世(Cleopatra II)；小儿子就是以后的托勒密七世/托勒密·攸厄格特斯二世(Ptolemy VII / Ptolemy Euergetes II)。公元前 173 年，少年国王的大臣们在为收复南叙利亚作准备；但“神选者”安条克却在
34 他们的计划之前先发制人。被称为“亚洲救星”的安条克是其家族中最显赫的一员。[①] 他在罗马生活了 14 年，是罗马的忠实盟友和追随者；而作为雅典公民，他也热爱希腊；他以大量的神庙和建筑

① 关于 Antiochus，参阅 W. Otto, *Zur Gesch. D. Zeit des 6 Ptolemäers*, Abh. d. Bayer. Akad., 1934；关于不同的谱系，参阅 Tarn, *Bactria*, ch. V。

物来装饰雅典和其他城市，在安条克，他重建了许多像希腊城市一样的城镇（参阅第 4 章），并引进了新移民。尽管有些人称他为狂人，但他既高贵又慷慨，既民主又极富幽默感，是个受欢迎的国王；他极大提高了王国的效率，所尝试的改革都很有成效。公元前 169 年，他入侵埃及，占领佩鲁修姆（Pelusium）和孟菲斯，在确立对于托勒密六世的保护关系之后才返回叙利亚（关于他和约旦的关系，详见第 6 章）；亚历山大里亚人拥立攸厄格特斯为王，并得到菲洛迈托认可，于是埃及开始了两王共治。公元前 168 年，安条克返回埃及并围困亚历山大里亚，同时获得了菲洛迈托监护人的头衔。罗马坚持其一贯的削弱塞琉古王朝的政策，干涉了在皮德纳的战斗——罗马特使波皮利戊斯（C. Popilius）向安条克传达了元老院要他撤出埃及的命令，并用手杖在沙地上围绕他画了一个圆圈，要求他在走出圆圈之前作决定。这是一种前所未闻的傲慢无理行为，或许它与日后的一件事相匹配，当时西庇阿 · 阿米利安努斯（Scipio Aemilianus）要托勒密 · 攸厄格特斯二世陪他漫步走过亚历山大里亚时，他故意快走，目的是在臣民面前羞辱笨拙的主人。向罗马挑战不是安条克的目的，他撤出了埃及，专心于自己的真实计划，即从欧西德米德王朝（Euthydemid Dynasty）手中重新夺回巴克特里亚，并及时制服力量壮大的帕提亚。公元前 163 年，他在取得这些成功后死去，他的死使帝国丧失了所有扮演世界强国的机会。

罗马利用安条克的儿子安条克五世的年幼无知，要求摧毁叙利亚的战舰和战象；残杀战象的情景是如此的令人义愤填膺，以至于一个名叫莱普泰茵（Leptines）的人谋杀了罗马的特使奥克塔维斯（Octavius），罗马没有报复而是把它作为留待未来利用的借口。安 35
条克五世的统治很短暂。公元前 162 年，塞琉古四世的儿子狄米特里戊斯在波里比阿的帮助下逃出罗马，轻而易举地推翻了不受欢迎的摄政王吕西阿斯（Lysias），并自称救世主狄米特里戊斯一世（Demetrius I Soter）。他在从提迈库斯（Timarchus）将军手中夺回巴比伦时表现出不凡的能力。尽管这位以起义获得政权的将军得到了罗马的承认，而且他还在卡帕多西亚确立一个新的国王取代其政敌阿里阿拉特斯五世(Ariarathes V),但他未得到臣民的欢迎;阿塔鲁斯二世帮助阿里阿拉特斯复位,随后俩人又联合埃及的菲洛迈托共同反对狄米特里戊斯;这时出现了一个名为亚历山大·巴拉斯(Alexander Balas)的假冒者,此人自称是"神显者"的儿子。他的身份得到罗马和菲洛迈托的确认,在埃及的支持下,他入侵叙利亚,于公元前150年击败并杀死了狄米特里戊斯。

埃及的二王共治局面十分短暂,公元前163年,亚历山大里亚人赶走了菲洛迈托。但罗马伸出的援手使菲洛迈托得以重返。在罗马的调解下,埃及实行分治,菲洛迈托得到埃及和塞浦路斯,攸厄格特斯管理昔兰尼和利比亚。传统上认为菲洛迈托是托勒密王朝最好的君主之一。由于自身困难,罗马中止了对埃及或塞琉古的关注,条件是他们维持现状;而菲洛迈托则将注意力转向了叙利亚。菲洛迈托支持巴拉斯,并在他取得政权后将自己的女儿克里奥帕特拉·西娅(Cleopatra Thea)嫁给他,这实质上是对塞琉古王国施加保护国的影响。但巴拉斯是个庸才,不久狄米特里戊斯的儿子狄米特里戊斯二世便率领克里特雇佣军回来争夺王位。菲洛迈托亲自占领了叙利亚沿海地区,同时抛弃了巴拉斯,转而将他的庇护和他的女儿全给了狄米特里戊斯二世。公元前145年,巴拉斯进攻菲洛迈托,却一败涂地,随后被杀;而菲洛迈托也因伤不治身死,攸厄格特斯则因此成为整个埃及帝国的君王,并迎娶了自己
36 的妹妹克里奥帕特拉二世(Cleopatra II),即菲洛迈托的遗孀。希腊传统认为他是一个血债累累的暴君,犯下了种种罪行。大多数这样的指责都是明显的宣传,证据很少,并与他的大批法令完全自相矛盾,[①]而这些法令是无法否认的;也许他的性格有些像奥古斯都,但在后半生变了许多。他统治的大部分时间用于和他的妹妹进行内战,这个曾经模糊的问题现已得到澄清。[②] 他又娶了菲洛迈托的

① 相关陈述见 E. R. Bevan, *Hist, of Egypt*, 315;参阅 Otto-Bengtson (see p. 239 n. 1), 109 *sqq.*; Rostovtzeff, *SHE* 878 *sqq.*, 893 *sqq.*。

② Otto-Bengtson, *passim.*

女儿克里奥帕特拉三世(Cleopatra III)为妻,并且两个克里奥帕特拉经常和他一起出现在官方场合;至于年长的一个是否保留为妻,以及他们三人之间的微妙关系,我们现在也已经清楚。[①] 比起这些个人隐私,他的统治更多集中在其他问题上(详见第五章)。他死于公元前116年,是托勒密王朝最后一位有所作为的君主。

狄米特里戊斯的克里特军人在叙利亚的种种暴行立刻激起了反抗,巴拉斯的将军狄奥多图斯(Diodotus)乘机拥立巴拉斯的幼子安条克六世为王;公元前142年,狄奥多图斯谋杀了还是孩子的安条克六世,自立为王,号称特里芬(Tryphon)。狄米特里戊斯无法推翻他;于是留下妻子克里奥帕特拉·西娅作为叙利亚的摄政,自己则调头东征,在那里,帕提亚的密特里达特一世已经将他的势力从普来尼(Purali)扩张到了底格里斯流域,并于公元前142年夺取巴比伦。[②] 希腊城市已向狄米特里戊斯求援,毫无疑问,他希望满载而归去推翻特里芬。他得到许多支持,援救了巴比伦,但最终被密特里达特俘虏并不失尊严地关押,结果狄米特里戊斯和密特里达特的女儿结婚;而密特里达特重新吞并了巴比伦。西娅(Thea)维持了这一既成事实。公元前139年,狄米特里戊斯二世的兄弟安条克七世·斯德特斯(Antiochus VII Sidetes)从罗德岛来到西娅身边,与她成婚,做了她的第三任丈夫,并除掉了特里芬。斯德特斯是他的家族中的最后一位强人,对他来说惟一的不足要归咎于酗酒。他统一和壮大了他的王国,收复了长期失守的朱迪亚(Judaea,参阅第235页),最后率大军越过了幼发拉底河。希腊城市热情地迎接他;他再度征服了美索不达米亚和巴比伦,将帕提亚 37
国王弗拉特斯(Phraates)逐出米底亚,大有恢复安条克三世时代帝国的气势。公元前129年初的寒冬时节,帕提亚人奇袭斯德特斯,随后他被击败并杀死,帕提亚人重获政权;我们从塞琉古巴比伦得到的

① Otto-Bengtson, *l. c.*

② 公元前142年,见 *C. A. H.* IX, 579。N. C. Debevoise, *A Political History of Parthia*, 1938, 22,认为是公元前141年。

最后的文件的所署日期为公元前 130 年 6 月。弗拉特斯送还了斯德特斯的遗体，叙利亚举国悲哀，人们知道王朝的黄金岁月过去了。

马其顿在皮德纳之战后度过了几年艰难岁月，直到有一个叫安德里斯库斯（Andriscus）的人要求得到王权，他声称是珀尔修斯的儿子腓力，但其实真正的腓力已死于意大利。罗马因陷于西班牙事务对这个假冒的腓力很少注意，他在色雷斯支持下于公元前 149 年入侵马其顿，得到举国拥戴。公元前 148 年，他入侵色萨利并击败罗马军队；然而，他因玩弄专制君权而与马其顿人民疏远，后来被罗马执行官凯西里乌斯·梅特卢斯（Q. Caeciliu Metellus）打败，押往罗马处决；至此，马其顿由第一个希腊化国家沦为罗马的一个行省——从公元前 148 年起进入新的历史时期。[①] 此后还出现过一个假冒的腓力，但没有多大作为；这个行省的历史就是北方蛮族不断入侵的记录，其中在第一次密特里达特战争时，斯科迪斯克人和色雷斯人的入侵更是登峰造极，入侵者摧毁了德尔斐及多多那（Dodona）。罗马人在防止蛮族入侵方面远比安提柯那些君主的作为逊色许多。

此时希腊发觉要从它所受到的惩罚中恢复过来极其困难，因为它众多的精英被放逐了；在一些地区，希腊增加的人口已不足以平衡失去的数量。然而，战事依旧到来。有关阿卡亚同盟最后一搏的情况史载不详，波里比阿的著作大部分已经失落，且坦率讲是亲罗马的；虽然我们有时能幸运地通过碑铭发现波桑尼阿的记录，但他的
38 描写也仅仅反映了罗马支持者的观点；即使得知同盟的状况恶化，我们对一些领导人的腐败还是不要轻易下结论为妥。卡利克拉特（Callicrates）长期以来一直是政治领导人，完全为罗马的利益工作；公元前 150 年，在流放中幸免于难的 300 人（波里比阿除外）从意大利返回；同时，民众推翻了政府，推选支持独立的戴戊斯（Diaeus，来自麦加洛波里斯）做将军；这一年，卡利克拉特死去，罗马在西班

---

① 关于这个时代和公元前 146 年（第 39 页），见 M. N. Tod, B. S. A. XXIII, 206; XXIV, 544。

牙、马其顿和非洲遭遇困难，这些看起来为复兴政策提供了希望。公元前 148 年，斯巴达正式退出阿卡亚同盟，此举又招来了麻烦；同盟因此对斯巴达宣战，罗马也趁机插手。公元前 147 年，罗马在科林斯召集当事双方开会。罗马特使在会上宣布阿卡亚同盟不仅必须放弃斯巴达（这样还公平合理），还得放弃其中包括科林斯、阿哥斯、奥克门努斯（Orchomenus）等的阿卡亚同盟重要组成部分；阿卡亚同盟一直是支持罗马的，而罗马现在却要像曾经毁了埃托利亚同盟一样来毁了它。阿卡亚人威胁了罗马特使，人们对这一口头攻击的故事信以为真，但它是不真实的。公元前 146 年春，阿卡亚同盟一致通过战争决议，他们除了反抗已无计可施，否则只有坐以待毙，这是一场人民战争；延缓偿付债务的法令已公布，男人们自愿当兵，一个名为"爱国者"的俱乐部在所有城市出现，包括特洛伊曾（Troezen）和其他地方。人们都把自己的财产交由城市支配；①连波里比阿也不得不承认民众的情感像潮水般奔流。比奥提亚、优卑亚、佛西斯、洛克里斯也加入到阿卡亚的行列。克里托洛斯（Critolaus）将军促使北方地区加入他的盟军，但他被从马其顿仓促赶来的梅特卢斯（Metellus）打败并杀死；败军到科林斯寻求庇护。同样是在科林斯，罗马执政官穆米乌斯（L. Mummius）接管了梅特卢斯的指挥权。戴戌斯连任将军后积极备战，他下令解放 12000 奴隶来充实武装（这一命令没有实施），并率 14600 名士兵赶往科林斯，这可能是同盟建立的最大军队。他击败了穆米乌斯 39
的先头部队，这一胜利诱使他面对人数大大超过的敌人时也不惜一战；阿卡亚人的方阵孤注一掷地投入战斗，然而被埋伏在侧翼的优势罗马骑兵击败；戴戌斯在逃生之后，最终举家自尽。阿卡亚没有理由为它的最后一战感到羞愧，事实上它也没有。各个城市都建有阵亡将士名册，我们碰巧知道了埃皮多鲁斯（Epidaurus）的名册，②从这个小镇来的 156 人全部战死。穆米乌斯占领了科林斯，

---

① *I.G.* Ⅳ, 757.

② *I.G.* Ⅳ, 894.

尽管它没有抵抗，但仍像迦太基城一样被毁；男人被统统处死，女人和孩子被全部卖掉，整座城市被夷为平地。这是有意在警告希腊（参阅第263页），就像亚历山大大帝摧毁底比斯（Thebes）的目的。卡尔基斯和底比斯被严重损毁，但穆米乌斯在许多地方的表现则并不那么残忍。

公元前146年后，罗马成为希腊的保护国，马其顿则监督希腊的行动；一些史料文献将这一年看作希腊历史进入一个新时期的标志，但希腊并不是罗马的行省。波里比阿此刻获准返回，这一举动有助于减轻因毁灭性灾难给阿卡亚带来的痛苦，使之安然度过过渡期。在这段时间里，希腊除了一些边境争端外并无战事，也没有卷入外国政治事务。依据财产分配权力的政体——富人政治——在许多城邦建立，人们试图改变对政体的限制。一些人提议制定的法律在安条克一世看来并不恰当，为此他曾在一些城市宣称要对这些人予以“斥责和惩戒”；①而罗马制定的“新法”则以死刑作为惩罚，②这便是罗马与马其顿标准有所不同的例证。然而，罗马一度为其在希腊的所作所为进行辩护，认为即便有些强制做法，它仍然给希腊带来了和平和繁荣。罗马对诸如科林斯、优卑亚、比奥提亚等一些地区是征税的，而对雅典、斯巴达和另外一些城市则免税，至于进贡制度，也许直到公元前88年以后才开始形成。雅典在其晚期享受着丰富物质财富，最明显的事实是公元前100年，美塞尼（Messene）提议实施广泛的福利（参阅第12页）。这里也有过一次宗教复兴，③其间安达尼亚的秘密宗教仪式（Mysteries of Andania）、④重建神谕宣示所和恢复祭祀阿波罗·克罗帕乌斯
40 （Apollo Koropaeus）⑤等宗教活动都受到立法保障。公元前99年，在林都斯（Lindus）出版了记载当地宗教活动的书籍，名为《林都斯

---

① Ditt.^{3} 344 l. 55.

② *Ib.* 684.

③ A. Wilhelm, *Jahresh.* XVII, 83.

④ Ditt.^{3} 736.

⑤ *Ib.* 1157.

编年史》(*Lindian Chronicle*)。雅典和比奥提亚成为宗教复兴的先锋;比奥提亚的普托亚(Ptoia)节成为四年一度的庆典,塔纳哥拉(Tanagra)建立塞拉皮亚(Serapieia)神庙(参阅第114页);雅典则恢复了提洛岛上四年一度的迪莉娅(Delia,在希腊语中是"牧羊女"的意思——译者)[①]狂欢节(又称提洛节,该宗教节日在公元前314年被废除),在狂欢节期间,雅典会通过庄严肃穆的宗教仪式,送庇泰德斯(Pythaids,在宗教节日里担负特殊宗教使命的使者——译者)[②]去德尔斐,然后带回圣火,使城邦的道德得以净化。所有这一切,都有助于重新树立民族意识。

帕迦马此时正处于阿塔鲁斯二世·费拉德尔弗斯(Attalus II Philadelphus)统治时期,他是个有作为的君主,其间除了与比提尼亚的常规战争,可以说平安无事;他的舰队分别在公元前148、前146年支援过罗马。王国在其治下达到空前繁荣,阿塔鲁斯二世死于公元前139—前138年间。之后,阿塔鲁斯三世继承了王位,他可能是攸美尼斯的私生子,阿塔鲁斯二世承认了他的身份,并让无子女的斯特拉托尼斯(Stratonice)收养;[③]阿塔鲁斯二世娶并不年轻的斯特拉托尼斯是出于对攸美尼斯的忠诚,并要维护他儿子的继承权,[④]这些可以解释阿塔鲁斯二世在公元前172年表现出的草率以及攸美尼斯的宽宏大量。阿塔鲁斯三世有点神经质,既自负又残忍,他置许多杰出人物于死地,并没收了他们的财产;也许是悔恨自己的所作所为,后来他隐退了,潜心雕塑,研究药物。他死于公元前133年早期,没有留下子嗣,但留下一份著名的遗嘱:给予

---

① F. Durrbach, *Choix des Inscriptions de Délos*, I, ii, p. 191.

② Ditt.[3] 696-9,711; G. Colin, *B.C.H.* 1906,161; A. Boethius, *Die Pythais*, 1918.

③ 关于阿塔鲁斯三世的一些推测都被收集在一起了,见 E. V. Hansen, *The Attalids of Pergamon*, 1947, App. 1。

④ 精确地说应该是多宋娶了腓力五世的母亲、狄米特里戊斯(Demetrius)的寡妇克律塞伊斯(Chryseis),目的是为了确保腓力的继承,参阅 Tarn, *Phthia-Chryseis*, in *Harvand Studies in Class. Phil.*, Suppl. vol. I, 487。这个愚蠢的故事(Plut. Mor. 489 E, 184 C)认为这两个国王自然杀了他们自己的孩子(Stratonice 大约50岁),这证明处于相同的环境。

帕迦马及属于他的希腊城市以广泛自由，同时将王国赠送给罗马——这意味着他把王国的土地、王室的财富、作为帕迦马国王的权力以及国家的其他一些东西都给了罗马。关于阿塔鲁斯三世这么做的原因，我们可以进行推测：他憎恨他同父异母兄弟阿里斯托
41 尼库斯（Aristonicus），但就像年轻的托勒密（Ptolemy the Younger）于公元前 155 年在昔兰尼所做的那样，如果阿塔鲁斯三世死时并无子嗣，那么阿里斯托尼库斯就有可能继承王位，而阿塔鲁斯三世订立这份遗嘱就是为了预防此事发生；①另一种猜测是阿塔鲁斯三世只不过预见了这样一个事实，即帕迦马已是罗马唾手可得的囊中之物。无论如何，罗马接受了馈赠。帕迦马人害怕奴隶反抗，于是给予大多数阶层以公民权（详见第 170 页）；公元前 132 年，阿里斯托尼库斯发动了反抗罗马的全国性起义，参加者大多数是奴隶。他轻易击败了罗马盟友，其中包括本都、比提尼亚、卡帕多西亚、帕夫拉戈尼亚（Paphlagonia）的统治者；尽管帕迦马抛弃了他，但他还是攻占了卡里亚，包围昔齐库斯（Cyzicus），入侵凯尔索尼斯（Chersonese），并于公元前 130 年初歼灭了执政官克拉苏（Crassus）及其率领的部队。但新的执政官珀波纳（M. Perperna）击败他，并将他围困在斯特拉托尼卡（Stratonicea）；他不得不投降，被押往罗马并处死。即便如此，战争还没有结束，公元前 129 年，执政官阿奎琉斯（M'. Aquilius）还在卡里亚和密细亚（Mysia）进行着艰苦的战斗，这场战争的意义在于阿里斯托尼库斯（Aristonicus）将他的理论转化为实践（参阅第 125 页）。

这场战争使罗马从阿塔鲁斯三世的遗嘱中解放出来，罗马征服了这个王国，并于公元前 130 年使之成为罗马亚细亚行省的一部分。那些曾援助过阿里斯托尼库斯的城市如今成为主要的纳税者；而米利都等另一些城市却是自由的，并成为罗马的盟友。按照希腊化世界的惯例，罗马首先减轻了赋税，随后又根据格拉古

① F. E. Adcock, *L'Antiquité Classique*, XVII, 1948, 11。这种遗赠的目的是警告的他们的对手，杀死准备继位的君主也是没用的。

(C. Gracchus)的《森颇尼安法案》(*Sempronian Law*)重新征收重税。那些独立城市的状况时好时坏;它们奢望获得罗马的免税。那些赋税本身并不沉重,令人难以忍受的是收税方式。罗马以包税制代替了通过认真负责的官员收税的方法,收税人已买下从一个地区收税的权力,至于他实际上征收多少,惟一可以约束的便是他自己的贪心;这是一个空前糟糕的制度,特别是当这些处于负责 42
地位的收税人常常只是一群罗马的代理人的时候。直到公元前 88 年,罗马才实施了一些限制措施,众多城市均以此为准则继续顺利发展,尤其是自由城市。

公元前 88 年,一场争夺开始了,它预示着希腊主义的覆灭;第一场战争在罗马和本都极为有名的蛮族密特里达特·欧帕托尔(Mithridates Eupator of Pontus)之间展开。这场战争属于罗马历史,在此值得注意的只是它们的影响。在密特里达特周围凝聚着对罗马及其收税人的憎恨;公元前 88 年,他攻占了罗马的亚细亚行省,众多希腊城市加入他的行列,当他下令将领大规模屠杀"罗马人"时,几乎没人反对。也有一些城市,如罗德岛拯救过一些罗马人及其荣誉;然而有大批罗马人死亡,据说高达 8 万至 15 万,主要是无辜的商人及其家属;其中密特里达特的将领亚基老(Archelaus)在提洛岛等岛屿的屠杀,死者就超过了 2 万人。密特里达特甚至在希腊也找到了盟友,如阿卡亚、拉科尼亚、比奥提亚,而最值得注意的则是雅典民众。公元前 103 年左右,雅典发生了一场寡头政变,而平民阶级要求重新获得权力;由于历史原因,雅典已有几代人没有经历战事,如今公开支持密特里达特的理由是显示希腊人对其罗马主人在亚洲大屠杀的憎恨情绪。当密特里达特的征服者苏拉围攻雅典时,雅典人奋起反击,然而雅典再也没有从接踵而至的毁灭中恢复过来。在亚洲,密特里达特放逐开俄斯人(Chians)是引起众多城市抛弃他的原因,他试图通过煽动对他有利的社会革命重新赢得这些城市;他宣布废除债务,给予在城市居住但没有公民权的外侨以公民权,解放奴隶;他仿效阿里斯托尼库斯,试图以革命作为对抗罗马的武器。

随密特里达特揭竿而起的亚洲反抗西方统治的实质行动开始于卡帕多西亚和帕提亚，继之以朱迪亚和亚美尼亚，并成为主导；
43 一直想方设法削弱或破坏希腊—马其顿国家的罗马终于占了上风，并成为希腊文明在东方的卫道士。而希腊主义则第一次经历了灾难和毁灭。由于夹在罗马与本都之间遭受双重打击，希腊和亚洲都遭到了严重破坏；除了战争勒索和损失，苏拉还掠夺了奥林匹亚及其他地方的神庙，亚基老（Archelaus）洗劫了提洛岛以及密特里达特的蛮族盟友德尔斐；援助过密特里达特的西里西亚海盗的行径更是雪上加霜。苏拉对两个国家的残酷掠夺犹如日后安托尼斯·克勒提戊斯（M. Antonius Creticus）在克里特战争中所做的那样；在所有的这些战争中，希腊诸多城市不得不为罗马舰队提供给养。在任何可能的恢复实现之前，希腊东部地区已无法摆脱地陷入罗马内战之中。

希腊已丧失复兴的机会，其人口减少了一半；底比斯成了一个村庄，麦加洛波里斯成了沙漠，麦加那、厄齐那、比雷埃夫斯只剩下一大堆石头；在拉科尼亚和优卑亚，个人可以拥有大片土地，但劳动者可能只是几个牧羊人；和伊庇鲁斯一样，埃托利亚被彻底毁灭。直到公元前 27 年，奥古斯都将这里划为阿卡亚行省，情况才有所好转。两个新兴的贸易城市，恺撒的科林斯（Caesar's Corinth）和奥古斯都的帕特雷（Augustus' Patrae）逐步繁荣起来；雅典依旧是一流的学府；伊利斯和比奥提亚的物质水平有所提高，比奥提亚依然充满生机，当时还产生了财阀统治；大多数城市都有所恢复。就希腊而言，奥古斯都的和平来得太晚了。

经历了许多苦难的小亚细亚有着与希腊迥然不同的命运。这是一段黑暗的岁月，许多城市在公元前 88 年以后失去了自由；新一代收税人比起他们的前辈可以说是有过之而无不及。按照某些希腊法律，债务人是不会被抓的，而现在的有些时候，他们不仅被抓，而且受严刑拷打，子女还会被卖掉。行省总督们强取豪夺了大
44 笔财富；西塞罗曾描述过一个热衷于公共道德的人所招致的麻烦。一些城市已挪用光了本应用于神庙的资金，被迫向罗马的银行家

借高利贷；卢库勒斯（Lucullus）曾一度禁止高利贷，但在内战期间它又卷土重来。除了恺撒（他暂时放弃了包税制），所有的将军们都只关心自己的功利，并追逐金钱——有一些敲诈行为是颇为出名的（参阅第 113 页）。但那些大城市并未被彻底摧毁，这些十分强大与富有的城市短期内会屈服，而一旦政权确立，又会很快恢复他们的繁荣。

小亚细亚的其他国家相继倒向罗马，过渡时期有时处于代理国王的统治下。弗里吉亚于公元前 116 年加入亚洲国家的行列。公元前 74 年，尼克美狄斯四世（Nicomedes IV）效法阿塔鲁斯三世将比提尼亚赠送给罗马；该地在庞培最终击败密特里达特之后被划入罗马，与本都的一部分合为一个行省。在加拉太，密特里达特屠杀了大部分贵族，结果有一个名为戴奥陶鲁斯（Deiotaurus）的贵族自立为王；公元前 36 年，他的大臣阿明塔斯（Amyntas）在安东尼的支持下获得王权，并将王国向南扩张；公元前 25 年，他被陶鲁斯（Taurus）的霍马顿斯（Homadenses）击败，他的王国因此落入罗马之手。波勒蒙（Polemon）是安东尼扶持的另一个国王，他统治着本都从伊利斯（Iris）到科尔基斯（Colchis）的大片土地，并建立了一个王朝；他的王国在公元前 63 年被并入罗马，最后一个半独立国家卡帕多西亚也在韦巴芗（Vespasian）统治时期被并入罗马。至于罗马的小亚细亚行省的详情与变化，这里不再多谈，在这方面，奥古斯都部分恢复了塞琉古王朝的制度（详见第四章）。在共和制度下，大片土地成为公地，一部分罗马人攫取了大量土地；奥古斯都使公地重新成为王室土地，他废除了收税人，效法塞琉古王朝的做法通过政府官员收税。

塞琉古王朝在斯德特斯（Sidetes）死后又维持了 46 年，但在失去康马根尼（Commagene）和伊德沙（Edessa）之后，加之内部不和造成四分五裂，其又蜕变成统治北叙利亚地区的一个小王国。弗拉特斯（Phraates）在斯德特斯战败之前释放了狄米特里戊斯二世；狄米特里戊斯二世收复了叙利亚，迎回他的前妻克里奥帕特拉·西娅 45
（Cleopatra Thea）。她已为斯德特斯生了五个孩子。然而，在与斯德特斯生活多年之后，这位多次婚嫁并对生活有所醒悟的妇女已无法忍受狄米特里戌斯二世的无能；当一个假冒者亚历山大·赞比纳斯(Alexander Zabinas)击败狄米特里戌斯二世时，她明显阻止了他求生式的出逃。此时她醉心于权力。当她与狄米特里戌斯二世的长子登基后，她竟然将他毒死；逐渐地，她再次建立起合作统治的机制。安条克八世·格里普斯(Antiochus VIII Grypus)预见到自己的命运，于是对她先下了手。此后连年的内战在格里普斯和斯德特斯的儿子安条克九世·奇基诺斯(Antiochus IX Cyzicenus)及其后裔之间展开；一些大城市不得不进行自卫，一些小独裁者和阿拉伯酋长们趁机建立了公国，封邑遍布全国，黎巴嫩的伊图利安人(Ituraeans)在该地任意抢劫，较为先进的那巴提安人(Nabataeans)甚至一度占领了大马士革。公元前83年，提格拉尼斯(Tigranes)在统一亚美尼亚之后，征服了塞琉古王朝，结束了他的统治；尽管不得人心，但他至少建立了一个政权，然而在他被卢库勒斯(Lucullus)推翻后，取而代之的是纯粹的无政府主义；当公元前64年庞培将该地变成罗马行省时，这一情形对北部叙利亚备受磨难的希腊主义颇为有利。

无论如何，这是很特别的，埃及在攸厄格特斯死后没有国王，却依旧创造出大量财富，并有强大力量向南扩张(参阅第7章)。攸厄格特斯的遗孀克里奥帕特拉三世(Cleopatra III)和他平庸的儿子托勒密八世/救世主二世托勒密·拉斯洛斯(Ptolemy VIII/Ptolemy Soter II, [Lathyros])、托勒密九世·亚历山德洛斯(Ptolemy IX, Alexandros[亚历山德洛斯])通过不同变化和联合统治埃及和塞浦路斯直到公元前80年；昔兰尼被攸厄格特斯留给他的私生子托勒密·阿皮翁(Ptolemy Apion)，阿皮翁于公元前96年又将它赠送给罗马。拉斯洛斯的女儿于公元前80年死后，托勒密家族的正统也就结束了，但亚历山大里亚人又拥立拉斯洛斯的私生子为王，即托勒密十一世(Ptolemy XI, 奈奥斯·狄奥伊索斯[Neos Dioysos])，绰号为奥勒特斯(Auletes,"吹笛者"的意思)，据说他有尼禄一样的坏脾气；公元前58年失去塞浦路斯之后，他

依靠对罗马的卑躬屈膝将统治维持到公元前 51 年。他的两个孩 46
子,年轻的托勒密十二世和他的姐姐克里奥帕特拉(Cleopatra)共同继位。稚气未脱的君主与亚历山大里亚城联合打了一场反对凯撒的漂亮战,它几乎断送了恺撒的前程;克里奥帕特拉王朝的没落掩盖了其举世无双的战绩。关于她的故事很多,但没有多少是真实的,无论她有什么罪恶或错误,都足以令罗马对她的强大感到畏惧,她志向远大,具有亚历山大式的大无畏精神。人们预言她将在推翻罗马之后重新崛起,并宣告一个亚洲和欧洲捐弃前嫌化敌为友,充满正义与爱的时代即将到来。她的目的是要成为罗马世界的女皇;如果恺撒活着的话,或许她可以实现愿望,但凯撒死了,她退而求其次又投入了安东尼的怀抱。眼看她那以罗马人征服罗马人的阴谋就要得逞,却为时已晚;公元前 31 年,安东尼的舰队在阿克兴的失败彻底打碎了她的帝国梦,随着她在次年的自杀,最后一个马其顿王室名存实亡,而胜利果实被奥古斯都攫取。[1]

① 关于 Cleopatra,参阅 Tarn, *C. A. H.* X, 1934, chs. 2,3; also *J. R. S.* XXII 1932,135 (the prophecy) and XXI, 1931,173 (Actium)。

第二章　君主、城市及同盟①

君主制形式——国王崇拜——崇拜的意义——崇拜名称——女王——官员与朝廷——海军——陆军——安提柯统治下的马其顿——君主与城市之间的关系——城市——同盟——泛希腊同盟——国王同盟——埃托利亚同盟——阿卡亚同盟——同盟与罗马

47 **君主制形式**　古老的马其顿君主制保留着一些我们从荷马史诗和条顿传奇②可知的英雄时代君主制特征：被神化了的国王及其附属的王公和自由贵族们统治着属于他们的王国，这些王室贵族把对君主效忠当作爱国。亚历山大的下属就是最后一批这样的英雄随从，那种古老的缔结联合方式、门第观念在他们的时代还未销声匿迹；③军人携武器参加会议的原始传统仍然存在，他们紧紧抓着自己的这项权力；在马其顿，这些权力可能早于它那并不纯粹的君主制；这种政权下受到军人权力的限制，这种政体被称为准立宪制。④ 国王不能指定继承人；在他死后，空位时期由军队掌权，其间军队选出新国王——新国王人选通常是长子，但不全是这样。如果

① V. Ehrenberg, 'Der griech. und der Hellenist. Staat'，在 Gercke-Norden III, 3, 64 *sqq.*; Fr. Heichelheim, 'Griech. Staatskunde', 1902 - 1932，在 *Bursian Suppl. Band*, 250。

② H. M. Chadwick, *The Heroic Age*.

③ Arr. *Anab.* VII, 11, 6.

④ Ferguson, *Amer. Hist. Rev.* 1912, 34.

国王还是个孩子,军队有权独自指派一个摄政或国王的监护人。另外,如果国王在审理叛国罪的过程中作为一方当事人,那么军队就会代表整个城邦旁听审判,并做出判决。国王是军队选出来的,自然军队也可以废黜国王;因此,即使是权力极大的国王也会迎合敌对的军队;但军队对政策没有发言权——如果他们想要什么政策,他们就会采用兵变这一他们经常使用的方式来达到目的。①

由于军队是由自由的马其顿人组成,因此它完全代表人民;但 48
从法定形式上看,这并不是马其顿国家的组成部份。如上所述,虽然国王屈从于军队的权力,但国王就是国家,并可在对外关系中单独代表马其顿。因此,在科林斯同盟(League of Corinth)里,亚历山大有着不时令人疑惑的双重身份:同盟由希腊国家和亚历山大的国家组成,亚历山大既是马其顿国王,又是同盟首脑。这一身份直到安提柯·多宋(Antigonus Doson)使马其顿人成为"马其顿联邦"为止,②随后他又使马其顿人成了这个联邦的一部分——正式来说,这个国家已不再仅是"安提柯王"而是"安提柯—马其顿王"③的了。这只是一种称谓,人民没有得到更多的权利;事实上,腓力五世(Philip V)有时比任何一个其他马其顿国王更专制。

马其顿人征服埃及和亚洲后面对了一些新问题:④在继承者战争中,马其顿驻海外部队曾一度保有他们的特权,但在公元前300年之后,当马其顿人成为混合雇佣军的少数派时,这些权利就不复

---

① 从这些事件中可以推断出军队的权力。参阅 Curt. VI, 8,25; and now F. Granier, *Die makedonische Heeresversammlung*, 1931; F. Hampl, *Der König der Makedonen*, 1934; Tarn, *Alexander* II, p. 137, and p. 379。

② Ditt.[3] 575; Philip V'有着 Μακεδονων 的铜币。之后可参阅 Diod. XVIII, 4,3; Polyaen. IV, 6,14; Arr. VII, 9,5;另见 Tarn, *J. H. S.* 1921,16。

③ *I. G.* XI, 4,1097; Tarn, *J. H. S.* 1909,269 *sqq.*

④ 除一般性著作外,关于这一理论还可参见 see E. R. Goodenough, 'The Political Philosophy of Hellenistic Kingship', *Yale Class. Stud.*, I, 1928,55; P. Zancan, *Il Monarcato Ellenistico*, 1934,尤见关于塞琉古的一章;C. W. McEwan, *The Oriental Origin of Hellenistic Kingship*, 1934; A. Herss, *Stadt und Herrscher des Hellenismus*, Klio beiheft 39,1937。

存在了；塞琉古王朝和托勒密王朝的绝对君主制一点也没有马其顿立宪制的特征，除在埃及民众有向国王请愿的权利。[①] 即使后来在托勒密王朝也出现了军队不时干政之事，但那也是罗马近卫军
49 式的，与马其顿宪法一点关系也没有；事实上，在这里面几乎就没有一个生来自由的马其顿人。如果马其顿人把他们的君主制强加给塞琉古王朝和托勒密王朝的话，那么亚洲人和埃及人也会将他们的政体强加给塞琉古王朝和托勒密王朝；这些国王完全代表王国，就像大流士一世或图特摩斯三世（Thutmose III）那样独断专行；他们不是民族的统治者，并且在他们的王国也不存在可以在罗马找得到的帝国公民。对这两个王朝为何如此的一个合理的解释是只有一个高高在上，同时撇开了希腊人和亚洲人的绝对君主制，才有统一东西方的机会。后来罗马共和国由于没有能够统治好希腊化国家，才最终发现了这一点。在塞琉古王朝和托勒密王朝，统治者都有与王储共同执政的情况，而且在托勒密家族内部，王朝谋杀极为常见，但托勒密王朝一百多年都没有发生内战。

国王崇拜 不过每个国王都受过希腊思想的熏陶，他们都渴求为他们的统治建立一些基础，而不仅仅是依靠征服。就早期诸王而言，他们是世上最有才能的人，同时也是最佳的统治者。在亚洲和埃及，这种原则最终体现在神圣王权中[②]——一个数千年来为广大受压迫民族所熟知的观念，也许正因如此，这种观念对他们的新统治者是极为有价值的。但是，只要你一考虑这种观念的历史，你就会发现希腊城市对国王的崇拜一定有别于国王自己组织的官方膜拜。亚历山大活着的时候，官方还未将他奉作神明；[③]作为一种政治策略，对他的崇拜只局限于科林斯同盟的一些城市；他之所以

---

① P. Collomp, *Recherches sur la chancellerie et la diplomatique des Lagides*, ch. III; O. Guéraud, *Enteuxeis*, 1933.

② King-worship: E. Kornemann, *Klio* I, 51; Beloch IV, 1, 366; Kaerst II^2, App. V; A. D. Nock, *J. H. S.* 1928, 21.

③ Bibliography *C. A. H.* VI, 598; add L. R. Taylor, *J. H. S.* 1927, 53, *C. P.* 1927, 162; Nock *op. c.*; Tarn, *J. H. S.* 1928, 206; *Alexander* II, App. 22.

渴望这么做，目的是在古老的希腊城市里建立起稳固的地位，获得某些必要的权威，否则作为一个君王，他在这些城市中毫无地位可言。当这些城市开始崇拜亚历山大的继承者时，这些继承者很乐意接受这一举动所带来的政治好处，就像它曾经给亚历山大带来的好处一样。安条克一世、[1]狄米特里戊斯一世（Demetrius I）、[2]吕 50
西马库斯、[3]塞琉古一世、[4]托勒密一世[5]甚至于卡珊德[6]也在不同的城市受到崇拜，但没有一个在其统治期间正式成为神。在埃及，三位被从危险中拯救出来的希腊人把托勒密一世及其王后贝勒尼斯（Berenice）当作"救护神"（saviour gods）加以膜拜，[7]但这不一定表明他们已被官方神化。不过，就像别的城市缔造者一样，亚历山大作为亚历山大里亚的缔造者[8]受到亚历山大居民的崇拜；他死后，攸美尼斯（Eumenes）及其马其顿军队依旧崇拜他，[9]可能就像货币上所表明的那样；吕西马库斯所建立的王朝（并不位于马其顿）中也有对亚历山大的官方崇拜；但托勒密一世在埃及主持的对马其顿名人的膜拜却给这个崇拜世界开了先河，此事大概发生在公元前305年他继位后不久。公元前280年后不久，托勒密二世在亚历山大里亚为他父亲[10]举行了一次盛大的纪念活动；安条克一世继而模仿，把塞琉古神化为宙斯·尼克托（Zeus Nikator）[11]；而后，

① *OGIS* 6，以及文字附注，条款由星星标识。

② Plut. *Dem.* 10,12 *；Athen. 536 A；Diod. XX，102,2；*I. G.* XI，4,1036 *；XII，9,207；*SEG* 1,362. * Cf. K. Scott，*A. J. Phil.* 1928,137,217.

③ *OGIS* 11；Ditt.^{3} 372,380.

④ *OGIS* 212；Ditt.^{3} 412－413；Athen. 255 A.

⑤ *OGIS* 16（对之进行了有关托勒密二世的修订 *Philol.* 85,159；但 Menander，Weinreich 知道塞拉皮斯，*Aegyptus* XI，13）；Ditt.^{3} 390. Paus. 1,8,6。

⑥ Ditt.^{3} 332（可能）。

⑦ *Archive* V，156 no. 1.

⑧ Plaumann，*Archiv* VI，77；Elizabeth Visser，*Götter und Kulte in Ptolemäischen Alexandrien*，1938.

⑨ Diod. XVIII，61.

⑩ Ditt.^{3} 390.

⑪ *OGIS* 245，App. *Syr.* 63.

这就进一步成为惯例，国王们都像亚历山大一样在死后被奉为神明。

也许是托勒密二世完成了这最后的程序；他的姐姐，同时也是王后的阿西诺二世（Arsinoe II）在死之前就被奉作女神菲拉德尔弗斯（Philadelphus），[①]由此托勒密二世本人在生前也被正式立为神（从没有人把他称为菲拉德尔弗斯），他与王后或一起或单独被膜拜。[②] 在他死后，每个托勒密王朝的继任者都在生前被理所当然地
51 奉为神明，并替代他的位置成为官方膜拜主神。受到膜拜的第一人是亚历山大，担任祭祀亚历山大职务的人是世界上最伟大的人；排在亚历山大之后的是一系列被神化的国王及王后，这些崇拜名号是阿德尔弗伊神（Adelphoi，托勒密二世和阿西诺二世）、攸厄格特神（Euergetae）、菲洛帕托勒斯神（Philopatores）等等；托勒密一世和贝勒尼斯最终被尊为索特勒斯神（Soteres），他们的名字排在亚历山大之后，这可能是在托勒密四世统治时代定下的。阿西诺二世和在她之后的贝勒尼斯（托勒密三世之妻）、阿西诺（托勒密四世之妻）一样，有着各自独立的女祭司。塞琉古王朝的王朝崇拜在整个帝国随处可见，[③]每个总督辖区都有膜拜中心；这种崇拜可能比较早，但是由安条克三世或安条克二世确认的；[④]许多城市也有着对这些王朝的地方崇拜形式。[⑤] 人们为这两个王朝捏造了神圣谱系：塞琉古王朝是阿波罗的后裔，[⑥]托勒密则源于赫拉克勒斯（Heracles）和狄奥尼索斯（Dionysus）。[⑦] 帕迦马的统治者，即使是在阿拉图斯一世夺取政权后，也仅生前在各个城市受人膜拜，死后

---

① *OGIS* 724；参见 Beloch，IV，2，586 n. 1；Ferguson，*C. A. H.* VII，17。

② *P. Cairo Zen.* 59282（250 B. C.）.

③ *OGIS* 224＝Welles，*Royal Correspondence* no. 36；Bouché Leclercq，*Hist. d. Sél.* 469；Rostovtzeff，*J. H. S.* LV，1935，56；Wilcken，*S. B. Berlin*，1938（XXVIII），317[22].

④ Rostovtzeff *ib.* 66 (note).

⑤ List，Bickerman，*Inst. d. Sél.*，243.

⑥ *OGIS* 219，227，237.

⑦ *Ib.* 54；Satyrus，*F. H. G.* III，p. 165.

才被封为神;由于他们在生前没有成为神,因此他们就不可能将神性作为他们统治的基础。[①]

马其顿则是另外一种情形。作为一个单一民族君主制国家,安提柯国王们不是征服者,国王是军队依据宪法选出来的;对国王尊崇是毋庸置疑的,但没有一个安提柯国王是马其顿人的神,即便他有可能在希腊城市或是马其顿某些依旧保持着希腊特征的城市里被神化;因此,狄米特里戊斯一世在雅典、攸卑亚、锡西翁(Sicyon)和其他一些地方被崇拜,安提柯·多宋在锡西翁、西斯提埃拉(Histiaea)和拉哥尼亚(Laconia)[②]受到膜拜,腓力五世则在安菲波里斯(Amphipolis)[③]受到了像卡珊德和吕西马库斯在卡珊德里亚(Cassandreia)所受的尊崇。但有一个例外,安提柯·贡纳图斯没有 52
受过任何膜拜,这在君主制政体下是很奇怪的。[④] 他所接受的斯多噶派教育以及由此产生的同情心使得他把事情都认作是虚伪的,也许他继承了他祖父安提帕特的性格:安提帕特是个保守的马其顿人,他拒绝膜拜亚历山大。贡纳图斯本人更愿意在他满意的哲学思想中寻找维护其政权的理论基础,他给王权下的一个有名定义就是"高贵的奴役",这表明国王的基本义务在他眼中就是服务:国王应当是全体臣民的公仆。

崇拜的意义 那么"王权崇拜"[⑤]是什么意思呢?温德兰(Wendland,参阅第 361 页)称其为"政治宗教",这表明其着重强调"政治"一词,因为王权崇拜与宗教情感没有任何关系。这对国王来说只是一种保证在其死后,他的言行在希腊城市中的合法性及稳固其地位的一种政治手段;受过教育的阶层一般对此表示怀疑,但因为奥林匹亚宗教是一种过时的精神宗教,所以当"王权崇拜"

---

① On *OGIS* 302 见 Ferguson *C. P.* 1906,231。

② Plut. *Arat.* 45; Ditt. 3493; *I. G.* V, 1,1122.

③ *B. C. H.* 1894,416 no. 1.

④ 详情见 *Antigonos Gonatas*, 250,430。尼多斯讽刺诗的追随者现已为人所知(Tarn, J. H. S. 1910,214) *Milet* 1,3, no. 138 l. 73。

⑤ Ferguson, *C. A. H.* VII, 13 - 22.

这一思想建立以后，也就没有什么能够取代它的位置。谈及这些傲慢的君主，我们很容易会忽略这点：没有一个国王认为他是神，或者很明显地表示出喜欢对他的崇拜（“神显者”安条克除外）。昔日的安提帕特认为“王权崇拜”是对神的不恭，[①]而到公元前 3 世纪，尽管贡纳图斯还认为这很无聊，但人们会对这种想法微笑视之。也许就像普通人会争论的那样：什么是神？当时有两个伟大的神阿波罗和狄俄尼索斯，他们的母亲像亚历山大和托勒密的母亲一样都是凡人；其他神灵，比如阿斯克勒庇俄斯（Asclepius）也是凡夫俗子——犹希迈罗斯（Euhemerus）那种一切事物曾经都是凡人的理论广泛为人所知。实际上，他们是不朽
53 的人物；但亚历山大与众不同，他的精神依旧激励着这个世界，从这种意义上讲，他是不是永恒的呢？奥林匹亚诸神没有赐予个人的救赎及永生的希望，只赐予了极少的灵性：这些神灵作为较高层次道德的卫道士是极其不称职的。人不得不在信任上耗费许多；他也许信仰宙斯的权利和光彩，但他眼见为实的却是托勒密的权威和光彩。遇到饥荒，地方神不会给你食物，但国王会这样做。也许是神从高卢人手上挽救了特弥松尼戊姆（Themisonium），[②]但可以确定是安条克一世曾挽救了小亚细亚。阿波罗不可能帮助其提洛岛神庙的守护者从各小岛上收债，而当提洛岛向托勒密求援时，托勒密派他的海军立即做到了这一点。[③] 难道那时国王的权力比神的权力还要大吗？至少有人是这样想的。在雅典人向狄米特里戊斯求援以抵御埃托利亚（Aetolia）的扩张时，[④]有那么一首流行歌曲：“神啊，要么没有，要么很远；要么没听到我们的求助，要么没有给予敌人警告；但汝在此，吾可见；并非无形，是活生生的啊！”

这就是常人沉湎于“王权崇拜”之中的原因；那些早期国王的

---

① Suidas, *s. v.*

② 可能在 278；Paus. X, 32,4；Wilhelm, Πρακτικα'Ακαδ. Αθηνων VI, 1931,319 *sqq*。

③ Tarn, *Ant. Gon.*, 108.

④ Athen, 253 D.

称号——救世主索特(Soter the Saviour)——施恩者攸厄格特斯(Euergetes the Benefactor)——表明他们被崇拜是因为他们的行为这一事实;雅典崇拜狄米特里戊斯,因为他将雅典从卡珊德手中挽救了出来;罗德岛及其诸岛膜拜托勒密一世,因为他将这些岛屿从狄米特里戊斯统治下解放出来;爱奥尼亚(Ionia)尊崇安条克一世,因为他使爱奥尼亚摆脱了高卢人的蹂躏;米利都崇拜安条克二世,因为他推翻了那里的暴君。① 王权的典型作用便是 *philanthropia*(仁慈),给予所有臣民以帮助。② 但我们必须认识到:这类崇拜并不局限于国王,相应的,它也会扩展到单个的施恩行善者,③比如第
欧根尼(Diogenes)在公元前 229 年帮助雅典获得自由,使自己在雅 54
典成了除托勒密三世④外最受尊崇的人;又如帕迦马⑤宙斯庙宇的祭司狄奥多鲁斯(Diodorus),帕迦马人在其生前就为他建立庙宇,并在菲勒特里亚(Philetaireia)举行了盛大的开幕仪式,目的是为表彰他使帕迦马走出公元前 133 年后的一系列困境,他甚至成了一个部落英雄,这是一种只属于神和君王的荣誉。同时通常,雅典青年也开始为城市的"施恩者"(benefactor)献身。⑥ 在阿卡亚同盟中,阿拉图斯和菲洛波蒙在死后⑦都获得崇拜;在人死后将其崇拜为英雄非常常见,这一习俗早于希腊化时代。

崇拜名称　包括"救世主"和"施恩者"在内的大多数王室崇拜名称都来自家族关系——如菲勒德尔弗斯、菲洛帕托、菲洛迈托;但也有例外,如"神显者"⑧,意为神的显现。这个称号由托勒密五

---

① *OGIS* 219; App. *Syr.* 65.

② Suidas, Βασιλεια 3; Aristeas, ed. Wendland (*Aristeae ad Philocratem epistola*, 1900), 36, 265, 290; Schubart, *Archiv*, XII, 1937, 9-11; cf. Tarn *Alexander* II, 66.

③ *Ath. Mitt.* 1907, 247 no. 4 l. 39; Hepding, *Klio* XX, 490.

④ *I. G.* II^{2} 1011 l. 14; A. Wilhelm, *Beiträge* 76 no. 64.

⑤ *Ath. Mitt.* 1907, 243 no. 4.

⑥ Heberdey in Benndorf's *Festschrift*, 114.

⑦ Plut. *Arat.* 53; Ditt.^{3} 624; *I. G.* V, 2, 432.

⑧ Pfister, *Epiphanie* in P. W.

世首次使用,也许是在公元前 197 年他成年的时候;[1]他当时年仅 12 岁,或许是家系中第一位由祭司按照埃及习俗给加冕的人;这个头衔等同于罗塞塔石碑中的一句埃及语文献:"他出现了"——恰好代表"Epiphanes"的含义,这一称号是由埃及祭司给予他,希望这位小孩是一位真正显现在大地之上的太阳神;不过,那时的政治事件还不能说明这一问题。[2] 这一称号在第二个使用者手中得到发扬光大。"神显者"安条克四世或许是惟一一个将神权看得很重的君主;不过这是否是所有人的见识,或者实际上他的才能是否时不时超过了我们称之为精神错乱的界限都很难说。但确定无疑的是对此,他主要是出于政治上的考虑;他预见到要与罗马抗衡,他的王国在文化和崇拜上[3]就必须与希腊保持一致,文化与崇拜只能是
55 希腊式的;他大规模地把当地城镇按希腊方式改为城市,因此他可能渴望把自己崇拜为宙斯,为一种统一的手段;他是第一个把崇拜名号和神圣头衔铸在货币上的塞琉古人。在这以后,所有的称号都失去了其特殊含义,甚至连"Epiphanes"表达的意思也只不过是"真命基督徒帝王"所曾表达的意思了。

随着罗马逐渐成为希腊化政治的主导力量,希腊诸城开始把"王权崇拜"传给了罗马;"女神罗马"——全体罗马人——于公元前 195 年在士麦那、公元前 170 年[4]在阿拉斑达(Alabanda)受到膜拜,这些事件表达出对"拯救"的感激之情,即对罗马支持他们反对安条克三世的感激;罗马在亚洲建立行省之后,同样的膜拜也出现在米利都、埃利亚(Elaea)和别的一些地方。[5] 这使得罗马在这些自由的希腊城市中稳固了其地位,就像那些被神化了的国王所拥有的一样。伴随而来的是对罗马"施恩者"的膜拜,如人们在卡尔西斯

---

① Nock, *J. H. S.* 1928, 38.

② 菲斯特的推测源于塞琉古王朝是在那一时期瓦解的。

③ 1 Macc. 1, 41 - 42.

④ Tac. *Ann.* IV, 56; Livy XLIII, 6.

⑤ *Millet.* I, 7 no. 203; Ditt.[3] 694.

(*Chalcis*)对征服腓力五世的弗拉米纽斯顶礼膜拜；①在帕迦马②对征服亚洲的阿奎琉斯(M'. Aquilius)顶礼膜拜。在公元1世纪，罗马总督们被等同地崇拜，西塞罗在阻止这一问题还碰到了不少麻烦；③就此而言，可以肯定的是，顶礼膜拜是一种对某种事物恐惧而导致的奴性，因为这些人除了经常带来害处以外并没有什么贡献。在以弗所，恺撒被作为神选者崇拜，人们对他的膜拜已到登峰造极的地步：④最终，重要事情都逐渐进入罗马和奥古斯都官方行省崇拜体系了。

女王　至于婚姻问题，那些早期继承者们都极为遵守法律。显然，安提柯一世和卡珊德都是恪守一夫一妻制的人；塞琉古，也许还有托勒密⑤像亚历山大一样同时拥有两个合法的王后；但狄米特里戊斯和皮洛士(Pyrrus)是随心所欲的多妻主义者；吕西马库斯则是一再地离婚、结婚。第一代继承者过后，一夫一妻制曾一度成为定制，不过国王可以随意离婚、再婚；有的国王还有情妇，有的则看 56
似没有。王后通常出身高贵，即使是那些并不重要的小亚细亚王朝也非常重视这点。托勒密一世的最后一任妻子贝勒尼斯也许是个例外，但她可能与安提帕特有亲属关系；⑥后来的例外还有阿塔鲁斯一世和美貌的阿波罗妮斯(Apollonis)的婚姻，她是昔齐库斯(Cyzicus)一个市民的女儿；安条克三世也娶了一个卡尔西斯的女孩。在埃及，阿西诺二世·菲勒德尔弗斯之后形成了这样一个制度：王后头像总是和国王头像一起被铸在硬币上；同时阿西诺二世与她的母亲贝勒尼斯共享王冠。⑦ 从阿西诺时代开始，埃及女王就

---

① *I.G.* XII, 9,931; Plut. *Flam.* 16.

② *Ath. Mitt.* 1907,247,1.40; H. Seyrig, *Rev. arch.* 29,1929,95, n.4.

③ *Ad. Quint.* I, 1,26.

④ Ditt.^{3} 760.

⑤ Tarn, *C.Q.* 1929,138.

⑥ Mass, *Riv. fil.* 1927,68.

⑦ 关于这些硬币见 Kock, *Z.f. Num.* XXXIV, 67; Robinson, *Cyrenaica*, 75-76。

正式被称为"姐妹王后"了，[①]塞琉古王朝因为别的原因接受了这一风尚(参阅第138页)；[②]但它同时也导致了一些误解，在头五个托勒密国王中只有两个娶了他们的姐妹。那些马其顿公主是非常值得研究的话题，[③]这不仅仅是因为她们的能力、野心，或者(时常是)她们的王室身分，还因为有证据暗示她们道德不检点，至少在公元前3世纪是这样；不过任何地方都没有记录她们有情人。就女性而言，比如像阿西诺这样的女人似乎权欲极重，她似乎非常了解她的权力并试图以某种方式扩大。她与托勒密二世结婚，成为名义的共同统治者和实际上的统治者，于是她得到了权力；她利用这种权力与安条克重启那场曾失败的战争，并使得这场眼看要失败的战争演变成了一场向埃及一边倒的胜利；如果我们得知其中细节的话，也许可将此事称为一个女人曾经做过的最伟大的事情。即使当王朝正在崩坏的时候，女人还是比男人更充满活力；克里奥帕特拉·西娅这位惟一一个将名字铸上钱币的塞琉古女王几乎可以随意指定国王；再如埃及最后的女王克里奥帕特拉，甚至从汉尼拔开始就没怕过任何人的罗马人也要让她三分。

57 **官员与朝廷** 每个王国都有某些共通的特征。朕即国家，大臣官员们只是随时可调换的手下，至于"伙友"(Friends)委员会纯粹只是随时用来以备咨询的。[④] 国王是法律的源泉，[⑤]假如官员需要依据国王的敕令，需要按照为他们制订的条款行事，国王就会制定他认为合适的条款。国王还有一个秘书班子[⑥]帮助起草法令，秘书还负责官方日志(Official Journal)的记录，[⑦]上面记录着每天发生的重大军事和政治事件，国王每天都要浏览；在日志与法令之间发展

---

① *OGIS* 60,65,84,99.

② *Ib.* 219,224.

③ G. H. Macurdy, *Hellenistic Queens*, 1932.

④ Polyb. V, 41,6; *OGIS* 315, VI.

⑤ E. R. Goodenough, *Yale Class. Studies* 1928,55.

⑥ Collomp *op. c.*; *OGIS* 259; Polyb. IV, 87,8.

⑦ Wilcken, *Phil.* LIII, 80; cf. Aristeas (ed. Wendland) 296 *sqq.*

出一种“秘书语言”，我们可以在波里比阿的著作中看出这种语言的影响。行省不论国内国外一般都由 *strategoi*（拥有军事权力的将军）统治，可是安提柯诸王没有在马其顿本土、色萨利实施这一制度，在希腊则非常保守地实施了这一制度；此外，托勒密王朝和塞琉古王朝[①]存在着 *nauarchos*（高级海军将领）这一职务，托勒密二世手下的这些海军将领几乎成了海上的总督。[②] 但总的来说，委托统治体系这一制度是不大合适的；落在一个有责任心的君主身上的工作——军事的、行政的、法律的、商业的事务，甚至于撰写公文等等的事情——多得数不胜数。曾一度精力旺盛的国王们在后半生也会明显松懈，这意味着他们已劳累过度了。

在马其顿，国王死后，王位由军队掌管直至它任命了新的国王；军队遵循的是随着国王去世国家就处于一种归属待定状态的原则，由是所有原先国王制定、参与、认可的条款都失去了效应，[③]直至新国王恢复它们为止。新国王往往恢复一种罚金的缴纳，这被称为“王冠税”（crown tax）。这一制度对当事另一方来说是放开了手脚，其恶果可以在埃托利亚的行动中看到：埃托利亚与贡纳图斯、多宋签订的中立条约在他们各自的国王死后失去了效用。另一方面，塞琉古王朝或托勒密王朝一度被封为神的统治者 58
的举措在其死后应当还是有效的。然而，那些国王却坚持“转让权随国王权力的终止而终止”的理论，目的就是为了征收那笔王冠税。

从亚历山大开始，国王就有一整套通行的宫廷礼仪，也有军事安排[④]——*agema*（警卫）是皇家侍卫，他们出身高贵，受过专职训练，官方称之为保镖。亚历山大的保镖是他的支柱；但到了公元前2世纪，这个术语和伙友（Friends）、亲属（Kinsmen）一道仅成为由

---

① Polyb. V, 43,1.

② Tarn, *J. H. S.* 1911,251;1933,61.

③ Rostovtzeff, *Kolonat*, 252.

④ See G. Corradi, *Studi hellenistici*, 1929, ch. II.

国王依据明确秩序授予的宫廷头衔，其中亲属是最高等级的。[①] 王权的外在表现就是王冠，一根绕在头上的白色亚麻带子；有时候国王授予官员或演员以穿戴马其顿皇室紫色的权力，[②]我们现在知道这是紫罗兰色的，不是深红色的。[③] 亚洲的一些从属小国乐见国际性王室等级的形成。一定数量的王室信件依旧被保留着，这些信件由来已久的起首是这样："希望在这封信到你手中的时候，你一切都好"，对于没有受过教育的人来说，这是陌生的或不可能使用的，但在当时却是君王之间通信的正规套式。[④]

海军 陆海军都听命于国王。在海上，托勒密诸王和安提柯诸王展开了建造大型战舰的竞赛；[⑤]它始于公元前 314 年七桨船的发明，这种船由狄米特里戊斯(Demetrius)发明，或为他设计建造，与五桨船的功率比为 7∶5；公元前 306 年，在萨拉米斯(Salamis，位于塞浦路斯)的一场海战中，这种战舰体现了它的优越性能。有记录
59 表明，当时八人桨、九人桨或十人桨的军舰经常投入战争；一份记载在草纸上的文献表明一般来说，这些舰只只是由于它们的载人数而出名，因此它们能否被称为"九人桨"的船是值得怀疑的。[⑥] 如此看来，尽管我们知道后来的法国出现了更多的人去划一把桨，但当时极有可能的情况是，希腊人和腓尼基人像以后的威尼斯人一样不会有十人桨以上的船只；因此，当狄米特里戊斯接下来建造十一人桨船时，他不得不采纳了一个新的原则，即划船的人必须按五至六人分作两组，现在我们只能通过实验的方法来确定这种梯队

① Strack, *Rh. Mus.* LV, 161; Willrich, *Klio* IX, 416.

② *Ib.*；参见 Livy XXX, 42,6; XXXI, 35,1; &c。

③ 博斯卡雷亚莱(别墅的马其顿正壁画 The Macedonian king of the Villa Boscoreale fresco)(p. 322 n. 4)。

④ *OGIS* 168 III, 257,315 II, IV, V, VI; Jos. *Ant.* XII, 448; XIII, 166; XIV, 306.

⑤ Tarn, *Hellenistic Military and Naval Developments*, 1930, 132 - 141; "The oarage of Greek warships", *Mariner's Mirror* XIX, 1933,52,69 *sqq.*，这些资料给出了相关信息和原因。

⑥ Edgar, *P. Zeno* no. 59036.

排列方式。公元前301年，狄米特里戊斯拥有一艘13人桨战舰，而托勒密二世也建造了大量这种船只；公元前285年，狄米特里戊斯在海战中败给埃及，他的两艘15、16人桨旗舰被瓜分。托勒密二世得了那艘15人桨的船，并大概把它奉献给了提洛岛，[1]因为他可能还为这艘船建立一个巨大的船坞，而我们已挖掘出这个遗址。[2] 吕西马库斯得了那艘很出名的16人桨船；他的继承人克劳诺斯(Keraunos)用这艘船为旗舰率领舰队打败了安提柯·贡纳图斯，最后这艘船留在了马其顿。皮德纳(Pydna)战役后，埃米琉斯·保罗斯把这艘老旧的船弄到了罗马，使其在台伯河上荡漾。另一艘著名船只是安提柯·贡纳图斯的旗舰“伊斯米尔”(*Isthmia*)号，[3]18人桨，安提柯驾着它在科斯岛附近打败了托勒密的舰队；这场战役后，安提柯在提洛岛把它献给了阿波罗。托勒密二世建了一艘20人桨和30人桨的战舰，他还嘉奖了设计者皮格特勒斯(Pyrgoteles)；[4]那艘30人的是巨型三层桨战船，有三组十人的桨手。最终托勒密四世建了一艘40桨战船，[5]它有两个船头和船尾，就像老式的“加莱-多佛尔”(Calais - Douvres)号，但这艘船没有建成。但我们不能说纳图斯没有投入使用大于18人桨的战舰，因为记录贡纳图斯和埃及之间海战的所有材料都丢失了。

整个公元前3世纪有两条不变的海战理论。一般说来，迦太基、罗德岛也许还有埃及(当时占据腓尼基)采用了雅典-腓尼基传统：调动快船进行碰撞；而马其顿和罗马则采取了科林斯-叙拉古 60
传统：以重型战舰寻找战机，用抓钩钩着对方的船只、登上甲板作战。在公元前2世纪，标准的四排桨大帆船和五排桨大木船看着它们伟大的姐妹们在爱琴海消失，问题很可能是造价和人力替代

① Tarn, *B. C. H.* XLVI, 1922, 473; see Couchoud's note p. 476.

② Couchoud and Svoronos, *Le Monument dit 'des taureaux' à Délos*, *B. C. H.* XLV, 1921, 270.

③ Tarn, *The Dedicated Ship of Antigonus Gonatas*, *J. H. S.* XXX, 1910, 209.

④ *OGIS* 39.

⑤ Athen. 203 E.

了效率；与此同时，在腓力五世公元前 201 年发动了一场技术革命，他成功地将伊利里亚(Illyrian)勒姆比(*lembi*，一种轻型战船)排成一列，[1]这是罗马利布尼阿(Roma Liburnian)战舰的前驱。雄伟的希腊化战舰在埃及水城游弋，安东尼曾一度恢复使用它们；但罗马从未真正采用过它们，罗马帝国又回到了三列桨船的时代，于是利布尼阿人(Liburnians)失去了在海军史上写下光辉一页的机会。

陆军　地面战争[2]因亚历山大的重骑兵而有所改变；从公元前 333 年的伊普索斯战役到公元前 222 年的萨拉西亚(Sellasia)战役，重骑兵一直所向披靡。亚历山大是使用混合部队的大师——包括不同种类的轻重步兵、轻重骑兵；他的继承者保留了所有这些兵种，并加入了他那时没有的战象。亚历山大的影响还在于他那典型的编队方式：重步兵方阵居中，轻步兵和骑兵居于方阵左右两翼；骑兵一展开，战争有时候就这样结束了，有些重步兵根本就没有作战。亚历山大死后的一个世纪，战争大部分都是由来自欧洲和亚洲的雇佣军完成的；[3]公元前 278 年后，高卢雇佣兵非常受欢迎，因为他们作战勇敢，重要的是价格便宜。国王们更喜欢使用雇佣兵，这样他们就可以将组成方阵的本国兵马节省下来；当然，雇佣兵不会太卖命，[4]战争通常意味着逼迫敌方的雇佣兵投降，然后
61 再将他们招募过来。但是，到公元前 222 年，战争方式发生改变，方阵及马其顿本国部队又重新进入首要位置。公元前 222 年的萨拉西亚战役，公元前 217 年的拉斐亚(Raphia)战役都是由民族方阵的对撞决定胜负，当涉及民族感情时，这些作为士兵的人作战非常勇敢。不幸的是马其顿人在遇到罗马时将亚历山大的作战方法忘

---

[1] Polyb. XVI, 2－7.

[2] 最近的一般著作是 Kromayer and Veith, *Heerwesen und Kriegsführung der Griechen und Römer*, 1928. Tarn, *Hellenistic Military and Naval Developments*, 1930。

[3] G. T. Griffith, *The Mercenaries of the Hellenistic World*, 1935; M. Launey, *Recherches sur les Armées Hellénistiques*, I, 1949.

[4] 约瑟福斯就列举了这样的一个例子，见 Josephus, *Ant.* XIII, 378。

记了。积极主动、灵活多变的亚历山大方阵是一个整体，不同的兵种协同作战，所用的长矛有十三四英尺长；[①]即便如此，亚历山大还是对侧翼给予了极大关注，即便如此部队还是不止一次由于忽略了这一点而难以保持队形。但在西诺塞法拉(Cynoscephalae)战役中，腓力五世使用的是已经僵化的方阵，没有灵活性，使用很重的加长长矛；[②]在前列，他花费了那么多精力去设计矛头，却对侧翼视而不见。可以肯定的是，这种方阵不管是在西诺塞法拉战役或皮德纳(Pydna)战役，战斗打响前其已经失去先机了，因为这两场战役都是在非常规条件下打响的；无庸置疑，如果方阵安排得当——在平原作战且侧翼护卫无法攻破，罗马兵团或任何别的军团早已不堪一击了。但是，在这种理想情况下的作战很少见，事实上也根本没有发生过在这种状态下与罗马作战的情况；具有决定意义的是，罗马军团的作战能力在大多数条件下都是非常好的。过于专业化的方阵就像恐龙一般消失了。

大战舰在海上争霸的时代也是战象在陆上横行的时代；亚历山大的所有将领对于波鲁斯(Porus)的拼命打法记忆犹新，所以他们极其重视战象——在公元前 324 年至公元前 275 年间可以追溯到来自印度的一批批大象。大约在公元前 275 年，托勒密二世开始捕捉非洲象；[③]毫无疑问，惟一派往孔雀王朝宾头沙罗(Mauryan Vindusara)那里的大使的主要任务就是招募印度驯象人和看象人；[④]托勒密王朝驯象一直持续到公元前 2 世纪，但塞琉古才是真正意义上的“象王”。伊普索斯(Ipsus，参阅第 11 页)战役中，在很 62
大程度上是象战使塞琉古获得了亚洲。公元前 163 年，在解除这一王朝武装时，罗马对曾使大部分罗马人恼怒的战象进行了大屠杀。战象在从未见过它们的部队面前是强有力的武器；在有经验

---

① Theophr. *H. Plant* III, 12,2，一定是指长度不足的马其顿腕尺 Tarn, *Alexander* II, App. 2。

② Polyb. XVIII, 29 - 30.

③ 数据见 Tarn, *C.Q.* 1926,99。

④ Pliny VI, 58.

的步兵面前，它们根本发挥不了作用，但用战象对付骑兵还是有用的。在拉斐亚战役中，印度象和非洲象曾遭遇过，一队部署在侧翼的非洲象被打败了；但我们并不能据此得出相应推论，因为非洲象寡不敌众。[①]

安提柯统治下的马其顿 关于诸王朝治理下的亚洲和埃及的行政管理情况，我会在别的地方论述，我要在这里提一下安提柯统治下的马其顿。[②] 这个民族国家直到最后还保持着活力；它只依靠它自己的国民军，只在为了节省马其顿人的时候才使用雇佣军。宫廷生活比起别的王国来说更为简朴——相对来说，马其顿不是很富有的，土地税一年仅仅 200 塔兰特多一点，王权直到腓力五世晚年都一直由高贵的国王们掌控。王室权威是公认的，在腓力五世之前，谋杀还很罕见；那时贡纳图斯把兴趣转向了哲学和历史，豢养大批文人是他那个时代的特征。培拉(Pella)再次成为首都，国王没有尝试在这里大兴土木与亚历山大里亚或安条克一争雌雄。在马其顿本土也许不存在真正意义上的王室领地，马其顿农民拥有属于自己的土地；但在像卡尔西狄斯(Chalcidice)和派奥尼亚(Paeonia)这样的被征服地区，土地属于国家，也就是说属于国王。安提柯王朝处理王室领地的方式很像塞琉古王朝(参阅第四章)：国王把土地分给贵族和“大量”通常意义上的军事定居者以及服务到期的雇佣兵。但它似乎不像塞琉古王朝那样把土地绝对所有权
63 一起给出去，而是保留了无人继承的土地转归国家的权力。保留下来的王室领地则由佃户耕种，同时国王还拥有矿藏和森林资源。

公元前 3 世纪的马其顿，或者说至少是马其顿的上层社会已彻底希腊化了；马其顿方言要么被阿提卡希腊语替代，要么就被“共

---

① 关于非洲象参见 Sir William Gowers, *African Affairs* (Journal of the Royal African Society), 1948, 173。

② Tarn, *Ant. Gon.* 1913, ch. VII, ch. 6，以及参考书目 p. 880; *ib.* VIII, Holleaux' 给 chs 的参考书目 5 - 7; W. Fellmann, *Antigonos Gonatas, König der Makedonen, und die Griechischen Staaten*, 1930; F. Granier 和 F. Hampl, op. c. 在 p. 47。

同语"替代；本民族的万神殿也被奥林匹亚神占据。[①] 如果不考虑马其顿人种的混合因素，现在的马其顿已是一个民族，并具备同化外来者的能力；整个国家成了惟一一个更加希腊的联合体，即便它再没有过比公元前4世纪更多的军队，它依然比别的国家强大。住在希腊沿海城市的人开始自称马其顿人。[②] 毫无疑问，培拉以及其他旧马其顿市镇已成为希腊城市模式的自治城市。安提柯王朝建立一些次要的城市，但两座主要的新城是卡珊德建造的塞萨洛尼卡（Thessalonica，亦称萨洛尼卡［Salonica］）和位于波提狄亚（Potidea）旧址上的卡珊德里亚，这是两座地道的希腊城市，卡珊德里亚城的人从不自称是马其顿人。在希腊人眼中，马其顿是一个很奇特的国度：没有宗教中心，人人都信奉君主主义；安提柯王朝幸亏贡纳图斯才重新赢得了民众的支持，但最终还是屈从于外敌的强大攻势。虽然马其顿产生了一些伟大的人物，但这个小国所产生的最伟大的业绩或许就是那些朴实马其顿农民——自由、忠诚，他们完全适合生活在和平或战争的环境中；马其顿早于罗马灭亡的原因仅仅在于马其顿人数量的锐减。

君主与城市之间的关系　就那时存在的希腊城市而言，其这一 64
时期充当着从自由城邦到罗马帝国自治市的桥梁。这样就引发了关于君主制与城市之间关系的两种冲突理论。亚历山大把希腊城市当作自由同盟，[③]安提帕特则一直渴望把希腊城市当作自己的臣民，在他喜欢的城市里驻军，并以武力维持寡头制或僭主制，以利

① 由 Tarn 给出，*Ant. Gon.* 177，有参考资料，更全面的是在 *C. A. H.* VII, 197 *sq.*；参见 Lehmann Haupt, *Klio* XXII, 1929, 401，以及 Costanzi, *Annali Univ. Toscane* XXXIII (1915)。

② *Ant. Gon.* 185－186；add'Eφ. 'Aρχ. 1914, 183 no. 242；I. G. XII, 9, 199. 在腓利比（Philippi）尽管萨索斯人（Thasian）的根据地克利德斯（Crenides）被腓利二世扩大了，但这一地区在整个马其顿统治时期的居住者仍然是腓利比人。P. Collart, *Philippes ville de Macédoine*, ch. V，包括一点我们已知的关于它的历史。

③ Tarn, *Alexander* II, App. 7, 1.

于自身；这些对立政策之间的冲突持续了很长时间。[①] 卡珊德、吕西马库斯、托勒密诸王以及阿塔鲁斯诸王基本上都实行了安提帕特把城市视为臣民的原则。安提柯一世为了对付卡珊德又恢复了亚历山大政策——把这当作一件政治武器，且多年里，他真的视这些城市为自由城市；但后来，安提柯一世开始干涉各城事务，并最终在他需要的城市里驻扎了军队。狄米特里戊斯也采用了同样的步骤，先给予自由，最终实施统治；他[②]和吕西马库斯[③]还引进了一个新税种，这也许源自亚历山大和安提柯一世从他们同盟城市处所得之名义上自愿的战争"捐款"。贡纳图斯则采用了所有这些制度，这似乎有点偷懒的味道，多宋则不加掩饰地回到了亚历山大的老路上。在塞琉古和安提柯一世统治时期，一些城市是自由同盟，另一些则是臣属城市，王朝显然也对它们实行征税制度(参阅第四章)；安条克二世恢复爱奥尼亚的自由则是一个新的里程碑。[④] 也许总趋势是把这些城市当作臣民，但亚历山大自由同盟政策的有力复活也表现出不同的声音；这个问题充满了变化和例外，极为复杂。当然，有的城市、(希腊)国家从未实行过任何君主制。自由同盟并非无条件的自由，一个城市的对外政策通常由一个比它更为强大的盟友制定，但它在国内倒是完全自由的。随着时间的推移，纳税越发成为受统治的一种象征，于是自由市也就越来越缺乏自
65 由征税的权利了；安提帕特的方法被王室执政官(*epistates*)或城市总督替代，这是一个在好的统治者手里并不一定难以忍受的体制。另一个偶然被使用的模式是由国王亲自任命一个或两个以上的主要行政长官，就像阿塔鲁斯诸王在帕迦马、[⑤]托勒密一世在昔兰尼[⑥]

---

① Traced, *C. A. H.* VI, 362,418,438,485.

② Tarn, *Ant. Gon.* 76 n. 15,113 n. 4.

③ Beloch Iv, 1,234; cf. Phylarchus, F. H. G. I, 350. A. Andréadès, 'Ιστορια της 'Ελληνικης οικονομιας II, part 1(1930), App. B', p. 94.

④ *OGIS* 226, cf. 227; Jos. *Ant.* XII, 125 *sqq.*

⑤ *OGIS* 267 II.

⑥ Ferri, *Alcune Iscriz. Di Cirene* no. 1=*SEG* IX, 1,给出了参考书目。

所实行的那样，也许后来的托勒密诸王也在埃及的托勒迈伊斯(Ptolemais)①实施过；贡纳图斯则从公元前 262 年至前 255 年②在雅典推行了这一制度，这也许是发生在希腊本土的惟一一次。

在这里，我要谈到一个错综复杂的例子，即贡纳塔斯(Gonatas)的统治，他直接控制了古老的马其顿③和色萨利(参阅第 70 页)。当然这些地区的城市由城市总督管理，但城市总督不插手城市的公民大会(Assemblies)。贡纳塔斯通过将军统治卡尔西狄斯，对塞萨洛尼卡则设有一个监督公民大会的城市总督，④但卡珊德里亚城则可能完全自治。在希腊从没有哪座城市的公民大会被控制过，但贡纳塔斯在科林斯、卡尔西斯、比雷埃夫斯驻有军队。除这三个城市外，麦加拉(Megara)和攸卑亚也由将军管理。雅典从公元前 288 年开始是自由的，它和贡纳图斯保有良好关系；而在公元前 262 年至前 255 年，贡纳塔斯则曾在雅典有过一支守备部队和执政官，⑤他还指派了行政长官；不过公元前 255 年后，雅典再没有驻扎过一兵一卒，又恢复了其往日的自由，但是贡纳塔斯此刻已是一个绝对的宗主了。⑥ 阿哥斯、麦加洛波里斯(Megalopolis)，也许还包括伯罗奔尼撒丰岛上的其他城市都已被拥护贡纳塔斯的有实权的僭主统治；其余希腊城市则与贡纳塔斯没有联系，各行其是。希腊所受的屈辱是一言难尽的。来自各方的力量相互影响一直持续，就像先前一样；真正的不同在于，诸如科林斯等一些城市现在几乎没有什么自由的机会了。但我们必须记住，在谈及自由的时候，对
于希腊人而言，更多的是指彼此之间相互毁灭的自由，除了国王或 66
同盟外，没有什么能够约束他们；公元前 217 年，阿格劳斯提议统

① Bevan, *Hist. of Egypt* 106.

② Athen. 167 F; *B. C. H.* 1924,264.

③ Ditt.³ 459.

④ *I. G.* XI, 4,1053.

⑤ Fr. of Philodemos (Jacoby, *Apollodor's Chronik*, 375).

⑥ Sacrifices for him, *I. G.* II² 775,776,780；参见 Tarn, *Harvard Studies in Class. Philol.* Suppl. Vol. I, 487。

一希腊以对抗罗马，促使他提出这一计划的一个诱因就是彼此之间保持着不受干扰地进行战斗的权利，甚至这一时代晚期的拜占庭——独立的城市——几乎完全摧毁了卡拉提斯(Callatis)这座攸克辛海(Euxine)西部[①]最繁华的希腊城市。实际上，即使是同盟制度(尽管这一制度或许能维持下去)也很难清除导致希腊灭亡的特殊神宠论(particularism)精神所带来的影响。

城市 从外部考虑的话，公元前3世纪希腊城市的自治宪法与它以往所采用的几乎相同，城市有自己的公民大会、议事会(council)、行政长官(magistrates)、对市民的管辖权、发育不全的城市金融，还有内讧。在希腊北部，自治城市逐渐增多，特别是在埃托利亚更是如此。但实际上修正也在不断发生，这是因为如下的根本事实：城市的实际政治生活——曾被当作是共同参与的事情——已经失去了其原有的重要性以及公众的兴趣(参阅第三章)。到了公元前3世纪下半叶，作为政治意识形态的寡头政治和民主政治已行将就木；现实走向了另一端。在亚洲，它可能是亲塞琉古的或亲托勒密的；在任何城市都有保皇党和民族主义者，但这时常仅是穷人与富人的问题——一个不健康的迹象，因为旧有民主党派经常包括这两部分人。公民大会也衰落了；权力交给了议事会，但其经常被行政长官委员会发号施令；下述事例生动地说明行政长官委员会不断增加的重要性：一旦一个城市与另一个城市结盟或是加入了一个同盟，该城市经常就会改换其行政长官，以适应其同盟或盟友的行政长官。[②] 有两个行政职位日益变得重要起来：负责谷物供应的*agoranomos*(市场监督)、主管教育的*gymnasiarchos*
67 (教育监督)。在亚洲一些城市，负责祭祀的*stephanephoros*(斯蒂芬

① Memnon, 21.

② Swoboda, *Klio* XII, 38; *Staaatsaltertümer* 414 *sq.*; W. Schönfelder, *Die Städtischen und Bundesbeamten des gr. Festlandes*, 50,53,107; Plassart和Blum, *B. C. H.* 1914,472。

尼弗罗斯)——年份以他的名字命名——成了主要的行政官员,① 只有富人才可能担任这一职位,其职责包括安排市民的娱乐活动。② 职位可以买卖,这样城市就得到了双倍好处,也体现了市民爱国精神的真正本质,即使到了希腊化时代晚期,出钱为买这个职位的人数也在不断增加;但一旦出现麻烦就没有人买了,于是就由官方以地方神的名义物买下,并以此给这一年命名。从公元前2世纪开始,祭司的职位也开始固定地出售,③这需要费用,当然购买者也会得到些回报;他或许可以避免火炬比赛费用(gymnasiarchy)或三层桨船这样的负担,或者可以避免为庆典提供金钱或合唱队的义务;而在公元前1世纪的米利都,罗马的民族祭司还可得到适当的薪水。④ *gymnasiarchos*(教育监督)和 *agoranomos*(市场监督)也许不得不大量花钱,上述这些变化的结果表明极端贫困的人是不能再担任市政职位的;除非有时候,某个国王或是富人捐出这一职位。当罗马共和国的统治巩固后,这些趋势更加明显;在罗马,财产政治代替了民主政治。新的行政统治集团出现了,就像马其顿和色萨利诸城中的地方官(politarchs)一样,⑤并且有时候,一个小寡头集团掌握了政权,就像50位"米利都贵族"⑥一样。罗马或可宣称,它是惟一一个在逻辑上践行了阿卡亚同盟(Achaean Leagues)和埃托利亚同盟(Aetolian Leagues)中的 *demiourgoi*(同盟的行政长官)和 *apokletoi*(同盟的行政官员)权力的国家。

同盟 国王们使用的一个典型方式就是村镇联合(synoecism),⑦

---

① Priene, *OGIS* 215; Iasos, Michel 462 *sqq.*; Magnesia, *ib.* 914; Miletus, 目录在 *Milet* I, 3。

② *I. Priene* 108,109,113.

③ Ditt.[3] 1002,1006,1009-1015; *I. Priene* 174,201; *Milet* I, 7,203.

④ *Milet ib.*

⑤ Tarn, *Ant. Gon.* 197; add Ditt.[3] 700. 在马其顿的公元前168年以后,因为当时在色萨利的法兰纳(Phalanna)的当地"ταγοι"被"ττολιρχοι"替代了。*I. G.* IX, 2, 1233。

⑥ *Milet* I, 7,203,1.39,与208合并。

⑦ 详细过程,Ditt.[3] 344。

即把两个以上的城市或社团社会合并起来；安提柯一世把七个城
68 市并成安提柯尼亚·特洛阿斯(Antigoneia Troas)，而卡珊德则把26个社团并作塞萨洛尼卡。这些合并了的小城市也许会被淡忘，不过只有一部分人口进行了迁移。在新的大城市中，那些老城就像"村庄"(demes)般地维持着。最引人注目的村镇联合是狄米特里阿斯城(Demetrias)。[①] 狄米特里戊斯把这座建在派该塞(Pagasae)海湾边的城市当作他的南方都城。狄米特里阿斯城毗邻派该塞，并各自都有独立的城墙，使该城成为两个城区。[②] 狄米特里戊斯没有破坏什么东西就建造了该城，但派该塞和从塞皮阿斯角(Cape Sepias)的马格内西亚城(Magnesia)到马其顿边疆上的坦姆普(Tempe)间的每一座城市[③]都成了狄米特里阿斯的村庄，因此狄米特里阿斯包含了整个马格内西亚疆域，并形成了南部马其顿的一个凸出部分。当罗马夺取腓力五世(Philip V)的马格内西亚城时，它也就打散了这一村镇联合。

这座城市并不是惟一典型的希腊式城邦，因为希腊北部几乎每个村庄都按照某种传统的小规模公社组织起来，我们可以平淡地把这种公社称之为*koinon*(社区或同盟)或是一个种族(Folk)，它总有一个宗教中心。到了公元前3世纪，希腊小城市日益感到君主制的重要性，这最终导致了联邦原则(Federal principle)的极大扩展(希腊本身也是如此)，大的希腊化同盟几乎最终构成了城市与君主之间的一个中介；同盟趋于受单一的领导，于是阿拉图斯享有管理阿卡亚同盟的权威，极像一位独裁者。同盟提供种种服务；在反对君主制时提供更大的安全保障，提供讨价还价的能力，同时使得同盟成员在一定范围内进行争论，防止了各成员之间的争斗。遗憾的是，希腊人只用一个词去表达几乎每一种形式的公共联合或私人联合；如果可能的话，他们可以把*koinon*(联合)这个词语同样

---

① *I.G.* IX, 2,1109; Str. 436.

② Arvanitopoullos, 'Eφ. 'Aρχ. 1914,264.

③ 通过铭文，在地理层面基本确定，F. Stählin, *Ath. Mitt.* LIV, 201。

应用到国际同盟（League of Nations）、瑞士共和国（Swiss Republic）、剑桥学院（Cambridge College）、工会（Trade Union）以及村庄板球俱乐部等机构中；现在要想翻译该词已为时已晚，因而也就不能避免“League”一词的多种不恰当用法。

泛希腊同盟　在真正的联邦国家（Federal State，*Bundesstaat*[联 69
邦国家]）以前，我们必须注意到一个个实体，那就是各个独立国家的同盟（*Staatenbund*[邦联]）。腓力二世组建了科林斯泛希腊同盟（The Panhellenic League of Corinth），①亚历山大在新的协议下继续领导这一同盟——照此发展下去，它应是一个伟大的概念。如果希腊人特别重视它的话，那么这是惟一能实现统一希腊世界这一古老梦想的机会。这是亚历山大与各个独立希腊国家之间的同盟（斯巴达对此坚决抵制），在科林斯召开代表大会；各成员国仍旧保留主权地位，其国内事务不受干涉，除非哪个城市发生社会革命（参阅第121页）；但由于亚历山大是最高首领和统帅，因此各成员的对外政策实际上是听命于他的。不过，事情也并非必定如此；假如那些较大的城邦全心全意、和谐一致地为同盟服务，就能使它们的自由不受任何干涉，还能够在对外政治中发表自己的看法。同盟还有一个特别重要的意义，即它能够给予小城市与大城市同等的权力，有些城市还把这看作自由宪章；但不幸的是由于政府的原因，这一思想在有一些城市并不为大众接受，对许多希腊人来说，这只是外来统治的象征；亚历山大一死，它马上失去了作用。公元前303年，狄米特里戊斯有一个恢复它的较好机会，②因为他的同盟是建立在完全支持他的民主政府基础上；但在伊普索斯（Ipsus）战役之后，这一同盟又瓦解了。第三次恢复是由安提柯·多宋完成的，这次的成员不再是单个的城市（因为此时除雅典和斯巴达外，几乎没有什么单个的城邦国家[city-states]了），而是同盟：阿卡

① Tod. *Gk. Hist. Inscr.* II，177，附有参考书目。

② *SEG* I，75以及维肯的新残片集 *Berl. S. B.* 1927，277；literature *C. A. H.* VI，607；Woch. 1928，700。

亚同盟、比奥提亚(Boeotia)同盟、福西斯(Phocis)同盟、色萨利同盟、伊庇鲁斯同盟、阿卡纳尼亚(Acarnania)同盟和马其顿同盟;如前所述,就形式而言,马其顿国王也不再是马其顿国家的国王了。
70 多宋的同盟并未打算成为泛希腊同盟(参阅第 21 页),但同盟国家力量足以发动迫使腓力五世改变其意愿的社会战争,这就意味着,它可以做到老科林斯同盟所想做到的一切。这一同盟是马其顿所做的最后一次统一希腊的尝试。希腊最终纳入了一个单个的泛希腊同盟,但这是三个世纪后由罗马皇帝哈德良(Hadrian)[1]完成的,这个同盟不再有什么意义了,不过是一篇关于统一的具有讽刺意义的墓志铭。希腊从没有靠自己获得过统一。

国王同盟 到了真正的联邦主义时代,[2]我们看到三个主要同盟类型:一是某些国王创建,或许也是国王工具的同盟;二是产生于小规模公社的同盟;第三则是城市同盟。在第一类中,色萨利是个典型例子;从腓力二世以来的每一位马其顿继承者,直到腓力五世于公元前 197 年失去这个国家为止,都通过终身成为同盟首领而将色萨利作为马其顿的一个地区;毫无疑问,伊庇鲁斯国王有时通过担任同盟首领来统治阿卡纳尼亚(Acarnania)。伊庇鲁斯[3]本身则体现出联邦主义和君主制原则间一段长期且复杂的冲突;大约在公元前 330—前 300 年间,伊庇鲁斯的三大主干,摩索西人(Molossians)、凯奥尼安人(Chaonians)和萨斯普洛提安人(Thesprotians)组成了一个由摩索西人首领领导的联邦式伊庇鲁斯同盟(Epirote Alliance)——当然,摩索西人有权废黜国王;而在皮洛士(Pyrrhus)手中,君主制实际上演变成了独裁;大约在公元前 235 年,民众清除了皮洛士的子孙,国家成了联邦共和国。在进行权力之争的时候,安提柯一世建立的同盟有着非常特别的主体,他

---

① Tod, *J. H. S.* 1922,173.

② 之后的情况参见我所列的关于同盟的参考文献. *C. A. H.* VII, 883 sq.,尤见 Swoboda's *Staatsaltertümer*; and *C. A. H.* VIII, Holleaux's bibliography to chs. 5–7。

③ G. N. Cross, *Epirus*, 1932,克罗斯讨论了那里的铭文。

很想再建科林斯同盟，但直至公元前 303 年，这还是不太现实，于是他又创建了三个地区同盟：爱奥尼亚同盟（Ionian League），一个古老同盟的复兴；伊里昂同盟（Ilian League），由埃托利亚各城组成，同盟中心是伊里昂（Ilium）；岛国同盟（Islanders League），由基克拉迪群岛（Cyclades）上的爱奥尼亚人组成，同盟中心在提洛岛。 71
这些同盟不是主权国家，它们没有公民大会、没有市民领袖、没有军事权力或司法权力，似乎也没有铸币权，商贸由一个代表委员会处理，特别支出必须由城市负担。各同盟的主要事宜就是主持同盟庆典以及膜拜安提柯；实际上，它们是安提柯对这些有选举权的自由城市施加影响的渠道。

埃托利亚同盟　在希腊北部存在这样一些同盟，它们源自不同种族形成的小规模公社；特别突出的例子是埃托利亚，一个自始至终未被任何国王征服过，也不依附任何国王的国家。埃托利亚几乎没有城镇、没有都城，同盟中心是地处色姆（Thermum）的阿波罗神庙。当埃托利亚的古老公社被组织起来时，也许正处于公元前 370 年的第比斯同盟（Theban alliance）时代，并且也处于那个典型的联邦主义代表者伊巴密浓达影响下[①]（也许更早）；组成同盟的单位通常不是城镇，而是一些围绕在一些村庄或小山堡垒周围的乡村区域，不过城市依旧逐渐发展起来。所有政治权力都属于公民大会，这个公民大会由全体自由的埃托利亚人组成，兴起于由武装民众组成的军队，与公民相对应；公民大会一年召开两次，分别是在竞技季节前后；同盟首脑是每年选出的一位将军，他拥有最高行政权；重选只有在间隔数年后才有可能。其他官员包括一位骑兵首领、一位秘书和一位负责庆典的裁判（*agonothetes*），此外还有七位财经干事。埃托利亚并不是一个通过选举把权力委派给同盟主体的城邦；同盟是一个自发于人民战争组织的机构，但各城邦内部实行自治，并享有各自的公民权。

---

① M. N. Tod, *Gk. Hist. Inscr.*, II, 137，这些铭文提供了该同盟存在的最早证据。

随着埃托利亚同盟的扩展，每个加入的成员都是做为独立的城市或单位加入，也融入了各个城邦或各个单位中。假如临近埃托利亚疆域的新单位要加盟的话，那么它就享有埃托利亚同盟的联合公民权(sympolity)，也就是说，它的人民同埃托利亚人有着共同
72 的利益，并可以参加公民大会。但如果一个遥远的城市成了盟友，并获得了平等市民权(isopolity)——居民权的交换，①他的公民就成了潜在的埃托利亚人，但是这种潜在的公民权要等到他移民后才能实现，并且(因为他们有这样的权力)可以成为埃托利亚联合公民权(Aetolian sympolity)中某个城的公民。我们在其他相关地方还会碰到这些潜在的公民权问题。埃托利亚同盟有个 *boule*[议事会]，其成员由同盟各组成单元按军事力量的比例选举产生；但议事会几乎没有什么权力，只是对不能推到下一届公民大会的即时事宜做出决定。然而，随着同盟的扩张，公民大会所实施的统治，也就是一年两次的公民大会集会，变得越来越不现实，埃托利亚也从未采用过任何形式的代表方法；结果议事会推出了一个小型的称为 *Apokletoi*(被挑选出来的议员)②的委员会，这在宪法中是没有的；这个临时委员会长久地代替着将军，并且在实际上掌握这个国家的实权；当然，公民大会还保有和平与战争的权力；公元前 280 年至公元前 220 年间，埃托利亚从最民主的希腊城邦变成了最不民主的城邦。

埃托利亚是第一个使用联邦公民权扩大领土的同盟，以后的阿卡亚和比奥提亚也如法炮制。公元前 220 年，埃托利亚联合公民权延伸到希腊各地，范围包括西部地区和爱壁克涅米人的洛克里斯(Epicnemidian Locris)、马里斯(Malis)、多里斯(Doris)、埃尼阿斯(the Aenianes)和多洛普斯(Dolopes)、阿卡纳尼亚(Acarnania)、福

---

① Its working; Ditt.^{3} 622, see A. J. Reinach, *Rev. Arch.* 1908, ii p. 208. 最明确的表述见 clearest statement is Swoboda's, *Wien S. B.* 1924 Abh. 2 p. 6; cf. L. Robert, *Rev. E. G.* 1927, 214。

② 斯奇沃恩认为他们是主要官员组成的委员会，见 W. Schwahn, 'Die Apokleten der Ätoler und die Apoklesia der Lokrer', *Wien. Stud.*, 1930, 141。

西斯(Phocis)、色萨利的各一部分,阿卡亚的福西奥提斯(Achaea Phthiotis)也包括在内;享有联合公民权的成员有塞法勒尼(Cephallenia)、埃姆布拉西亚(Ambracia)、塞奥斯(Ceos)、开俄斯,地处克里特的瓦克斯(Vaxos)、菲该利亚(Phigaleia)以及(实质上的)美塞尼(Messenia);后来它还将吕西马齐亚(Lysimacheia)、西戊斯(Cius)和卡尔西顿(Chalcedon)吸收为成员。大约从公元前290年至前189年,它还控制了德尔菲,但德尔菲始终没有成为它的一个成员。①

阿卡亚同盟 尽管有些同盟代表某些明确的谱系,但他们的基 73
础都是城市联合,并不是小规模公社的联合,阿卡狄亚(Arcadia)和比奥提亚就是大家所熟知的例子;两者都经历了世事变迁,但比奥提亚同盟维持了很长时间,并不时含括了奥普蒂恩的洛克里斯(Opuntian Locris)和麦加拉。自公元前4世纪以来,比奥提亚同盟的联邦机构没有什么根本变化,各个城市有着各自的机构,尽管它们在基本路线方针上表现出某些一致,但在一些细节问题上还存在极大不同:各城邦保有相当大的行动自由,这甚至不时地表现在他们的对外关系上。② 尽管阿卡狄亚同盟③不时受到损伤,但它还是维持到它的成员加入阿卡亚同盟才解散。原先阿卡亚同盟只是由12个阿卡亚城市组成的同盟,该同盟在继承者战争中被毁;公元前280年,这个同盟得以重组,到公元前272年,它又拥有了十个当时还存在的阿卡亚城市(赫里斯[Helice]和布拉[Bura]已因自然原因毁灭);后来奥勒诺斯(Olenus)成了它的第11个成员。④ 不过,该组织的有效运作始于公元前255年;此时,单独的一位将军代替了先前的两位将军。这个同盟像埃托利亚同盟一样采取联合公民权(sympolity),同样别的临时成员加入进来后,会逐渐成为其

---

① Ditt.³ 480 n. 4 是决定性的。

② 见 M. Feyel, *Polybe et l'histoire de la Boeotie au IIIme siècle avant notre ère*, 1942,206,252,266,尤见270。

③ Tarn, *C.R.* XXXIX, 1925,104; de Sanctis, *Riv. fil.* LV, 485.

④ *SEG* I, 74.

构成部分；各城保留其公民权和政府机构（即使其中一些行政官员被同盟同化），它们还保留自己的法庭以及诸多内部自治权。和埃托利亚不同的是，地方造币厂和联邦造币厂可以同时铸造钱币；除非特许，一个城市的居民在其他城市是没有私权的。不过，同盟掌握所有的对外政策，也掌握军队、联邦税收、所有的计量单位（已得到统一）以及对侵犯同盟行为的审判。同盟中心地处首都埃基翁（Aigion）的宙斯·阿马利奥斯（Zeus Amarios）神庙。作为最高行政与军事长官的将军可隔年再次当选；除秘书外，财务主管和海军将
74 领构成十人同盟委员会，这似乎是按阿卡狄亚同盟 15 个成员[①]模式组建的，类似于其原先的十个城（即使每个城原先可以有一个地方行政官，但这很快就停止了）。*demiourgoi*（同盟的行政长官）和将军组成了一个统治集团，他们拥有极大的权力。

像其他小同盟一样，阿卡亚同盟似乎可能也曾经有过 *boule*（议事会）和公民大会。在改革之后的同盟中，议事会和公民大会合并成了阿卡亚 *Sunodos*（普通大会）；随着同盟的扩张，*Sunodos*（普通大会）的规模也日益扩大。[②] 它每年举行一定数量的会议，大多数是四次，其中一次的主要任务是为来年选出同盟官员。公元前 3 世纪，会议在埃基翁举行；但到了公元前 188 年，菲洛波蒙提出了一项将会议轮流在各个城市举办的法案，不过在实际操作中，严格意义上的次序似乎不大可能被遵守。*Sunodos*（普通大会）决定同盟的政策、处理商务，但（在一般情况下）签订新条约、结盟以及和平与战争除外：这些事务必须提交 *sunkletos*（选民大会）处理——一个由年龄 30 岁以上的人参加的全民会议，如果他们愿意参加的话。实际上，*sunkletos*（选民大会）是一场民众选举，选票由各城收集，以防在开会地点招来难以招架的当地民众。*Sunodos*（普通大会）选举也这样进行的。对 *Sunkletos*（选民大会）来说，埃基翁也是个适当

① Tarn, *C. R.* 1925, 107.

② 关于阿卡亚的组织机构，尤见 A. Aymard, *Les Assemblées de la Confédération Achaienne*, 1938（内有详细的讨论和参考文献）。

的开会地点，而且早在公元前 3 世纪末以前，召集会议的实践在别的地方就已经开始了。

我们对于同盟宪法（一部受到高度赞扬的宪法）的判断在很大程度上取决于 *Sunodos*（普通大会）的实质究竟是什么，大会的特征没有哪一个是不引起极大争议的。最有可能的修改是使 *Sunodos*（普通大会）成为一个基本的公民大会，向那些符合参加 *Sunkletos*（选民大会，年龄在 30 岁以上的）条件的人同样开放，但需额外考虑的是，要尽量确保大会的投票应真正反映出每个城市的意见：事实上，很有必要确保每个城市有一定的法定人数参加每年在埃基 75
翁举行的要持续一段时间的四次会议。这些法定人数代表一起组成了所谓的 *boule*（议事会），这一机构在任何意义上都不能称之为单独的议院，[①]不管它是否具有事前讨论（probouleutic）的作用还是具有认可或投票的权力；而这些作用和权力显然是不存在的。这个议事会仅仅是 *Sunodos*（普通大会）的组成部分，事实上，它还会做为会议的一部分参加一次特别会议（或是特殊年份的会议），因此也许会在人数没有到齐的情况下自己投票，做出决定；当然，如果有足够的自愿者愿意参加 *Sunodos*（普通大会），议事会的票数随时都会被超出。至于议事会的成员数量及产生方式，我们不得而知；不过参加会议的人似乎是有报酬的，[②]我们有充分理由相信与民主制度相伴随而来的实践全民抽签选举（在这种情况下，全部候选人都要超过 30 岁）也被采用了。因此阿卡亚人肯定认为他们的宪法是民主的。

而实质上，这部宪法是有利于富人和职业政客的；一部分原因是作为城市主体的"30 岁以上的人"之固有的保守性，另一部分原因是大概穷人没有足够的资金远离家人，抛下工作去参加 *Sunodos*（普通大会）的会议，除非他们当上了 *bouleutai*（立法委员），并由此

---

① *Pace* M. Cary, *J. H. S.* LIX, 1939, 154 (Aymard 的回顾)。

② 尽管有艾玛德(Aymard)和其他人的论述，见 Aymard op. c.，这似乎遵循的是波里比阿的论述，见 Polyb. XXII, 7, 3.; 8, 1 - 8。

得到收入;或许还有一原因尤为重要,即个人地位,这唯有像阿拉图斯这样的人才有资格参选每年都改选的唯一将军之职(*strategos*)。再一个缺陷就是 *Sunkletos*(选民大会)有对公民超过30岁的限制,这就意味着一半必须参加战争的人没有能在战争宣言中表达他们的意见;埃托利亚好像就没有这种限制,这也许可以解释为什么埃托利亚在战争中能够组织起如此有效的战斗。但另
76 一方面,它在阿卡亚的成功很引人注目;这是因为在阿卡亚,同盟利益与城市利益之间获得了平衡;几乎没有同盟会议——*Sunodos*(普通大会)和 *Sunkletos*(选民大会)——可以最终证明同盟政府侵犯过各城邦处理与其相关事宜的权力。同盟政府也没有时间管闲事。议事会如果只是(通过渐进方式)向着代议制政府发展的一种尝试的话,也是很有意义的。希腊人逐渐向着真正的代议制发展,而且当这个制度形成的时候,阿卡亚同盟这一标志性的例子也向其靠拢。

至于 *Koinon*(社区或同盟)式城邦后期的历史,由于在第一章中没有提到,我在这里略谈一下。公元前 189 年,罗马削弱了埃托利亚同盟的权力,并使之与德尔菲分离;公元前 168 年后,罗马彻底解散了整个同盟;所有成员,[1]即使是像奥泰恩(the Oetaeans)这样的小成员也成立了单独的同盟,随着这些同盟在公元前 196 年至公元前 194 年间(参阅第 26 页)形成,它们很快便占据了整个希腊北部。其中值得一提的是色萨利同盟(Thessalian League),它拥有像岛国同盟(Island League)[2]及克里特同盟(Cretan League)曾拥有过的奇特权力,[3]即在其有选举权的城市中承认公民权。但是,在公元前 2 世纪联邦制度最主要的一个新特点就是趋向于废除从城邦国家继承下来的初级公民大会(primary assembly),取而

---

① 关于洛克里斯(Locris),见 *A. J. A.* XXVI, 445。

② *I. G.* IX, 2,508; XI, 4,1038-1040,1042,1046. 不过参见 Swoboda *Wien S. B. l. c.* p. 25。

③ I. *Magnesia*, 20.

代之以依靠一个由 *sunedrion*（代表）组成的公民大会或是议事会，就像现代议会一样。马其顿四个独立的共和国也是这种情况，这是在罗马的监督下于公元前 167 年建立起来的，毫无疑问也是遵循已经形成的希腊惯例最大程度去迎合罗马人。这种例子也许在色萨利发生过，但确实在吕西亚发生过。[1] 代议制政府 77
的出现在两个方面具有深远意义：第一，它在小团体中的应用（比如在马其顿的共和国中的应用）表明它的使用并非全由地域因素造成，而是因为它是为达到目的所采取的手段，即尽可能取悦于富裕阶层，并尽可能将大众排除在政治之外；第二，如果罗马人愿意躬身使用这一制度的话，它的存在就为在马其顿的罗马人立了榜样，也为意大利的罗马人树立了榜样，但罗马人并没有采用这一制度。

同盟与罗马　公元前 224 年至公元前 198 年的阿卡亚同盟就像马其顿的附属一般，但它在公元前 197 年又获得了独立，不过它只算是罗马的盟友而已；即便它于公元前 191 年占领了整个伯罗奔尼撒半岛，它也没有再恢复到公元前 228 年的实力（参阅第 20 页）。联邦原则依旧代表了一种罗马不能接受的可能存在的权力因素——公元前 146 年后，罗马解散了阿卡亚同盟。*koina*（同盟）随后被准许重建，但已徒有其名；[2]除了希腊北部这些同盟外，伯罗奔尼撒岛上的阿卡亚同盟、阿卡狄亚同盟、阿格利斯同盟[3]和厄琉色洛拉考恩（Eleutherolacones）同盟都很出名，但他们都以宗教为主体，没有什么政治意义。在小亚细亚，类似的非政治性 *koina*（同盟）成立或被成立了；比提尼亚（Bithynia）和本都（Pontus）的这些机构的成立可以追溯到庞培，亚洲的这些机构可能是在安东尼时代建立的；当然，以后还会出现别的这样的机构。这些机构的渊源可

---

① J. A. O. Larsen, *Class. Philol.* XL, 1945, 65; XLIV, 1940, 89; XLV, 1950, 180; A. Aymard, *ib.* XLV, 1950, 96. 关于马其顿的相反的观点见 M. Feyel, *B. C. H.* LXX, 1946, 187。

② 最好的在 Kornemann, κοινον in P. W。

③ B. C. H. 1909, 175 no. 2；不在 Kornemann。

以追溯到安提柯一世所建立的同盟；它们以某种方式代表自己所在行省，因为他们可以向罗马抱怨它们的省督，但其主要事务则是主持官方对皇帝的膜拜。我们惟一知道保持了政治影响的 *koinon*（同盟），是奥古斯都统治时期吕西亚那 23 个古老的城镇同盟。[1]

在希腊化时代相互竞争的国家形式中，尽管马其顿君主制走到了末路，但君主制还是被保留下来。恺撒倒有可能考虑过建立一
78 个希腊化模式的希腊罗马王国，但这种说法存有争议；安东尼确实建立起了一个这样的王国；至于奥古斯都，虽然他的元首政治（principate）是罗马式而非希腊化式的，他的帝国由许多原先马其顿王国的组成部分构成，所以我认为他是希腊化诸王的真正继承者。不过，这一主题已属于罗马史范畴了。

① *OGIS* 99，198；Str. 664 *sq.*；J. A. O. Larsen，*Class. Philol.* XXXXVIII，1943，177 以及 246；XL，1945，67。

第三章　希腊城市：社会经济状况[1]

个人主义与兄弟一家——仲裁与仁慈——圣地与庇护——荣誉公民权——公民平等权——公共演说与公共制度——审判委员会——和谐——合作的缺乏、海盗——俱乐部——教育——女性地位——人口与杀婴——奴隶制度——谷物供应——慷慨——慈善事业——繁荣——节日——利率——银行业——借款——税收——贫穷与工资——社会动乱——乌托邦——社会革命

个人主义与兄弟一家　作为政治动物的人——城邦（或自治城 79
市国家）的组成部分——已随亚里士多德而去了，伴随亚历山大而来的是开始成为个体的人。这种个体的人不仅要考虑到其自身生活的调节，而且要考虑其和其他那些与之共同组成"人类世界"的个体间的关系；为适合前者的需要，行为哲学开始兴起（参阅第十章）；为适合后者的需要，某种人类博爱的全新观念也开始兴起。这一切源于那天——人类历史上一个关键时刻——在奥皮斯（Opis）举行的一个宴会，在宴会上亚历山大为所有民族的 *homonoia*（和谐）及马其顿和波斯联邦而祈祷；[2]亚历山大是第一位超越民族界限的人，他认为人类的友爱（尽管不完美）不存在希腊人或是巴

① J. A. O. Larsen, *Roman Greece*, esp. 311 - 435, in *Economics Survey of Ancient Rome*, IV, 1938 (ed. Tenney Frank)收集了希腊化时代的材料。

② 至于细节，参阅 Tarn, *Alexander* II, App. 25 § VI。

比伦人之分。斯多噶派哲学很快把握了这一概念：芝诺在他的理
想国里[1]展示了一个自那时以来一直萦绕人们在心头的美好愿望；
他梦想的世界不是由许多独立国家构成，而是一个在神圣旨意下
的伟大城市，那里所有的人都是公民，成员彼此之间团结在一起，
不依靠人为法律的约束，而靠人的意愿，或是（像芝诺所阐述的那
样）依靠爱。有时候，这被称为世界主义（cosmopolitanism），一个被
犬儒学派[2]创造出来以表明他们不属于任何国家的词语；但其他希
80 腊人没有使用这一术语，鉴于它会带来的一些不太愉快的联想，避
免使用该词是十分明智的。然而，这个词也没有完全表达出斯多
噶派所要表达的真正含义，它包含着逃避对国家应尽义务的意思，
而逃避此种义务是没有一个斯多噶派成员能够接受的，因为对于
智者（wise man，斯多噶派所说的智者）来说，他们会通过自己国家
的意志来履行他们的义务；[3]斯多噶派似乎已经明白，要想实现博
爱就要通过民族国家，而不是否定民族国家。除了梦想本身，几乎
整个世界都被芝诺的梦想所影响；根据事实来看，经由芝诺学派对
平等和博爱之某些观念的主张，“人类世界”（*oecumene*）[4]现已开始
被当作整体来对待了；根据这一事实，陌生人不再是敌人，此外“和
谐”所得到的颂词远远超过任何一个希腊化思想概念。抛开那些
真实条约不管，某种有关国家之间相互关系的思想开始出现；现代
国际法的起源可以追溯到公元前3世纪的斯多噶主义。

仲裁与仁慈 在个人主义思想与博爱思想这些观念之间，希腊人必须重新设计出自己的自我拯救方法。首先要注意的是博爱情感的某种扩展。这个时代充满了特殊矛盾——或许可以说明希腊人是有人性的人，这种情感在无休止的争吵与战争中逐渐发展起来。希腊人仍旧爱争吵，但变化的结果使他们开始怀疑是否应当

① Arnim, *S.V.F.* I, nos. 259 - 271.

② Diog. Laert. VI, 2, 63; Tarn, *op.c.*, App. 25 § II.

③ *S.V.F.* 697.

④ Kaerst, *Die Antike Idee der Oikumene*, 1903.

这样。公元前 370 年，伊索克拉底（Isocrates）号召联合全部希腊人抵抗波斯人；公元前 217 年，阿格劳斯则号召希腊人团结起来以抵抗罗马的进攻；[①]两者的区别是显而易见的。一个结果就是对仲裁需求的不断增长。[②] 在希腊，仲裁历史悠久，但通常都很谨慎；但在公元前 3 世纪前后这段时间，城市间的仲裁（通常是边界仲裁）[③]变得极为普通；仲裁者通常是来自另一个城市的人组成的委员会，但 81
亚历山大以及他的很多继承人[④]也抛开委员会的权力在城市间做仲裁，后来的罗马元老院也是如此。边界诉讼之所以没完没了，原因在于可怕的饥馑始终存在，以及随之而来对有限可耕地的需求不断增加；尽管边界诉讼不是解决问题的理想方法，但两害相权取其轻；每一次仲裁都避免了一场战争；如果裁定得不到执行，那就意味着更多仲裁；甚至像克里特岛上一些没有名气的城市也有永久的仲裁决议书。

曾有过那么一段时间，战争本身似乎也换了一副面孔，因为那些伟大的马其顿人尽量把一些骑士精神带进战争，尤其是亚历山大、狄米特里戌斯和安提柯·贡纳图斯。你或许知道曾几何时有一个大家普遍接受的习惯，[⑤]一旦占领一座城市，就把男人杀光，把女人和孩子卖掉；到亚历山大时代，这一习俗被变更为清仓卖出，[⑥]亚历山大本人就卖了四座城市的居民——但对于第比斯和加沙，亚历山大毫不留情，继续使用旧的习俗；而对于推罗和塞罗波里斯（Cyropolis，按当时的情况），他只考虑到男人。不过亚历山大的继承者似乎彻底放弃了这种恐怖行为；保留城市而不使其成为焦土，

---

① Polyb. V，104.

② Tod，*International Arbitration among the Greeks*，1913；*Sidelights on Greek History*，1932，39.

③ Universal. 参见 Arvanitopoullos 的目录，*Rev. Phil.* 1911，292。

④ 'Εφ.' Αρχ. 1917，16，no. 308（Cassander）；*OGIS* 13，*I. Priene* 37 l. 131（Lysimachus）；'Εφ. 'Αρχ. 1913，43，nos. 172，173（Philip V）；*SGDI* 5153－5154；Wilhelm，*Jahresh.* 1911，186.

⑤ C. Philippson，*International Law and Custom of Ancient Greece and Rome* II，251.

⑥ Polyb. II，58，10.

对他们更有利。① 老规则似乎开始不起作用，如公元前 279 年高卢人入侵希腊时，希腊城市便痛苦地抱怨这些野蛮人再次对它们采取了这种恐怖行为。②

接下来谈谈曼提尼亚（Mantinea）：公元前 223 年，为满足阿拉图斯和阿卡亚的复仇心理，安提柯·多宋准许他们拍卖曼提尼亚人。这是一次严重的挑衅，而且我们依然可听到这一举动引起的风暴般的反对声。③ 因为就这片土地而言，之后就未出现比曼提尼
82 亚人更好的统治者；到公元前 2 世纪，罗马介入进来，并与腓力五世发生冲突，④战争又像往常一样重新降临。阿卡亚人菲洛波蒙对待斯巴达并不比腓力在西戊斯（Cius）和马罗尼亚的野蛮统治好到哪里去。不过一些城市和许多希腊人还是坚持较为温和的行为，如公元前 2 世纪米利都和马格内西亚（Magnesia）结束了它们之间的斗争，开始以传统方法按人头交换俘虏，马格内西亚在没要赎金的情况下就交还了多余的俘虏。⑤ 莱库古（Lycurgus）曾在雅典通过了一项人道的法律，⑥即禁止雅典人购买自由的希腊战俘；一些城市现在做得更好，按条约规定，⑦如果一个城市里的市民买了另一个城市的市民，他就应当无条件地放了他。已知的有这种行为的人非常之多，他们往往冒着个人危险释放或赎回俘虏——不管是战争中的俘虏还是海盗掠夺来的人员；⑧尽管按法律规定，被赎的俘虏会成赎买者的奴隶，直至他将赎金归还给他的主人，但偿还款项通常被放弃。在利他主义的例子中，我们或许要提到埃吉尔（Aegiale）的两兄弟，黑盖西普斯（Hegesippus）和安提帕普斯

---

① Polyb. XVIII, 3,4－9; XXIII, 15.

② OGIS 765; Ditt.^{3}495 l. 108.

③ Polyb. II, 56－61.

④ Cf. Polyb. X, 15,4－6.

⑤ Ditt.^{3} 588.

⑥ Plut. *Mor.* 842. A.

⑦ *Millet* I, 3, no. 140.

⑧ *E. g. I. G.* II^{2}, 399; IV, 497; XI, 4,1054a，参见 *SEG* III, 666; XII, 7,36;8,159;9,6; Ditt.^{3} 374,520,535; 'Αθηνα 1908,195 no. 6。

(Antipappus)，他们以自己作为人质，赎出了被一群海盗俘虏的妇女；而他们得到的只是一顶绿叶冠，以及因偶然因素留下来的使他们不至于被人遗忘的记录。[1]

圣地与庇护　在保全某些地方免于战乱的运动中，一些人性得到了体现。“圣地”——神庙及其周围——是不会发生战争的，[2]不过对违背者的惟一惩罚只是神的愤怒；整个提洛岛——阿波罗的出生地——就是这样一个圣地，这一圣地也许是在太古时期就已存在。现在各个城市都想方设法使自己和它们的土地变得“神圣”，即在希腊世界和希腊化国王同意下免除战争；[3]大约公元前 240 年，士麦那[4]首先获得了这种特许，紧随其后的是位于米安德河边 83 (Maeander)[5]的马格内西亚、阿拉斑达(Alabanda)、[6]特奥斯(Teos)、[7]米利都、[8]卡尔西顿[9]和一些别的城市；除免于战争外，神谕还提到了其他要求，但从来没被实现过。[10] 在这场运动中，德尔斐和近邻同盟(Amphictyons)的影响被认为非常重要，它们奠定了这场运动的宗教基础。[11] 他们一致行动，要求 *asyla*(不受侵犯)，即免除 *syla*(报复)或私斗——无论是个人还是城市都有权要求在没有战争的状态下获得人身财产权，一项成为那时私掠船极其盛行原因的权利。[12] 曾有一段时间，每一位外乡人都总是受制于此；但这种权力日益缩小，或许部分原因是它对贸易的阻碍作用，并且许

① Ditt.^{3} 521.

② Tarn, *J. H. S.* 1924, 141.

③ H. Seyring, 'Les Rois Séleucides et la Concession de L'asylie', *Syria*, 20, 1939, 35.

④ *OGIS* 228, 229.

⑤ Ditt.^{3} 557 *sqq.*

⑥ *OGIS* 234.

⑦ *SGDI* 5165－5187, Michel 51－68.

⑧ Ditt.^{3} 590 (参见 Wilhelm, *Wien Anz.* XVIII, 19 no. 11)。

⑨ *SEG* IV, 720.

⑩ Ditt.^{3} 1158, 635 B.

⑪ Tarn, *Ant. Gon.* 209 n. 133; Pomtow, *Klio* XIV, 278; XVII, 189.

⑫ Dareste, *Rev. E. G.* 1889, 305; Wollgraf, *B. C. H.* 1913, 286; Philippson *op. c.* 353.

多神庙长久以来一直是庇护所。[1] 在整个希腊化时代，许多别的神庙[2]都被赋予了这种性质，而且后来又扩大到了整个城市及其附属地区；公元前 270 年，特奥斯岛成为第一个神圣不可侵犯的地方，[3]全部希腊城市一个接一个紧随其后成为“神圣的”，许多其他地区也如法炮制，[4]最终是德尔斐本身。[5]

把“神圣的和不可侵犯的”这种头衔称为一个空洞的名号将会误解那个时代。这种运动是限制战争的重要尝试；塞琉古二世有没有设法给他最忠实的盟友士麦那争取到这样一个空头衔呢？甚至在公元 1 世纪的叙利亚，这种头衔仍旧保持某种重要性(参阅第 154 页)，[6]直到罗马帝国时代，它才成为一个空头衔。但神圣所具有的实际影响却令人怀疑：它既不能改变一个城市的政治性质，也不会对其政治活动产生约束。它曾发挥过一次作用，然而却是以
84 一种很奇特的方式：安条克三世由于得不到克桑托斯(Xanthus)，于是宣布这座城市“神圣”，目的是在他撤退时挽回些面子。[7] *Asylia*(神圣不可侵犯)也产生了一些效果，它有助于限制无视公共秩序的自立。它远远超过了某些城市及神庙；那些狄俄尼索斯风格的艺术家也被认定为不可侵犯，以便公众能够鉴赏他们的作品；当每一条外国代表人赐令(proxeny decree)赋予接受者 *asylia*(神圣不可侵犯)头衔时，整个希腊世界便成为一个人际网络；在这个网络中，人们作为这个或那个城邦的臣民而变得不可侵犯。不要妄想一位埃托利亚私掠船船员袭击一个村庄时，会带着一张不可侵犯的埃托利亚外国代表人(Aetolian proxeni)清单；但埃托利亚却由

① List: Stengel, *Asylon* in P. W.

② Instances: *SGDI* 2532; Ditt. 3456,550,629,630,635 A.

③ *I. G.* IX, 1,97, XII, 5,867,868 A, B;见 Graindor, *Musée Belge* 1911,254。

④ As Anaphe, *I. G.* XII, 3,254.

⑤ Ditt.[3] 609,612 B.

⑥ U. Kahrstedt, *Syr. Terr.*, 76 - 79.

⑦ *OGIS* 746.

于给了与之友好的城市豁免证书，[①]承诺尽量补偿给个人所带来的损害而解决了这一麻烦。在帝国统治下，*asylia*（神圣不可侵犯）的城市泛滥成灾，但这仅意味着某些城市被冠以不可侵犯的空头衔，它们在遭到入侵时不得不向罗马求援。*asylia*（神圣不可侵犯）与其先前制定时的优点一点关系也没有。

荣誉公民权　抛开联邦制度（Federalism）不谈，当时的许多事情正趋向于打破旧有孤立，使各个城市联系更加紧密。其中之一就是，大量身份各异的人及其后裔被赋予了名誉市民权；另外每座城市在别的许多城市都拥有朋友——这些朋友是前者的公民。一个人不能成为两个城市公民的信条得从更改，一个人可以成为任何城市的市民，[②]不过实际可能的情况是在公元前 3 世纪和公元前 2 世纪，一个人只能在同一时间成为一个城市的实际市民，但可拥有另一个城市潜在的市民权。如若科林斯认可了一个底比斯市民的名誉公民权，只要这个市民定居科林斯，那么他就有了科林斯公民权，并成为一个地地道道的科林斯人，但假如他不这样做的话，他的科林斯公民权就是潜在的。不能确定的是，如果他获得了科林斯公民权，他是否还会继续保留底比斯公民权呢？很可能他不能这样。[③] 但到公元前 1 世纪，一个人可以毫无问题地行使两 85
个有效公民权，这是事态自然发展的结果；尽管庞培在比提尼亚（Bithynia）禁止多重公民权，但这并不能阻止它；如迪奥（Dio）具有普鲁萨（Prusa）、尼可美迪亚（Nicomedia）和阿帕米亚（Apamea）三个城市的公民权；而当图拉真要求废除多重公民权时，他发现多重公

---

① Delos, *I. G.* XI, 4, 1050, cf. XI, 2, 287 A 1. 80; Tenos, *Musée Belge* 1910, 43, no. 22; Mytilene, 'Εφ. 'Αρχ. 1914, 84; Chios, Ceos, Magnesia, Teos, Ditt.^{3} 443, 522, 554, 563; Athens, *Klio* XV, 7 nos. 35, 36; Halicarnassus, *SEG* IV, 182; H. Benecke, *Die Seepolitik der Aitoler*, diss. Hamburg, 1934.

② Critodemus, cited by Cumont, *L'égypte des Astrologues*, 1937, 74，证明了希腊化时代的 διπολιτης（两个城邦的公民），但不能证明两个同时有效的公民权。

③ In *Rev. E. G.* 1911, 378 no. 1，一个人正式放弃他的固有公民权，这或许同样是这一情况的惯例，或者是例外。

民权在比提尼亚是很正常的，除非打破整个公共秩序，否则他对此无能为力，但也许将来可以禁止。[1] 撇开公民权不谈，每一座城市在各个地方都有朋友，假如这些朋友访问那座城市的话，他们已不仅仅是外侨了；来访者被尊为上宾，有佳肴美食款待。城市间的交往呈现出一种不同以往的局面。

公民平等权 公民权问题进展更为迅速；一些城市开始给另一个城市全体公民以公民权，这一过程被称之为平等公民权(isopolity，参阅第 72 页)。[2] 在公元前 3 世纪早期，雅典给予普林恩(Priene)公民权，[3]以回报普林恩早已给予雅典[4]的普林恩公民权；之后又有许多城市互相之间授予公民权，比如雅典和罗德岛、[5]美塞尼和菲该利亚(Phigaleia)、[6]帕罗斯(Paros)和阿拉里亚(Allaria)、[7]帕迦马和特姆诺斯(Temnos)、[8]米利都和一个集团[9]——昔齐库斯(Cyzicus)、赫拉克里亚-拉特莫斯(Heraclea - Latmos)、西戊斯、菲吉拉(Phygela)、迈拉萨(Mylasa)、特拉勒斯(Tralles)——之间都相互给予公民权；所有昔兰尼人(Cyreneans)都是特诺斯(Tenos)[10]的市民，所有铁拉人(Theraeans)都是昔兰尼的市民，[11]所有的特奥斯人(Teians)是某些克里特城的市民，[12]所有

---

① Brandis, *Bithynia* in P. W..

② 早期情况：Athens to Samos (405), Tod, *Gk. Hist. Inscr.* I, 96; II, 97; perhaps, Corinth and Argos reciprocally (392 - 389), Griffith, *Historia*, Il, 1950; Miletus to Olbia, Cyzicus and Phygela (all about 330), Tod, *op. c.* II, 195; Wiegand, *Milet* I (3), 137; 142。

③ *I. G.* II^2 693.

④ *I. Priene*, 5; *I. G.* II^2, 566.

⑤ Polyb. XVI, 26, 9; LIvy XXXI, 15, 6.

⑥ *I. G.* V, 2, 419.

⑦ *SGDI* 490.

⑧ *OGIS*, 265.

⑨ *Millet* I, 3, nos. 136, 141, 143, 146, 150.

⑩ *I. G.* XII, 5, 814.

⑪ *SEG* IX. 3.

⑫ P. 83 n. 3.

马格内西亚人（Magresians）都是克里特同盟（Cretan League）①成员
的市民。但这作法起到名誉公民权的作用，是一种潜在的公民权；
任何被授予的人，只要他需要便可行使这种权利。除公民权外，别
的权利也被类似地赋予。雅典给予某些色萨利城市中所有阶层人
士以外国代表人身份；②所有的美塞尼人成为德尔斐的外国代表 86
人，所有的德尔斐人成为萨迪斯（Sardes）的外国代表人，所有阿克
拉加斯人（Acragantines）成为摩索西同盟（Molossian League）③的外
国代表人。外国代表人的个别赋予是如此之多以至于一些城市不
再制定这样的法令；在公元前 3 世纪，小城埃皮多鲁斯（Epidaurus）
平均每年有四次，④但它只是将名单列出来，就像阿纳菲（Anaphe）
做的那样；⑤德尔斐从公元前 197 年⑥起开始也采取了这一措施；大
约在公元前 264 年，西斯提埃拉（Histiaea）一年颁布了 32 次。⑦ 外
国代表人是一个令人渴求的荣誉，因为它不仅给予免受侵掠的权
利，而且还给予了在授予人的城市里得到土地的权利；这一权利被
广泛地行使，以至于罗马在征服阿卡亚后，为了削弱伯罗奔尼撒人
的势力，而采取的第一个措施就是禁止在两个城市同时拥有土
地，⑧不过罗马后来撤消了这一禁令。美塞尼、克索奈索斯
（Chersonesos）、亚历山大里亚、士麦那、萨迪斯等一些城市被赋予
优先咨询德尔斐神谕⑨的权利；伊大卡（Ithaca）在其当地举行的奥
德塞（the Odysseia）⑩运动会上给予所有马格内西亚人坐前排的权
力；总的来看，许多城市为了鼓励贸易给予其他城市整体以进出口

---

① *I. Magnesia*, 20.

② 'Eφ. 'Aρχ. 1914,167 no. 232.

③ Ditt.³ 555,548,942.

④ *I.G.* IV², 96.

⑤ *I.G.* XII, 3,251.

⑥ Ditt.³ 585.

⑦ Ditt.³ 492.

⑧ Brandis, *Achaea* in P.W.; cf. *I.G.* VII, 20(?).

⑨ Ditt.³ 555,604,404,470,548.

⑩ Ditt.³ 558.

免税权。所有这些是为了城市之间的联合，如公元前3世纪的波塞迪普斯(Poseidippus)说："虽然有许多城市，但它们在本质上都是希腊"。[①] 人们想知道的是，假如没有罗马的介入，这一进程究竟可以发展到什么程度？

公共演说与公共制度 至于名誉公民权究竟发展到什么程度，我们不得而知。无论如何，只有很少的文人在他们自己的城市里工作；他们云游各地，无论在哪里工作，哪里就有他们的朋友，或许还有图书馆接待他们。许多在别的城市进行朗诵和作讲演的诗人和哲学家获得了各种各样的荣誉，这类荣誉通常要被用来激发来访者对当地城市的友爱精神；毫无疑问，当这个阶层的人在某处定居下来时，按惯例，他们就取得了当地的公民权；提莱昂的米南德(Menander of Thyrreion)被称为卡索匹按人(Cassopean)，[②]怀疑学派的美特洛多鲁斯(Metrodorus of Scepsis)被称为卡尔西顿人，[③]阿
87 帕米亚的波塞冬尼乌斯(Poseidonius of Apamea)、亚历山大城的阿波罗尼戌斯(Apollonius of Alexanderia)和马其顿的德诺克拉特斯(Deinocrates of Macedonia)被称为罗德岛人，萨莫色雷斯的阿里斯塔库斯(Aristarchus of Samothrace)被称为亚历山大里亚人，科斯岛的阿里斯托布鲁斯(Aristobulus of Cos)被称为卡桑德里亚人(Cassandreian)；其他例子还有许多。[④] 因此，我们可以设想城市间有某种形式的市民交换，但另一方面，同盟宪法通常是不变的，因此没有特准，没有人能够在别的城市获得个人的权利。

另一个将世界团结在一起的是共同语的发展。有文化的地方开始使用阿提卡语；除阿提卡语外，深受当地用法影响的希腊化希腊语也逐渐兴起，这种"共同语"类似于新约中的希腊语。第二种"共同语言"从多利安方言中衍生出来，它产生了一位不朽人物提

---

① Fr. 28, Kock (III, 345).

② Ditt.[3] 739，见 Wilhelm, *Neue Beiträge* IV, 55。

③ Str. 609.

④ 这个名单，见 Fr. Heichelheim, *Die Auswärtige Bevölkerung im Ptolemäerreich*, Klio Beiheft XVIII, 6。

奥克里图斯(Theocritus)，但未能生根发芽。在一些国家，当地方言有着顽强生命力，它们一直存续到公元1世纪；但由于共同语成了操着不同方言的民族使用的一种大众化交流媒介，所以共同语最终征服了希腊的每座城市，替代了方言。伴随着"共同语"出现的是法学家所称的"共同制度"，即各城市遵守相同的法令条款。实际上，在这一时期，通过数量庞大的荣誉法令，城市间同样也建立起了联系纽带；按惯例，当一个城市给予另一个城市的市民以荣誉时，使团便会带着荣誉文书到接受荣誉的城市，举行授予仪式，同时他们也受到当地的热情款待，并应邀作演讲，以高歌两个城市之间的团结和友谊。[1] 大量新节日起了同样的作用，原因在于尽管这些表演者仅仅是到处云游的职业艺人，但活动本身就是一种宗教行为，并且城市也会派出宗教方面的特使。城市神庙周围已布满了*stelae*(竖立的石碑)，上面镌刻着城市的法令与记录，这是城 88
市的档案库所在地(尽管有些城市将它们刻在石碑上的记录存放在市政大厅)，任何人都可以到那里阅读一下他的同胞所获得的荣誉。在公元前3世纪，荣誉法令经常是很有价值的政治文件，甚至是政治宣言，直到公元1世纪，当独立的政治日益退化变质，它才慢慢退化；不过对于那些不重要的内容来说，它便越发显得啰嗦，[2]它曾记录下了一个男子私生活的所有琐碎细节甚至他婚礼上的客人人数；[3]因为他付了钱，所以他就应当得到这些。

审判委员会　最重要的也许是审判委员会；这里的审判委员会指的不是仲裁两个城市间政治纠纷的审判委员会，而是解决城市内部诉讼的审判委员会。因为在公元前300年以前，由一些市民组成陪审团进行审判的老式审判制度很快崩溃了，命当如此；这也许是人类有史以来最糟的一种法律制度，因为陪审团的决定通常会受到政治、大众情绪以及偏见的影响。在整个

---

① *I. Priene* 47,50,53-54,71; *Milet* I, 3, no. 146.

② As *I. Priene* 111-114,117.

③ *I. Priene* 109 ll. 161-167.

希腊化时代，它基本上被另一种制度所代替——由一两个以上来自另一城市的审判官员（dicasts）组成的委员会审理所有等待审判的案件。[①] 这不是一种理想的制度，因为它不能有规律地发挥作用；显然只有当事情很糟的时候，一个人才会向另一个城市寻求帮助，而且审判也要拖延许多时间——[②]有时候当使团来到的时候会发现审判已多年没进行；由于及时的公正的重要性仅次于真正的公正，所以毫无疑问这导致大量案件被私了，并由此产生了一些不良后果。但委员会的到来确是起到了好的作用，因为它不介
89 入当地集团的内部纷争；在某些地方，委员会以卷宗为依据或许可以经常避免不适当的拖延。[③] 委员会的程序已制度化，他们首先通过劝说或非正式裁决[④]解决他们能解决的所有案件；至于剩下的案件，他们要么通过法律方式解决，要么将之移交陪审团。在卡利姆纳（Calymna）[⑤]的案件记录中，埃索斯（Iasos）派出的审判官员发现有350多个案子正等着他们，他们处理了其中的340多件，只留了10件给陪审团。这些需要严格审理的案件按当地法律审理（在有些国王统治的城市里，王室命令加强了这些法律[⑥]），而不是按代表团所在城市的法律审理；[⑦]这就意味着在公元前2世纪的希腊城市里已经出现了真正的律师群体，这是前所未闻的事情——除自身城市法律以外，这些人还精研过许多城市的法律；提奥弗拉斯图斯（Theophrastus）对法学的研究有助于构建有关法律功能的合理看法。此外，由于大多数的案件是以非正式方式解决的，因此当时必

---

① A. Steinwenter, *Die Streitbeendigung* § 十一张目录列出了35条审判官法令；实际上最少两倍于此数。典型的法令出现在 ομονοια，是 *I. G.* IX, 2,507,1230; XII, 5.870; *SEG* I, 363; *I. Priene* 53,54,61。

② As *I. G.* VII, 4130; XII, 2,530; *I. Priene* 59.

③ Pomtow's table, *Klio* 1923,268，给出的十个知道是德尔茨二十六年里发生的；大量数据来自 Gonnoi, Arvanitopoullos in 'Εφ. 'Αρχ. 1911 and 1914。

④ *SEG* IV, 662.

⑤ Michel 417.

⑥ Michel 417.

⑦ *I. G.* VII, 21; I. Priene 59.

定有一套正规规章制度,而通过这些规章制度,我们可以了解城邦之间公平制度的基础;在英格兰,公正也是以极其非正式的方式出现的。对现代人来说,如果听到有人称赞法官"公正无私"或一视同仁,我们会感到有些奇怪,因为我们对此早已习以为常。但在当时的希腊,"公正"还是新事物,因为大权在握的陪审团是极其倾向穷人或债务人的。[①] 有的城市得到了"公平"的美名,如普林恩的主要业绩似乎是解决了她邻居的诉讼。

国王们在这一事情上也有着光辉的历史,首先想到审判委员会这些观念的也许就是安提柯一世。[②] 有时候,在国王领地内,国王的总督并不指派委员会,而是亲自审判;在之后的一个时期,罗马总督想必也是这样做的。阿塔鲁斯王朝驻埃吉纳(Aegina)的总督
克里昂(Cleon)[③]被所在城市高度评价为"一个对所有人都公正的 90
法官,没有私念,既不失公平又不武断;但在所有案件中,他都尽力使当事人达成协议",也就是说,他充分地起到了委员会的作用。克拉佐门尼的菲洛德莫斯(Philodemus of Clazomenae),由于作为仲裁人在因合同引起的诉讼中圆满地履行了其使命而受到提洛人的尊敬——他由安提柯王朝的一位国王(贡纳图斯或是多宋)任命。[④] 国王本人也经常被要求去处理国内纷争,这些纷争或许意味着从围绕抵押贷款的争吵到萌芽状态中的革命等各类事情;出于这一考虑,国王或国王的总督会经常派出审判委员会。[⑤]

和谐　这些由审判官员处理的案件中,许多是发生在确定*Sumbolon*(身份标志)[⑥]的情况下,也就是说两个城市为了解决发生在它们公民间的私人纠纷而达成协议,目的是使任何一方不至于

---

① *E. g. I. G.* XII, 5,869.

② *OGIS* 7.

③ *Ib.* 329.

④ *I. G.* VI, 4,1052.

⑤ Ditt. ³ 426, Michel 417, *SEG* 1,363, *OGIS* 7,43.

⑥ As *I. G.* IX, 2,1230; SEG I, 363; *OGIS* 43.

在另一方的法庭上被当作陌生人来对待；①尽管确定身份标志在希腊化之前就长久存在，但它不断增长的频率②标志着某种进步；并且像斯多噶主义一样，它被认为有助于后来的那种国际法思想的诞生。在所有提出的各类诉讼中，债务人和债权人之间的纠纷最为普遍，在城市内部这种纠纷也最为常见。陪审团从未在此类案件中公平过；我们从已经提到的卡利姆纳的档案中可以知道，审判官员之所以尽量避免把案件移交给陪审团，原因在于陪审团是通过投票来作出裁决的，而在这些准政治的裁决中，隐藏着新的纠纷。我们所掌握的有关审判委员会的资料都强调了这样一点：他们力图在城市里重建 *homonoia*（和谐），这时
91 常也是成功的。现存的大量裁决书都是高唱对和谐的赞歌，这是人们渴求，但却没能得到的东西。不过这并非空头支票，我们很清楚，当这成为大众的最后要求时，政府也就快垮台了。权威的每一种形式——国王③、特使④、总督⑤、同盟将军⑥——不断地鼓励人民和睦相处；那时最值得称赞的女子（斐拉[Phila]式的人或是阿波罗尼斯[Apollonis]式的人）就是那些努力促进和谐的人；甚至神也有介入，阿波罗力劝埃索斯（Iasos）讲究和谐。⑦“和谐”本身在埃索斯和普林恩⑧被当作女神膜拜，托勒密王朝统治下的铁拉·阿特密多鲁斯（Thera Artemidorus）为她修了一座祭坛，以护佑这座城市。⑨她是希腊化时代最伟大的概念之一，但她只留下了虔诚的渴望。

---

① Arist. *Pol.* 1280 a 1. 36；见 H. G. Robertson, *The Administration of Justice in the Athenian Empire*, 1924。

② *I.G.* II2, 466; V. 2, 419; XII, 5, 829; Ditt.³ 955 l. 13; Polyb. XXIII, 1, 2; XXXII, 7.

③ *I.G.* XI, 4, 1052; XII, 7, 15.

④ P. 87 n. 2.

⑤ *I.G.* XII, 5, 1065, *SEG* I, 363, *Klio* XVIII, 199, nos. 198 - 9.

⑥ *I.G.* IX, 2, 1100.

⑦ *OGIS* 237.

⑧ Michel 1203; *I. Priene* 111 l. 198.

⑨ *I.G.* XII, 3 Suppl., 1336, 1341 - 1342.

直至罗马解决国内所有世仇，这才实现了和睦相处；在帝国时期，各个城市在钱币上铸造和谐形象来自由地赞扬和谐，人们经常膜拜她；[①]不过在那时，对希腊人来说，膜拜她的所有意义已经消失。

合作的缺乏、海盗　所有这些事情或许及时促成了城市间更多的合作，这比先前实际取得的成就要大得多。不过在许多需要共同行动的问题上，各城却完全失败了。一个例子便是通用日历。历史学家提迈欧（Timaeus）通过四年一次的奥林匹亚竞技会（Olympiads，参阅第283页）引进了笨拙的计日方法，但各城依旧按其治安官（magistrates）实行其各自的计日方式，甚至每个城市的新年都不在同一时间：雅典的新年从7月开始，斯巴达的新年大约10月，提洛的新年则在1月，米利都大约迟至4月才是新年——这一混乱简直糟透。一般来说，儒略历肯定更加合理，但城市日历符合儒略历的只有提洛人[②]和米利都人。[③] 而在重要的公元前3世纪，雅典日历和德尔斐日历的安排仍旧有一部分不切合实际。[④] 比这 92

---

① *I.G.* VII, 2510, 3426; *OGIS* 479; *Hesperia* II, 1933, 507, no. 7, where the restoration 'Ομονοιας seems obvious.

② Durrbach, *B.C.H.* 1916, 298, and in *I.G.* XI, 2.

③ *Millet* I. 3, nos. 122 - 125, with Rehm's commentary.

④ Bibliography, *C.A.H.* VII, p. 886. 更多关于雅典日历的近期著作包括：W. B. Dinsmoor, *The Archons of Athens in the Hellenistic Age*, 1931; *The Athenian Archon List in the Light of Recent Discoveries*, 1939; S. Dow, 'The List of Athenian Archontes' *Hesperia* III, 1934, 140; 'New Kinds of Evidence for Dating Polyeuctus', *A.J.A.* 1936, 57; W. S. Ferguson, *Athenian Tribal Cycles in the Hellenistic Age*, 1932; 'Polyeuktos and the Soteria', *A.J.P.* 1934, 318; W. Kolbe, 'Randbemerkungen zur Archontenforschung', *Gött. Nachrichten*, 1933, 481. B. D. Meritt, 'Greek Inscriptions', *Hesperia* IV, 1935, 525; *ib.* VII, 1938, 77; W. K. Pritchett and Meritt, *The Chronology of Hellenistic Athens*, 1940; Pritchett and O. Neugebauer, *The Calendars of Athens*, 1947 (于1946年依据可获得的证据完成的一份重述); W. W. Tarn, 'The New Dating of the Chremonidean War', *J.H.S.* LIV, 1934, 26。

关于德尔斐日历见：G. Daux, *Delphes au IIme et au Ier siècle*, 1936 (supersedes all former work); R. Flacelière, *Les Aitoliens à Delphes*, 1937 (third century; full bibliography)。

更糟的是各城市间交通不便,往来也不安全。[1] 抢劫司空见惯,有时是绿林大盗组织的;大约在公元前 205 年,赫拉克莱德斯(Heracleides)到希腊旅行,他写道从欧洛普斯(Oropus)到塔纳哥拉(Tanagra)只有一条路是安全的。[2] 相比土匪,海盗[3]抢劫有过之而无不及,而且他们的组织更为严密,国王对此也无能为力;相反,狄米特里戊斯和安提柯·贡纳图斯、托勒密二世和安条克三世还与海盗头目关系密切,而且他们发现海盗是非常有益的盟友。许多所谓的海盗是私掠船船员,而真正的海盗是那些被放逐者、绝望者、没人雇佣的雇佣军、逃亡的奴隶,他们占据着环爱琴海的一些小据点;一伙海盗曾一度占领了以弗所领土内菲吉拉(Phygela)[4]附近的一个堡垒。众所周知,海盗会经常攻击一些岛屿,但在公元前 3 世纪,他们会经常以单船袭击的方式捕获为数不多的奴隶;对海盗来说,他们有一个不共戴天的仇敌——罗德岛,[5]只要罗德岛人的统治持续下去,它在辖区内就能控制海盗。罗德岛最大的麻烦就是克里特岛。在克里特城,那些德高望重的老人井井有条地治理着
93 这座城市,而年轻人却在一些爱冒险家伙的领导下四处无法无天。罗德岛人试图指导克里特市政府去约束他们。[6] 和其他国王不一样的是,罗德岛很少干涉这个岛上无休止的内战,因为在罗德岛看来,这些内战十分有用,它可以让危险局限于岛内。但在公元前 168 年后,罗马不干涉所有强权国家内政以削弱他们内政的政策产生了效用,之后罗德岛再无力控制局面;同时,在公元前 130 年罗马吞并了帕迦马之后,西里西亚(Cilicia)西部广大土地沦为了一片

---

① Plut. *Arat.* 6; Diog. Laert. II, 136; VI, 47,52; *SEG* II, 292; Ditt.^{3} 405 n. 4; Polyb. IV, 29,4, XIII, 8,2.

② *F. H. G.* II, p. 257.

③ H. Ormerod, *Piracy in the Ancient World*, ch. IV; Tarn, *Ant. Gon.* 85 - 88.

④ *I. G.* XII, 3,171.

⑤ Diod. XX, 81,3; Str. 652.

⑥ Cf. Ditt.^{3} 581.

无主的荒地，海盗们逐渐在那里聚集，并建立了一个正式的国家。①罗马为此付出了两次战争的代价才得以镇压了这个西里西亚国家，甚至庞培花费了极大努力也只是暂时清理了海面。

俱乐部　在考虑了城市间的那种国际主义运转方式之后，现在我们必须转到某些影响个人的事情上——不管是作为市民还是只作为个人，都感到了个人生活的日渐重要性（正如人们在文明的每次伟大进步中表现出的意识）。随着城市束缚的减弱，大量非政治性私人协会和俱乐部飞速发展起来。② 公元前4世纪的雅典已有了一些这类俱乐部（公元前5世纪的寡头俱乐部[oligarchic clubs]是另外一回事），但法勒隆的狄米特里戊斯（Demetrius of Phalerum，公元前317—前307年）禁止新俱乐部成立。③ 遍及整个希腊世界的协会发展是从公元前300年开始的，这些俱乐部大部分规模很小，但狄俄尼索斯风格的艺术家们（Dionysiac artists）的协会除外，有100成员的协会是很特别的。他们最初是出于对某些神的膜拜而组织起来的社团及宗教团体；也许西雅索伊（*thiasoi*）更倾向于宗教方面，而埃拉诺伊（*eranoi*）主要是社会团体——在这里筹款更为重要，每个成员要交30德拉克马作入会费。④ 大约公元前200年左右，家庭协会出现了，这是由某个个人建立的以保留家庭记忆的组织，教士的职位由他的子孙世袭。每一个俱乐部都有一座不大的礼拜场所，但经费却是个长期困扰人的问题；许多俱乐 94
部在不举行活动的时候把地方出租给非宗教目的的活动使用，就像雅典的埃该特斯俱乐部（Egretes club），该俱乐部保留了其外租场地在每年他们举行年度庆典时使用权。⑤ 铁拉（Thera）的埃匹克特塔的俱乐部（Epicteta's club）——最富裕的俱乐部之一——每年都

① Ormerod ch. VI.

② Fr. Poland, *Gesch. D. griech. Vereinswesens* 1909, is fullest: a good outline in M. N. Tod, *Sidelights on Greek History*, 1932, 71.

③ Poland 519.

④ Poland 492.

⑤ Ditt.[3] 1097.

可以从它的建立者那里得到 210 德拉克马①的岁入;另一个在雅典的俱乐部曾一年收入 1770 德拉克马,②但这些例子都是极个别的;俱乐部越发依赖一些富有的愿意承担费用的会员,这些会员会被塑像,当然这钱也是他们自己出的——这一切的的确确发生在城市里(参阅第 109 页)。

这些俱乐部绝不是什么友善团体;它也许只在会员遇上麻烦的时候会伸出援助之手,或者参加会员的葬礼,而又或许只是一个聚餐的借口,所有也仅此而已。③ 以贸易命名的那些男性协会也开始在雅典④和科斯岛⑤出现;实际上,在希腊化时代就没有职业贸易行会,但埃及是例外;⑥真正贸易行会只在罗马帝国有发展,且最终由《查士丁尼法典》规范了行会条例,就像英国的普通法一样规定了商人的习俗。俱乐部通常没有政治目的;但在阿卡亚同盟反对罗马的最后斗争中,出现了"爱国者"俱乐部,⑦也就是说,人们联合起来捍卫祖辈的宪法。这些俱乐部按城市组织的形式建立,管理人员有着相似的名称,并像通过城市法令一般通过各项决议;这发展成为一种非常标准的模式,以致大多数各不相同的活动组织——哲学学校、亚历山大里亚博物馆、⑧狄俄尼索斯风格的艺术家、⑨托勒密的驻军、⑩在雅典定居的诗人、⑪在科斯或别的地方受训过的医生、⑫从某个体育馆来的老生——全部采用了相同的组织

---

① Michel 1001.

② 'Eφ. 'Aρχ. 1905,246 no. 11.

③ Tod, *BSA* XIII,328.

④ Michel 1045; *I. G.* II, 1332.

⑤ *SGDI* 3636,1. 54; ll. 18,23; Paton and Hicks no. 129.

⑥ M. San Nicolo, *Aegyptisches Vereinswesen* I, 66 *sqq.*

⑦ *I. G.* IV, 757, B. 12.

⑧ Str. 794.

⑨ Poland 129.

⑩ *OGIS* 102,735, *I. G.* XII, 3,327,466, cf. *Archiv* VI, 9.

⑪ Ditt.[3] 699.

⑫ *SGDI* 3636 1. 54; *OGIS* 104; *I. G.* II^2 772.

形式。① 俱乐部的数量极为可观。公元前146年，在小城特洛伊曾 95
（Troezen）②就有23个；显然他们有着共同的目标，防止个体迷失在新的世界里。这一切都是真实的。对于我们来说，他们的生活令人厌烦，而且是一种莫名的无聊，而谈这也很无聊；但同样，没有证据说明那时的希腊人对他们的生活感到厌烦，或是自此2000年以后的人对我们的生活同样不感到乏味。俱乐部在希腊人生活中最重要的功能就是为外国人以及外来崇拜进入希腊铺平道路；纯粹的希腊俱乐部③只产生于雅典和罗德岛，但通常不是外来的，就是混合的，后者有利于打破种族障碍；因此，在尼多斯（Cnidus）的俱乐部除希腊人外还包括色雷斯人、腓尼基人、彼西底人（Pisidian）、弗里吉亚人（Phrygian）以及利比亚人。④ 奴隶有时候也可成为会员，但第一个有记载的奴隶俱乐部仅产生于希腊化时代晚期的埃及。⑤

教育　这一时期教育上取得一些进步；⑥管理教育的体育官（gymnasiarch）最终几乎成为最重要的行政职位。诸如米利都⑦等一些城市⑧认为教育应当像柏拉图说的那样成为政府的事务；但在开展教育方面，他们又太依赖于国王及富人的捐赠去建立校舍和教育基金；甚至罗德岛人因教育方面的利益也接受攸美尼斯二世的捐助。⑨ 在一些进步的城市里，小学得到很好的发展；爱奥尼亚学校包括男生和女生，在特奥斯（Teos）和开俄斯也是男女生一起

① Poland 103.

② *I. G.* IV，757.

③ Poland，305，318.

④ SGDI 3510.

⑤ C. C. Edgar，*Raccolta Lumbroso* 369.

⑥ E. Ziebarth，*Aus dem griech. Schulwesen*[2]，1914；H.-I. Marrou，*Hist. de l'éducation dans l'antiquité*，1949（II*me*，*partie*，*L'éducation hellénistique*）.

⑦ Ditt.[3] 577.

⑧ 他的功能在：*I. Priene* 112－114，OGIS 764，*I. G.* XII，9，916。

⑨ Polyb. XXXI，31(25).

接受教育，①而这种模式在斯巴达早已习以为常。这些学校招收的学生入学年龄为七岁，除了读、写之外，他们也学别的东西，但就我们所了解的情况来说，基础算术有没有普及不是很确定。② 看起来
96 教师不需要资格证书，但行政官员是需要有能力的人。女子的教育看起来到此为止；③至于男子，如果他们的父亲愿意出钱的话，他们可以到 *grammatikos*（高级中学）接受初等文学教育，为进行修辞学研究打下基础，④最终进入进修院（ephebate）。⑤ 公元前 335 年，雅典通过莱库古改革重新塑造了教育，其包括第 19 年和第 20 年的强制教育，尽管它建立在军事训练的基础上，但军事训练也为教育提供了准备；不过指导者的种种称谓表明，莱库古的目标着重于道德品质的培养，如 *cosmetes*（督察）和 *sophronistes*（克己）。在希腊诸城，这一进修院制度极为普通，但雅典很快就放弃了义务教育，别的城市则从来就没有采纳过；它属于自发式教育。教育中心是体操馆，它在希腊化城市里所起到的作用，和在英格兰的公学所起的作用一样，通过体操馆培养的那些人形成了一种非正式的贵族阶层。在亚洲的一些新城镇，体操馆代表着典型的希腊生活方式。可以说一个能够培养人才的地方正是走上了向着城市发展的道路，甚至在埃及的一些希腊人聚居村庄都有那么一点气息。⑥ 一个像帕迦马一样设备完善的城市有三个独立或分开的体操馆，以提供给男孩、进修生（ephebes）以及已在进修院结业的年轻人使用。体育训练是很充分的；关于智力训练，我们所知不多，可能并未超过文法、诗歌（及音乐）和修辞的训练。实际上，教育趋势日益走向复古和保守，因为审美和体操的内容大部分是古风时代贵族的残

---

① Ditt.[3] 578；Athen. 566 E.

② Marrou *op. c.*，218.

③ Ditt.[3] 578.

④ 见 in sddition to Marrou，op. c.，223，J. Barns，*C. Q.* XLV，1951，8 *sqq*。

⑤ A. Brenot，*Recherches sur l'éphébie attique*，1920；Lofberg，C. P. 1925，330.

⑥ Rostovtzeff，*SHE* 324，1395 n. 121；T. A. Brady，'The Gymnasium in Ptolemaic Egypt'，*Univ. Missouri Stud.*，II，1936，9.

余，连修辞也是公元前 5 世纪的东西。毫无疑问，希腊化时代（见
第 281 页及以下）教育的发展一部分要归功于希腊自身的气质，但 97
一部分也归于这样的事实：修辞所传授的思维与言辞的习惯仍旧倾向于俗世的成功，不管是在城市政治事务中或是在宫廷里面都是如此；这使人联想到帝国时代的罗马人，他们对修辞的兴趣不亚于希腊化时代亚历山大里亚或帕迦马的希腊人。任何想接受高等教育的人都不得不投奔某些公认的老师。那种有关普通人想要通过精研修辞、哲学或是其他任何一门学科以获利的想法还未出现。对那些条件适合并能够负担费用的个人来说，学问是一种智力冒险。甚至对当时惟一有学识的职业——医生的教育和培训——而言，情况也许也是如此。① 将法律作为一门学科来研究当时还不曾出现，这看上去有些奇怪，但情况确实如此；关于这一点，如果回想源于政府奴仆传统地位的法律实践相对来说几乎没有什么发展时，我们就明白了。

一些体操馆还有图书馆。体育官的任务极为繁重，其精力主要花费在必要的开支和特别奖励或庆典上。事实上，所有学生的大量时间都花在祭祀行程上，包括定期的城市庆典和一些特殊的时日，如国王的生日或莅临等；有一份科斯日历表明，②一个月有八天庆典和四天检查。伟人可要求学校放一天假，不过这通常意味着再进行一次庆典程序；人们想知道的是孩子们对主要是由义务唱诗班组成的节日的兴趣是不是大于他们必须完成的赛跑和角斗作业。帕迦马和普林恩挖掘出的校舍墙壁上从上到下都是名字，③就像从前伊顿公学高级部一般。进修生（ephebes）就像他们的前任一
般，模仿城市组织小规模地创办他们的协会；④如老生协会，也称为 98

① Marrou, *op. c.*, 264，及参考书目。

② Ditt.[3] 1028.

③ *Ath. Mitt.* 1907, 373; *I. Priene* 313.

④ Poland 88.

gerousia(元老委员会)——[①]参加这个协会的会员已经经过了城市体操馆的学习——最终进了罗马帝国统治下的市参议院。甚至连小女生也通过适当的决议,以敬仰那些尊贵的来客。[②]

女性地位 亚历山大之后两代中的那些伟大马其顿公主(参阅第56页)对希腊妇女的地位产生了极大影响。如果说在马其顿诞生了一群世上最富有才干的男子,那么马其顿的女子无论在哪方面都可与他们媲美;她们在各种事务中都扮演了重要角色:她们接待特使,并从其丈夫那里获得与这些特使谈判、建立神庙、创建城市、招募雇佣军、指挥军队、守卫要塞的权利,并不时担任摄政甚至是共同执政;像阿西诺·菲勒德尔弗斯(Arsinoe Philadelphus)——美貌、能干、专横——甚至影响了那些听命于她的男人,这些女性的影响是巨大的。有些王后有着男人一样对于文化的渴求;阿拉图斯[③]向斐拉(Phila)献诗,培拉的波塞迪普斯(Poseidippus of Pella)[④]向阿西诺献诗,卡里马库斯[⑤]向托勒密三世的王后贝勒尼斯(Berenice)献诗;阿西诺曾与物理学家斯特拉托(Strato)[⑥]通信,安条克一世的王后斯特拉托尼斯(Stratonice)则大大增加了提洛岛[⑦]的艺术藏品。几位希腊血统的王后也为人所称道;昔齐库斯的阿波罗尼斯(Apollonis of Cyzicus)[⑧]嫁给了帕迦马阿塔鲁斯一世,她是几个著名人物的母亲,成为母性的典范,人们称赞她就像罗马人称赞格拉古的母亲一样;斯巴达的克里奥门尼(Cleomenes)的姐姐齐洛尼斯(Chilonis)[⑨]则受到了整个社会的尊

---

① Poland 102; Levy, *Rev. E. G.* VIII, 203; Judeich in *Altertümer von Hierapolis* on 209.

② *C. I. G.* 3185; *I. Pergamon* II, 463.

③ Suidas, *Aratos.*

④ Schott, nos. 2, 4 (after her death).

⑤ Callimachus, I, fr. 110 (ed. R. Pfeiffer, 1949).

⑥ Diog. Laert. V, 60.

⑦ 这些艺术藏品的清单见 Tarn, *Ant. Gon.* 350。

⑧ Polyb. XXII, 20; Plut. *Mor.* 480 C; *OGIS* 307 - 308.

⑨ Plut. *Agis* 17 *sq.*

崇。另一个希腊女子皮索多里斯(Pythodoris,①特拉勒斯[Tralles]一位市民的女儿)拥有极大权力,她统治了从塞拉苏斯(Cerasus)到科尔基斯(Colchis)的大片土地;她还是安东尼的孙女。

从马其顿宫廷开始,自由(相对地)扩展到了希腊家庭;那些渴
望解放的妇女——也许只有少数——在一定程度上获得了解放。 99
法勒隆的狄米特里戌斯在雅典通过了一些法律以维护妇女地位,②但他一垮台这些法律就被废除了;虽然被称为 *gynaeconomi*(监督和管理女性的官员)的行政官员在一些城市出现,但他们所做的惟一一件事就是监督女子教育。③ 斯多噶哲学也有助于提高妇女地位,该学说后来赋予了罗马法学家关于婚姻更好定义的灵感。妇女现在可以得到她们想要得到的所有教育;许多哲学家的信徒中有着大量女弟子,比如伊壁鸠鲁的学生列奥辛(Leontion),她嫁给了伊壁鸠鲁的朋友美特洛多鲁斯(Metrodorus)。④ 公元前 3 世纪又出现了许多女诗人,⑤士麦那的阿里斯托达玛(Aristodama of Smyrna)⑥带着她作为事务员的弟弟周游希腊,在此期间,她四处作朗诵并得到了诸多荣誉;此外,我们还知道一位女学者希斯提亚(Hestiaea)⑦和至少一位女画家。⑧ 一些作家的作品显然也是针对女性读者的。妇女此刻也像男子一样得到了别的城市的公民权或成为外国代表人;⑨罗马时期女行政官的出现至少可追溯到公元前 1 世纪,当时,菲勒(Phile)在普林恩掌管最高行政权,她修建了新的

---

① Str. 499,555 - 559,649; *OGIS* 376 - 377.

② Ferguson, *Hell. Athens*, 46.

③ Ziebarth *op. c.* 39.

④ Seneca fr. 45. Diog. Laert. VI, 23 所列的是常见的丑闻。

⑤ List in Powell and Barber, *New Chapters in Greek Literature*, II, 43. See Polygnota of Thebes, Diitt.^{3} 738; *SEG* II, 322 - 323; L. Robert, *B. C. H.* LIII, 1929, 34.

⑥ Diitt.^{3} 532; *SEG* II, 263.

⑦ Susemihl, *Gr. Lit.-Gesch.* II, 148.

⑧ Wilamowitz, *Hellenistische Dichtung* I, 84; Pliny XXXV, 147.

⑨ *SEDI* 2685, 2727, both 2nd century.

输水管道和蓄水池。① 两性之间的关系日益协调、更加自然。妇女也建立了俱乐部，②并举行活动，但这些女性俱乐部略逊于男子俱乐部，且只在雅典③和亚历山大里亚④才能找到。希帕契娅(Hipparchia)出身名门，她是犬儒学派克拉特斯(Crates)的学生，还是他的妻子，她热衷于采纳“源于自然”的真正流浪乞丐生活以适应他的哲学；极少人甚至把这种解脱的状态更进一步。但上述情
100 况显然只与少数人有关。自由不是自动出现的，而是需要去争取的；大众教育是初步的，在公元 1 世纪就有富裕得可以拥有奴隶的妇人她既不能阅读，也不能书写；⑤希腊经历了不同文化层次上的两性之间关系的问题。对妇女来说，还有比这更令人难过的事，一个妇女经常被禁止抚养她的亲生子女，或许在一定程度上，妇女们默认这种长期防备饥馑的措施，而饥馑是没有办法预测的；现存文献没有关于这方面的记录。

人口与杀婴 上层阶级的繁荣并不能改变希腊生活的基本事实：这个国家只有为数很少的可耕地，在现有基础上已没有能力供养更多的人，因此必须花钱进口食品；而且除了劳立昂(Laurium)就没有什么富矿了，而劳立昂眼看也要枯竭了。此时，地中海沿岸的城市都做自己的海上运输，因此食物费用只能够由出口产品或货物转口税支付。科林斯从这种转口贸易中获得巨大财富；对于希腊原有的制造业系统来说，尽管它使得一部分人富了起来，但对于整个城邦来说却没多大价值。结果是整个古希腊经常生活在对饥荒的恐惧中。在公元前 4 世纪晚期和公元前 3 世纪早期，移民至亚洲以及充当雇佣军的举措解决了这一问题。在公元前 4 世纪，作家们还在谈论着人口过剩问题，直到公元前 300 年，这一问题仍然

---

① *I. Priene* 208.

② Michel 1001; cf. *I.G.* XII, 3,329.

③ *I.G.* II^{2}, 1346.

④ Edgar, *J.E.H.* IV, 253.

⑤ *I.G.* IX, 1,318,1066; *B.C.H.* 1898,89 no.85,126 no.110.

存在；之后，人口过剩现象逐渐消失。波里比阿[①]谈到在公元前2世纪中期的希腊人一般只抚养一个孩子，或顶多抚养两个孩子，我们有大量材料可以证明波里比阿的看法。

在希腊，杀婴之风盛行，关于这一点，我们从文献材料[②]中得到充分证明，也可得出充份的否定说法；[③]但就公元前3世纪末期和公元前2世纪而言，从碑文可得出确定结论。这里略述一下我到 101
目前为止所收集的资料。大约从公元前228年至公元前220年，有1000户来自希腊并获得米利都公民权的家庭，其中79户及其子女的细节资料留存了下来；[④]这79户总共有118个儿子和28个女儿，许多是未成年人；没有什么合理原因可以解释这一比例。[⑤]与之相似的，大约公元前200年在埃匹克特塔(Epicteta)的亲戚中，有25个男性，女性却只有七个。[⑥] 在米利都家庭中，32家有一个孩子，31家有两个孩子；并且他们在有了两个孩子后还想再要孩子。铭文详尽地说明了这点。拥有二个儿子的家庭相当普遍，少数家庭有三个；可以肯定的是，在公元前3世纪，厄里特里亚(Eretria)19户家庭中有两家有一个以上的孩子，[⑦]这一比例低于米利都的移民的生育比例，但与来自德尔斐的资料一致；[⑧]而在法萨鲁斯，也许是七家中有一家是这样的；[⑨]家里必须让一些儿子搬出去。不过在实际中，女儿则最多只有一个，这证明了波塞迪普斯(Poseidippus)所说的"甚至是富人也会遗弃女儿"的说法。据产生

① XXXVI，17，7.

② G. Glotz，*Infanticidium* and *Expositio* in Dar. Sagl.

③ A. W. Gomme，*The Population of Athens*，1933，79.

④ 收集自 *Milet* I，3，nos. 34－93。

⑤ 公元前4世纪雅典的61个家庭共有87个男孩和44个女孩，见(Jardé，*Les Céréales dans L'antiquité Grecque*，1925，137)；比例不协调的情况还在加剧。

⑥ Michel 1001.

⑦ *I. G.* XII，9，249.

⑧ 依据SGDI II所述，已解读的600个家庭中只有57个家庭有超过一个的男孩，但有些家庭可能没有男孩。

⑨ *I. G.* IX，2，234.

于公元前2世纪的德尔斐碑文记载，600户人家中只有1%抚养了两个女儿；[1]米利都的材料也证实了这一点，整个碑文上的记载指出家中有姐妹的例子屈指可数；[2]但有一个特别的例子：从帕罗斯(Paros)[3]得到了一份公元前2世纪女捐款人的名单表明，可能的情况是62个名字里有20个姐妹(来自八个家庭)；不过这个岛当时极为繁荣，它没有受过战争蹂躏，人口问题应归类于亚洲而不是希腊。此外，我们还要考虑到生育力的损失。在罗德岛，收养是如此普遍以致我们在(大约公元前100年)一张40个行政官员的名单上找到了七个养子，[4]特洛斯(Telos)的镇(deme)上是四个当中有
102 三个是这种情况，[5]当收养在各处成为普遍现象时，甚至女孩也被收养；[6]人们不再杀自己的亲生儿女而去收养别人的孩子。特洛斯特别吹嘘它的七口之家，[7]这或许是我们所知希腊化时代惟一一个超过五人的家庭，只是克里奥帕特拉·西娅三次婚姻生的八个孩子例外；但四口之家或五口之家的复兴表明经过公元前2世纪晚期繁荣之后的雅典出现了生育控制之风。[8]

大约从公元前230年起，这样的一般结论似乎是肯定的，即只有一个孩子的家庭最为普遍，但当时的家庭对于两个儿子还是有一定渴求(这样可以有一个在战争中牺牲)；有四五个小孩的家庭倒很罕见；女儿一般只有一个；杀婴的比例仍然很大，尤其是女婴，这点非常肯定。那时一个能生育孩子家庭平均子女出生率为三个才能保证人口稳定性；由此推断，希腊本国人口到公元前100年肯定减少了很多。为避免世俗的恐慌，希腊做足了预防措施，不过除

---

① 见 n. 5。

② 我只见过有三个女孩的情况两次，有两个女孩的情况12次；*valeat quantum*。

③ *I. G.* XII, 5, 186.

④ *I. G.* XII, 1, 49.

⑤ *I. G.* XII, 3, 36.

⑥ *E. g. B. C. H.* VI, 265; IX, 331; J. H. S. 1890, 120; Wiegand, *Siebenter Milet-Bericht* 67 no. 2; *B. C. H.* LI, 1927, 83 no. 31.

⑦ *I. G.* XII, 3, 40.

⑧ Ferguson, *Hell. Athens*, 374.

犹太人外，没有谁会在道义上反对杀婴行为，直至罗马帝国时期，斯多噶派的姆索尼戊斯（Musonius）[1]和爱比克泰德（Epictetus）[2]才表达了他们的观点。在西诺塞法拉（Cynoscephalae）战役之后，腓力五世基于军事目的在马其顿采取步骤阻止人口下降，他鼓励生育，在一代人时间里培养起一半的马其顿军事力量；[3]在安东尼统治时代，第比斯人认为这一做法是非法的，[4]或许惟一的例外是犹太人，他们在基督教进行干涉之前一直奉行着这种制度。

实际上在罗马内战之前，希腊实际人口并未减少。不过，各个城市因为许多原因没落了；腓力五世统治下的拉里萨（Larisa）由于战争、埃托利亚党徒的放逐损失了一半人口；[5]阿卡纳尼亚（Acarnania）的赫拉克里亚-拉特莫斯（Heraclea-Latmos）[6]和提莱昂（Thyrreion）[7]缩小了它们的大城墙；小城提尔海昂（Thyrrheion）却 103
有着一个比第比斯更大的城墙。这些东西并不意味着什么，这类例子在当时十分普遍，亚里士多德经常引用；[8]在公元前3世纪，那些想要新市民的城市——拉里萨、戴姆（Dyme）、[9]米利都（到迈戊斯[Myus]定居）——并不费力气就可以从别的地方得到大量希腊人；但到公元前100年，外国人要求公民权或合并的运动在希腊大规模地展开，就像在亚洲发生过的一样（参阅第158页）；对于这些事实，我们好像没有什么别的原因可解释，肯定是希腊人口真正减少了。不过，由于外国人也取了希腊名字，我们很难说明这一点；

---

① Stob. *Flor.* p. 664, Wachsmuth.

② Diss. I, ch. 23.

③ Livy XXXIX, 24; XLII, 11.

④ Ael. *V. H.* II, 7.

⑤ *I. G.* IX, 2, 517.

⑥ Krischen, *Milet* III, 2, p. 2.

⑦ Noack, *Arch. Anz.* 1916, 215.

⑧ *Pol.* III, 1278 a 1. 30.

⑨ Ditt.[3] 529.

但意大利人现在却普遍地被接纳为进修生,[①]只要一个外国人被接纳了,那么就不能排除其他人也被接纳的可能性。尤为引人注目的是,帕迦马在公元前 133 年、以弗所在公元前 85 年还给予获得自由的奴隶以外侨待遇(metic);[②]腓力五世关于未来问题的解决,可能在于赋予自由民以公民权的思想[③]也许是正确的,因为希腊诸城充斥着大量自由民。可以肯定的是,公元前 1 世纪的希腊有大量外来移民,包括被赋予公民权的或没有赋予公民权的,此刻发生在亚洲和埃及的问题在希腊只有很小程度上的表现;奥龙特斯河(Orontes)在流入台伯河之前先流入伊利苏斯河(Ilissus);除名字和语言外,尤维纳利斯(Juvenal)笔下说希腊语的希腊人很少具备其他的希腊人特质。关于这种本质上的人口变化,我们通过更早期的科林斯就可察觉出来。公元前 3 世纪,尽管科林斯已经发展了,但由于这种人口本质限制,它只能征召到五队重甲步兵的四分之一;[④]提洛从公元前 166 年开始就处于这种状况,这是不言而喻的。这一进程对于瓦解阶级及种族的区分也起到了作用。在公元 1 世纪以前,当一个富人大摆宴席邀请他的同城公民时,他经常会邀请享有部分公民权的外侨、自由民、甚至奴
104 隶;[⑤]献祭有时候不光是为了公民的健康,而是为了城市中所有居民的健康;[⑥]俱乐部的出现就像拉哥尼亚(Laconia)的斯特克塔斯(Sidectas)一样,成员包括他家庭的男女老少、一些城市的行政长官、许多生来自由的和获得了自由的手艺人,还有个奴隶小姑娘。[⑦]

奴隶制度　希腊化时代的奴隶制有一种特别的形式,矿奴(参

---

① J. Hatzfeld, *Les Trafiquants Italiens*, 303; O. W. Reinmuth, 'The Foreigners in the Athenian Ephebia', *Univ. Nebraska Stud.*, no. 9, 1929.

② *OGIS* 338; Ditt.[3] 742.

③ *I.G.* IX, 2, 517.

④ Beloch, *Klio* VI, 52;公元 4 世纪早期的情况见 Griffith, *Historia* II, 1950, 240。

⑤ *I.G.* V, 2, 22; VII, 190; *I. Priene* 108 l. 259; 109 ll. 179, 194; 113 l. 39;在宗教宴会一样:奴隶,见 *SEG* IV, 302. 308;女性奴隶见 303。

⑥ As *I.G.* XII, 5, 721.

⑦ *I.G.* V, 1, 209.

阅第 254 页）；他们处于不管是斯多噶派还是德尔斐都不能想象到的世间最低层，国王和城市同样对此感到内疚。但是一般家庭奴隶情况就要好得多；奴隶可能出生良好并受过比主人更好的教育，在震惊过世界的大哲学家中不止一个曾经或就是奴隶。经受劳立昂恐怖事件煎熬的雅典长期以来——另一个奇特的矛盾——在其他奴隶案中①严格限制可允许的处罚，帕迦马的公众健康法也以雅典为榜样；斯多噶派对提高奴隶待遇起到了作用，②并逐渐改善了这一气氛；③对奴隶的怜悯代替了体罚，在整个公元前 3 世纪，奴隶解放的思想是很普遍的，④特别是在那些哲人圈子里。当时总是有一些奴隶获得解放，不过大约公元前 200 年出现了一次伟大变革；在德尔斐的影响下，在埃托利亚人统治时代，奴隶解放总是向着人性的方向发展，奴隶现在有可能通过一个机构舍身给某个神以获得自由；⑤这一运动受到世俗思潮的支持：廉价的自由劳动力使得维持奴隶制无利可图。一些奴隶以自己的手艺过活，不久奴隶解放成为
普遍现象：在拉里萨（Larisa），一年中有 36 个奴隶获得了自由；⑥在 105
小镇哈洛斯（Halos），两年中有四十多个奴隶被解放。⑦ 自由人开始在城市中形成一个明确的阶层，但在地位上与享有部分公民权的外侨（metics）有所不同。不过奴隶解放也有其阴暗的一面。那些获得自由的女奴一般在其后半生都在陪伴服侍其女主人，为的是还清获得自由的钱款；当然这不是说奴隶解放在本质上不公平，

---

① Glotz, *C. R. Ac. Inscr.* 1908, 571.

② *OGIS* 483 ll. 178 - 183.

③ Diog. Laert. X, 118; Ditt.^{3} 1268 l. 24 *v. ll.* 显示了两条格言，“ικετς”有时与“οικετας”混为一谈。

④ 进一步了解通常可参阅 Plato, 1 in 5, to Lycon, 11 in 12: Diog. Laert. III, 42; V, 1, 13 *sqq.*; 2, 54 *sq.*; 3, 62 *sq.*; 4, 72 *sq.*; Cf. the manumissions κατα διανοησιν, as *I. G.* IX, 2, 102; 109 b l. 19; 1301。

⑤ 这里可列举一个公元前 4 世纪的例子，见 *B. C. H.* 1921, 150 no. 3。

⑥ *I. G.* IX, 2, 568；关于色萨利的奴隶解放见 'Εφ. 'Αρχ. 1924, 142。

⑦ *I. G.* IX, 2, 109.

但这些人依旧是处于奴隶地位：[①]她可能戴上脚镣、被鞭打甚至被卖掉；[②]她的孩子依旧是奴隶[③]——这是多么可悲啊，除非在奴隶解放时已经提前给予他们自由[④]（有时候是有条件的）；有时，她还得义务为她的女主人再多生几个小奴隶。[⑤] 为此，她有时候可以得到金钱补偿；[⑥]这种做法十分常见，[⑦]但这一强制性条款是不道德的。

至于希腊的奴隶数量或他们在自由人口中所占比例，我们不得而知；但另一方面，德尔斐和诺帕克图斯（Naupactus）的奴隶解放运动已经给希腊北部[⑧]的奴隶带来了希望。在这些被贩买来的奴隶中，男女比例是相等的。根据那些获得自由的奴隶来看，在那些生在主人家的奴隶中，女奴隶占绝大多数；如此看来，奴隶母亲生的女婴，有着比起她获得自由的母亲（如果获得自由的话）更好的生活机会。购买的奴隶比生在主人家的奴隶要多得多；奴隶中最多的是希腊人、色雷斯人和叙利亚人，当然奴隶来自从巴斯塔内（Bastarnae）到阿拉伯半岛的各个民族。每个奴隶（不论男女）的正
106 常价格是三至四个敏纳（minae）；但在这些被买下来的奴隶中有的民族价格比较高。马其顿男奴隶很容易卖到五又四分之三个敏纳的均价，女奴隶也卖到五又四分之一个敏纳的均价，这证实了波里比阿所称的伟大种族特性。[⑨] 在男性奴隶中，色雷斯人的价格是五又五分之二个敏纳，罗马人和意大利人（一些是汉尼拔的俘虏）能

---

① *B. C. H.* 1898，1，no. 32；*SEG* II，307，παραμεινατω. . ως δοωλα.

② *B. C. H.* 1898，1，no. 32；*SGDI* 2216 且经常。

③ *B. C. H.* 1898，1，no. 77.

④ *Ib.* nos. 47，53，62，74，88，97；*SGDI* 1798，2136，2171，2225；*B. C. H.* 1922，465 no. 10.

⑤ *SGDI* 1719；*Ath. Mitt.* 1907，28 no. 20；I. G. IX，1，1066；*B. C. H.* 1898，1，nos. 40，88，93，95－97，99，102，104.

⑥ *Ib.* nos. 93，99.

⑦ *Ib.* no. 99 明确显示她自己的孩子就是这样。

⑧ 这一部分的出版见 *SGDI* II，1684－2342；*B. C. H.* 1898，1 *sqq.*；1922，453 *sqq.*；*Ath. Mitt.* 1907，1 *sqq.*；Hatzfeld，*Mélanges Holleaux* 93（Italians）。

⑨ V，2，5，cf. XVI，22，5.

够卖到五又四分之一个敏纳已很不错了，但他们的女人却只能卖个标准价码；加拉太人（Galatian）卖到四又二分之一个敏纳也是挺不错的，但在女奴中，希腊人卖到四又五分之二个敏纳，仅次于马其顿人。两性之间价码奇特的差异就像在家生奴隶和购买奴隶性别上的比例差异一样；购买来的知道其民族来源的 96 个男性奴隶的均价是三又三分之一个敏纳，98 个女奴的均价略低于四个敏纳；但家生奴隶，101 个女奴的均价略高于四个敏纳，47 个男性奴隶的均价是五又三分之一个敏纳。总的说来，家生奴隶从小就受到培养，因而价格要高一些。有记录被卖到最高价的奴隶是一个弗里吉亚（Phrygian）女奴，价格是 25 敏纳，[①]这些罕见的高价总是为了一些特殊的技能。

谷物供应　希腊最紧要的问题是粮食供应问题。在德摩斯梯尼时代，雅典进口小麦的均价为每蒲式耳（*medimnos* = bushel）五德拉克马。[②] 随着亚历山大将波斯货币投入使用，德拉克马的价值有所下降，小麦价格随之上扬；大约在公元前 300 年，一个德拉克马只值三个奥波尔（obol），而其原先价值是六个奥波尔。抛开季节因素，小麦价格大约在每蒲式耳十个德拉克马；随着货币价值提升，小麦价格也有所下调，但大约在公元前 200 年，[③]小麦价格依旧维持在每蒲式耳五又三分之一个德拉克马。当时世界的小麦产量很大（参阅第 254 页）；出口小麦由托勒密家族完善组织，而雅典、科林斯、提洛岛、许多岛屿、爱奥尼亚以及可能别的一些城市所需粮食主要依赖进口；但尽管有时候要进口粮食，在通常情况下各城市粮食主要依靠自产。一个城市粮食歉收就意味着供给减少，甚
至饥馑；这一时期，局部饥馑时有发生，区域之间的交通往来也不 107
是很好。某些行政长官如 *agoranomos*（市场监察官）或 *sitophylaces*

① *Ath. Mitt.* 1907，37 no. 29.

② Dem. XXXIV，39.

③ 小麦曲线（见 Tarn in *The Hellenistic Age*）：*I. G.* XI，2，158 A ll. 37－50；224 A l. 29；287 A ll. 45，60－71；Ditt.^{3} 976。

(谷物监护官)就是管理粮食贩卖的,他们需要维持城市能在一个合理价格上得到粮食。但粮食一旦短缺,价格一旦上扬,这一制度就不起作用了,除非监察官①能够自己购买谷物平抑市场或是说服某些富商低于进价卖出粮食;许多人确实这样做了,这是城市公益精神的最好体现。② 但这起到的只是缓解作用;公元前 329 年至前 325 年的大饥荒③蔓延到整个希腊和伊庇鲁斯,并且由于亚历山大驻埃及的总督克里奥门尼(Cleomenes)④策划囤积埃及小麦,饥荒日益严重;于是雅典伸出了援助之手,他们筹集了一笔捐款并指派了一个使团,尽其所能购买谷物,然后以正常的价格出售粮食——自然是定量供应的,面包票也出现了。这些负有特殊使命的使团⑤和粮食定量配给由此成了粮食短缺时的正式制度。但这不是一种最佳的制度;捐款是自愿的,数量不大;此外,穷人也不可能一直买得起定量供给的粮食。

大约公元前 246 年,萨摩斯岛一系列的饥荒弄得人心惶惶。那时所筹集的资金两次被雇来的商人弄丢,城市只能由平民来拯救了,多亏布拉哥拉斯(Bulagoras)⑥,他采取了至关重要的步骤:建立永久的粮食基金;⑦这笔丰裕的资金是从富人那里筹集到的,它被用来投资以每年获得的利息来满足城市粮食供应。萨摩斯岛的方
108 法被广泛应用;普林恩和别的一些地方也采用了这一国家供给制

① *I. G.* IV, 2; XII, 5, 1011; Ditt. 3 596, 708, 946.

② *I. G.* II^2, 398, 400, 401, 408, 416, 903; IV, 932; V, 2, 437; VII, 4132; IX, 2, 1104; XI, 4, 627, 1049; XII, 5, 817; 9, 900^a, 900^c; *I. Priene* 108; 'Εφ. 'Αρχ. 1912, 60 no. 89; 'Αθηνα 1908, 195 no. 6; Ditt.^{3} 304, 495; Tod, *B. S. A.* XXIII, 75.

③ Dem. XXXIV, 37 - 39; XLII, 20, 31; Köhler, *Ath. Mitt.* 1883, 211; Ferri, *Iscriz. Di Cirene* no. 3 = *SEG* IX, 1, no. 2.

④ Van Groningen, *Mnemos.* LIII, 101.

⑤ 一般说来是, H. Francotte, *Mélanges Nicole*, 135。

⑥ *SEG* I, 366; Ziebarth, *Z. f. Num.* 1924, 356.

⑦ Ditt.^{3} 976; 见 Wilhelm, *Mélanges Glotz*, II, 907。

度，[1]米利都、[2]特奥斯（Teos）、[3]狄米特里阿斯（Demetrias）、[4]提洛岛、[5]埃吉纳（Aegina）[6]以及图里亚（Thuria）[7]也建立了永久的粮食基金；可能以上的两种制度都变得很普遍。在定量配给的情况下，这些基金意味着富人（提供了原始资本）供养着穷人，罗德岛的富人就通过食物礼拜仪式自发地照顾一定数量的穷人。[8] 萨摩斯岛和图里亚情况则更好；萨摩斯岛每年把粮食免费分配给每个公民，图里亚（大约公元前 100 年）则只分给穷人，显然涨价后的部分则由富人支付。由于国王和富人们经常慷慨地捐献粮食，[9]也由于公元前 2 世纪阿塞辛（Arcesine）和米诺瓦（Minoa）的富人们（这几乎是独一无二的）也开始分发参加当地庆典的免费入场券，[10]我们可以看到道德败坏的面包与马戏（*panem et circenses*）——免费食物和免费游戏，这些都已为希腊化时代晚期所有，罗马只是沿袭了下来。

慷慨　在一个充满矛盾的年代，没有什么比可怜的低工资（参阅第 120 页）与富人所表现出的慷慨之间的差异更为惊人的了。[11]富人不愿支付，但是却愿意施舍。然而他们给予的对象一般是作为整体的城邦公民（或是居民）。看上去，许多城市可以在它需要

---

① *I. Priene* 82, cf. 108 ll. 42, 68; Ditt.[3] 685 l. 100.

② Wiegand, *Siebenter Milet-Bericht* p. 27.

③ *B. C. H.* 1922, 312 no. 2.

④ I. G. IX, 2, 1104.

⑤ Durrbach, *Comptes*, no. 442, Demares (179 B. C.), All. 91 - 94, 107 - 112, &c.

⑥ *SGDI* 3417.

⑦ *I. G.* V, 1, 1379.

⑧ Str. 653.

⑨ Kings: Memnon 25; *I. G.* XII, 4, 1115 n.; Ditt. 3 374, 671 B; Wiegand *l. c.* 26. Individuals: *I. G.* XII, 5, 863 - 866; 7, 389; *I. Priene* 108, 109.

⑩ *I. G.* XII, 7, 22, 24, 33, 35, 241.

⑪ 所谓的富裕是以希腊标准而言，在希腊历史上，富裕与奢侈仅仅是相对的言辞。

的时候召来某个富人给予[①]或是无息借贷大笔的款项,[②]以保证某些特殊开支;或是无偿执行使命,支持城市反对国王或是罗马税
109 吏;[③]或是在缺乏资金时,帮助修桥、[④]体操馆、[⑤]神庙;[⑥]亦或提供战备物资,[⑦]为新庆典[⑧]或是新学校捐款,[⑨]承担繁重的礼拜仪式,[⑩]为运动员提供橄榄油,[⑪]奖励学生,设宴款待市民夫妇;[⑫]他们最终会得到一尊雕像,当然这有时是要他们自己出钱的。[⑬] 像奥尔比亚(Olbia)的普洛托根尼斯(Protogenes),塞斯托斯(Sestos)的迈纳斯(Menas),普林恩的摩西昂(Moschion),埃里色雷(Erythrae)的普利克里图斯(Polycritus)几乎负担了整个城市的费用。[⑭] 这种长期地依赖某些富人的方针偏离了方向,意味着城市并非建立在一个健全的经济基础之上;但很少有哪个时代能表现出这样的公益精神,即使有时候等同于购买头衔。"为了公共利益,宁可不要个人饭碗",这就是埃皮多鲁斯(Epidaurus)对一位名叫阿里斯托布鲁斯(Aristobulus)[⑮]的言辞,正如帕迦马的狄奥多鲁斯(Diodorus of Pergamum)所说,"一个人只要考虑到公共福利就会忘记个人的私

---

① Ditt.[3] 374,475,497; *I. Prienen* 109; *SEG* I, 366.

② *I.G.* V, 1,962; XI, 4,1055; XII, 9,900 c.; *OGIS* 46; Ditt.[3] 330, 569; *I.G.* IX, 2,1104.

③ *SEG* I, 366; *I. Priene* 121,111 l. 112; Ditt.[3] 330.

④ Ditt.[3] 1048.

⑤ Michel 456; Wilhelm, *Jahresh.* 1908,56.

⑥ *I.G.* XII, 3,248; 7,388,433; SGDI 3569.

⑦ Ditt.[3] 569; *I. Priene* 17.

⑧ Ditt.[3] 631; *I.G.* IX, 1,694; XII, 5,595;7,515.

⑨ Ditt.[3] 577-578.

⑩ Menas (*post*); cf. *I. Priene* 174.

⑪ *I.G.* VII, 190; XII, 9,236; *I. Priene* 112, ll. 57-66.

⑫ *I.G.* VII, 2712 l. 68; *I. Priene* 108 1.257;109 ll. 193,181;111 l. 238.

⑬ *I.G.* VII, 190; *Syria* V, 332 no. 7.

⑭ Ditt.[3] 495; OGIS 339; *I. Priene* 109; 'Αθηνα 1908,195 no. 6;这些阐明了大部分前述内容。

⑮ *I.G.* IV^2, 65.

利”。[1] 这类公益精神也不局限于富人。没有什么比那些向医生颁
发的大量致谢函更令人印象愉悦深刻的了；[2]地方上医生不是富裕
的阶层——我们知道这个阶层的年收入是1000德拉克马；[3]在流
行病流行期间，[4]他们还经常义诊；无论如何，正如斯巴达的达米阿
德斯(Damiades of Sparta)所说，“对待富人和穷人、自由人和奴隶一
视同仁”。[5] 当所有科斯岛医生都被要求处理流行病时，克诺提姆
斯(Xenotimus)自愿来到这座城市协助工作，[6]米利都的阿波罗尼 110
戊斯(Apollonius of Miletus)也无偿在这座岛上与瘟疫作斗争；[7]这
一职业要求崇高的奉献精神。同样的，哲学家有时开讲座，对于那
些付不起钱的学生也是不收费的。[8] 那时的确有许多人认为世上
还有比钱更重要的东西。

慈善事业　不过，在那个时代所有乐善好施的情感和公益精神中，我们所理解的慈善——慈善性捐赠是由富人给予穷人的有组织的援助——是几乎不存在的。一般而言，希腊人很少会同情穷人，[9]因此他们也很少接济穷人；民主与平等的观念是如此强烈以至于做任何一件事都必须一样；当时并没有什么东西与我们时代大量私人组织的慈善机构和医院相对应。之前，我们已提到过罗德岛的食物礼拜仪式，还提到雅典给残疾人发救济金，[10]塔伦图姆(Tarentum)[11]的富人与穷人共享财富，波里比阿谈到的比奥提亚(Boeotia)的奥

① *Ath. Mitt.* 1907, 261 l. 12.

② 一个很好的例子是 *Ath. Mitt.* LI, 1926, 26, no. 2。

③ Wilhelm, *Neue Beiträge* IV, 54 (Annual salry).

④ *I. G.* XII, 1, 1032; IX, 1, 516; Ditt.³ 335.

⑤ *I. G.* V, 1, 1145.

⑥ Ditt.³ 943.

⑦ *I. G.* XII, 5, 824; Ditt.³ 620.

⑧ *SEG* I, 368.

⑨ H. Bolkestein, *Wohltatigkeit und Armenpflege im vorchristlichen Altertum*, 1939, 113-150, &c.

⑩ Arist. 'Aθ Πoλ. 49.

⑪ Arist. *Pol.* 1320 b, 9.

菲尔塔斯(Opheltas)把穷人从国家基金①中解脱出来,及赫拉克莱德斯(Heracleides)所说的塔纳哥拉(Tanagra)的富人对于穷人都有好处②——“这很容易做到”,他干巴巴地加了一句,“当你不愁吃的时候,你也会善良”;这几乎已是我们所知这类事例的全部了,除非我们把一些像同乡(demesmen)组织的那类组织——比如给去世成员的女儿以帮助的组织——也包括进来。③ 分配祭祀用过的肉就不是件一般的事,除非是在雅典;祭司总是先付钱后保有特权,肉很少分到穷人手上。大约公元前200④年的迈克诺斯(Myconos)目录——作为另一本丢失了的目录的补充——提到了每四个月进行的一次分配,一次仅面向市民妻子和发起这一活动妇女的聚餐。一张科斯岛名表上记录的活动只有几天,⑤却两次提及送往“城里”
111 的肉,但没有涉及分配情况;圣保罗似乎澄清了这一点,这些肉大多出现在店铺里。它也许期待着禁欲者和犬儒主义者以人间博爱之心来从事慈善行为,但他们并没有这样做。对于斯多噶派而言,贫穷就像奴隶制一样影响的只是肉体,而往往只会影响到肉体的东西都无关紧要;最穷的奴隶在精神上可以成为一个国王,因此,斯多噶派只是集中对精神的研究而不在乎肉体,这就是为什么他们从不提倡废除奴隶制的原因。犬儒主义者则赞扬贫穷,并躬身践行;即使贫穷实际上不构成美德的话,它也是获取美德不可缺少的条件;他们显然没有弄清劳动者非自愿承受的贫苦与哲学家自我克制之间的区别。文学作品中善行的表现——塞西达斯(Cercidas)的诗歌(参阅第279页)——显然是受克里奥门尼革命诱发而作。

繁荣 希腊化时代的繁荣经常在这一章中间接表达出来;现在,让我们更加贴近它看一看。在苏拉以前,尽管有局部波动,但

---

① XX, 6.

② *F. H. G.* 11, p. 257. 添加了 Bulagoras 的善行,*SHE* I, 366。

③ As *I. G.* II^2, 1165.

④ Ditt.^{3} 1024.

⑤ *Ib.* 1025 ll. 23,55.

它对上层阶级来说毫无疑问仍不失为一个繁荣时期：贸易的蓬勃发展（参阅第 7 章）述说着自身的故事，就像俱乐部发展所产生的故事一样——新庆典的兴起（参阅第 114 页）、伴随着文学发展起来的饮食文化、女性服饰的奢华，特别是用丝和金线织成的衣料（参阅第 256 页）、布局合理的城市、私人住房以及精美家具的发展（参阅第 9 章）。不过，我们必须认清希腊本土与亚洲（及其岛屿）的不同。并不是整个希腊都感到了一股上升的势头；科林斯、埃托利亚、埃姆布拉西亚（Ambracia）和派该塞越来越富裕（参阅第 251 页），但一向被认为富有的雅典却有所衰退，直至公元前 2 世纪后期才有所复兴，斯巴达也因为别的原因衰落了。希腊北部地区总体上十分繁荣，它的奴隶数量以及前从未闻的城市风格突出地表现了这一点；而大约公元前 100 年至前 91 年间的[①]美塞尼则是一份很好的说明材料，因为美塞尼主要是一个农业国，且不是一个主要的国家，它也未介入贸易。根据威廉教授（Wilhelm）的统计，当 112
时美塞尼公民的平均财产大约是五分之一个塔兰特，相比之下德摩斯梯尼时代的雅典，每个公民的平均财产则是四分之一个塔兰特；它向每个人征收的 2% 的土地税大约为 2.5 个德拉克马，与 1908 年法国人均缴纳的土地税 2.75 法郎接近，但德拉克马的购买力自然要远超过法郎；妇女经常为一件裙子花上一百多德拉克马，她们还偏爱昂贵的蕾丝；[②]银盘非常普通，精贵的银盘价格可高达 2000 德拉克马；[③]另一点则更容易理解，这就是对于违反仲裁裁定的处罚尺度也在增长；[④]在公元前 5 世纪，最高处罚金额是 5 塔兰特，[⑤]但是在公元前 2 世纪，我们所掌握的材料是 20 塔兰特（基克拉迪群岛），30 至 50 塔兰特（在小亚细亚）[⑥]以及 60 塔兰特（洛克

① Wilhelm, *Jahresh.* 1914, 1, on *I. G.* V, 1, 1432; cf. Lepsius, *Rh. Mus.* 1916, 161.

② Ditt.³ 736 ll. 18–23.

③ *Ib.* ll. 38, 63.

④ Wilhelm, *Neue Beiträge* VI, 14.

⑤ *I. G.* XII, 5, 128 (p. 308).

⑥ *Millet* I, 3 no. 149; Ditt.³ 633 l. 124.

里斯[Locris]);[1]就个人来说,在德摩斯梯尼时代,希腊最有钱的人是雅典人狄菲鲁斯(Diphilus),他大概拥有160塔兰特;[2]大约公元前200年,最富的人是生活在埃托利亚的伊萨人亚历山大(Alexander the Isian),他有200塔兰特。[3] 我们可以肯定地说,尽管希腊并未像亚洲那样繁荣起来,但在苏拉时代之前,它还是拥有一定财富的。

除去城市发展和贸易繁荣外,亚洲及其岛屿的发展也是惊人的。雅典每年从拜占庭得到15塔兰特的贡赋,此外,还从它的卡里亚各个城市里收取一至两个塔兰特;大约在公元前200年,拜占庭每年给高卢人80塔兰特,[4]罗德岛人紧随其后每年从罗德岛在卡里亚的领地里收取120塔兰特(主要是在考诺斯[Caunos]和斯特拉托尼卡[Stratonicea]这两个地方收取)。[5] 迈克诺斯(Myconos)新娘的嫁妆规模可与公元前4世纪雅典[6]的嫁妆相媲美;大约公元前200年,[7]科斯岛捐款的数量也增加了;在铁拉,埃匹克特塔俱乐部(Epicteta's club)的罚款可比拟于雅典人的惯例;一种新风俗起源于科斯岛和铁拉的俱乐部:[8]给予成员以金冠(而不是橄榄叶
113 冠)的荣誉。[9] 以上这些都表明了一个显著的事实。不论政治上有什么变化,在公元前88年之前,甚至在罗马内战之前,小亚细亚的繁荣与财富一直稳定地向前发展。国王的大臣自然占有大量财富,但在公元1世纪,其平民拥有的财富数量之大也是希腊人前所未闻的;在莱库斯河(Lycus)边的劳迪西亚(Laodicea),[10]有一位叫

---

① *Kilo* XVI, 170 no. 131.

② Plut. *Mor.* 843 D(有疑)。

③ Ployb. XXI, 26,9,14.

④ Ployb. IV, 46,4.

⑤ *Ib.* XXX, 31,7.

⑥ *Inscr. Jur. Gr.* I, 48 no. 6 比较 108 no. 8。

⑦ Michel 642.

⑧ *Ib.* 1001; 150 - 500 dr. 反对 50, Poland 449。

⑨ Ditt.[3] 1107; Michel 1002; cf. *OGIS* 44,730.

⑩ Str. 578.

希罗恩(Hieron)的人拥有超过2000塔兰特的财产;与此同时,庞培的朋友特拉勒斯的皮索多鲁斯(Pythodorus of Tralles)拥有4000多塔兰特的财产(包括他的土地)。[①] 而最好的证据则是罗马人从亚洲掠夺的大量财富。公元前63年,罗马税吏法尔西丢斯(Falcidius)[②]购买了特拉勒斯(Tralles)90万塞斯特斯(sesterces,大约39塔兰特)税收权,他是以50塔兰特的贿赂得到下一年同样数目的税收权的;也就是说,他在一个二等城市里一年至少能收取100塔兰特;而此时,整个马其顿一年的土地税也才200塔兰特左右。这比庞培和克拉苏从亚洲掠夺的数量大得惊人的财富更意味深长。公元前86年,米特里达特从开俄斯岛攫取了2000塔兰特;[③]公元前70年,罗马元老院从克里特岛得到了4000塔兰特;[④]恺西戊斯(Cassius)从罗德岛掠得了500塔兰特,此外他还洗劫了罗德岛上的富人8000塔兰特;[⑤]公元前84年,苏拉从亚洲行省得了20000塔兰特,他把这称为"五年拖欠税";[⑥]布鲁图斯(Brutus)一年收了16000塔兰特的税;[⑦]而安东尼最终则要了200000塔兰特作为九年的预交税[⑧]——比波斯国王用了两个多世纪从半个亚洲搜刮的财宝还要多。不需要再详细叙述这一故事了;被称为"为贫穷所困扰"的希腊化世界那些日子长久以来就是如此,或者还将长久地延续下去。

节日 富裕也反映在人们的娱乐活动中,它不仅仅表现在活动种类的增多,更在于庆典费用的增加,表演者也日益职业化了。对于希腊化时代的新节日,我们可以列一张完整的表。从亚历山大

---

① *Ib.* 649.

② *Cic. Pro Flacco* 36(90).

③ App. *Mith.* 47.

④ Diod. XL. 1.

⑤ Plut. *Brut.* 32.

⑥ Plut. *Sulla* 25; *Lucull.* 20.

⑦ App. *b. c.* IV, 316.

⑧ Plut. *Ant.* 24 和 App. *b. c.* V, 27 一起。

之死至公元前189年，大量的节日、祭祀带来了的开支也相应增长
114 了，各个城市都创办这样的节日与祭祀。在塞斯匹阿(Thespiae)、[1]科斯岛、[2]德尔斐、[3]马格内西亚[4]和米利都，[5]五个年度节日变成了四年一度的盛大庆典“王冠”运动会(‘crowned’ games)。除此之外，国王们定下的节日数量也很多，其中最盛大的是在亚历山大城举行的拖勒迈伊阿节(Ptolemaieia)，它是惟一相当于奥林匹亚规模的盛会；[6]当然，当时也有几个相当于皮提亚(Pythia)[7]规模的庆典。公元前2世纪，有几座城市为了纪念罗马[8]而定下了称为罗马伊亚(Romaia)的节日——就我们所知，至少其中有13个城市是可以确定的，公元前189年在德尔斐第一次举办了这一节日。公元前146年后，比奥提亚的普托亚(Boeotian Ptoia)变成了四年一度的节日，[9]塔纳哥拉也建立了自己的塞拉皮亚节(Serapieia)。[10] 从苏拉上台直至奥古斯都的和平统治时期，没有什么新的节日出现。节日中的表演者(尤其是狄俄尼索斯的艺术家们)[11]自然变得越来越重要。他们最古老的协会——雅典人协会——早在亚历山大之后不久就出现了，而其特别待遇则是公元前279年左右通过近邻同盟得到的。中心位于科林斯的地峡协会(Isthmian association)因为与塞斯匹阿的

---

① Ditt.³ 457；I. G. VII，1735.

② 未出版，见 *Arch. Anz.* 1903，197；1905，11。

③ Ditt.³ 402，408，424，489；Roussel，*Rev. E. A.* 1924，97.

④ Ditt.³ 577 *sqq.*

⑤ Ditt.³ 590.

⑥ *Ib.* 390；*G. G. A.* 1913，170 no. 2.

⑦ 例如在塞斯比阿(Thespiae)马尼萨(Magnesia)的盛会以及在帕迦马的两个盛会 Ditt.³ 629 (partly isolympic)，*OGIS* 305，*SEG* IV，502。

⑧ Delphi，Ditt.³ 611 n. 3；Alabanda，Livy XLIII，6；Euboea，*I. G.* XII，9，899；Thespiae，*I. G.* II²，1054；Athens Michel 1539；Miletus，*Milet* I，7 no. 203；Cos，Ditt.³ 1066；Magnesia，*ib.* 1079；Rhodes，*ib.* 724；Pergamum，*ib.* 1065；Chalcis，Oropus，Corcyra，*ib.* 1064.

⑨ *B. C. H.* 1890，48 *sqq.*，cf. Holleaux，*ib.* p. 201.

⑩ Michel 890.

⑪ Poland，129－140.

特殊关系很快就得以成立，到公元前2世纪，它已经包含了除雅典以外的整个古代希腊，并在许多城市建有分支机构。但公元前146年，科林斯的毁灭给了它沉重一击；内部冲突接踵而至，一些分部加入了雅典协会(Athenian association)，地峡协会从此一蹶不振。第三个协会很早就在亚洲成立了，它的中心设在特奥斯；它自然与帕迦马宫庭戏院的演员混合在一起，并与狄奥尼索斯·恺特格门(Dionysus Kathegemon)协会混合在一起，整个主体越来越依赖于阿塔鲁斯王朝。在它们 115
的全盛时期，狄俄尼索斯的艺术家们几乎成了一个独立的国家：他们派出和接纳使节，①有着大量的荣誉、②特权，③还拥有豁免权以及安全通行权；他们还能得到国王和城市资助；雅典协会还有权穿紫色的衣物；但我们似乎最好还是把它看作是在取悦于人民而不是统治人民。

利率　利率④对一个国家资本富裕情况有一定的指导作用；但在希腊，这并不具备某种指导作用，因为当时几乎没有资本流通的现代条件。私人银行的规模一般很小，对商人和农场主来说，主要的资本借贷来源一是一些捐款基金，这些基金以一定的利率借贷出去为捐赠的对象获得年收入；二是神庙基金，但不稳定，一般数额也很小。⑤ 数世纪以来，提洛的神庙贷款利息一直维持在10%，它全然不考虑货币价值的波动。以下即是我们到目前为止所知的利率变化。在亚历山大时代，利率通常是12%，但不包括更高一些的带有冒险性质的航海贷款。大约公元前300年左右，利率降到10%，这反映出由于波斯货币加入流通造成的德拉克马的贬值。

---

① *I. Pergamon* 163，*I. Magnesia* 54，89，90，Michel 1009，1012，1014.

② *B. C. H.* 1911，168；1922，312 no. 2；Ditt.^{3} 460；*SEG* II，580.

③ I，G. II^{2}，1132；XI，4，1061；XII，9，207；Ditt.^{3} 399，507，563，692.

④ G. Billeter，*Gesch. Des Zinsfusses*，1898.

⑤ 德洛斯岛神庙的财富估计有50 000德拉克玛，关于一笔5 500 000的资产见Homolle，*B. C. H.* 1891，164－168。

尽管出现过 $8\frac{1}{3}\%$[1]或 6%[2]的利息(这显然是政治原因造成的),但整个公元前 3 世纪利率一直是 10%;[3]在公元前 2 世纪上半叶,还出现过 7%[4]和 $6\frac{2}{3}\%$[5]的商业利率。公元前 2 世纪中叶以后,利率再次上扬,到苏拉执政时期,利率已回升至旧时的 12%。在
116 苏拉之后,利率不再意味着什么,它只是成了罗马人掠夺的表现;在亚洲,卢库勒斯(Lucullus)确定 12%的利率为最大极限,[6]这曾一度阻止了利率上升的势头,但在罗马内战时期,由于罗马人的逼迫,利率曾高达 48%。[7] 到目前为止(按当时的情况看),货币充足,且略有贬值,利率显示出一种持续的繁荣,这一情况一直持续到公元前 146 年。到公元前 200 年,德拉克马的价值再次稳定下来,因为在塞斯匹阿的佃农显然又有继续以同一利率续约的动向,[8]而大约公元前 300 年提洛的佃农只能以比较高的 10%的利率续约;但德拉克马是否恢复到亚历山大时期的购买力——一蒲式耳小麦五德拉克马的价格——是不大清楚的,然而有迹象表明大约直至公元前 100 年,小麦的价格还高于一蒲式耳五德拉克马。

银行业 银行业[9]也取得了一定发展,但有太多的东西阻碍着希腊银行业的发展,因此希腊银行业从没有达到罗马银行业的重要程度。私人银行开展的业务除了货币兑换就是接受存款,开展贷款等业务。希腊一些城市出现的所谓"国家"银行,不是仅仅租赁给一些个人的货币兑换垄断组织,实际上更是国家财政辅助部

---

① Ditt.^{3} 364 l. 74;可能是 *I. G.* XII, 7,67(片段不确定)。

② *Milet* 1,3 no. 138.

③ Ditt.^{3} 544,546 B l. 22,955,1200; *C. I. G.* 3599.

④ Michel 1001, I l. 24, II l. 7.

⑤ Ditt.^{3} 672 l. 23.

⑥ Plut. *Luc.* 20, App. *Mith.* 83.

⑦ Ditt.^{3} 748 l. 36; Cic. *ad. Att.* V, 21.

⑧ *B. C. H.* 1897,565.

⑨ Th. Reinach, *B. C. H.* 1896,531; Zeibarth, *Z. f. Num.* 1923,26; Laum, *Banken* in P. W.; *Glotz*, *Ancient Greece at Work*, 365; Heicheheim, *Wirtschaftsgesch.*, 550 *sqq.*, 1090 n. 32 (bibliography); Cary, *A History of the Greek World*, 300 - 301.

分;他们管理岁入的收支,维持城市的收支,并有可能预备下一些未见的支出,以后再得到补偿;这样使得城市避免了像以往一样不得不向别处借钱。

借款 对于大多数城市来说,借款仅是为了达到某种目的而采取的行为,它与现在的市政贷款没有任何关联。原因很简单,城市没有预算;[1]仅在有需要支出时才会有指定的收入;一项未知的开
支——尽管数量不大——意味着一项新的税赋或是捐款,[2]这需要 117
花费时间来解决,而城市向银行贷款一是方便,[3]二是可以不必忙着归还。[4] 但有时候在还款问题上就会导致故意拖延,不过这与资金不足没有联系。举个例子,大约公元前 220 年至公元前 200 年,波里比阿谈到在比奥提亚聚集着大量财富,[5]但赫拉克莱德斯(Heracleides)却说债务几乎是不能偿还的。[6] 同在这一时期,奥克门努斯(Orchomenus)城邦两次贷款;在归还尼卡勒塔(Nicareta)贷款问题上,[7]奥克门努斯一直拖到不能再拖,而偿还攸布鲁斯(Eubulus)的贷款却在指定日期前一天付出了;[8]显然,在还款问题上,统治者是出于个人或是政治上的考虑,而非经济上的考虑。提洛城邦深谙有计划的贷款,它经常得到神庙基金的资助,不停地借贷还贷。[9] 当然,依据官方的说法,几乎没有一个城市是富有的,因为城市金库里很少有储备;但这并不意味着市民都很穷,就像剑桥

---

① Francotte, *Les Finances des Cités Grecques*, 133 *sqq.* "城市账目"提到在 Miletus (*Milet* I, 3 no. 147 l. 16)和 Halicarnassus (Michel 456 l. 17)基本无预算。

② 德洛斯岛有时会有一个基金,以应对不可预见的开支;Durrbach, *Comptes* no. 442 (Demares, 179 B. C.), A ll. 95-96 &c。

③ 提洛岛甚至为王冠借债,*ib.* ll. 25,43,61; id. No. 449 (175 B. C) ll. 14,18,22。

④ As *Inscr. Jur. Gr.* I, 158 no. 10.

⑤ XX, 6.

⑥ F. G. H. II, 258.

⑦ *I. G.* VII, 3172 (文献,Tod. *J. H. S.* 1927,195).

⑧ *I. G.* VII, 3171.

⑨ *I. G.* XI, 2,147 B l. 7; 158 B; 161 A l. 25;203 A l. 73;287 A l. 122; &c. Carthaea 也相信,*I. G.* XII, 5,544。

大学穷，但剑桥人不一定穷的道理一样。然而，这只意味着一个城市不大可能借钱给另一个城市；①但市民有这个能力，并且他们也这样做了，而且他们以城市名义签署协议。② 实际上，城市只能做到养活自己的地步。就因为如此，以弗所曾以慈善之举低价出卖了一些公民权，以给一些支持者提供资金；③大约在公元前 285 年，萨索斯岛(Thasos)以惊人的 2000 德拉克马一个的高价卖出了四、五个公民权；④而在社会战争期间，特里塔(Tritaea)以出卖公民权
118 所得款项招募雇佣军。⑤ 这些事实倒与贫穷没什么关系，只是像玛丽勒邦板球俱乐部(Marylebone Cricket Club)因需要修建一个休息场所而不得不招收更多的会员一样。当然一些特别的城市或许会失去信誉，欧洛普斯(Oropus)城邦曾以答应给予市民荣誉来诱惑贷款人。⑥ 而且最富裕的人在战争中也许会失去大笔财富；因此公元前 201 年腓力五世在卡里亚(Caria)所采取的行动目的就是阻止米利都得到它的岁入，米利都为了维持运转只得向她的市民借钱，并以终身年金归还。⑦ 通过这样简单的经济模式，被破坏的城市逐渐得以恢复。

但这一不成熟财经制度的最大弊端是不利于开展市政工程建设，甚至是合作修几条好马路这样的工程都要国王发起才有可能，就像公元前 316 年⑧希腊世界共同修复第比斯以及修复在公元前 225 年⑨的地震中受损的罗德岛一样；城市单独搞工程也很困

① 另见 Αρχ. Δελτ. 8(1923), 182 (Boeotian Thisbe to Chorsiae), and *Mnemos*, 1916, 219 (Rhodes to Argos)。

② *I.G.* VII, 1737－1738, 2405－2406; XII, 9, 7; *SEG* 3, 342. *Milet* I, 3 no. 318 shows the practices.

③ *I. Priene* 494; Roussel, *Rev. Phil.* 1913, 334; Holleaus, *Rev. E.G.* 1916, 29.

④ *B.C.H.* 1921, 153 no. 6.

⑤ Wilhelm, *Neue Beiträge* I, 38.

⑥ Ditt.[3] 544.

⑦ *Millet* I, 3 no. 147；生活年金并在 *I.G.* VII, 3054。

⑧ Ditt.[3] 337.

⑨ Polyb. V, 88.

难，除非它有特殊资源。厄里特里亚（Eretria）给了承包人一些实质上的特权，才得以排空一块沼泽地；[1]提洛岛利用罗马给它的一项新贸易来支付它建设新港的费用；米利都一流的市场，并非塞琉古王朝为米利都而建，它之所以被建造的原因可能是米利都像国王一样拥有自己的羊毛加工厂（参阅第 250 页）。

税收　倒不是城市内部不收税。希腊人对于直接收税很反感；传统的 10％收割税是亚洲人的。不过，特殊需要有时也会迫使希腊人克服这种反感：雅典很早就有了一种称为 *eisphora*（财产税）的税制，即个人总财产税，在希腊化时代，这一税制被许多城市采用，尤其是米利都。[2] 像克拉诺（Crannon）[3]和提洛岛等其他城市的[4]收割税为 10％。提洛岛[5]和科斯岛[6]房租税也是 10％。通常情况下，税款不是直接征收的（我们知道有许多间接税）。所有进出口货物的税率为 2％（参阅第 175 页注释 4），牧场税按牲畜的数量征收， 119
港口税和市场摊位税也很普遍；科斯岛还有一项特殊的酒类出口税，此外它对面包、面粉、蔬菜、咸鱼和别的一些东西也征税；[7]公元前 3 世纪，[8]特奥斯开始对耕牛、拉木材的骡子、木材、羊、猪、米利都羊毛织的衣服（也许也包括原料）、紫染、果园以及养蜂都收税。城市有时候收税的目的部分是筹集给国王的贡赋，[9]城市并不能得到全部收入。即使城市有一整套令人伤脑筋的税收体系，它也没有更好的手段对私人财产进行征税，以服务于国家，但财产税除外。不过，财产税也并非十分完善，个人只是大概地做一下审报，有的还不报。那时已经出现税收外包，但直至罗马包税商（可恨的

① *I. G.* XII, 9, 191.

② P. Guiraud, *études économiques sur L'antiquité*, 83 - 112; Francotte *op. c.* 53.

③ Polyaen. II, 34.

④ *I. G.* XI, 2, 161 A ll. 26, 27; &c.

⑤ *I. G.* XI, 2, 161 A ll. 26, 27; &c.

⑥ Michel 720.

⑦ Michel 720.

⑧ *SEG* II, 579.

⑨ Cf. *I. G.* XII, 5, 570; *C. I. G.* 2673.

税吏)的出现，税收外包才变得重要起来。

贫穷与工资 我们已经概括地描绘了希腊世界的繁荣；现在，我们要转到其背面去看看那些小人物和劳动阶级的状况。除了像米利都这样的一些在亚洲城市外，希腊工业的发展程度跟不上贸易发展的步伐；一个雇佣了十几个人的小业主是无法与在亚历山大里亚和帕迦马使用农奴和奴隶的工厂竞争的。至于农作物生产，人们通常认为，公元前 250 年提洛岛农场租金的萧条景象说明农业已真正地没落，[①]但这只能说明提洛人发现转运贸易更容易赚钱。尽管在几个地区——拉哥尼亚、埃托利亚、色萨利[②]——的不同时期，土地承担了过多的债务，但在整个公元前 3 世纪、公元前 2 世纪，人们对土地分配的一再要求表明，农业又像以往一样重要了。大城市中自然有形成一个“无产阶级”的倾向，但却是消费的无产阶级；希腊化时代为数不多的工业是小规模的、分散的，在生产者中并未出现有阶级觉悟的无产阶级。遗憾的是，除了某一地
120 区外，有关这一课题的其他材料[③]都极为匮乏；我们知道大约从公元前 300 年至公元前 250 年间提洛劳动者的情况，但我们从一个特殊的行当——刻碑——可以得知，劳动者情况并没有多大改变。大批从别的岛来到提洛岛的人使我们可以进行这样的假设：别的岛尽管也很繁荣，但情况更糟。

大约公元前 300 年，货币贬值导致了物价飞涨；[④]小麦的价格翻了一番，油料价格上涨三倍半，一般的酒类价格也上涨了两倍半。[⑤] 提洛岛的房租均价在公元前 4 世纪低于 20 德拉克马，到公

---

① 现见 J. H. Kent, ‘The Temple Estates of Delos’, *Hesperia*, XVII 1948, 243。

② Livy XLII, 5.

③ 这一部分和下一部分大多节选自 Tarn's *Social Question* in *The Hellenistic Age*, *q. v*。

④ 见 Glotz's tables. *J. des Savants* 1913, 15 sqq., and Heichelheim's tables in his *Wirtschaftliche Schwankungen*, with Tarn's criticisms, *Economica* 1930, 315–318; also Rostovtzeff, *SHE* 230 *sqq.*，以下及其注释，所有的比较都基于神庙的账目。

⑤ 油，45:12(德拉克马)；酒 10—11½:4。

元前 2 世纪已涨至 100 德拉克马，[1]不过当地过度拥挤[2]也是涨价的一个重要原因；到公元前 250 年（也许不到公元前 200 年），各地的食物价格再也没有回到德摩斯梯尼时代的水平。与此相对照的是，比起德摩斯梯尼时代的雅典，[3]提洛岛的工资水平的确下降了，这也许是无节制竞争的结果。如果按乞丐和奴隶水平来计算最低生活标准（小麦价格为每蒲式耳五德拉克马），一年下来，一个人平均每天的工资是两个奥波尔，[4]一家是一个德拉克马（六个奥波尔）；[5]但在提洛岛，一个熟练的手工艺人最多一天可赚四个奥波尔，不熟练的只有两个奥波尔，甚至更少。[6] 而有时候，小麦的价格可能涨到十个德拉克马；在这种情况下，能够被奴隶替代的不熟练的自由劳动者有时收入高于奴隶，有时候则还不如奴隶。与公元前 4 世纪相比较，结果自然是富人与穷人之间的差距拉得更大；这是希腊化时代最不健康的现象。这一现象所导致的人口问题是很明显的；那时对穷人来说，抚养孩子是最不容易的事情。一年之中包括许 121
多非工作日（假期），但这不是实质问题，实质问题是人在假期也要吃饭。这些工资情况或许就解释了一些城市变得日益穷困的原因。

社会动乱　当然社会也存在着不稳定。当时没有贸易行会，而且罢工在一个奴隶制社会里几乎是不可能的（埃及出现的罢工不是这种意义上的罢工，参阅第 199 页）。帕罗斯岛（Paros）的面包师曾经因为得不到工资而举行罢工——显然这不是什么罕见的事件，*Agoranomos*（市场监察官）马上出面干预，面包工人得到了工资，罢工也就结束了。[7] 除此之外，没有别的罢工记录，这种情况一直维

① S. Molonier, *Les 'maisons sacrées' de Délos*, 75.

② Homolle, *B. C. H.* 1890, 441.

③ Cf. Glotz *l. c.* 206.

④ Arist. 'Αθ Πολ. 49; Dem. *Phil.* I, 28; Michel 642 D ll. 65 *sqq.*（大量人在 10 个月里的情况）。

⑤ *OGIS* 218 l. 36.

⑥ 'Less': *I. G.* XI, 2, 146 A l. 75（Tlesis 的劳动者）；158 A ll. 38 - 47（Artemisia）。

⑦ *I. G.* XII, 5, 129.

持到公元 2 世纪[1]罗马对亚洲的统治，此时贸易行会开始出现；但第一次有记录的为改善状况而进行的罢工直至公元 5 世纪才出现。如果情形再也不堪忍受，那惟一知道的办法就是起义或者革命。[2]

公元前 4 世纪一直为对社会革命[3]的恐惧所困，这就是为什么富人为拥护现存社会制度而转向马其顿的一个原因。在亚历山大和科林斯同盟(League of Corinth)签署的条约中表明，对于任何一个同盟的城市，任何为解除债务、土地分配、没收私人财产或解放奴隶而进行的革命[4]，亚历山大和科林斯同盟都将坚决予以镇压；狄米特里戊斯宪法(Constitution of Demetrius)恢复的公元前 303 年同盟时的宪法，也包括了类似条文。[5] 革命由此成了以上四大势力的主要议题。穷人渴望得到土地，但推动各种小人物进行革命的动力是债务。简单的社团也许可以忍受生活条件的艰苦，但他们对于债权人却很反感。提洛的神庙账目上有许多小笔贷款和坏账，这为我们研究债务问题带来了一线光明。[6]

122 **乌托邦** 另一方面，哲学也对这一主题做出了贡献；斯多噶学派对于平等和博爱的主张深入人心，并激发了人们对于比现存秩序更美好之事物的向往。一些人逃避文明，追求野蛮人那种返璞归真的生活，这是塔西陀的《日尔曼尼亚志》的原型；乌托邦(Utopias)也开始出现了。柏拉图和亚里士多德实际上已描绘了理想国(Ideal State)，但这对劳动者来说是没有用的国家；第一个乌托邦是芝诺所描述的乌托邦(参阅第 79 页)，但过于美好，对于人性

---

① W. H. Buckler in *Anatolian Studies* 27.

② 之后的情况见 R. von Pöhlmann, *Gesch. D. sozialen Frage und des Sozialismus in der antiken Welt*, 3rd ed. By F. Oertal, 1925。

③ Dem. XXIV, 149; Isocr. *Archidamos* 50, 64 *sqq.*; Aeneas Tacticus 14, 1 and *passim.*

④ [Dem.] XVII, 15.

⑤ *SEG* I, 75, col. L 1. 28.

⑥ 舒尔霍夫的图表(B. C. H. 1908, 459 - 472)指出，神庙在公元前 279 年至前 179 年间失去了 1 塔兰特，这相当于神庙三分之一的流动资金。

来说可望不可及。但公元前 300 年，[1]犹希迈罗斯（Euhemerus，大约公元前 300 年）[2]和伊安布鲁斯（Iambulus，公元前 3 世纪）创建了真正的现代乌托邦，他们的乌托邦建在印度洋中的一些小岛上；在伊安布鲁斯伟大的太阳国（Sun-state）里，[3]共产主义已经实现。人人在任何方面都是平等的，甚至是在智慧上也是平等的；他们生活在平等劳作、平等分享这样的社会实体或"体系"中；他们摆脱了奴隶制作为生产手段的影子，因为岛上一年四季都有幸生长农作物，而且部分是自动生长的；每个人依次尽到从仆人至主管的义务，每个系统的主管都是最年长的长者，到了一定年龄就有人接替他的职务（一次源自塞奥斯[Ceos]的条文），[4]因此财富、野心、学问以及对于平等的敌视就没有存在空间了，阶级战争也没有存在空间了，因为阶级本身就已经不存在了；最主要的是，人们珍视和谐，并在和睦和友爱中团结在一起。伊安布鲁斯和他的伙伴的真正目标是消灭许多希腊人曾经历过的那些可怕的阶级战争；但事实上，即使是当革命的哲学家与保守的政府都尊崇和谐女神（Concord）时，她的一些讲究实用的信徒也随时准备以她的名义去屠杀自己的同伴。

社会革命　除在开俄斯岛[5]可能爆发过的一次奴隶起义外，第一次有记载的暴动是在公元前 3 世纪。公元前 279 年在卡桑德里亚爆发的一次无产阶级起义，策划者是阿波罗鲁斯（Apollolorus）。 123
这个阿波罗鲁斯自立为僭主，他拷打富人，并把他们的一部分财产分给他的手下；他依靠雇佣军很快达到了他的目的，在安提柯·贡纳图斯镇压他之前，[6]他一直大权在握。接下来，岛上又发生了四

① *F. Gr. Hist.* I, 300; Jacoby, *Euemeros* 3 in P. W.; Tarn, *Proc. Brit. Acad.*, 1933, 163[43]; H. F. van der Meer, *Euhemeros van Messene*, 1949.

② Diod. II, 55－60; Tarn, *C. Q.* XXXIII, 1939, 193.

③ *Not* Stoic: Tarn, Alex. II, App. 25 § 3; Rostovtzeff, *SHE* 1523 n. 81.

④ Str. 486.

⑤ Athen. 265 C; date, Susemihl I, 475 n. 70.

⑥ Diod. XXII, 5; Polyaen. VI, 7; Plut. *Mor.* 555 B.

起骚乱,其中一次自然是富人与穷人之间的,但在骚乱爆发之前就被国王平定了。[①] 在公元前3世纪,斯巴达发生了两次最大的革命,[②]此时的斯巴达是一个反常的国家,原因在于少数人占有了全部土地。阿吉斯四世(Agis IV)在公元前244年即位之时试图取消债务,并通过和平改革分配土地,但没有成功;他的继承人、坚强者克里奥门尼三世(Cleomenes III)——得到芝诺的学生、斯多噶派信徒斯菲鲁斯(Sphaerus)的支持——通过武力实施了这一改革。他取消债务,并将土地国有化,在这些划分开的土地中,4000份归斯巴达人,15000份归皮里阿西人,皮里阿西人和享有部分公民权的外侨(metics)填补了斯巴达主体。两个国王都没有触及希洛人(Helot[黑劳士])问题,因为这两个国王都认为他们只是在恢复莱库古制定的古老的斯巴达传统,而不是在革命;但希腊认为克里奥门尼正在进行一场革命,因为在接下来他与阿卡亚同盟的战争中,每个城市的穷人都站在了他一边;只在一个城市,塞纳泰(Cynaetha),革命进行得较为彻底,土地也得以分配。[③] 如果克里奥门尼三世放弃统治伯罗奔尼撒半岛的军事野心,他在斯巴达实行的改革也许就能获得永久的成功,但阿卡亚同盟富有的首领在绝望中向马其顿求助,于是安提柯·多宋于公元前222年夺取了斯巴达,一切又恢复如初。公元前207年,奈比斯(Nabis,参阅第23页)在斯巴达领导了又一次革命;他实施了革命纲领的全部四个要点,[④]许多希洛人获得了自由,但在希洛人问题上,他没有过于激进;或许除了帕迦马革命之外,每次希腊革命都给人以一种不现实的感觉,因为这些革命从来就不包括奴隶。奈比斯剥夺了富人
124 的财富,但按照他的说法,这仅仅是为了国家;也许现在城邦要负责大众饭碗了(如果许多希洛人获得自由,这种情况是不可避免

① *I. G.* XI, 4,1052; XII, 5,1065;7,221; *OGIS* 43.

② Tarn, *C. A. H.* VII ch. 23;另一种不同的解读见,K. M. T. Vhrimes, *Ancient Sparta*, 1949, ch. 1。

③ Polyb. IV, 17,4;20 *sq.*

④ Polyb. XIII, 6 *sq.*; Livy XXXIV, 30-32.

的），同时这也表明了奈比斯并不像他的敌人描绘的那样残酷。[①]罗马在推翻马其顿的统治后，最终替代马其顿并镇压了奈比斯革命；尽管罗马没有干涉斯巴达的革命，但希腊的富人还是把它当作他们的拥护者加以欢迎。

公元前200年左右，埃托利亚同盟的债权人与债务人之间爆发了一场争斗；富有声望的斯库帕斯（Scopas）将军试图取消债务，但在富人的反对下失败了，最后他被流放到埃及——这场争斗持续了好几年。[②] 在色萨利[③]也有一场持续了很长时间的争斗，比奥提亚的争斗则发生在公元前3世纪的最后25年，并延续到以后一段时间；[④]攸美尼斯二世则在罗马元老院指控珀尔修斯企图利用色萨利的债务人谋杀罗马的有钱朋友　实际上是指控其支持社会革命，并支持马其顿国王变革的力量。公元前200年至公元前132年，希腊没有什么大的变革，这也许是因为我们缺少这方面的材料，或者是因为物价与工资之间达到了一个比较好的关系。公元前146年，在与罗马的最后一搏中，阿卡亚同盟颁布了一项禁令，解放并武装起12000名奴隶[⑤]（同盟在战场上投入的总兵力才14700人，这说明这条法令并未执行）；尽管在罗马征服戴姆（Dyme）后，正烧毁（或已经烧毁）市政档案官之时，那里的债务人发动了起义，但这不能被称之为革命。[⑥] 不过，后来米特里达特试图将社会革命作为反抗罗马的武器（参阅第42页），[⑦]而以弗所也使用同样的方式反对米特里达特。[⑧] 在西西里所爆发的最大奴隶起义影响到了整个爱琴海地区；公元前130年，奴隶们在提洛岛起

---

① 波里比阿在XXIV，7.3中所指的一定是奈比斯。

② Polyb. XIII，1 *sq.*，XXX，11；Livy XLII，4 *sq.*

③ Livy XLII，5.

④ Polyb. XX，6，1－3；Heraclides in *G. G. M.* I，pp. 102－103；M. Feyel，Polybe etc.，277，cf. 262.

⑤ Polyb. XXXVIII，11，10；15，3.

⑥ Ditt.[3] 684.

⑦ App. *Mith.* 48.

⑧ Ditt.[3] 742.

义，但遭到镇压；奴隶们还在马其顿矿上发动起义；他们也在劳立
125 昂发动起义，攻占了萨尼戍姆(Sunium)，并一度劫掠了阿提卡；[①]很
显然，还有奴隶们在帕迦马的起义。卡斯德特教授(Kahrstedt)声称，大约在公元前 130 年至公元前 63 年间存在某种红色国际(Red International)，[②]是苏拉和庞贝将世界从布尔什维主义中解救出来；但布尔什维主义是一种十分严谨的社会经济理论，所以在我看来，那些起义只是大量在矿上、皇家工厂或是(在意大利)种植园里受苦奴隶的盲目举动；他们为的是争取自由，债务人则是为了夺取财富；至于米特里达特，为了报复罗马，他会利用一切手段。抛开那些斯巴达的起义，只有那么一次能够被称为社会主义运动，并对这一理论产生作用；帕迦马革命——如果我们得到有关它的一些材料——也许比斯巴达的起义更有意义，因为一个全新的建设性的构想第一次出现了。当公元前 132 年阿里斯托尼库斯(Aristonicus)举起反抗罗马的旗帜时(参阅第 41 页)，[③]他把自己的命运与奴隶起义联系在了一起。斯多噶派信徒库迈的布洛修斯(Blossius of Cumae)加入了他的行列，他是提比略·格拉古(Tiberius Gracchus)的知心朋友。格拉古也曾在斯巴达担任过斯菲鲁斯的职务；两人打算仿照伊安布鲁斯的太阳国建立一个类似的东西。他们的杂牌追随者——亚洲雇佣军、城市志愿者、密细亚的山地居民(Mysian highlanders)、破产者和奴隶——受到他们的鼓动，而且还击败了一个罗马执政官及其军队，这是马其顿当年都没有能够做到的。这确实是个伟大的梦想。但罗马最终打败了阿里斯托尼库斯，太阳国的梦想破灭了；在罗马的统治下，梦想终究只是梦想。

---

① Beside Pöhlmann，见 Ferguson，*Hell. Athens* 379. 428；K. Bücher，*Die Aufstände der unfreien Arbeiter*，1874；和下一个注释。

② *G. G. A.* 1926，97；1928，484. *Contra*，Oertel，*N. J. Kl. Alt.* 1927，1.

③ G. Cardinali in Beloch's *Saggi*，269.

第四章　小亚细亚

最近的发掘——塞琉古王朝——巴比伦尼亚——总督与地方政府——官员——土地注册——土地——农民——神庙国家——税收与收入——铸币——与过去希腊城市之间的关系——殖民形式——塞琉古的目的——军事殖民——新城市——城市与村庄——亚洲人与城市——希腊化：希腊法律与语言——塞琉古历法——塞琉古的失败——阿塔鲁斯王朝——行政与城市——金融——帕迦马——小亚细亚的地方王朝——加拉太人——希腊城市的重要性——罗德岛

最近的发掘　在研究塞琉古王朝历史过程中，[①]研究王朝早期 126
国王试图在西亚大部分地区进行的殖民活动十分有趣，其主要方式是建立希腊式城镇和定居点，这是古代世界最令人惊异的工程之一。关于这一历史的资料残缺不全，且备受争议。尽管近期进

---

① 除一般历史著作外，关于这方面的常见著作还有：Ed. Meyer, *Blüte und Niedergang des Hellenismus in Asien*, 1925; Kahrstedt, *Syr. Terr.* 1926; W. Otto, *Beiträge zur Seleukidengeschichte*, 1928; Rostovtzeff in *C. A. H.* VII, ch. V; the works by Kugler and Kolbe, ch. VI n. 1 (*post*); Rostovtzeff, *Seleucid Babylonia: Bullae and Seals of Clay with Greek Inscriptions*, Yale Class. Stud. III, 1932, 1; Tarn, *Bactria*, Part I, 1938; E. Bikerman, *Institutions des Séleucides*, 1938; Heichelheim, *Wirtschaftgesch*. 1938 ch. VII; Rostovtzeff, *SHE* 422－552,695－705,841－870,该书有大量相关批注,出版于1941年,是当时最好的著作。除特别说明外,塞琉西亚(Seleuceia)在本书中都是指底格里斯河的塞琉西亚。

行的大量考古发掘对此有所补益，但除对小亚细亚的希腊旧城进行的考古发掘外，其他的只能较好说明帕提亚晚期和罗马时期的情况，不能很好地呈现塞琉古一世及其儿子富有建设性的统治时期的历史。在此，我们或可对除巴勒斯坦外的考古发掘工作做一个简要概括。经过对苏萨的埃兰古城(Elamite)历时一代人的挖掘，法国考古队发现了一些袖珍的希腊铭文，[1]这些铭文现已闻名遐迩，其价值对历史学家来说远远超过它们的大小。一支美国探险队对位于塞琉古的一个房屋建筑群进行了挖掘，并找到了许多具有历史价值的小物件——硬币、[2]印章[3]、陶土塑像。[4] 乌鲁克出
127 土了大量印章，[5]这显示出塞琉古王朝对当地寺庙和宗教的重视。巴比伦的商业文件则在总体上有助于确定日期、[6]商业贸易和经济情况。一支法国考古队正身处大夏(Balkh)曾经美丽、现已荒芜的广阔平原，试图确定巴克特拉(Bactra)的位置。他们已找到来自巴克特里亚(Bactria)的第一份希腊铭文：刻在陶片上字母“ατρο ς”。[7] 幼发拉底河上的杜拉-欧罗普斯已先后被法国学者和美国学者完全发掘。[8] 它呈现给我们了一幅该地希腊化晚期的完美图景，但除继承法(参阅第 149 页)和一些建筑细节外，它对我们了解一个正处于鼎盛时期的希腊化城镇作用不大——完美的发掘工作似乎使它变得比它原本看起来要重要。考古队在安条克的发掘所得在时间上属于罗马时期。

---

① *SEG* VII，1 - 34；见 Fr. Cumont in *C. R. Ac. I.* 1930 - 1933，以及 *Mém. De la mission archéol. De Perse* XX，1928。

② R. H. Macdowell，*Coins from Seleucia on the Tigris*，1935.

③ Same，*Stamped and Inscribed Objects from Seleucia on the Tigris*，1935.

④ W. van Ingen，*Figurines from Seleucia on the Tigris*，1939.

⑤ Rostovtzeff，*Seleucid Babylonia*.

⑥ Dating：Tarn，*C. A. H.* IX，950. 商业文件：Rostovtzeff，*SHE* 1423 n. 220。

⑦ D. Schlumberger，*C. R. Ac. I.* 1947，119，241 *sq.*

⑧ 法国学者的考古报告见 Cumont，*Doura*，1926；法国学者的考古报告见 the annual *Preliminary Reports*，1929 - 1939。

塞琉古王朝 塞琉古统治体系发生了巨变。塞琉古一世于公元前312年成为巴比伦统治者，他还在公元前303年之前征服了东方地区，但他丢失了在印度的领土。他又于公元前301年夺取北叙利亚和美索不达米亚；于公元前296年攻占了西里西亚。到了公元前281年，他还控制了除本土王国和一些城邦外的整个小亚细亚地区。他的子孙统治着一个从爱琴海、地中海到土耳其、阿富汗的庞大帝国。在公元前277年至前250年这段时间，随着希腊-巴克特里亚人(Graeco-Bactrian)的到来和帕提亚王朝(Parthian Kingdoms)的建立，塞琉古王朝位于米底—苏西阿那—波西斯—卡曼尼亚(Midia-Susiana-Persis-Carmania)一线以东的所有土地全部丧失，但在公元前198年，安条克三世从托勒密埃及手中夺取了叙利亚剩余地区。公元前189年，由于被罗马击败，他又失去了除西里西亚外的小亚细亚地区，但当时的塞琉古王朝依旧是一个庞大的帝国。直到公元前129年安条克·斯德特斯(Antiochus Sidetes)去世，巴比伦和朱迪亚(Judaea)最终丢失，它才沦为叙利亚北部的一个小王国。不幸的是，我们对叙利亚北部地区这个塞琉古王朝的发源地知之甚少。我们关于塞琉古王朝西部地区的大部分信息都来自小亚细亚。

巴比伦尼亚 塞琉古帝国拥有三个独立、敏感的中心：首府位 128
于萨迪斯(Sardes)的爱奥尼亚、叙利亚北部地区和巴比伦尼亚，其他地区处于次要地位；如果说叙利亚北部地区首府安条克是到达其他中心的最佳位置的话，那么底格里斯河上的塞琉西亚(Seleuceia)同样也是一个在重要性上稍逊一筹的首府。许多征服者都夺取过西亚地区，并留下一些东西——除去巴比伦文化和波斯文化外，还有原始的蛮族文化。与此同时，沿岸地带处于小亚细亚希腊城邦和腓尼基商业城镇的控制之下。撇开希腊城邦不谈，波斯给人一种统一的假象，而在某些方面，塞琉古统治体系已根植于阿契美尼德(Achaemenid)，就像它在亚述的情况一样。尽管统治者和主流文化会改变，但某种历史延续性仍然存在。重振巴比伦尼亚是塞琉古王朝的统治特征之一，[1]其古代文化对塞琉古王朝的影响就如同埃及文化对托勒密王朝的影响。楔形文字作品得到复兴，除科学著作、天文学著作（参阅第 9 章）和商业文件外，它还包括编年史著作和诗化的神话著作，还有一系列源自史诗创作时代末期的马杜克（Marduk）史诗。就像苏美尔赞美诗及其巴比伦尼亚语译文一样，关于仪式、魔法和预言的文本经常被誊抄和研究，尤其是后者；我们还发现许多评注和音注，后者有一种新形式，显然是为了方便希腊人使用；现存最晚的楔形文本在时间上可追溯到公元前 7 年。[2] 这次文字复兴源于一场由王朝早期国王发起的宗教复兴。安条克一世最终完成了亚历山大大帝恢复埃萨吉拉（E-Sagila）[3]的工程，即重建了位于巴比伦被薛西斯摧毁的贝尔神庙（Bel）以及位于波希帕（Borsippa）的尼波（Nebo）的神庙。为此，贝尔神庙祭司贝罗苏斯（Berossus）向他献上了他自己写的有关巴比伦尼亚历史的著作。在塞琉古一世统治时期，一名乌鲁克的祭司可能应国王所求在苏萨找到并誊抄了关于乌鲁克神之旧仪式的著
129 作，[4]并重新确立了对该神的崇拜。在塞琉古王朝统治的第 110 年（公元前 201 年，当时在位的国王是安条克三世），[5]位于乌鲁克的阿努（Anu）神庙得到恢复。塞琉古统治者或自己、或鼓励民众在乌鲁克建造了许多建筑。[6] 乌鲁克的祭司们也筹钱建造了一座神庙图书馆。[7] 西德尼 · 史密斯（Sideny Smith）曾向我指出，塞琉古王

---

[1] 这一观点主要是西德尼 · 史密斯（Sidney Smith）在 1927 年提出的，Cf. R. Campbell Thompson，*C. A. H.* III，246；and Tarn，*Bactria*，56 - 60。

[2] P. Schnabel，*Z. Assyr.* 1925，66.

[3] Schnabel，*Berossos*，6. 关于神庙一般见 Rostovtzeff，*SHE* 1384，1427 n. 234，以及引用文献。

[4] Thureau-Dangin，*Rituels Accadiens*，86.

[5] J. Jordan，*Uruk-Warka*，1928，41，但日期现在被重读；见 Rostovtzeff in Tarn，*Bactria* 26 n. 1，以及 *SHE* 1428 n. 235。

[6] *Id. SHE* 435 - 437，513，1424 n. 226，1437 nn. 234，235，1441 nn. 290 *sqq* 有丰富的参考内容。

[7] Weidner，Studia Orientalia I，347.

朝支持巴比伦尼亚宗教只是为了将其当作对抗波斯国教琐罗亚斯德教的挡箭牌，而帝国之所以四分五裂的主要因素在于其未能得到伊朗人的合作，这一点在亚历山大大帝看来至关重要。当东方产生回应之时，它的部分表现形式便是乡村的反叛以及对希腊人、巴比伦尼亚城镇居民的极度仇视。

同阿契美尼德王朝一样，塞琉古王朝统治者认为他们的帝国由国王、总督、臣民、各座城镇构成；①除去最东边地区，我们可以得到一份关于这个帝国最大程度的调查。在小亚细亚，通常是由将军统治的总督管辖区，包括赫勒斯庞的弗里吉亚（Hellespontine Phrygia）、弗里吉亚、吕底亚、卡里亚、西里西亚和南卡帕多西亚（Cappadocia，卡帕多西亚・塞琉西斯[Cappadocia Seleucis]）和卡塔奥尼亚（Cataonia）；吕西亚（Lycia）属于埃及，并且爱奥尼亚南部海岸、卡里亚（Caria）、潘菲利亚（Pamphylia）和西里西亚西部在公元前272年前都归埃及所有；埃及在这一地区的统治并不稳固，但在公元前197年之前，塞琉古王朝始终未完全控制这条海岸线。从黑海出发，帝国被三个独立的城邦完全切断，这三个城邦是位于本都的地方王国或北部的卡帕多西亚（Cappadocia，包括帕夫拉戈尼亚[Paphlagonia]大部分地区）、比提尼亚（Bithynia），以及位于这两者之间强大的希腊城镇赫拉克里亚（Heraclea），其疆域还包括提俄斯、西尔鲁斯（Cierus）和阿马斯特里（Amastris）等其他城镇。比提尼亚和本都侵入弗里吉亚北部地区，在公元前275年后不久，他们在一个名为加拉太的乡村与入侵的高卢人结盟。② 到公元前 130
3世纪末期，南方的卡帕多西亚在阿里阿拉特斯（Ariarathes）统治下成为了一个地方王国。公元前262年，帕迦马君主在埃奥利斯（Aeolis）建立了一个小公国。皮西迪亚（Pisidia）——陶鲁斯（Taurus）的高地——也未被征服，它归一个总督管辖，但半希腊式城邦塞尔哥（Selge）有足够力量应对塞琉古王朝及其他势力的

---

① *OGIS* 229 1.12；cf. Diod. XIX，57，3；Ditt.^{3} 590 l. 11.

② Ed. Meyer，*B. Ph. W.* 1897，1584.

威胁，以保持独立。公元前3世纪后期，在皮西迪亚之外，许多公国相继建立，如卡里亚的奥林匹库斯（Olympichus）、弗里吉亚在菲罗米林（Philomelium）附近的吕西亚的马其顿议会（Macedonian house of Lysias），以及自公元前189年以来在人口稠密的西比拉（Cibyra）建立的莫阿吉特（Moagetes）地方王国。[1] 塞琉古王朝在小亚细亚真正能够控制的地区是赫勒斯庞的弗里吉亚、吕底亚、卡里亚（Caria）内陆地区、弗里吉亚南部、西里西亚东部以及从萨迪斯通往安条克的皇家大道。塞琉古一世死后，塞琉古王朝统治者们就再也没有向小公国施压，他们只想通过签订条约和通婚与这些小国维持稳定友好的关系。除高卢人外，帕迦马也是他们长期对抗的敌人。在叙利亚，尽管塞琉古王朝和托勒密王朝的领土界线经常变动，但他们通常控制着黎巴嫩以北地区和位于腓尼基的阿拉杜地区，且有时还会占领大马士革。[2] 尽管亚美尼亚的统治者只对塞琉古王朝间歇性纳贡，但位于叙利亚和美索不达米亚以北的康马根尼（Commagene）或许是他们惟一永久的行省。

总督与地方政府　如同亚历山大时期一样，塞琉古王朝保留了大量波斯总督辖区，这些辖区的名称通常以“-ια”结尾，但幼发拉底河以东的土地则被划为三级行政区域：总督辖区（satrapy）、郡（eparchy）[3]和县（hyparchy），以与埃及的省（nome）、税区
131 （topos）、村（village）相对应；但由于他们的帝国要比埃及大很多；另外，县可能包括相当数量的村落；因此，它在组织上要比埃及托勒密王朝松散（我们从沙哈克斯的伊西多尔［Isidore of Charax］得知

---

① Dynasts：Holleaux，*Rev. E. A.* 1915，237；Wilhelm，*Neue Beiträge* I，48.

② 缩小了这种变动，但可能是正确的，见 Tscherikower，Mizraim，1937，第32页及以下，关于大马大革的证据见 ib. 34。

③ 见 Tarn，*Seleucid-Parthian Studies* §IV（Proc. Brit. Ac. 1930，105）；*id.*，*Bactria* p. 2（with *Addendum*）and App. 2；M. Cary，*A History of the Greek World* 1932，256；Rostovtzeff and C. B. Welles，*Yale Class. Stud.* II，1931，48 n. 66，本特森（Bengtson）近期试图证明郡的设置不存在（H. Bengtson，*Die Strategie in der Hellenistischen Zeit*，II，1944，30 *sqq.*，152，188），但这种观点并不受到支持，见 Tarn，*Bactria* 2nd ed.，Addendum to pp. 1-4。

帕提亚又将一些县细分为村[*stathmoi*])。假如这种情况属实,这两个国家对行政区进行三级划分可能有着共同的原因,但共同的原因是什么,我们不得而知;郡可能并不是新事物,或许只是塞琉古在它原有基础上加以改革而已。典型的郡的名称以-ηνη结尾,当然以-ιανη、-ια、-ιτις结尾也不少见;正是亚洲大量的-ηνη结尾名字使得各个郡更容易被认出。郡成为塞琉古王朝重要的行政区划。当整个帝国四分五裂后,由希腊—巴克特里亚人和希腊-帕提亚人继而建立的国家,都将郡恢复为原来的总督辖区。由于塞琉古各郡都有自己的行政机构,有郡守(受总督辖区的将军管辖)、下属官员及办公地点(βασ ιλειον[住址])。[①] 因此,一些郡守能够像美塞恩的许斯帕辛斯(Hyspasines of Mesene)一样把他们的郡变为独立王国,名称以-ηνη后缀。[②] 到公元1世纪,塞琉古王朝在幼发拉底河对岸的亚洲统治区域到处可见名称以-ηνη结尾的地区,大部分是原始行政区划。επαρχ ια一词已被通译为拉丁语“行省”(*provincia*);作家们通常将郡与旧式塞琉古的总督辖区相混淆,因为在他们所处的时代,以-ηνη结尾的就是总督辖区,例如,阿匹安(Appian)笔下有72个塞琉古总督辖区指的便是郡。郡制起初只实施于幼发拉底河东岸的总督辖区,可能最终又实施于河西岸卡帕多西亚一本都地区,[③]并且向北扩展到了亚美尼亚,但后来继起的国家均没有采用这一制度;亚美尼亚用以-ηνη结尾的奇特名称命名新的行政区划,如薛西斯那(Xerxene)、冈比斯那(Cambysene)等,这显示它引入了这一制度。[④] 但有两个地区有所不同:在小亚细亚西部的海利 132
斯(Halys)保留了旧有的总督辖区名称,其行政体制未知;叙利亚

① 见 Tarn, *Bactria*, 4 n. 1 (three inatances),关于杜拉(Doura)的 Βασιλειον(住址),这里不做讨论。

② G. F. Hill, B. M. *Coins*, *Arabia* &c. CXCVI; E. T. Newell, *Num. Notes* XXVI, 1925; Tarn, *C. A. H.* IX, 578,584; N. C. Debevoise, *Political History of Parthia*, 1938,38; A. R. Bellinger, *Yale Class. Stud.* VIII, 1942,53.

③ Str. XII, 580; rostovtzeff, *C. A. H.* IX, 215 n. 2.

④ Str. 528.

的情况也模糊不清。[1] 塞琉古一世在叙利亚北部的四个大城市(参阅第 154 页)被波塞冬尼乌斯(Poseidonius)称为总督辖区,[2]但在塞琉古统治结束时,这也许指的只是塞琉古王朝统治时期的次级行政区划。至于塞琉古王朝是否将叙利亚南部地区和在公元前 200 年之前一直处于托勒密王朝统治之下的朱迪亚统划为一个总督辖区也值得质疑;[3]至于被称作"默利德斯"(merides)的行政区划则很可能只出现在萨加(Saca)统治下的希腊化印度地区,它在亚洲其他地区显然不为人知。[4] 朱迪亚沦为了附属塞琉古王朝,且须向其进贡的祭司国家(priest-state),因此来自朱迪亚的信息格外重要,这仅仅是因为它的确存在。犹太作家的确为我们提供了大量信息,但我们不可盲目相信,无论如何,鉴于该省的特殊情况,它对解释说明整个帝国的情况并无裨益。

官员 从理论上说,塞琉古王朝的国王都是独裁者;但实际上,他们的独裁程度有限,因为他们必须尊重他们赐于那些他们建立的城镇和殖民地的权利。关于这一点,我们可以从他们受欢迎的程度看出。至于官吏们是如何治理整个帝国,我们知之甚少。[5] 学界一度普遍认为每个总督辖区的治理者是将军(*strategos*),而不是总督,因为大多数总督辖区内都有居于山区的野蛮部族或其他未被征服地区,所以治理者都拥有军权。但近期有学者提出一个强有力的新观点,即每个总督辖区都有一个总督和一个将领。[6] 由于这一观点并不成熟,证据也不充分,这里就不做讨论。整个帝国
133 有一个管理全国事务的大臣,这显然是与波斯的维齐尔(Vizier)一

① Kahrstedt, *Syr. Terr.*

② Str. 750 (来自波塞冬尼乌斯)。

③ 见 Str. 750,这需要我们进行大量猜测。

④ "默利德斯"(merides)可能在公元前 167 年以后的第四马其顿共和国时期也出现过,见 J. A. O. Larsen, *Class. Phil.* XL, 1945,67 n. 13 (an inscription)。

⑤ Bikerman, *Inst. d. Sél.* 127 – 130; Rostovtzeff, *SHE* 440 – 446.

⑥ H. Bengtson, *op. c.*, 64 – 142.

职相对应，但在安条克三世以前，[1]这个职位并未出现。另一大臣是负责税收的，即帝国财政部的负责人，但这个称谓有时看起来像是指一个附属职位。至于与奥伊口诺摩斯（*Oikonomos*）和财务大臣（*dioketes*）两个职务相对应的称谓，我们还不清楚。像安条克一世一样，塞琉古王朝统治者沿袭了亚历山大指派波斯人做总督的做法，不过这种情况很少。[2] 他们保留了波斯人的邮政业务，[3]也许还改善了波斯的路况。[4]

土地注册　在每个县（hyparchy）都有一个土地登记处，[5]专门负责给村庄和住宅划分界限，这样就构成了整个总督辖区的土地登记制度。这些资料由一个登记员负责，保管在总督辖区首府被称为皇家记录局的地方，由各总督辖区的登记记录再汇编成册，供国王使用。由于每个郡都有郡守和办公地点，似乎郡中一定会进行土地登记，以作为总督辖区和县之间土地登记的缓冲。中央和各总督辖区的土地登记并未列明土地划分的详细情况。并且由于地方过大，中央登记记录存在过时的问题。埃及也采用同样制度，只是村级区划则由县代替。考虑到行政区域大小问题，塞琉古王朝不可能像托勒密王朝那样征税。当局采用了希腊的土地租赁制，有时还包括王田。[6] 塞琉古的一些或所有城镇都有销售记录。[7]

土地　塞琉古王朝统治者与小亚细亚和叙利亚北部的土地联 134
系可以追溯到很久以前，[8]也许所有或大多数土地原本属于一些祭

① Polyb. V, 41,1; *OGIS* 247 (Soloucus IV).

② Wilcken, *Chrestomathie* no. 1, col. II l. 6; Polyaen, 7,40; Hyspaosines.

③ Rostovtzeff, Klio VI, 249.

④ 见 Rostovtzeff, SHE 1433，但“皇家大道”是波斯人建造的。

⑤ *OGIS* 225 1. 24; Wiegand, *Sechster Milet - Bericht* p. 36; Westermann, *Class. Phil.* 1921,21,391.

⑥ Ditt.[3] 302.

⑦ Drive, *J. H. S.* 1923,55; Cumont, *Doura* 281,296,487. *Mém. Délégation en Perse* XX, 1928,84 no. 4; *C. R. A. Ac. I.* 1937,313; Jordan, *Uruk - Warka*, 32.

⑧ Gernaerally, Rostovtzeff, *Kolonat*, esp. 240 - 309; Kornemann, *Domänen* in P. W..

司国家。[1] 在亚历山大征服之前，这些国家曾受不同侵略者的入侵，伴随着侵略而来的是侵略者他们自己的宗教信仰。除皮西迪亚人(Pisidians)等山区部族领地外，亚历山大将土地划为三类：国王领地、神庙领地、城镇领地(已建立的希腊城镇的领地)。但塞琉古王朝统治者声称自己是神庙领地的领主。因此在塞琉古时期，只存在国王领地与城镇领地的差别。国王领地一定包括了大量乡村土地，而且城市领地必不包括所有森林和矿藏。在国王领地中，一部分归国王所有，另一部分是作为对大地主、原住民和波斯人的赏赐。这些拥有土地的家族中有一部分早在波斯统治以前就已存在，有一些一直延续到罗马时代，但国王是他们的领主，土地上的实际财产仍属于国王。就像中世纪的领主一样，这些地主住在建于他们自己领地的城堡里(围绕院子建造的四方形堡垒)，[2]有家臣，对领地内的土地征税，再上缴国库。

农民　农业用地的真正居住者是住在村庄里的农民，[3]一个很少随征服者的变动而变动的阶级。“王室农民”耕种王田并向官吏纳税，耕种地主土地的农民尽管要通过地主向国王纳税，但仍属“王室农民”。像在埃及一样，农民是纯粹的奴隶，而不是只带有半
135 奴隶性质。[4] 他们随土地被买卖，不能离开他们自己的地方，并且没有村庄组织。他们单独纳税而不通过他们的村组织。[5] 作为介于国王与地主之间的群体，毫无疑问，对他们来说，由一个负责的官员来收税更为妥当，但当一个希腊城镇得到了土地及土地上的农民，情况会经常发生变化。我们并不确定农奴是否会被释放或成为自由人。农民有时可能继续作为农奴存在，就像亚历山大时

① Sir W. N. Ramsay, *J. R. S.* 1917, 267.

② Xen. *Anab.* VII, 8, 13; Plut. *Eum.* 8; *OGIS* 225, IV, l. 36 = Welles, *Royal Correspondence* no. 18 n. 2; Jos. *Ant.* XIII, 36.

③ Add Kornemann, *Bauernstand* in P. W..

④ *OGIS* 25.

⑤ *OGIS* 1.

期的则勒(Zelea)一样,[①]但他们大多数成了自由的、传统的"移居者"(*katoikoi*),[②]他们向城镇纳税,他们的村庄生活也日趋和谐。[③]他们与拉哥尼亚的农奴不一样。对亚洲的农民来说,希腊式城镇是一块福地,他们可以借此提高自己的地位。

塞琉古王朝并未解放农奴,但他们可能对王室农民有特殊评判;[④]因此,他们很明智地将立法与行政划分开来,并提出三个逐步消除允许农奴存在的计划,而且可能继而最终废除了这一制度。首先是他们创建的希腊城镇,这些城镇在很大程度上将国王的土地变为城镇土地。然后,与托勒密王朝截然不同,他们赠予或出售土地,[⑤]条件是受地者将他们的土地与城市连起来,并将其变作城镇土地,城镇当然很乐意于扩大其范围。第三步,他们打算废除领主,这使得废除实质上的农奴私有成为必要。卡迪亚的攸美尼斯(Eumenes of Cardia)和安提柯一世已开始将领地转给希腊人和马其顿人。[⑥] 在一心一意支持城市的塞琉古统治下,领地被转给新主人,并有成为城镇土地的趋势。在塞琉古王朝统治范围之外的皮西迪亚、卡帕多西亚和本都等地区,大部分领地一直延续到罗马时代。 138
领地成为城镇土地,农民就有可能并总是成为自由人,这一点对在王地上垦种的农民必会产生影响,因为在罗马帝国早期,这些农民与有组织、相互协作的定居者几乎无异。实际上,叙利亚的一批村庄已形成一种类似于希腊城镇的组织形式。[⑦] 有一段时期,他们甚至比城市镇地上的农民更富有。但在罗马帝国晚期,他们衰落了。到查士丁尼一世统治时期,亚洲又出现了私人奴隶主。

---

① Ditt.[3] 279; *SGDI* 5533e.

② *I. Priene* I, 1.2.

③ *J.H.S.* 1904,21,参见 *post*。

④ 见 Athen. 697 D(毫无疑问是塞琉古王朝),但学界通常还有其他理解。

⑤ *OGIS* 221,225,335 1. 133.

⑥ Plut. *Eum.* 8; A.J.A. 1912,11 (date, H.C. Butler, *Sardis* I, i, 52 n.2).

⑦ G. McL. Harper, Jr., in *Yale Class. Stud.* I, 1929,105-168,有参考目录;A.H.M. Jones, *J.R.S.* XXI, 1931,270; Rost., *SHE* 512,1441 n.288。

136—
137

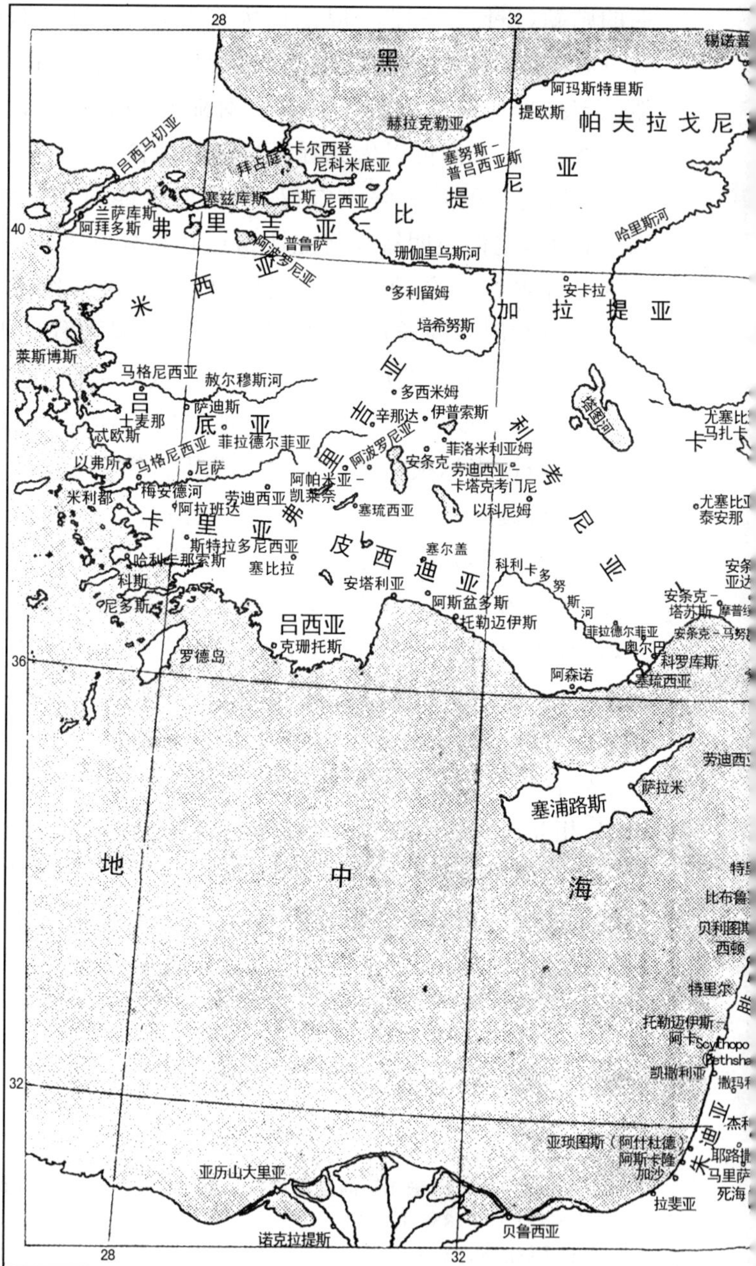
28
32
黑
阿玛斯特里斯
提欧斯
帕夫拉戈尼
赫拉克勒亚
吕西马切亚
卡尔西登
拜占庭
尼科米底亚
塞努斯-
普吕西亚斯
提
尼
亚
塞兹库斯
丘斯
尼西亚
比
兰萨库斯
阿拜多斯
弗
里
吉
亚
普鲁萨
阿波罗尼亚
哈里斯河
珊伽里乌斯河
40
米
西
亚
多利留姆
安卡拉
加
拉
提
亚
培希努斯
莱斯博斯
马格尼西亚
赦尔穆斯河
多西米姆
吕
萨迪斯
士麦那
底
亚
辛那达
伊普索斯
塔图河
忒欧斯
菲拉德尔菲亚
阿波罗尼亚
菲洛米利亚姆
以弗所
马格尼西亚
尼萨
安条克
劳迪西亚-
卡塔克考门尼
米利都
梅安德河
劳迪西亚
阿帕米亚-
凯莱奈
阿拉班达
塞琉西亚
以科尼姆
卡
里
亚
斯特拉多尼西亚
皮
西
迪
亚
塞尔盖
哈利卡那索斯
塞比拉
科斯
安塔利亚
科利卡多努斯河
尼多斯
阿斯盆多斯
托勒迈伊斯
吕西亚
克珊托斯
罗德岛
菲拉德尔菲亚
奥尔巴
科罗库斯
阿森诺
塞琉西亚
36
安条克-
塔苏斯
塞浦路斯
萨拉米
地
中
海
托勒迈伊斯-
阿卡
凯撒利亚
32
亚琐图斯（阿什杜德）
阿斯卡隆
加沙
拉斐亚
亚历山大里亚
诺克拉提斯
贝鲁西亚
28
32

R.C.

近东

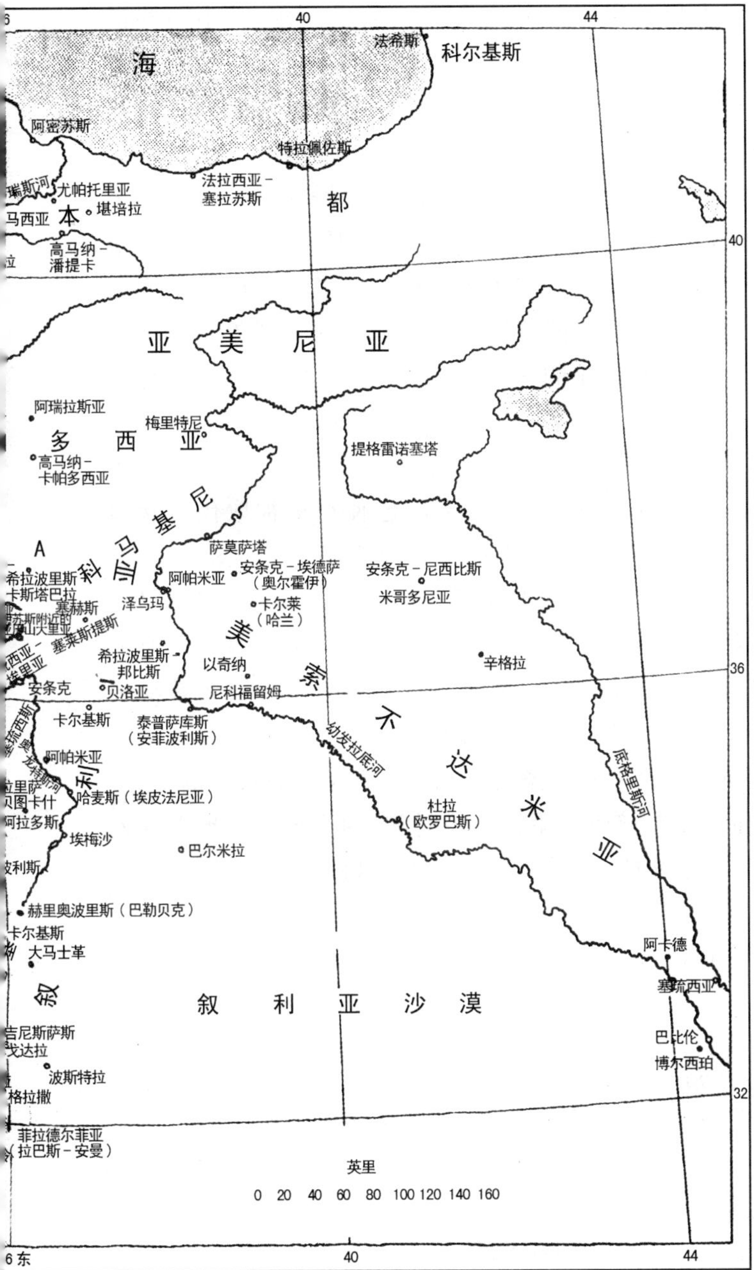
40
44
法希斯
科尔基斯
海
阿密苏斯
特拉佩佐斯
瑞斯河
尤帕托里亚
法拉西亚－塞拉苏斯
马西亚
本
堪培拉
都
高马纳－潘提卡
40
亚　美　尼　亚
阿瑞拉斯亚
梅里特尼
多　西　亚
高马纳－卡帕多西亚
提格雷诺塞塔
科　马　基　尼
A
萨莫萨塔
希拉波里斯
阿帕米亚
安条克－埃德萨（奥尔霍伊）
安条克－尼西比斯
卡斯塔巴拉
塞赫斯
泽乌玛
卡尔莱（哈兰）
米哥多尼亚
苏斯附近的山大里亚
塞莱斯提斯
美
希拉波里斯－邦比斯
以奇纳
辛格拉
安条克
贝洛亚
尼科福留姆
36
索
不
卡尔基斯
泰普萨库斯（安菲波利斯）
幼发拉底河
达
阿帕米亚
底格里斯河
利
哈麦斯（埃皮法尼亚）
杜拉（欧罗巴斯）
米
阿拉多斯
埃梅沙
巴尔米拉
亚
赫里奥波里斯（巴勒贝克）
卡尔基斯
大马士革
阿卡德
塞琉西亚
叙
叙　利　亚　沙　漠
吉尼斯萨斯
巴比伦
博尔西珀
波斯特拉
格拉撒
32
菲拉德尔菲亚（拉巴斯－安曼）
英里
0　20　40　60　80　100　120　140　160
40
44
东

神庙国家　古代神庙国家无论大小，[①]数量众多，其中一些仍占有大量土地。这些神庙在时间上可追溯到建立在女权统治之上的前雅利安时代，对希腊或波斯来说完全是个陌生的概念。一开始他们也许都崇拜伟大的亚洲丰产女神及其伴护神——既是她的儿子，也是她的配偶。同胞兄弟和同胞姐妹[②]通婚的传统也许属于这一古代宗教，这在西亚的许多统治家族中并不罕见，卡里亚的墨索鲁斯家族(Maussollus)就是个很好的例子，后来的塞琉古王朝和那巴提安人也是如此，[③]皇后都被称为"姐姐"。这一现象另一个持续很久的迹象可在弗里吉亚的希腊铭文找到，即母亲的名字有时并没单独写下，[④]或者妻子的名字排在丈夫前面。[⑤] 一些神庙也被
139 外来神明占据，但他们沿用了旧有的组织形式。到希腊化时代，印欧思想(弗里吉亚、波斯、希腊)的积淀有时已使得男神取代了女神位居第一，且使有的名字都被希腊化了。神庙国家的统治者是世袭的高级祭司，他们都学着从希腊神话中找一个英雄作为其祖先。但整个制度从未发生变动，祭司统治着神庙国家的土地及土地上的农民(即神的农民)农民则向祭司纳税。神庙村中有很多献身于神的人，有时则是太监，但使希腊人感到吃惊的是神庙中有大量女奴，其中许多是伺候多产女神的圣女。她们通常是神的农民的女儿，在成为农妇之前都要在神庙中服侍一段时间；因土地和土地上的人只有通过女神的力量才能活下来，而让女儿去协助传播她的影响是她们惟一对社会做的贡献。妇女们都以自己的祖先是神庙圣女而自豪，[⑥]神庙经常起到银行的作用，而其村庄则是宏大年度市集举行

① 一般是 Ramsay, *Cities and Bishoprices of Phrygia*, ang in *C. R.* 1905, 417, *J. R. S.* VIII, 107, XII, 147, J. H. S. 1918, 130－168；另见 ch. X。

② Kornemann, *Klio* XIX, 355.

③ Hill, *B. M. Coins, Arabia &c.*, 11, 12, 另见 XVII; Head, *Hist. Num.*², 811。

④ Ramsay, *C. and B.*, I, 95, 116; W. M. Calder, *C. R.* XXIV, 79.

⑤ *J. H. S.* 1911, 210 no. LXIV (bilingual); Ramsay, *C. and B.* I, 77 no. 11; II, 658 no. 610.

⑥ Ramsay, *C. and B.*, I, 115 no. 18; L. Robert, *ét. Anatol.* 406.

之地。[1]

尽管大多数最为出名的神庙国家和神明超出了塞琉古王朝的统治范围，但我们在这里还是要提到一些。[2] 在卡帕多西亚，"颂殿"(Ma of Comana)[3]拥有男女共6000名奴隶，维纳萨的宙斯神庙(Zeus of Venasa)则有3000个奴隶，卡斯塔巴拉的阿耳特弥斯·培拉西亚(Artemis Perasia of Castabala)，即希罗普力(Hieropolis)[4]的女祭司可赤脚在烧红的炭上行走。在本都，潘提卡的颂殿(Ma of Comana Pontica)有6000个神庙奴隶，这一神庙禁忌猪和猪肉；还有泽拉的阿纳提斯(Anaïtis of Zela)，本都国王宣誓的卡培拉的曼·发那考以及塞勒涅(Mēn Pharnakou [with Selene] of Caberira)。在弗里吉亚则有培斯努斯(Pessinus)的库柏勒·阿迪斯(Cybele-Agdisits)和阿提斯(Attis)，[5]迪狄奥尼索波里斯(Dionysopolis)[6]附近的勒托(Leto)和赖贝诺(Lairbenos)，阿陶达(Attoudda)[7]附近的曼·卡罗(Mēn Karou)，靠近培斯努斯(Pessinus)在昔齐库斯领土内[8]的圣母 140
狄恩杜美奈(Dindymene Mother)以及爱扎尼的宙斯(Zeus of Aizani)。[9] 在皮西迪亚·安条克(Pisidian Antioch)附近也有曼·阿斯卡诺斯(Mēn Askaenos)[10]和塞勒涅神庙(Selene)；利卡奥尼亚(Lycaonia)[11]的圣母西西美那(Zizimene Mother)，吕底亚的则是曼·迪亚莫(Mēn Tiamou，或提拉奴[Tyrannus])[12]和圣母阿纳提斯

① Str. 559,567.

② 这些的大部分来自 Str. XII。

③ Ramsay, *J. R. S.* VII, 270.

④ *OGIS* 752,754.

⑤ *OGIS* 315.

⑥ Ramsay, *C. and B.*, I, 130; *SEG* VI, 253.

⑦ Ramsay, *ib.* 167.

⑧ Str. 567,575.

⑨ A. B. Cook, *Zeus* II, 964.

⑩ Ramsay, *J. H. S.* 1918,148. 见 ch. X。

⑪ Robinson, *A. J. A.* 1927,27; *SEG* VI, 391,404.

⑫ J. G. C. Anderson, *J. R. S.* III, 272; Ditt.³ 1042; Ramsay, *B. S. A.* XVIII, 56; *SEG* IV, 647-652.

(Mother Anaïtis)，还包括西里西亚的奥尔巴宙斯庙(Zeus of Olba)；[1]还有一些神庙是从铭文上得知的，包括许多被称为希罗波里斯(Hieropolis)的地方，即“神庙城”；而如希腊影响过甚的产生，神庙城也就变成了“圣城”——这是一个根本的区别。以弗所的阿尔忒弥斯女神(Artemis of Ephesus)是惟一与一个希腊城镇合并的丰产女神。这个神庙在很长时间内因其拥有的高级祭司(麦加比苏斯[Megabyzus]，或蜂王[king Bee])和大量的以弗所处女(可能被称为蜜蜂)组成的圣女而一直是城中之城，这种情况一直持续到吕西马库斯将其管理权交由一希腊委员会负责，并把以弗所钱币上[2]的蜜蜂图案也去掉。叙利亚北部也存在类似的神庙国家，如班彼士(Bambyce)、巴托凯斯(Baetocaece)[3]和伊米撒(Emesa)等，其势力一直扩展到高加索山下的阿尔巴尼亚和伊比利亚(Iberia)，[4]这里有许多古老民族的后裔。

尽管早期塞琉古统治者准备尊重其国民[5]的宗教感情，并且除了在巴比伦尼亚，他们还在班彼士[6]和奥尔巴[7]重建神庙，但他们还是像反对封建主义那样反对祭司王权。他们的政策是不去打扰神庙国家和它的祭司、神庙、神庙村落；同时是留下足够神庙正常运转的土地，而其他一切则均世俗化。[8] 例如，从安条克到皮西迪亚的这片土地就可能是从曼·阿斯卡诺斯(Men Askaenos)的巨大地
141 产中划出来的。然而，神庙国家还是能够阻止这一政策全面实施，在塞琉古王朝衰落期，统治者再次扩大了叙利亚一些神庙的范围，

---

① Str. 672；Hill，*B. M. Coins*，*Lycaonia*，&c. LII.

② Str. 640 - 641；*B. M. Inscr.* III pp. 76 *sqq.*；Ch. Picard，*Ephése et Claros*，92.

③ *OGIS* 262，II.

④ Str. 503.

⑤ 在埃克巴塔那(Ecbatana)和埃利迈伊斯(Elymais)的安条克三世都是洗劫敌人领土。

⑥ Lucian，*de dea Syria* 17，19.

⑦ Heberdey and Wilhelm，*Denkschriften Akad. Wien* 1896，VI，p. 85 no. 166.

⑧ *OGIS* 502，Str. 559，Rostovtzeff，*Kolonat* 270.

并赋予他们政治庇护权,[①]这一情况在埃及也有发生。在奥古斯都之前的纷乱年代,一些世袭祭司消失了,庞培或安东尼则随意指派祭司。在奥尔巴,安东尼把神庙国家赐给一个女人;[②]泽拉、卡培拉及后来的潘提卡的神殿(Comana Pontica)都变成希腊—罗马城市,[③]罗马帝国继续削减神庙土地到最低程度。但一些显赫的祭司家族[④]一直延续到基督教时代,并成了教会的著名主教。

税收与收入　阿契美尼德积累的财富表明西亚已从以货物贸易的经济形态转向货币贸易。尽管比埃及慢,塞琉古的城市也一定加快了这一进程,但在许多农村地区,物物交换仍是主要交易方式,税收[⑤]对塞琉古王朝来说是个很隐晦的话题。有一些可能属于塞琉古王朝[⑥]的税单和从乌鲁克和塞琉西亚发现的相当数量的印章留存了下来。虽然这些物品仍不明确,但我们可以据此列一张清单,包括进口税、港务费、入市税、市场税、销售税、贩牛税、盐税、某种生意税及登记税、得奖税、奴隶税(其性质不明),也许还有投票税(这只能从国王的农民那里征收,但很不确定);最后,也是最重要的一项,王田的土地税。此外,国王还可从他们的矿藏、采石场和森林等私人财产中获取收入。另外,他们还从归顺的城市所纳的贡赋中获益。
在这样一个大帝国,每个总督辖区的税收都极可能不一样。巴比伦 142
尼亚的标准可能会不一样。另外如果犹太作家记述的朱迪亚的税收情况属实,那么那里的税赋极其沉重。尽管我们已提出好几个理论来说明这一状况,但对数字仍应持审慎态度,因为犹太作家特别想将塞琉古统治者描述成暴君。塞琉古的制度比起托勒密的制度要简单、灵活得多。[⑦] 据我们掌握的有限信息来看,塞琉古王朝

① Kahrstedt, *Syr. Terr.* 73.

② Str. 672.

③ Str. 557,560; Brandis, Bithynia in P. W., 530.

④ Ramsay, *J. H. S.* 1918,146; *C. R.* 1919,1.

⑤ Bikerman, *Inst. d. Sél.* 110-119; Rostovtzeff, *SHE* 444,464,469.

⑥ [Arist.] *Oeconomica* II, 1345 b.

⑦ Rostovtzeff's phrase, *SHE* 472.

制度与托勒密埃及制度区别很大。在塞琉古王朝，我们找不到皇室对商业和制造业垄断的记载，也没有埃及劳力和农民长期的不满。王田的土地税征收完全不同；在托勒密统治下，农民每年付的是定额税，而塞琉古统治者则继续采用亚洲非常古老的税种“什一税”。[①] 关于这一税种，埃及只在法老统治时期和波斯人统治时期使用过。如此，他们在收成不好的年份承担一定损失，与农民成为了真正的合伙人。这一税制被安东尼采用，他在强调罗马恩典的时候对此更是赞叹不已。[②] 土地税的一部分也许是以现金方式支付的，[③]但实物税足以使国王成为一个大粮商。[④] 至于谷物交易方式，我们尚不清楚，只知道总督辖区内的粮食交易税源源不断流入其首府，[⑤]并将被上缴国库。由于路途及运输的原因，因此一定有好几个粮食交易中心，农民也不得不服一些劳役。

铸币 塞琉古统治者将铸币权[⑥]掌握在他们手中，并使之成为
143 东方的基本货币。他们通常像亚历山大一样使用阿提卡币制。尽管他们偶尔也使用他们的敌人托勒密王朝使用的腓尼基币制，但在大多数情况下，他们会将托勒密货币拒之门外。两个王朝，两种制度瓜分了整个世界。新兴的塞琉古城市不得自铸货币，甚至小铜钱也不行。[⑦] 公元前 3 世纪中期，国王们停止铸造金币，这也许是受来自西伯利亚（Siberia）“黄金线路”的影响。[⑧] 所有对塞琉古岁入的估计都只是一种猜测，土地税的价值随谷物价格的变化而

① 关于这一税种见 E. Cavaignac, *Population et Capital* 1923, chs. I–IV; cf. Jos. *Ant.* XIII, 51; XIV, 210。

② Apian *b. c* V, 4, 18.

③ *OGIS* 225.

④ Ditt.[3] 344 ll. 81–101.

⑤ Str. 752; Pliny VI, 119; cf. Isidore of Charax, *Mansiones Parth.* § 6.

⑥ Rostovtzeff, *SHE* 446, 1428 n. 243，有参考目录。并在 McDowell 的参考书目中添加了 *Coins of Seleucia*, E. T. Newell, *The Coinage of the Eastern Seleucid Mints from Seleucus I to Antiochus III*, 1838。

⑦ Rostovtzeff, *SHE* 448.

⑧ Tarn, *Bactria*, 104–108.

变化。我们没有乡村的粮价记录，沿海城市的粮价记录也为数不多（乌鲁克有一些）。[①] 粮价在叙利亚或巴比伦尼亚和米利都或萨莫斯岛都不一样。据别的地方发生的情况来看，粮价一定有一次大的飞跃，并在大约公元前 300 年达到最高，随后粮价开始长期下跌。塞琉古王朝建立之初的两个国王由于慷慨大度，并热衷于对亚洲的移民，因此总是缺少现钱，但其手下的一些官员却极可能拥有大笔财富。一方面，一些内陆省份或因长期和平繁荣起来；另一方面，小亚细亚和北叙利亚的海岸城市则因塞琉古王朝与托勒密王朝之间无休止的叙利亚战争而受尽苦难。但当公元前 200 年安条克三世夺取了整个叙利亚（包括所有来自东方的跨大陆贸易的出口）后，大量贸易财富拥入。虽然安条克四世最终因失去小亚细亚西部及向罗马赔款而困苦不堪，但他还是要比他之前的任何一个塞琉古国王都富有。[②] 即便如此，总的来说，塞琉古统治者从未获得像埃及的托勒密王朝那么多的财富。此外，由于他们未能积累大量财富，他们一定将他们收入的很大部分用于国家。就像塞 144
琉古一世那样，安条克四世用他的钱建立了许多新的希腊化城镇。[③]

与过去希腊城市之间的关系　在谈论塞琉古移民问题之前，我们必须注意一个极具争议的问题，即在其帝国的疆域内，早期的塞琉古国王同小亚细亚的希腊旧城之间在不同时期的关系。毫无疑问，主流观点是这些城市都是从属于国王，但实际情况没有这么简单。它们都是亚历山大的盟友。[④] 在继承者战争中，它们或属于这方或属于那方。安提柯一世宣布它们都是“自由”的。但其中的一些也有可能又归顺了吕西马库斯或别的统治者。对于塞琉古一世的统治，我们几乎是一无所知；不过有一些城市被他的儿子安条克

① Heichelheim, *Wirtschaft. Schwankungen.*

② Cf. Rostovtzeff, *SHE* 703, 860; Tarn, *Bactria*, 194 (Daphne); see Athen. V, 194 c *sqq.*

③ Tarn, *Bactria*, 186.

④ Tarn, *Alexander* II App. 7.

一世通过结盟组成同盟(Symmachia)[1]统一起来;而像特奥斯[2]和巴吉利亚(Bargylia)[3]等城镇则归顺了安条克一世。认为所有的城市都是从属市镇的观点看起来是建立在这样的一种信念上,即盟约包括了塞琉古所有的相关土地,因而具有了确认领土的意义,[4]又由于一些城市是从属的,所以所有的城市都具有从属性。[5] 但同盟只意味着自由同盟,而那句"他也许渴望无论什么城市都是同盟的",不一定是说所有的城市都必须包括在盟约中。此外,还有一些像厄里特拉那样一直独立自主的城市;[6]自由的意思就是"有自己的法律,没有他国驻军,没有贡赋义务"。有一份铭文对塞琉古王朝的第三个国王安条克二世赞许有加。[7] 他声称恢复所有爱奥尼亚城市的自由(一个这些城市长久以来一直渴望如特权的举
145 动)。[8] 一些城市看似行使起他们自己的外交政策,是最后一次没有人会对塞琉古二世统治下,士麦那是一个完全独立的国家提出疑问;[9]另一个例子就是米利都和米安德上的马格内西亚(Magnesia-on-the-Maeander);公元前196年,正当安条克三世统治的强盛时期,两个国家发生了战争,最终由于希腊其他一些城市的调停才结束,[10]他们这样做就如同安条克三世不存在一样。随后,安条克三世宣布,所有的希腊化城市名义上都是他的臣民,他会仁慈地给予他们自由,[11]这是他很早就提出的一个观点。但在他于公元前189年失去了小亚细亚西部后,这些城镇的地位就由帕迦马

---

① *OGIS* 221 ll. 59,73.

② Ditt.³ 426.

③ *Ib.*

④ 但 OGIS ib. l. 49 将 συμμαχια 从 χωρα 中区别了出来。

⑤ Bickerman, *Inst. d. Sél.* 136 sqq., 144 *sqq.*; Rostovtzeff, *SHE* 525-526.

⑥ *OGIS* 223=Welles, *Royal Correspondence* 78 no. 15; Tarn, *Alexander* II, 211.

⑦ SEG I, 366.

⑧ Nicolaus of Damascus, *F. Gr. Hist.* II A no. 90 fr. 81=Hos. *Ant.* XII, 125.

⑨ *OGIS* 229, III;见 Tarn, *Alexander* II, 206。

⑩ Ditt.³ 588.

⑪ Polyb. XVIII, 51,9; Livy XXXIII, 38,6.

和罗马来决定了，也许这些城镇可以一直像亚历山大承认的那样依法获取自由，①但他们不可能长期地反抗国王侵犯；到最后，自由除了意味可免于贡赋外再毫无意义的时代最终到来。

殖民形式　现在，我们转向讨论塞琉古王朝在亚洲的殖民问题。殖民的基础是军事移民，②而不是曾经有人认为的是希腊城市——城邦。国王最终的确定使他们的帝国到处都是希腊化城市，但这大部分是以非直接手段做到的，因为只有国王才能建立城市。尽管塞琉古王朝的塞琉古一世和他的儿子都很兢兢业业，③但对他们来说，哪怕建一座城市也是相当繁重的。④ 他要有土地，还要有移民，要修建城墙，为移民提供食物、粮食种子、牲畜以及用于劳作的工具。此外，他们在城市开始发展后才能征税，还要亲自决定住房、经济及社会问题，要建立宪法，使政治生活开始运作。尽管他可以下令采用一些广为人知的希腊城市的法规（或修改或不修改），⑤他还是要制定城市法律。他们还要提供大量土地和金钱。 146
但考虑到军事殖民地的因素，他能够并且几乎总是把实际工作交给下属去做（通常是当地的总督）。⑥ 虽然军事殖民地很快成为主要的军事后备队，其主要目标还是防卫。亚历山大为抵御萨卡（Saca）的游牧民族早就在巴克特里亚—索各迪亚（Bactria - Sogdiana）建立了一些军事殖民地，在米底建的军事殖民地则是为了阻止厄尔布尔士（Elburz）山地部族入侵，塞琉古王朝建立的横跨小亚细亚之从凯库斯（Caïcus）到马安得（包括那克拉萨[Nacrasa]、

---

① Tarn, *Alexnader* II, App. 7, 1.

② 最先由特斯彻瑞科沃提出见 by V. Tscherikower, *Die Hellenistischen Städtegründungen*, 1927, 121。关于军事殖民见 Oertel, *Katoikoi* in P. W.; G. T. Griffith, *The Mercenaries of the Hellenistic World*, 1935, 147 sqq.; Tarn, *Bactria* 6; Rostovtzeff, *C. A. H.* VII, 180, cf. *SHE* 492, 499。

③ Plut. *Mor.* 790 A.

④ Ditt.³ 344（有大量细节）; Holleaux, *B. C. H.* XLVIII, 1924, 1 on *SEG* II, 663; Buckler 和 Robinson, *Sardis* VII, 1 no. 2; Rostovtzeff, *C. A. H.* VII, 178。

⑤ Doura - Europus 也有修改过的雅典法律，见 p. 149 n. 1 *post*。

⑥ 通过名字展现，Tarn, *Bactria* 10 - 11。

提亚特拉[Thyateira]、喜卡尼[Hyrcanis]、卡多伊[Cadoi]、布隆多[Blaundos]、美索-马其顿[Myso - Macedonians]、培拉)的一系列军事殖民地,这主要是为了防御加拉太人对其沿岸地区的侵袭。早期的一些殖民地可能全是马其顿式的,但在西边的主要还是希腊式的。移民由服役期满的军队、雇佣兵及能够并愿意提供服务的人组成。每一个移民都可分到一块军田(*kleros*),种植粮食以养活自己。殖民地职务参照军事编制,移民各司其职,一旦被召集,这些人就要服役。这些土地可被继承,也可被出售或作为遗产留给子女,但前提是受地者要履行此义务。看起来,只要一块地形成了就一直是这块地,并要一直履行义务(或是与原义务相对应的其他形式的义务)。① 罗斯托夫采夫教授认为,虽然复制殖民模式会使殖民工作简化,且许多殖民地都是参照这一模式建立起来的,但还是有一些军事殖民地参照其他模式。② 不管怎样,还是军田的受领征服土地的公民(Cleruchs)组成了塞琉古军队的主力,即希腊马其顿方阵。他们对于塞琉古王朝的忠诚是众所周知的,并一直如此。
147 一个军事殖民地通常建在村镇里面或旁边,以村庄的名字命名;但有时,它会以建立它的军官的名字、希腊城市或大多数移民来自地区的名字命名。③ 塞琉古征服土地的军田制(Cleruch system)比托勒密的要有效得多。④

塞琉古的目的　军事殖民地与城镇的界限并非十分清晰,希腊的作家对此记述不多,因为大多数人会将任何地方都称为城镇。还有一些人会因一个军事殖民地带着村庄的名字而称其为村庄。在亚历山大以前,希腊人只知城邦(*polis*)和村庄(*kome*)。一个城市必须要有自己的政府以及一些协作组织。最基本的是要市民被

① 这一观点源于位于苏萨的军田。

② The so-called charter at Avroman 所谓的特权(Perg. 1, εν τε παλαια συγγταφη: E. H. Minns, *J. H. S.* XXXV, 1915,52; L. Mitteis, *Z. Savigny-Stifung*, *Röm. Abt.* XXXVI, 1915,428)也许就是这种形式。

③ Names: Tarn, *Bactria*, 10 - 11.

④ Griffith, *op.* c. 162 - 163.

划分到不同的社区，然后各个社区选出一个委员会，再通过抽签方式选出管理城市的治安官，职责包括城市土地、法律及金融。总的来说，城镇需要城墙（哪怕没这个必要）、基本的民众大会和城市领地的次级区划德莫斯（*demes*）。不具备上述特点的房屋集中区则是村庄。对希腊人来说，大小无关紧要，像巴比伦、孟菲斯和耶路撒冷这样的地方尽管脱离了野蛮，但适当的称呼还是村庄。但也有例外，他们将具有高度组织性的腓尼基城镇看作城市——[①]亚里士多德在谈到希腊城市组成中便将迦太基归于城市。但在亚历山大之后，这种“城市与村庄”的区分便不再适用；村庄会被认为是城市，城市也会被认为是村庄。新兴的大小介于城市与村庄之间的地区正在兴起，新出现的如集聚地（*politeuma*）[②]和移民地（*katoikia*）[③]等词被用来指那些只有半自治的社区；这些社区缺乏城市的那些特点，它们的成员被称为移民者（*katoikoi*）。像城市一样，集聚地拥有一个宗教中心，也许还拥有一个委员会及治安官，它们吸收城市中的外来人员，但又不将他们吸纳为公民。像伊西多尔（Isidore）和斯特拉波（Strabo）这样认真的作家会选用村庄城市（*komopolis*）一词去描述希腊人能够理解的那种没有组织形式的当地市镇，但大的地方中心也开始被称作城市。[④] 在被希腊化以 148
前，一个当地的附属城镇是什么样子是无从考证的。

军事殖民　总的来说，军事殖民地的移居者被称为卡托伊（*katoitoi*），这是一个非常有用的多义词。亚历山大建立的城镇（即被称为亚历山大里亚的城镇）原本并不是希腊式城镇，不过在塞琉古王朝统治下，它们也被希腊化了；但为适应多民族的居民环境，它们可能采用了一种新形式，这或许是一系列希腊人集聚地最重

---

① 提尔被称为城邦，*SEG* IV，601（2nd cent.）。

② Ruppel，*Phil.* 1927，268；Gr. Halensis，*Dikaiomata*（*P. Hal. I*）.

③ *OGIS* 238；*Inscr. Hierapolis* no. 212；Str. 625；Oertel，*Katoikoi*，and Swoboda，κωμη，in P. W. .

④ Jos. *c.* Ap. I，197，209（引用）。

要的形式;[1]其中人们属于王室总督;[2]但住在那里面的希腊人不承认这一制度是“希腊式的生活方式”。[3] 塞琉古的军事殖民地有由自己的官员组成的某种自治政府,且建有城堡;随着军事殖民地的不断发展,它越来越呈现出城邦形态。它们中很多发展得很好,最后成了完全意义上的城市,但这至少需要得到国王的同意,也许还需在国王的建议下经过一番改建。例如,当苏萨的军事殖民地成为尤拉库斯上的塞琉西亚时(Seleuceia-on-the Eulacus),其带有王朝印记的新名字只能由在位君主赐予。就像杜拉一样,成为城市的军事殖民地仍可保留份地(*kleroi*),但一个直接建立的城市则不能保有份地;也就是说,那些占有份地的人仍会被召集服兵役,而那些一开始就作为城市公民的则不会。[4] 比如,一份来自苏萨的希腊铭文表明这个地方既拥有份地又是一个城市,这就意味着苏萨曾是一个军事殖民地,后来才成为城市,而其名称是由国王重新命名的。希腊城市不论新旧都绝对掌握其自己的土地,但军事殖民
149 地则不是这个情况。杜拉-欧洛普斯的继承法(Succession Law of Doura - Europus)[5]——出现很早,但我们很晚才得到真正的副本——表明,即使移民是其份地的永久使用者,并且能够将之出售,但除其本人外,国王仍是土地的最终主人,如果份地主人死后没有留下遗嘱,份地无人继承的话,国王有权将土地转归国有。城市与军事殖民地在自治程度或规模上的区别没有两者在是否拥有土地问题上的区别大,但对于这一点,我们不能肯定。

新城市 撇开旧有的希腊城镇不谈,塞琉古王朝在亚洲建立属于城邦性质的新城可分为两类:一类基本上是希腊式的,另一类则

① 对此尝试性的勾画见 Tarn, *Alexander* I, 135。

② Arr. IV, 22,4, cf. VII, 6,1.

③ Diod. XVIII, 7,1.

④ 同意 Bickerman, *op. c.* 73 sqq. Rostovtzeff, *SHE* 500 - 501,看似不同。

⑤ *D. Perg.* I,见 Cumont, Doura 286; P. Koschaker, *Z. f. Sav. Stift. Rom. Abt.* XLVI, 1926, 207; D. Pappulias, 'Ακαδ. 'Αθηνων 28 Nov. 1929,由 L. Wenger, *Arch.* X 给出,1932,131; Tarn, *Bactria*, 7; Rostovtzeff, *SEH* 488。

本土化的，下面就让我们关注后者。可信的惟一使用城邦一词的作家是沙哈克斯的伊西多尔（Isidore of Charax），因为是他复制了帕提亚的官方调查。斯特拉波用词十分谨慎，但不会总是这样。可以这样认为，帝国中每一个有着希腊或马其顿名字的地方（塞琉古的出生地欧洛普斯[Europus]则是一个并不常见的特例）都曾是自我命名过的军事殖民地或由军事殖民地发展起来的城市；像苏萨（尤拉库斯上的塞琉西亚）或是杜拉-欧洛普斯这样拥有份地的城市都曾经是军事殖民地。但我们也可以这样认为，即像用塞琉西亚、安条克（以塞琉古的父亲命名）、劳迪西亚（Laodicea，以塞琉古的母亲命名）和阿帕米亚（Apamea，以塞琉古的伊朗妻子命名）这四大王室名称之一命名的地方都是希腊城市，国王的基本基地也好，由国王重新命名地地方也好，就像曾经的苏萨；而像阿尔忒弥斯达（Artemita）、赫拉克拉亚（Heracleia）等拥有圣名的城市都可能也是皇家基地。但命名过程很快就因大量的皇家名字变得困难起来，就像亚历山大的第 17 个亚历山大里亚（Alexandrias）一样。当然，塞琉古城市 150
的正式名称中都包含地理因素。① 例如，一个塞琉西亚-苏萨的希腊人对自己的正式称呼不是塞琉西亚人而是尤拉戊斯上的塞琉西亚人（Seleuceian-of-those-on-the-Eulaeus），②但这不太可能是常用名称，所以就像众多的亚历山大里亚那样，许多（或者说几乎全部）塞琉古城市都有别名，③其中许多已为我们所知，而且在我们的文学资源中，官方名经常并被它们取代——这在名称体系被确认之前，给现代作家带来了无尽的困惑。

我们很难将每个塞琉古统治者的功绩区分开来，但总体来说，叙利亚北部、巴比伦尼亚和波斯湾附近的城镇主要是由塞琉古一

---

① *OGIS* 233, Antioch in Persis; *ib.* l. 100，许多城市；底格里斯河上的塞琉西亚 *ib.*, and the coins (McDowell, *Coins from Seleucia*, 94 *sqq.*); a number of cities on coins of Antiochus IV, *B. M. Coin Cat.* Seleucids, 40 - 42。

② *SEG* VII, 1, last line; ib; ib. no. 14，这一离合体诗显示它是希罗德名字的一部分。

③ Tarn, *Bactria*, 12 - 16.

世完成的，伊朗的城镇则归功于安条克一世，小亚细亚的城镇由安条克一世和二世共同完成，“神显者”安条克四世则完成了在西里西亚和东方的扩张（他的城通常冠以“神显者”的称呼）。由此，我们可以得出一份简明的塞琉古主要城镇名单。[1] 已满是安提柯老兵的北叙利亚成为塞琉古一世统治下的第二个马其顿；这里有一个新的皮埃里亚（Pieria）和塞赫斯提斯（Cyrrhestice），还有越过幼发拉底河的新马格多尼亚（Mygdonia）；这里还有四个伟大的有着塞琉古名字的城市。奥隆特斯河（Orotes，当时已可通航）上的帝都安条克可分作四部分，每个部分都有独立的城墙。塞琉古一世建造了第一个部分，塞琉古二世建造了第三个部分，安条克四世则完成了第四部分。安条克从来就不是学术中心，尽管它是一个大的贸易商业中心，但却是以享乐闻名，其公园——达芙妮（Daphne）——也变得闻名遐迩；波塞冬尼乌斯本人是附近的阿帕
151 米亚（Apamea）当地人，他抨击了在叙利亚希腊人[2]的奢华。奥隆特斯河口附近有一座海港城市，即强大的皮埃里亚的塞琉西亚，它建在海边悬崖一层一层的梯田上，非常突出，以一块从旧世界传下来的圆锐石作为其崇拜物，最后整个王朝又是在这里被埋葬。劳迪西亚（Laodicea）矗立在向南很远的拉塔基亚（Latakiyeh）海上，位于奥隆特斯中部。建在热而潮湿的平原上的阿帕米亚替代了安提柯的培拉成了塞琉古王朝的武器库，在这里有豢养大象的地方，还有大量拴马的树桩。除了这四个城市，塞琉古王朝日益扩大，移民地一直延至位于奥隆特斯河源头附近的黎巴嫩的劳迪西亚和赫利奥波利斯（Heliopolis，巴尔贝克[Baalbek]）。城市也向东继续发展，在夏鲁斯的贝罗伊（阿勒玻，Beroea[Aleppo] on the Chalus）、在从安条克至黑拉波里斯-班彼士（Hierapolis - Bambyce）的路上，在深入南方的卡尔西斯（Chalcis）都有许多城镇。在北方，塞赫斯提斯出现了一座以安条克命名的新城。一连串的城市集结在幼发拉底

---

① 这份名单常见于 V. Tscherikower, *Die Hellenistischen Städtegründungen*, 1927。

② *F. Gr. Hist.* II A no. 87, fr. 10.

河上，其中，杜拉以欧洛普斯的名字重建，塔普萨古(Thapsacus)则以安菲波里斯之名重建。在北边，阿帕米亚则看护着已替代塔普萨古成为通道的泽乌玛(Zeugma)的船桥。在美索不达米亚北部，有两座相当出名的城市；在马格多尼亚有安条克-尼西比(Antioch-Nisibis)，在乌尔发山谷(Urfa valley)有安条克·伊德沙(Antioch-Edessa)。公元前 2 世纪，哈马斯(Hamath)成为埃皮发尼亚(Epiphaneia)，贝莱图斯(Berytus)成了劳迪西亚。[①] 在加利利海上(Sea of Galilee)也出现了一座安条克城，连耶路撒冷一度也被称作安条克(参阅第 214 页)。

在巴比伦尼亚和苏西亚那(Susiana)，塞琉古一世正在将亚历山大对波斯湾的构想付诸实践，就像吕西马库斯在黑海所作的努力一样。这里最伟大的城市是塞琉古一世的第一个基地——在底格里斯河上的塞琉西亚，[②]它位于巴格达以南，完全替代了巴比伦的作用。苏萨成了尤拉戊斯(Eulaeus[*ante*])上的塞琉西亚；在赫迪芬(Hedyphon)上的苏西亚那另有一座塞琉西亚城，[③]第三座则在“厄里特里亚海”(Erythrean Sea，即波斯湾)，那是天文学家塞琉古的家乡(参阅第 157 页注释 7)。在美塞恩有一座阿帕米亚(Apamea)的城镇。在巴格达以北，还有一座阿帕米亚，一座安条克城和另一座杜拉城。在从塞琉西亚朝东的主道分叉路口、面朝苏 152
西亚山(Susian hills)坐落着有着重要意义的阿尔忒弥斯达(Artemita)。底格里斯河口上的亚历山大里亚(后被称为沙哈克斯·斯巴西努[Charax Spasinu])由安条克四世重建，之后被命名为安条克。在波斯湾靠阿拉伯一侧坐落着拉里萨(Larisa)、卡尔西斯(Chalcis)、阿勒图萨(Arethusa)这三座城镇，它们过去一定是军事殖民地，[④]至于在波斯湾上的其他军事殖民地，我们也十分清楚。

---

① 两个名字都被使用过 Picard, *Ann. Univ. Grenoble* 1925,136,9; SEG III, 676。

② 见塔恩在《巴克特里亚》中的描述，见 Tarn, Bactria, 60-62。

③ Str. 744.

④ Pliny VI, 160; Tarn, *Bactria*, 66 n. 2.

公元前275年，安提柯一世摧毁了巴比伦城，只留下神庙，[①]而后，安条克一世将剩余人口全部移往别处，后来它又作为希腊化城市（参阅第157页）由"神显者"重建。乌鲁克（Uruk，即瓦卡[Warka]）也像奥西瓦（Orchoi）[②]一样被部分希腊化了，尽管该城镇有很多希腊人，但由城镇治安官管理，并且很显然，它从来都不算是一个希腊化城镇。[③]

在伊朗的米底，塞琉古王朝建有许多基地，这部分是为了防御山地部族。在德黑兰附近的欧洛普斯-拉加（Europus - Rhagae）和里海门户（Caspian Gates）地带也有被称为阿帕米亚的城镇。塞琉古王朝还在帕提亚建有赫卡托皮洛斯（Hecatompylos）和其他四个城镇；尽管本土感情非常强烈，且本土的大祭司作为萨珊王朝（Sassanian dynasty）的祖先仍治理着波斯波利斯（Persepolis），但在波西斯（Persis），波斯湾（或许是布许尔[Bushire]）的安条克拔地而起，那里可能还有一座劳迪西亚。大约公元前293年，萨卡（Saca）的侵略——导致了塞琉古一世将其儿子安提柯（一世）派去治理东方——摧毁了三座在乌浒水上的亚历山大里亚（Alexandrias），这三座城镇分别是乔得江（Chodjend）、梅尔夫（Merv）和塔米塔（Tarmita，即铁尔梅兹[Termez]），[④]后来它们又被安提柯重建，并被称为安条克。安提柯也许还修建了别的建筑物，但历史记录否认了这一点。苏萨最终（大概）被安提柯三世[⑤]变成了尤拉戊斯河上的塞琉西亚；埃克巴塔那（Ecbatana）则由"神显者"安条克亚世那重建，被称为埃皮发尼亚。

---

① S. Smith, *Babylonia Historical Texts* nos 5,6,和 *Rev. d'Assyr*. 1925,196; cf. Oppert, *C. R. Ac. I.* 1901,830。

② Cumont, *Doura* 281,487,和 Rostovtzeff, *Seleucid Babylonia*（印章），Jordan, *Uruk - Warka*；见 p. 129 *ante*。

③ Rostovtzeff, *SHE* 514,不足城邦；见 p. 154 n. 3 *post*。

④ Tarn, *Tarmita*, *J. H. S.* LX, 1940,89; Alex *II*, 235. 但后来将之变成狄米特里阿斯的观念是个错误。

⑤ 没有在他统治之前的铭文记录。Sketch of Greek Susa: Tarn, *Bactria*, 27 - 30, 39。

小亚细亚贯通叙利亚和爱奥尼亚（Ionia）的道路[①]维护情况良好。在从梅利泰内（Melitene）到卡帕多西亚·马萨卡（Cappadocia 153
Mazaka）和从塔尔苏斯（Tarsus）到伊克尼乌姆（Iconium）要道交接处，出现了“燃烧的”劳迪西亚（Laodicea ‘the Burnt’），它因奇奇玛（Zizima）的水银矿的熔炉而得名。在它的西边是伟大的阿帕米亚-切兰纳（Apamea - Celaenae）——被称为“方舟”，一个不知含义的名字，后来该城还将诺亚方舟铸在当地的货币上。再往西，在位于往以弗所和萨迪斯道路之分叉口的莱库斯河（Lycus）上，还有一座被称为劳迪西亚的城镇。这些都是交通要塞。从“燃烧的”劳迪西亚有一条向南的道路，经卡吕卡德努斯（Calycadnus）的塞琉西亚（Seleuceia，即 Selefkia）到达海边；另一条北上，经菲罗米林（Philomelium）和西那达列（Synnada）到达比斯尼亚（Bithynia）的尼西亚（Nicea）和尼可美迪亚（Nicomedia）；经以阿帕米亚-切兰纳为起点的道路，可到达独立的皮西迪亚（Pisidia）边境城市安条克、阿波罗尼亚（Apollonia）及“烙铁”塞琉西亚（Seleuceia ‘the Iron’）；莱库斯河上的劳迪西亚的一条道路向南经当地的西比拉（Cibyra）到达潘菲利亚（Pamphylian）海岸。在这个劳迪西亚城，主要的道路出现了分支：一条可到达萨迪斯，继续北上可至塞琉古·提亚特拉（Seleucid Thyateira）；另有一条可通往帕迦马。此外，有一条路向北经凯库斯的斯特拉托尼卡（Stratonicea on the Caïcus）至昔齐库斯；另一条经米安德（Maeander）的安条克、安条克·尼萨（Antioch - Nysa）和塞琉西亚-特拉勒斯（Seleuceia - Tralles）到达以弗所，还有一条南下经安条克-阿拉班达（Antioch - Alabanda）达至卡利亚的斯特拉托尼卡（Stratonicea）。在“神显者”统治时期，许多西里西亚城镇都进行了改建，但关于那里有 50 座希腊化城镇的说法比较夸张。马洛斯（Mallos）和阿达纳（Adana）成了安条克城，莫普苏斯提

① 关于这些道路常见于 Ramsay，*Historical Geography of Asia Minor*。

亚(Mopsuestia)成了又一座塞琉西亚。在公元前3世纪[1]已更名为安条克的塔尔苏斯(Tarsus)后来成了一个重要学术中心。[2]

毫无疑问,新兴的城镇需要纳税,因为城镇土地是从国王领地中划分出来的,而国库不可能承受这么大数量土地不纳税的损失。这些城镇有些由国王直接节制的总督(*epistatai*)管理,关于这一职位,除了乌鲁克的巴比伦尼亚"城市领主"外,史料仅提到 154 两次,一次是在皮埃里亚[3]的塞琉西亚,另一次在底格里斯河上[4]的塞琉西亚。[5] 显然,只要有相当数量的当地人口,就需要有某个凌驾于城市执政官之上的权威;但在波西斯的安条克,即使有一个总督(*epistates*),但他也不能操纵民众大会(Assembly),同时城市也是由负责塞琉古崇拜的祭司而不是以塞琉古纪元来计算日期。[6] 当王朝日渐没落,叙利亚城市渐渐地获得了越来越大的独立性。[7] 到公元前148—前147年,四个叙利亚北部大城市已拥有了足够自治权,他们可以组建"兄弟民族"[8]的铸币同盟。在王朝内战中,叙利亚城镇是很重要的政治力量,它们支持这个或那个竞争者;由于此类帮助,从公元前140年起,许多城镇从国王那获得了"神圣不可侵犯"的封号(参阅第83页),这就意味着不受国王的攻击及可庇护反对国王的人的权利,它们还可铸造货币,并经常从他们自由之日起的纪元。

城市与村庄 小亚细亚[9]除去城市和军事殖民地可能还有许

---

① *Fouilles de Delphes* III, 2 no. 208;见 Roussel on *I. G.* XI, 4,822. 斯特凡努斯的观点是错误的。

② Ramsay, *Cities of St. Paul*, 232.

③ *SEG* VII, 62.

④ Polyb. V, 48,12.

⑤ Jordan, *Uruk-Warka* 41. 如果乌鲁克不是城邦(p. 152),那么关于城市领土的难题 Kephalon (Tarn, *Bactria*, 26 n. 1) 不复存在。

⑥ *OGIS* 233.

⑦ Kahrstedt, *op. c.* 73; cf. Rostovtzeff, *SHE* 856.

⑧ Head^{2} 778.

⑨ Oertel, *Katoikoi* 在 P. W. 。

多平民聚居地，尽管他们直至罗马时代才被人提及。此外，这些聚居地不易与本土村庄区别开来，因为本土村庄朝着稳定的合作形式发展。在这些地方，村民们不再被称作半农奴（*laoi*），但可能用 *katoikoi*（移居者）这个有用的词语来称呼。对于这些地方的农民而言，他们在希腊旧城的促进下有成为移居者（参阅第 135 页）的趋势，不管一开始有多么不成熟，但它意味着村庄里存在当地政府。毫无疑问，同样的情况也发生在希腊新城内。这对于农民来说是一种进步，正如帕迦马的攸美尼斯二世曾将一些移居者又变为半
农奴所表现出的那样。[①] 至于叙利亚北部地区一些村庄的地方政 155
府，我们已有所提及（参阅第 138 页注释 1）。事实上，塞琉古时期的一个最显著特点便是不同政治形态的稳步发展，[②]这一趋势一直持续到罗马时代也没有受到干扰。无组织的本土村落朝着移居地方向发展，移居地也可能相应成为一座希腊化城市。有组织的村庄最终也许模仿希腊形式组织协会或同盟，这种情况可追溯到塞琉古时期，如凯斯特里亚尼（Caystriani）、海尔加雷（Hyrgaleis）、海普塔克美太（Heptakometai）、彭特得朱迪（Pentedemiti）就属此类；当然还有许多别的协会，其中的一些最后还自己铸造通常仅限城市内流通的货币。当然村落发展成为希腊化城市并不算新鲜事，希腊地区也有类似的事情发生，如埃托利亚就由村落发展而来，但一个埃托利亚村庄与一个受压迫的弗里吉亚村庄区别很大。在塞琉古王朝统治下的弗里吉亚村庄在变革规模上无法与埃托利亚村庄相比。如果时间充足，在小亚细亚和叙利亚北部，这一进程的最终结果将会是出现一个完全由土地相互连接的城市组成之并享受着内部自治的王国；整个王国处于一个神王的宗主权下，由其来确保王国的安全及政策。早期的塞琉古统治者到底有没有过这样的设想，我们不得而知，但罗马确是做过的，并且罗马在一开始试图

---

① Letter of Eumenes II：M. Segre，*Clara Rhodes* IX，1938，190. 见 Rostovzteff，*SHE* 648。

② Oertel，*op. c.*；Swoboda，κωμη 在 P. W.。

推进事物发展的方式也表明是希腊式的。如庞培在打败米特拉达梯后，认为他自己能够选择并安排移民区，于是他大笔一挥，[1]准备在一些地方实施他的计划。他将本都分成 11 个城区，这其中只有锡诺普(Sinope)、阿米苏(Amisus)和阿马西亚(Amaseia)是希腊的，其余像耶夫帕托里亚-马格诺波里斯(Eupatoria - Magnopolis)或卡贝拉-特奥斯波里斯(Cabeira - Diospolis)都是本土城镇或是由村庄发展而成的希腊罗马城市。他还相应地将比提尼亚划作 12 个城市区划，罗马帝国对于缓慢、更加自然的发展感到满意，但这并非一成不变，因为城市可能衰败并再次成为村落。

156 **亚洲人与城市** 关于希腊化国家形式的复杂性，我们可以以一个亚洲国家为例。在卡利亚，国家就是一些崇拜宙斯克律萨奥列(Zeus Chrysaoreus)的本土村庄的古老宗教同盟。[2] 阿拉邦达(Alabanda)原本是一个村庄，后被重建为安条克城，[3]尽管它现在是一个希腊城市，但它仍是这个卡列亚同盟的一员。斯特拉托尼卡(Stratonicea)是一座重要的新兴城市，它的属地也有一些这样的村庄。这些村庄成为这座城市的居民点，而且这座城市通过这些村庄也变为了这一同盟的成员；其中的一个居民点巴那马拉(崇拜宙斯巴那马罗 Panamaros)，[4]组织机构已足够健全，所以它能通过法令并授予外来者“公民权”，[5]即居民权。而其他城市则可授予某些斯特拉托尼卡公民公民权(因在希腊人看来，它是城市的一部分)。难怪试图为这个卡利亚同盟取一个希腊语名称的斯特拉波最后放弃了这一想法，转而将之称为“体制”了。

现在我们转到亚洲人在塞琉古移民点中所扮演的角色上来，我们必须先区分一下希腊的城邦和亚洲的城邦。譬如帕斯(Persis,

① Brandis, *Bithynia* in P. W..

② Str. 660; Swoboda, *op. c.*

③ L. Robert, *B. C. H.* 1925,228 讨论了对这一看法的争论。

④ 来源于这一神庙的铭文见 *SEG* IV, 243 - 291。

⑤ Holleaux, B. C. H., 1904,353.

即布什尔[Bushire])的安条克(靠近马安得河[1]的马格那西亚的一些塞琉古移民点)等一些新城看起来是完全意义上的希腊城市;但名字不起什么作用,因为腓尼基人在公元前300年后就采用了这样的名字,许多亚洲城市也如此。甚至在公元前300年[2],许多希腊城市,无论新老,就开始承认选出来的亚洲人的公民权(在这之前有过先例,因在米利都和昔兰尼加公民体内也有卡里亚[Carian]和利比亚人的血)。类似的埃斯邦都(Aspendus)为她的部落将一些亚洲混合雇佣兵籍入她的部落;[3]斯麦那(Smyrna)授予一支波斯军队[4]以公民权,斯特拉托尼卡(Stratoniea)也拥有卡里亚人的居民点。在公元前4世纪还只是个本土组织的萨迪斯,到前2世纪时成 157
为城邦,[5]它和塞尔格(Selge)一样,为自己编造了一个希腊为基础的传奇,但说它没有一个吕府亚公民不可思议,可以确定它有许多皮西迪亚人[6],以及许多拥有大量吕西亚人的希腊化吕西亚城镇;安条克-塔尔苏(Antioch - Tarsus)一定有许多的本地公民;同时,帕迦马在公元前133年则将公民权授予了全部亚洲人。

但亚洲人实际被授予公民权似乎不是经常被采用的形式,亚洲人最有可能被允许进入希腊城市的形式是波利图玛(politeuma);[7]这在亚洲被称作移民,指的是组织起来的外国人(如叙利亚在塞琉西亚的移民);尽管他们有一定的政治权利(公民权除外),并有自己的组织和自己的治安官,但他们仍不属于这个城市;只有希腊人是公民,安条克人或塞琉西亚人或别的什么地方的人都不是。希腊治安

---

① OGIS 233.

② 做为'Philocles', Sidon国王;Tarn, *Ant. Don.* 104。

③ Decree of Aspendus律条:Wilhelm, *Neue Beiträge* IV, 61; M. Segre, *Aegyptus* XIV, 1934,253。

④ *OGIS* 229 l. 105.

⑤ Cf. Ditt.^{3} 273,4th cent.,与ib. 548和*OGIS* 305,2nd cent。

⑥ Polyb. V, 74,4 *sqq.*

⑦ Jos. *Ant.* XVIII, 372, cf. 378; εμπολιτευομενον是*politeuma*的动词,而非*polites*的。

官在食品和公共卫生方面照顾所有的居住者。[①]

希腊化:希腊法律与语言 但在有大量当地人的地方,当地问题就可能通过多种途径(包括公民权或是移民)解决。重建后的巴比伦城有一座希腊式剧场,一个体育馆和城市机构;[②]但巴比伦人的宗教和科学活动却继续存在,且未被希腊化,这和看起来一点不像希腊城市的乌鲁克情况类似。塞琉西亚始终保持了它的希腊化特点,[③]但它引入了巴比伦的本土人口,代替了奥皮斯(一个大的本
158 土镇);[④]并且由于其总人口最终达到600000人,[⑤]所以无论怎样城墙内外一定有大量本地人。但奥皮斯保持了独立性,并成为了一个重要的商业中心;[⑥]就像位于阿波罗尼亚至皮西迪亚之间的特里西亚和吕西亚的市镇始终截然不同一样。[⑦] 奥皮斯也许曾经是塞琉西亚的"村落",[⑧]但从某种意义上说,塞琉西亚又成了一座"双城",因为在其发行的一些货币上,两个角塔形的城市守护神握着手;第二个女神通常用来表现老的泰西封(Ctesiphon),[⑨]但它也可能代表奥皮斯,被用来表现塞琉西亚的巴比伦人口。从广义上说,这枚货币代表着希腊人与巴比伦人之间的友谊。

除"相同国家和地域"这样的传统原因外,本土人口或许是塞

---

① *Dikaiomata* (*P. Hal.* I).

② Koldewey, *Das Wiedererstehende Babylon*, 293; Haussoullier, *Klio* IX, 352 sqq.; E. Schmodt, *Arch. Anz.* 1941,786.

③ 较早的文献在 Strack, *Seleukeia am Tigris* in P. W.。

④ Opis: Watermann, *Preliminary Reports upon the Excavations at Tel Umar*. 德伯沃斯(N. C. Debevoise)指出,这一观点基于阿克-萨克(Ak-sak)出土的大量铭文而这些铭文的解读和价值尚不确定,其他观点也可以保留。

⑤ Pliny VI, 22 这或许有些夸大。

⑥ Str. 739, εμποριον των κυκλω τοπων.

⑦ Ramsay, *J. R. S.* XII, 184-186.

⑧ Str. 739, κωμη.

⑨ Hill, *B. M. Coins, Arabia &c.* XCV; Allotte de la Fuye, *Mém. Dél. En Perse*, XX, 1928,39 no. 24; McDowell, *Conins from Seleucia*, 100,177-179. 另外有意见是闪米特"双重命运"(Cumont, *ét. Syr.* 263 非常可疑);星际女神(S. Smith, *Babyl. Hist. Texts* 66)。

琉西亚人经常被称为巴比伦人[1]的另一原因，这也经常困扰着现代学者；同样的，在波斯湾上的塞琉西亚的希腊天文学家塞琉古被称为占星者。[2] 安条克(首都)则不同，塞琉古的城市纯粹是希腊马其顿的，但后来在安条克出现了大量叙利亚元素，这也解释了为什么安条克城神秘的第二部分没有王室建设者的痕迹。[3] 叙利亚人住在城外，而后那里也被城墙圈了起来，也许他们像塞琉西亚的叙利亚移民一样也成了移民，但这仅是猜测。被称为半野蛮式的安条克-埃得萨(Antioch - Edessa)[4]可能就属于此类，朝着皮西迪亚的安条克也是一样。一个城镇虽是希腊式的，但它还是需要在城镇 159
附近建一个独立的男性的阿斯卡诺斯(Askaenos)圣所(参阅第 345 页)，这说明该城镇从一开始就有大量的本土人入住。腓尼基阿拉杜(Phoenician Aradus)是一个古老的本土城镇，它从塞琉古二世那得到非常特殊的权利，包括为他人提供政治避难的权力。[5]

但除了这些现象，还有许多只有本土名字的新城。对于这些新城，夏拉的伊西多尔(Isidoure of Charax)提供了一个数字(主要是在伊朗东部)；因为大约公元前 100 年，他正在复制帕提亚关于某地的官方记录；如果他把一个地方称为城市，那这个城市就是城市。在幼发拉底河东部，一定有混合式的或是完全由亚洲人组成的军事殖民地(塞琉古统治者使用过一些亚洲部队)，例如在库尔德斯坦的阿伏罗曼(Avroman in Kurdistan)的一个军事殖民地(第 146 页注释 4)。在那里，官方语言是希腊语，但记录中提到的所有人都是亚洲人。一些有着本土名字的城邦必由军事殖民地发展而来，在此类城市中，希腊人一定是处于由亚洲公民负责的当地政府的

---

① Str. 743; Diog. Later. VI, 81.

② Susemihl l, 763; Cumont, *Syria* 1927, 83 (quite certain); J. Bidez, *Les écoles chaldéennes sous Alexandre et les Séleucides*, Mélanges Capart, 1935, 81; cf. pp. 297, n. 5, 305 *post*, and Tarn, *Bactria*, 43.

③ Str. 750，由 του πληθους των οικητορων 建立。

④ Malalas XVII, 418.

⑤ Str. 754.

统治下，就像在希卡尼亚的斯林克斯(Syrinx in Hyreania)[1]或是在一个没有名字的叙利亚小镇[2]希腊区域的希腊人一样。卡帕多西亚的阿尼萨(Anisa in Cappadocia)[3]的一份公元前1世纪的铭文显示了这样一座城市的起源，当时它可能处于卡帕多西亚(Cappadocian)君主统治之下。它有着完善的希腊城邦建制，以希腊语为官方语言，但所有提到的人要么有一个卡帕多西亚的名字，要么他们的父亲有一个卡帕多西亚的名字，且当地女神的神庙为官方记录机构。这些城市所作的一切表明希腊城市形式对于亚洲人具有极大吸引力。

尽管塞琉古统治者没有明确打算要将亚洲希腊化，但一系列的行为产生了一些影响，这种影响除表现在政治领域外，还表现在其
160 他两个方面。其一是法律。在那里，希腊法律大行其道，这很可能受到政策帮助，毫无疑问起源于亚历山大大帝，城中的非公民(politeamata)也受其约束。[4] 一部分受到罗马注意的希腊叙利亚法律得到发展，且其在亚洲的历史可追溯到几个世纪前。希腊的法律形式更是具有强大的渗透力。正如亚历山大里亚城的城市法，虽然是希腊的，但看不出是哪一个希腊城市的；[5]如此得到恢复之来自杜拉的继承法是雅典式的，但有其它元素。我们在阿弗罗曼(Avroman)[6]找到的公元前1世纪的文档记录——用希腊文写的希腊地租——由两个有着伊朗名字的人签订，这足以使人兴奋不已，因为我们发现它的地点不是任何一座城镇，而是位于帕西亚库尔德斯坦的一个偏远小村落。其二是希腊语，它是一种具有很强征服性的语言，无论到哪里；许多亚洲人都会说希腊语，甚至在多种

① Polyb. X, 31,6 *sqq.*; Tarn, *Bactria*, 15-16,20.

② *P. Cairo Zen.* 59034, εν τηι Ελληνικηλ (sc. μεριδι). 有如在孟菲斯，*P. Lond.* I, 50, εν τωι Ελληνιωι; 见 Schubart, *Klio* X, 1910, p. 63 n. 2, 及 Wilcken, *Grundzüge* I, p. 18。

③ Michel 546; Cumont, *R. É. A.* XXXIV, 1932,135; Rostovtzeff, *SHE* 840,1533 n. 120.

④ *Dikaiomata* 38；另见 Schubart, *Einführung* 280。

⑤ *Dikaiomata.*

⑥ Tarn, *Batria*, 9 n. 1.

语言混用的西比拉(Cibyra)[1]都可找到其踪迹。有些亚洲人还用希腊文著书,[2]也许除了巴比伦尼亚,希腊语已成为了商人使用的通用语。[3] 公元前1世纪,在巴比伦尼亚有些祭司甚至用希腊字母写颂辞。[4] 此后不久,那巴提安人的墓志铭都被译成希腊文,[5]希腊的文档甚至来自于格鲁吉亚(希腊人不大可能到访过这个地方)。[6] 叙利亚语和阿拉姆语(Aramaic)[7]从希腊语中引进了许多词,希腊语还替代了利比亚和西罗弗亚[8]的当地语言。尽管希腊语是一个强有力的工具,但其成功还是有它的局限性。东弗里吉亚、吕西亚、利卡奥尼亚、叙利亚的农村地区仍保留着他们自己的语言,亚洲内陆当然也是一样。甚至到基督教时代,在海岸边的毕布罗斯(Byblos)[9]和推罗(Tyre)[10]还有人在使用腓尼基语。各种族在生活和商务上接触的一个后果便是出现了所谓的"文化希腊语"。比方说,一 161
个亚洲人在被希腊化之后即选用了一个希腊名字,接受希腊的语言和文化,那个26岁来自叙利亚腓尼基的希腊妇女马卡维(Markvii)就是这样一个人。我们还有许多例子来说明这两个方面,但在这里便不一一详述了。

塞琉古历法　引进真正的日历是塞琉古王朝所做的功绩之一。[11] 这

---

① Str. 631.

② Tarn, *Bactria*, 56-59; F. Altheim, *Welgeschite Asiens im griechischen Zeitalter* II, 1948, part IV, ch. 2.

③ Rostovtzeff, *SHE* 552.

④ Schilieco, *Arch. F. Orientforschung* 1928,11.

⑤ Bruno Keil, *Hermes* XLIII, 587.

⑥ Tarn, *Alexander* II, 226 n. 4 (refs.).

⑦ W. Otto, *Kulturgeschichte* 99.

⑧ Calder, *J. R. S.* II, 249;日期最新的吕底亚铭文是公元前4世纪的,Buckler, *Sardis* VI, ii, nos. 3,50; Str. 631。

⑨ Dussaud, *Syria* VI, 269.

⑩ *Ib.* 270; cf. *B. C. H.* 1925,470.

⑪ Ginzel, *Handbuch der Chronologie* I, 1906,137;之后的文献,见 Tarn, *Bactria*, 64,及增添的 Bikerman, *Inst. d. Sél.* 205 和 *Chronologie* in Gercke-Norden III, 5,1933。

不是第一部日历(因为一些腓尼基城市已开始使用固定纪元),[1]但这是第一部全面的日历,且相对以某个治安官或国王统治时期纪元是一个巨大进步,;治安官或国王统治期纪元法有些野蛮,至今仍被大英条例选作官方计日之用。从塞琉古时代起,人们就开始使用简单数字记元,但那个年代有两种纪元方式。在巴比伦尼亚,第一年开始于公元前 311 年 3 月至 4 月 1 日,这是塞琉古一世收复巴比伦后的第一个新年。而在叙利亚,则采用当时的马其顿记年法,第一天即公元前 312 年 10 月 1 日;因而两种记年方式之间就有 5 个月的差异。最终在亚洲得到广泛长期使用的塞琉古日历是巴比伦月或波斯月,而不是马其顿月。[2] 犹太人也使用这一日历,整个帕提亚帝国及其附属王国也采用这一纪元方式,并且还传到了印度。据说在本世纪叙利亚的一些地方还在使用这种日历。

塞琉古的失败 我们很难相信寒琉古王朝向亚洲的大规模移民最终会以失败告终,但除了罗马挽救过的那些位于小亚细亚和叙利亚的地区外,它的确失败了。我们也可以认为它没有失败,因为有人曾经认为混合婚姻在公元前 3 世纪结束以前已使希腊人变成混血的黎凡特人(Levantines);[3]但事实是此类事情从未发生过。希腊人可以接受外来人种,但他们仍是希腊人,就像在米特勒和西勒那那样,或半希腊血统的地米斯托克里和西蒙那样。事实上,直
162 至基督教时代,在亚洲的希腊人仍在不遗余力地保持其人种纯正性。帕提亚征服后大量出现的希腊文学作品[4]是表明他们希腊血统的一种简单方式。公元前 50 年,混血儿在美索不达米亚形成了另一个社会等级。他们不被视作希腊人,更多被视为野蛮人。他们的名字比较特殊,通常带有贬义。[5] 在公元前 1 世纪的杜拉-尤

---

① Hill, *B. M. Coins*, *Phoenicia*.

② 关于国家名单及使用过的月份见 in Tarn, *Bactria*, 64。

③ Discussed, Tarn, *Bactria*, 34 - 38 中有讨论。

④ *Bactria*, 42 *sqq*.

⑤ *Bactria*, 38, cf. 51 (Plutarch's eastern Greek source in *Crassus* 中普鲁塔克的东部希腊资源)。

罗普(D－E),其族长的职责之一就是保持希腊家庭血统的纯正性。当然,杜拉一直被引作自由通婚的例子,但这已是基督教时代以后的事了。铭文上的杜拉不像是一座被称为一直衰落的希腊城市,而是一座先是受到帕提亚而后是罗马管制的,朝着新生活变化的城市。帕提亚人是很宽容的贵族,他们在一般情况下都会善待他们的希腊城市。但杜拉地处他们占领区域的边界上,他们需要将之征服并部分重建。之后则命名法则相当有说服力。在巴比伦、波斯和叙利亚都有特别的混合形式,男人的名字有萨米西拉伯(Samisilabos,意为夏马什是我父亲)、巴发拉达多(Baphaladados)、则比达达多(Zebidadados,阿达的混合体)、拉盖毕布罗斯(Rhagaibelos,贝尔的睡眠)、丹尼尔(Daniel)和巴那巴(Barnabas);女人的名字则从亚洲神灵而来,尤其是那奈娅(Nanaia,巴比伦城女神),如马特塔娜(Maththanath,阿那伊提[Anaïtis]的礼物)、巴特那奈娅(Bathnanaia,那奈娅[Nanaia]的女儿)、美卡那奈娅(Mekatnanaia)、巴里波奈娅(Baribonnaia)、里古太(Rhigoutai,埃斯特[Esther]的安息日侍女的名字)。在杜拉①和加沙,②弗罗伯特(Flaubert)的女神英雄萨朗勃(Salammbo)的名字现被改成女性名字萨朗布娅(Salamboua)。自由通婚开始出现,被使用的希腊语也不顾语法并失去了其原有的屈折变化,这反映在帕提亚和库山(Kushans)以后铸造的货币上。

塞琉古的失败可能有很多原因,如没有足够的希腊人对亚洲进
行殖民,且他们除了集结在城里,从不去农田——那么农田最终便
归耕种者所有;有些地区并不适宜于希腊人的生活方式,且许多地 163
区远离大海——这也就是在亚历山大率领下的塞琉古统治者试图
在波斯湾周围实行殖民的原因。这些国王不同于尤提得米
(Euthydemids)统治者,他们从来就没想过使伟大的伊朗民族顺从

① *SEG* II, 822.

② Fr. Hommel, *Ethnologie und Geographie des altern Orients*, 603 n. 5(一个Minaean铭文)。

他们的统治，这一点比有时候被过分强调的东方宗教的影响更为重要。多神崇拜的希腊人自然会崇拜已久居这个奇异国度土地上的神，苏萨的希腊人使伟大的女神那奈娅为他们的目的服务（这有损于女神的尊严），[①]或是塞琉西亚的希腊商人凭爱好将雅典娜[②]的像（希腊的神[除那马塔亚之外]，在亚洲无与之相对应的神）刻上他们的印章都能给我们以启发。但主要的原因可能是亚洲人真正愿意从希腊人那里得到的只是形式，而非用来激励人的精神。谈到精神，亚洲人知道他们可以超过希腊人。希腊人也是这样的，他们作了坚决的斗争。尽管结果必定是一个接一个的地方被亚洲人所占据；但即便如此，诸如苏萨和塞琉西亚等一些城市到了公元2世纪的时候仍旧属于希腊。到了公元163年，尽管塞琉西亚打开大门，但罗马皇帝（不是亚洲人）带来的毁灭不可避免——那场从叙利亚到莱茵河立即横扫罗马帝国的瘟疫被许多人看成对罗马人毁灭塞琉西亚城的报应。

* * * * *

阿塔鲁斯王朝 现在我们将目光转向帕迦马。[③] 阿塔鲁斯王朝统治者一开始只是山上要塞的君主，地位极其低下，不过他们很快就控制了伊奥利斯（Aedis）。接着，阿塔鲁斯一世（Attalus I）在
164 称帝之后便开始对托罗斯山脉范围内的小亚细亚进行征服和统治（公元前228—前223年和公元前188—前133年）。各种迹象表明，这是一个采用托勒密模式的王国，一个有组织的积累财富机器。其希腊化程度要比塞琉古王朝的模式更低一些。阿塔鲁斯王朝统治者所采取的政治立场使得它与塞琉古为敌，但与埃及为伍；

① Tarn, *Bactria*, 68 - 69.

② Macdowell, *Stamped Objects from Seleucia* 226, and Table p. 224.

③ Rostovtzeff, *C. A. H.* VIII ch. XIX，有参考目录，以及 *SHE* 553 - 565，637 - 665，799 *sqq.*；G. Cardinali, *Il regno di Pergamo*, 1906；E. V. Hansen, *The Attalids of Pergamum*, 1946，（非常全面）基础是德国人的考古挖掘，参见 *C. A. H.* VIII, 787, A, 4。

如此它自然会模仿埃及，但由于他们不能把神性作为他们统治的基础，加之他们也不是民族的国王，于是他们便充作民主统治者。他们从不用皇家的“我们”一词，而且他们有时还称自己为帕迦马公民。[1] 他们的想法也许是要成为第一公民，就像奥古斯都期望的那样。阿塔鲁斯使得他们的统治变得有条不紊且富有生气，以至于罗马人和亲罗马的希腊人为罗马忠实的支持者说好话的事实都不能掩盖希腊人对他们真正的感情。对于具有民族心的希腊人来说，攸美尼斯二世就是背离希腊化的叛徒犹大，就是他怂恿罗马打败了代表希腊进步的塞琉古王朝。安条克的人民可能嘲笑安条克四世，而安条克四世则可能自贬身份开民众的玩笑；但语法学家达菲塔(Daphitas)曾认真而激烈地将自命不凡的，以权威对希腊城市指手划脚的阿塔鲁斯王朝统治者比作受鞭笞奴隶(并受到折磨)背上的紫色鞭痕——[2]没有希腊人曾像这样评论过塞琉古统治者。

在帕迦马统治地区，塞琉古王朝所采取的逐步削减其国王领地和农奴的政策被宣告作废。阿塔鲁斯统治者看上去不但保有了他们的国王领地，而且还通过侵占神庙地产及使神庙依靠于某些城市扩大了国王领地范围。[3] 他们之所以能这样做是因为尽管伊奥利斯有许多旧的神庙国家，但它们没有一个是有势力的。[4] 阿塔鲁斯王朝统治者一定像托勒密统治者一样给国王领地的使用者(可废除)封官，如阿塔鲁三世有许多可没收(或可收复)的地产，他们 165
建了许多基地；[5]然而，在这些基地中有两个是完全意义上的城市：一个是在庞菲利亚的阿塔鲁斯亚(Attaleia in Pamphylia，他们朝向埃及的海港，且劳迪西亚-西比拉[Laodicea - Cibyra]公路以此为终点)；另一个是在吕底亚火山地区的菲拉德尔菲亚(Philadelphia)，

---

① *OGIS* 310,311,749 *sqq.*，及 Addenda 1,655。

② Str. 647.

③ Rostovtzeff, *Kolonat* 280.

④ List, Rostovtzeff in *Anatolian Studies* 370.

⑤ Tscherikower *op. c.*; A. J. Reinach, *Rev. Arch.* II, 1908, 190; E. V. Hansen *op. c.* ch. VII.

这个地方后来扩得很大，被称为“小雅典”——人们在建造它的时候充分考虑到了当地经常发生的地震。[1] 他们还扩建了埃拉亚(Elaea)作为帕迦马的港口，并且在普罗邦提河(Propontis)上建造了另一个港口海伦诺波利斯(Hellenopolis)。他们也创建了一些普通的军事殖民地，头两个是在伊达山(Mount Ida)下的菲勒太黑亚(Philetaireia)和在赫尔姆斯河上的阿塔鲁斯亚(Attaleia on the Hermus)。此外，我们还知道在阿塔鲁斯亚(Attaleia)兴建的其他基地名称，但它们是城市还是军事殖民地，我们就不得而知了。尽管阿塔鲁斯统治者为了战争和殖民使用米西亚高地人，[2]但他们的依靠是雇佣军。[3] 在他们扩大了的王国里，他们以将军来管理总督辖地，并有像塞琉古王朝那样的事务大臣。[4]

行政与城市 阿塔鲁斯王朝统治者与王国内希腊城市的关系在安条克三世被击败后的和会上表露无遗(当时罗马将塞琉古王朝的小亚细亚给了攸美尼斯二世)。[5] 当罗德岛人要求希腊城市的自由时，攸美尼斯二世则要求他们都成为他的臣民。罗马将两者折衷，将原先向阿塔鲁一世进贡以及帮助过安条克的人都给了攸美尼斯作臣民，[6]其余则给予自由。作为臣民的有以弗所人、蒂奥人(Teos)和特拉勒人(Tralles)。与此同时，包括萨莫斯(Samos)、普林恩(Priene)、马格那西亚(Magnesia)、朗普萨古(Lampsacus)在内的一些城市也被宣布为自由城市，后来他们与罗马都建立友谊关系，并成为了罗马的盟友，这从另一方面限制了他们的活动。但包括米利都和斯米那(Smyrna)在内的相当数量的城市获得了真正的
166 自由。靠近皮西迪亚的阿波罗尼亚(Apollonia towards Pisidia)从公

① Str. 579,628; Steph, *s. v.*

② *OGIS* 338; Polyb. V, 77,7.

③ *SEG* II, 663.

④ *OGIS* 291 - 296.

⑤ Polyb. XXI, 18 - 23; Livy XXXVI, 52.

⑥ 他们的立场见：Brandish, *Asia* in P. W.; *Milet.* I, 7, Rehm on no. 203。

元前 189 年[1]开始了新纪元。附属城市当然存在不满，攸美尼斯如何对待一座希腊城市（也许是位于林达古河上的阿波罗尼亚地区[Apollonia on the Rhyndacus]赫勒斯庞的弗里吉亚[Hellespontine Phrygia]）[2]也是众所周知的：他废除自治，没收神庙，并将这个城市置于总督辖区的总辖治下；此后，他虽然恢复了城市的地区自治和神庙，但城市仍需进贡并受将军节制。特奥斯也要进贡，[3]并且毫无疑问，就像以后的作家写的那样，所有不自由的希腊城市都是要进贡的；特奥斯是狄奥尼修斯艺术家的中心，而阿塔鲁斯统治者比较偏爱这门艺术，因此特奥斯有一定优势。统治者显然对以弗所和安布拉达（Amblada）等一些城市征收重税，[4]税收由他们从选民那里征收，以财产价值评估。但在阿波罗尼亚，当局则直接征税，而不是通过城市。统治者征收的税目繁多，而特奥斯向其公民征税的很长的单子，也许可给以后阿塔鲁斯的征税提供思路（参阅第 119 页），不过这张单子在时间上可能更早（约公元前 300 年）。[5]当然，作为回应，国王们会从国库里再拿出补贴给一些城市（如特奥斯和阿波罗尼亚），这些补贴可一年一次发给为城市提供服务的人，也可用于城市的社会和宗教开销。但他们的将军制度和他们的希腊城市一样相当清楚。他们向城市强行征税，并且征收超过城市能力地贡赋，这样人为制造赤字。[6] 统治者通过这样的财政手段将城市置于控制下（这与政治手段的作用不相上下）。

阿塔鲁斯统治下未获自由的城市所获自治只是形式，而非实质，即使它们获得了一点点自治权，那也是靠不住的，因为国王可以任意收回。城市在某些方面受制于省城的将军并且要上税。与

---

① Ramsay, *J.R.S.* XII, 182.

② *SEG* II, 663；关于这一段可参阅 Holleaux *B.C.H.* 1924, 1; De Sanctic, *Riv. fil.* 1925, 68。

③ *B.C.H.* 1922, 312 no. 2; *SEG* II, 580.

④ App. *b.c.* V, 15, 17; *OGIS* 751.

⑤ Rostovtzeff, *C.A.H.* VIII, 605.

⑥ Rostovtzeff *ib.*; E.V. Hansen, 191.

此同时,城市接受皇家补贴也使得国王有权插手城市内部的财政
167 管理。我们还有一些任意干涉的例子,某个阿塔鲁斯统治者收缴了以弗所在阿尔特米的圣湖中捕鱼得到的收入——以弗所人对此不会原谅;[①]而且像安提柯一世和吕西马库斯所做的,阿塔鲁斯国王们声称,只要对国王有利,他们有权把人口移往各处;普利亚普(Priapus)部分领土归了帕林(Parium),达尔达努(Dardanus)与阿比杜(Abydus)连在了一起,加尔加拉城(Gargara)半数是武装起来的野蛮部族;吉尔吉塔村(Gergitha)也从特罗亚(Troad)得移往卡伊古(Caïcus)。[②] 在那克拉萨(Nacrasa)和阿吉那(Aegina)(其他地方也一样)有着城市总督,[③]在帕迦马则有一个负责神庙收入的督察。[④] 虽然帕迦马具备希腊城市的形式,但还是被国王通过指派省府治安官(五个城市将军,由国王任命且听命于他)加以控制,[⑤]也许他们也可以单独将讨论事项在群众大会和城市委员会开会之时提出来。这些使得阿塔鲁斯可以像托勒密统治者对待其在小亚细亚的城市那样控制城市的财政,哪怕他们立场不同。

金融 帕迦马的财政得到了发展,[⑥]这样就使得国王可雇佣大量军队。在亚洲,帕迦马国王是最富有的统治者,除去赐予官员的或用作军田(cleruch land)的之外,他们的领地通常由他们自己管理。他们采用的也许是埃及的制度,即从农民那里收取定量的税赋,而不是像塞琉古统治者那样按收成比例征赋,因为有人发现赫勒斯庞弗里吉亚的将军可能需要粮食种子,他便向国王申请,这样他就得到了所有剩余的小麦。[⑦] 军事殖民地受偏爱的军田只以产

---

① Str. 642.

② Str. 588-589,555,611,616.

③ *OGIS* 268,329,483 l. 56.

④ *OGIS* 483 1.165.

⑤ *OGIS* 267 II.

⑥ 关于这一部分可参阅 Rostovtzeff in *Anatolian Studies* 359。

⑦ *SEG* II, 663 1.17.

量十分之一作为税赋上缴。[1] 伊奥利斯和特罗亚得(Troad)盛产农 168
作物,那里也是饲养牲畜的地方。伊达山[2]附近也许就是王室养马的地方。[3] 此外伊达山还出产木材和树脂,也许部分是需要伊达树脂的缘故,才使得埃及与阿塔鲁斯维持着关系。与此同时,他们从尤西那进口的牲畜和毛皮,通过昔齐库斯向世界提供羊皮纸。对于他们的经济制度,我们知之甚少,但毋庸质疑,其经济制度高度发达;特别是在自然产品方面,国王像早期的托勒密统治者一样,对科学农业极感兴趣。阿塔鲁一世记述过伊达山,阿塔鲁三世记述过园艺。值得注意的是用来描述国王财富时用的是托勒密埃及用语中的"瑞斯科司"(rhiscus)一词,[4]不是马其顿国王安提柯一世、吕西马库斯和塞琉古统治者在亚洲用的"加扎"(gaza)一词。我们没有听到关于王室专卖的信息。但可想而知,像羊皮纸和树脂不管怎么说都应当是专卖的。他们的制度与其他王国的制度有一点不同,他们大量使用奴隶,所有的生产(包括国王和城市)都使用奴隶采矿;但在埃及,垄断生产是由半农奴完成的;在帕迦马,生产羊皮纸、纺织品以及著名的用金钱织的阿塔鲁斯织绵的皇家工厂雇佣了大批奴隶(大部分是女奴),[5]她们在监工的看管下劳动。阿塔鲁斯国家必定不像塞琉古王朝那样是建立在城市和移民地基础上的,它是以农奴和奴隶的劳动生产出的财富作为基础的。但它做了两件大事,一是保护了大量受加拉太侵略的城市,二是在帕迦马建立了一座仅次于亚历山大里亚的图书馆。

帕迦马　阿塔鲁斯的国王们(以攸美尼斯二世和阿塔鲁二世最为出名)逐渐将帕迦马建在月牙形山脊上的破旧要塞建成了一座

① *I. Pergamon* 158.

② Str. 603.

③ Susemihl I, 845.

④ Rostovtzeff op. c. 386 (inscr.); Cumont, *Syria* V, 349.

⑤ *SGDI* 2001; *OGIS* 338.

规模宏大的首府,[1]它不是按常见的长方形布局,其如画的风景也
169 许只有皮埃里亚的塞琉西亚才能与之媲美。民众的房子在山脚下挤在一起。希腊城市建在山间,山顶上则是国王们金碧辉煌的宫殿。主要通道连着作为三座体育馆入口的通廊,此三座体育馆一座叠一座,靠挡土墙支持;剧院建在较高的地方,在它之上,卫城的城墙围住了部份的山脊。在城墙内,从北到南沿着山脊依次是宫殿、图书馆及神庙,神庙旁(但是在城墙外)则矗立着巨大的宙斯索特(Zeus Soter)祭坛。周围是一个充作市场的铺着地砖的大院。在这之上则是狄奥尼索斯的神庙及一个低级市场,在那儿有个时钟——赫耳墨耳拿着一个不时有水流出的平角状盛器。某些阿塔鲁斯统治者制定的城市公共卫生法并非人人都知。[2] 这一法律要求房屋主人清扫街道,修葺房屋(或是快要坏的房屋);如果房屋主人不履行其义务,治安官就会对其罚款并令其出钱完成这些工作。如果他们不这样做,城市将军就会来做。因将军听命于国王,所以国王是最终权威。城中有保持良好路况的条例,所有的蓄水器均作了登记。对于因洗衣服、饮牲畜造成的市镇水供应污染的处罚是相应严厉的。但相对于它的辉煌及其希腊城市形态,帕迦马只是一个半亚洲式的镇。在雅典娜神庙中,除了宙斯萨巴奇奥,[3]还供奉着一尊小亚细亚的宇宙神,这是攸美尼斯二世的妻子斯特拉托尼斯(Stratonice)从卡帕多西亚(Cappadocian)的家中带来的。下城则聚集外国商人、雇佣兵、自由民及大量在王室工厂里工作的奴隶。阿塔鲁三世立下遗嘱将王国赠给罗马,同时使帕迦马成为了
170 一座自由城。为了阻止一场类似西西里亚的奴隶暴动,罗马授予所有的外侨和雇佣军以公民权,包括定居在城市领土上的米西亚人(Mysians)和帕弗拉各尼亚人(Paphlagonians),并给予自由民和奴

---

① *Altertümer von Pergamon*, 1885 -; M. Collignon and E. Pontremoli, *Pergame*, 1900; D. M. Robinson, *Art and Archaeology* 1920, 157; Hansen *op. c.* 219 - 262.

② *OGIS* 483; W. Kolbe, *Ath. Mitt.* 1902, 48; Hitzig, *Z. f. Savigny-Stiftung*, *Röm. Abt.*, 1905, 432.

③ *OGIS* 331.

隶(一些女奴除外)以外侨的权利——这本身即是一场革命,对于授予亚洲人公民权的行为,这是有记录可查的规模最大的一次。①

* * * * *

小亚细亚的地方王朝 小亚细亚的本土王国只是表面上被希腊化了。卡帕多西亚、本都、亚美尼亚仍维持着分封旧制。卡帕多西亚依照塞琉古体系被分作十个总督辖区,②且按波斯历记元。③这些地方的亚洲国王有希腊教名,在宫廷使用希腊语和头衔并培养狄奥尼西亚艺术家,他们雇佣各类希腊专家,并以他们自己的名字建造市镇,包括卡帕多西亚的阿里阿拉塔(Ariarathea)、本都的尤帕托里亚(Eupatoria)、亚美尼亚的阿萨莫萨塔(Arsamosata)和以后建的迪各拉诺色塔(Tigranocerta),但这些只是国王的市镇,④王国在本质上仍是亚洲式的。卡帕多西亚和本都信奉胡腊玛达教(Mazdaism)。米特里达特尤巴特(Mithridates Eupator)只是带着伪装的野蛮人。在宁鲁达河(Nimrud - dagh)上,孔马节那的安条克一世(庞培的朋友)墓的希腊铭文表明了这样一种混合的希腊化。⑤这份铭文是由一个不懂希腊语冠词用法的人写的,文笔华丽,但用词欠妥。这位安条克一世是半个塞琉古人,他自称大流士一世和亚历山大⑥的后裔(后世假定塞琉古的妻子阿巴玛[Apama]是亚历山大的女儿),并将波斯和马其顿作为其王权的"根源"。他使用马其顿的日历,但将他自己的成功归于他的虔诚和神圣。对于神灵,他崇拜波斯的阿胡拉马兹达(Ahura - Mazda)和附有希腊名称的米特拉斯(Mithras)。他建造了一个机构,这样即使死后也能得到他人敬仰,把他作为英雄来崇拜(这是一种希腊的形式),但机 171

---

① *OGIS* 337 - 338; P. Foucart, *Mém. Ac. Inscr.* XXXVII, 1904, 297; Cardinali in Beloch's *Saggi*, 269.

② Str. 533 - 534.

③ J. H. Moulton, *Early Zoroastrianism* 中有讨论, 431。

④ 关于一个卡帕多西亚城镇(阿尼萨[Anisa])的希腊化见 p. 159 *ante*。

⑤ *OGIS* 383.

⑥ Ib. 388 - 402; Tarn, *C. Q.* 1929, 141; *Bactria*, App. 3.

构一点也不像希腊式的。一些村庄被奉献给神庙服务，同时作为神庙奴隶的主体，他们的后裔永远掌管着膜拜仪式，这是古代洲亚祭司国家形式的恢复。

希腊化对比提尼亚(Bithynia)产生的影响或许更为深远，这个地方王朝将自己视作阿塔鲁斯王朝的对手。比提尼亚建立了许多的城镇。[①] 美丽的尼古美迪亚(Nicomedia)代替了被吕西马库斯摧毁的希腊城市阿斯塔古(Astacus)，并在罗马时代成为一个重要城市。普鲁西亚一世(Prusias I)在海上建了普鲁西尼城，这个城市享有铸币权；他修建这座城市是为了替代被腓力普五世摧毁了的希腊城市西马斯(Cius)。他还重建了希皮乌斯河(Hypius)上的西埃鲁城(Cierus)，将之更名为普鲁西亚。他还在汉尼拔的建议下建立了布鲁萨(Prusa，或称为布罗萨[Broussa]，也许是用来替代另一座逝去了的希腊城市阿图萨[Atussa])。布鲁萨的港口米尔里亚(Myrleia)后来也被希腊化，更名为阿巴马(Apamea)。王国还包括吕西马库斯的尼西亚(Nicea)。尼西亚和普鲁西亚都有一些自治权。其他城镇至少保有希腊城市的形态，因为这些市镇都替代了旧的希腊城市。

小亚细亚的加拉太人[②]直至罗马时代才受到希腊化影响。他们是来历不明的陌生人，从他们的据点四处袭击，进行掠夺。他们还管理着种着他们土地的本土农民。也许他们从欧洲得到了一些权力，保有他们的语言、部落组织、传统和美德(男子的勇气、女子的贞洁)，最后的划分[③]将他们的三个部落分为四部分(即四分之一辖区)，每一部分由一个区长官和一个他手下的法官管理。法官负责民事诉讼，但对于罪犯的判决，也许还有对政策的决断则
172 是由一个300名长者组成的委员会来负责。他们在神圣的德里

① Tscherikower *op. c.*; Sölch, *Klio* XIX, 140.

② 参考目录 *C. A. H.* VII, 883。

③ Str. 567.

那美托(Drynemetos)[①]开会(也许是一个在小树林举行的坐成一圈的民会)。战争领袖即在希腊和罗马文学中的"国王",则是从区长中选出来的。对于地处他们领土内的神庙国家培斯努斯,他们直至公元前 166 年将之占领后,才开始干涉其内政,而之后他们的宗教信仰逐渐被弗里吉亚化了。攸美尼斯二世(作为加拉太的宗主国君主,公元前 183—前 166 年)写给培斯努斯祭司国王阿提斯[②]的信则给予我们很多启示。攸美尼斯以写给君主的口吻给阿提斯写信,阿提斯则支持他在加拉太的影响。此时,阿提斯的兄弟已投奔高卢人,并取了一个加拉太名字。他正在努力想要获得一个祭司的职位,这显然符合加拉太人的利益,并得到了他们的支持。攸美尼斯二世在培斯努斯建了一座神庙和圆柱形门廊,并最终破除所有加拉太权势的残余。在经历了米特里达特对他们贵族的大屠杀之后,这些高卢人开始吸收普遍的文明。但直至公元 3 世纪,他们的语言仍在使用,且他们还崇拜一个名叫宙斯布苏里奇奥(Zeus Boussourigios)的凯尔特神。[③]

*　　*　　*　　*　　*

本章也许可以以强调一下亚洲希腊旧城[④]的重要性作为这一章的结论。由于他们古老的传统、庞大的人口、紧凑且繁忙的生活、迅速增长的财富、蔚为壮观的公共建筑以及巨大的城墙,他们很少感到比王国要低一等。尽管这些城市在规模上无法与公元前 4 世纪的雅典相比,也远小于叙拉古,但公元前 2 世纪的米利也许其领土内有 100000 人(包括奴隶),[⑤]同时期以弗所和罗德岛也只大不小。大约公元前 300 年的时候,米利都仍是爱奥尼亚城市中最

① 未确定。Ruge, *Drynemeton* in P. W.; Loth, *Rev. E. A.* 1915,193。

② *OGIS* 315.

③ Anderson, *J. H. S.* 1910,163.

④ Cf. J. S. Reid, *The Municipalities of the Roman Empire*, 1913; A. H. M. Jones, *The Cities of the Eastern Roman Provinces*, 1937.

⑤ Wiegand, *Siebenter Milet-Bericht* 26. 布洛赫认为这一数字要少得多,见 Beloch IV, 1,275。

大的,它以羊毛贸易为主,并在亚洲建造了亚洲最大的希腊神庙,但
173 之后以弗所和斯米那最终还是超过了它。公元前 250 年后,斯米那[①]正处于发展阶段,它获得了完全的独立,且一桩惊人的事情使它维持了其与塞琉古二世的关系,并获得了他的支持。那是在公元前 244 年塞琉古二世经过陶鲁斯的时候,斯米那几乎是代表他行使权力的总督,斯米那以他的名义证实了由他父亲赐予的土地,并使他赐予了一些新土地,另外还使他给雇佣军付薪水。[②] 在以弗所,[③]东部的贸易集中在阿帕马至以弗所一线,由于旧的港口淤塞,吕西马库斯把城市移往海边,这样就带来了一大进步。可能是以弗所创造了西斯多芬尼(Cistophori),[④]这成为帕迦马王国典型的铸币,并传遍小亚细亚。在公元前 2 世纪,阿塔鲁斯开始把它作为王国的港口,但以弗所从未原谅阿塔鲁斯王朝没收其财产的举动。公元前 132 年,以弗所有了一次报复的机会。以弗所的舰队在海上击败了阿里斯托尼古(Aristonicus),这样就为罗马进入亚洲扫清了道路。从此,尽管帕加玛是罗马在亚洲行省的官方首府,但以弗所已成为事实上的主要城市,它有自己的总督及省府财库。它是大陆的天然门户,因它不光是个希腊城市,它声名远扬的亚洲丰产女神神庙、侍僧和圣女、史前的庇护所和它的圣鱼都属于一个古老的世界。

加拉太人 马安得河上的马格那西亚将它的势力从伊大卡(Ithaca)向北延伸至乌浒河,[⑤]它帮助德尔斐抵抗了高卢人[⑥]的进攻。它把希腊化传到巴克特里安人那里,使之建立了最强大的王朝,[⑦]

---

① Str. 646.

② *OGIS* 229.

③ Str. 640 *sqq*.

④ Head² 575.

⑤ Ditt.³ 558.

⑥ *Ib*. 560.

⑦ Euthydemus. 有争议 Magnesia is disputed (*Camb. Hist. India* I. 440);但权利比乌斯(XI, 34, I)很难只称吕府亚城为“Magnesia”。

并由此侵略了印度。它还帮助塞琉古王朝建立了在皮西迪亚附近安条克城(Antioch towards Pisidia)、[1]贝西斯的安条克城[2]以及其他别的城市。公元前3世纪,马格那西亚未发生太多杀婴事件。它伟大的阿尔忒弥斯鲁古弗叶那(Artemis Leukophryene,汀迪美那马特[Dindymene]的继承者)神庙,只是在规模上逊于以弗所和迪迪玛(Didyma)的两座神庙(参阅第314页),但据说在外观上比那两 174
座中任何一座都漂亮。大约在公元前280年,赫拉克拉庞迪卡(Heraclea Pontica)在实力上也许超过了任何一座大陆城市。它统治着大块领土(包括其他的城市),并一度吹嘘比塞琉古二世更强大。[3] 但在后期,它的地位就没有如此稳定了。锡诺普(Sinope)的情况也是如此,它一直在寻找机会,如吕西马库斯将黑海变成他所有的一个湖,它便可以控制大量新的贸易;[4]但吕西马库斯没有后继者,锡诺普又成了本都国王的都城。独立的昔齐库斯因其拥有优良的双港和富有战斗力的舰队而保持了它的地位;它有一条经马色斯(Macestus)峡谷到萨迪斯的公路,并通过此路在帕迦马和黑海之间展开贸易。[5] 斯特拉波将它与罗德岛、迦太基及马赛[6]相提并论。它的政策就是搞好与帕迦马的长久友谊(或是同盟),[7]这有点像罗德岛与埃及的关系。它把阿波罗尼斯嫁到帕迦马,阿波罗尼斯成为最好的王后,还被奉为神明。许多王室的子弟都被送往昔齐库斯接受教育。[8] 到公元前277年,昔齐库斯能单独[9]与加拉太特罗克米(Galatian Trocmi)抗衡。两个世纪以后,它能在米特里达特处于最鼎盛时期与之对峙,并差点占领了它。它在奥古斯都

---

① Str. 577.

② *OGIS* 233.

③ Memnon 11.

④ Newell, *A. J. Num.* 1918,117.

⑤ F. W. Hasluck, *Cyzicus*, 171.

⑥ Str. 575 sqq.

⑦ *OGIS* 748.

⑧ App. *b. c.* IV, 320; Hasluck 177; Wilhelm, *Klio* V, 293.

⑨ *OGIS* 748 1. 17(时间在一年之外)。

统治下掌管着大片土地，包括泽拉等一些旧城，并且它还做了一件比与米特里达特打仗还危险的事。出于某些原因，它鞭打了一些罗马人，[①]但最后也不过只被罚征了五年赋税。

希腊城市的重要性 但就像斯特拉波指出的那样，没有城市能够比得上罗德岛。[②] 公元前 304 年，罗德岛成功地抵抗了狄米特里
175 戎斯的全面围攻。到公元前 166 年，它稳步发展了自己的力量及资源。商人和银行家渴望和平，但罗德岛注重的则是权力的平衡和海洋的自由。为了这两点，它随时准备抵抗侵略者，它帮助马其顿打败了海上霸主托勒密二世，帮助帕迦马击退了菲力普五世，并帮助罗马击败了安条克三世。它的政府实行有限的民主[③]或是一种贵族制，如同 18 世纪的英国，其权力由统治家族掌握，但他们让穷人履行他们的义务。尽管它在城市港口有大量各国人口，但从未有过内部矛盾，[④]在紧急情况下，它还可将奴隶武装起来。周边岛屿是它的份地，并且声称有权否决可能给予的荣誉。[⑤] 它地理位置优越，埃及和北方以及叙利亚和西方做生意都要经过它的港口。公元前 170 年，它 2%的进出口税就高达 100 万德拉克马。[⑥] 在世界各地发现的大量两耳细颈椭圆土罐柄则说明了其贸易发达。它是国际银行业和交易的中心，是希腊商业重镇。公元前 225 年，当它在经历了一场地震又受到商业危机威胁的时候，希腊文明世界则显示出其商业的休戚相关，每一个说希腊语的国王及城市都给

---

① Dio Cass. LIV, 7 and 23.

② Str. 652 - 655; Beloch IV, 1, 290; H. van Gelder, *Gesch. D. alten Rhodier*, 1900; E. Ziebarth in *Mélanges Glotz* II, 1932, 909; Rostovtzeff, *C. A. H.* VIII ch. XIX 和参考目录，790; *SHE* 677 - 691, 771 - 777，和注释，esp. 1485 - 1487; P. Fraser, *Studies in the History and Epigraphy of Hellenistic Rhodes* (firthcongming)。

③ Cic. *de Rep*. I, 31; III, 35.

④ Dio Chrys. XXXI, 70.

⑤ Ditt.^{3} 570, 931; Ditt.^{2} 491.

⑥ Polyb. XXX, 31, 2. 2%. 减免是希腊的惯常做法，*I. G.* II^2, 1128; V, 1, 1421; Ditt.^{3} 229; Michel 595; Delos, accounts *passim*。

予了罗德岛大量的金钱和帮助。[①]

罗德岛 公元前200年之前,马其顿舰队衰败了。罗德岛便统治了爱琴海,在它的领导下,[②]岛国同盟进行了改组,打击了海盗势力。公元前188年之后,它控制了卡里亚(Caria)和吕西亚的大部分地区。公元前220年,当拜占庭宣告对通过博斯普鲁斯海峡的船只收通行费时,罗德岛立即宣布过往海峡不收通行费。[③] 它也许从未一次派出50艘以上的舰船出海,但它的舰队却是世界上最精 176
良的。[④] 它独立打败了埃及和叙利亚的舰队。它自诩每个罗德岛人都可抵一艘战船。[⑤] 当罗马舰队在米奥尼苏(Myonnesus)与安条克三世遭遇时,正是罗德岛的海军帮助罗马人打败了安条克三世。如果不是这样,这场海战仍是罗德岛人的胜利,因为安条克海军指挥官是一个被流放的罗德岛人。公众不准进入其武器库,否则将被处死。罗德岛城市到处都是艺术品,包括许多普罗托杰那(Protogenes)和帕尔哈苏(Parrhasius,那个著名的克鲁索人)的画作,还有许多巨大雕像。到公元前2世纪,它成了希腊的学术中心,哲学和演讲到处可见,并因出了像帕那休(Panaetius)和波塞冬尼乌斯这样的人物而出名。它长期是一座引人注目的"大学"。它的海洋法规[⑥]非常出名,并被安东尼王朝采用,其内容部分可在拜占庭编撰的罗德岛海法中找到,并由此传到威尼斯,这是流传至今的惟一一部希腊法律。

---

① Polyb. V, 88－90; Dio, XXVI fr. 8.

② Demoulin, B. C. H. 1903, 233; Roussel, ib. 1907, 359; W. König, *Der Bund der Nesioten*, 1911.

③ Polyb. IV, 38－49.

④ Polyb. XVI, 14, 4.

⑤ Diogenianos, παροιμοαι V, 19.

⑥ Dareste, *Rev. Phil.* 190, 1; W. Ashburner, *The Rhodian Sea Law*, 1909; S. Runciman, *Byzantine Civilization*, 1932, 77 and 174; Rostovtzeff, *SHE* 688.

第五章　埃　及[①]

托勒密埃及——托勒密帝国——公共事业——亚历山大里亚——托勒密制度——国王的土地、赐予的土地、受领土地的公民——谷物——纺织品——油品垄断——其他垄断行业与权利——税收——注册——官员——法律——农民——罢工、庇护所、逃跑——祭司——希腊社会——官僚制度的崩溃——攸厄格特斯二世的措施——土著复兴——民族融合——托勒密统治的特征

---

① 一般的著作(除一般的历史著作外,参阅第 361 页):可参阅,关于草纸,L. Mitteis and U. Wilcken, *Grundzüge und Chrestomathie der Papyruskunde*, 1912; Schubart, *Einführung*, 1918; K. Preisendanz, *Papyrusfunde und Papyrusforschung*, 1933; J. G. Winter, *Life and Letters in the Papyri*, 1933。

特别重要的著作是 M. Rostovtzeff, C. A. H. VII, ch. 4; SHE(有详细的注释和书目); and numerous special studies: and of Claire Préaux, *L'économie royale des Lagides*, 1939; and numerous studies mostly in *Chronique d'égypte* (*C. d'é.*)。

有用的通货著作是 W. Schubart, *Die Griechen in Ägypten*, 1927; P. Jpuguet, *L'égypte Ptolémaique*, 1933 (in G. Hanoteaux, *Hist. de la nation égyptienne* III); and H. I. Bell, *Egypt from Alexander the Great to the Arab Conquest*, 1948 (附有有关纸草的书目)。

关于军队和外国人口,可参阅 J. Lesquier, *Les institutions militarios de l'égypte sous les Lagides*, 1911; Fr. Heichelheim, *Die auswärtige Bevölkerung im Ptolemäerreich* and *Nachträge* in *Archiv* IX, 47 and XII, 54; W. Peremans, *Vreemdelingen en Egyptenaren in Vroeg - Ptolemaisch Egypte*, 1937 (with a summary in French); M. Launey, *Recherches sur les armies hellénistiques* I, 1949; II, 1950。

(转下页)

托勒密埃及 在过去的半个世纪甚至更长时间里，在某些方面，我们在埃及发现的草纸文献比任何希腊古迹都更能详尽展现托勒密王朝治下的埃及风貌，在它们所涉的范围，在重构历史画面上，它们甚至在某些方面可与当代历史文献相比。但它们所涉的 177
范围非常有限，因为草纸文献得以保存下来十分偶然，且它们出自 178
埃及的乡间地区而不是首都，是为了保证局部利益占主导地位，中央政府重要政策和立场仅仅是偶然间或地在它们中出现。[①] 再加上埃及本身就是一个世界，它的利益主要集中在它的经济体系——一份从法老统治下的埃及传下的遗产(它的基本体系)，[②]这是所知的 20 世纪之前一种被精心制定，最完全、彻底的国有化体系，除了可能的秘鲁人的经济体系外。总体而言，埃及对希腊化所做的贡献相对较小，要不是在亚历山大的博物馆和图书馆，埃及对希腊化的发展几乎不能产生任何影响。对在埃及的希腊人来说，他们在密集的埃及人中依然是陌生人，如果没有罗马入侵，埃及人最终会同化希腊人。在托勒密一世统治时期，埃及人口实际上还没有过于稠密，因为在埃及仍然有未开垦的土地。传统思想认为在古希腊时期埃及人口已达 700 万—750 万(不包括亚历山大里亚)，但一

(接上页)关于行政和法律，除了上述引用罗斯托夫采夫(M. Rostovtzeff)、普雷克斯(Claire Préaux)的著作外，还可参阅 W. Schubart, *Verfassung und Verwaltung des Ptolemaerreichs*; V. Marin, 'Les papyrus et l'histoire administrative de l'égypte gréco-romaine', *Münch. Beiträge z. Papyrusf.* 19, 1934, 102; P. Collart, 'La papyrologie et l'histoire du droit', *ib.* 186; R. Taubenschlag, *The Law of Greco-Roman Egypt in the light of the papyri* I, 1944 M. T. Lenger, 'Les lois et ordonnances des Lagides' *C. d. 'é.* XXXVII, 1944, 108; E. Seidl, *Ptolemaische Rechtsgeschichte*, 1947; C. B. Welles, 'The Ptolemaic administration in Egypt' *Journ. Jurist. Pap.* III, 1949, 21。

有关法老背景的著作是 S. R. K. Glanville (ed.), *The Legacy of Egypt*。

① Cf. A. H. M. Jones, *Ancient Economic History*, 1948, 2 (inaugural lecture).

② 关于遗产的继承程度，学者的观点存在分歧，见 Andreades, *Mélanges Maspéro* II, 1934-1937, 259 *sqq.*; Préaux, *C. d'é.*, 1943, 148; Welles, *op. c. supra*, p. 177 n. 1。

些学者认为实际数字要更大一些。[1] 一些马其顿人跟随托勒密一世而来，他们享有特权，但由于人数太少而被忽略。早期托勒密王朝的统治主要依靠涌入埃及的希腊人，他们大量到来，直到前3世纪中叶。这些希腊人要么是雇佣兵，要么是移居者。同他们一起来的还有色雷斯人和西亚人。除了犹太人，他们中大部分不久就被希腊化了。[2] 公元前252年，托勒密军队中有了一个罗马人。[3]

托勒密帝国 有一段时间，希腊人像统治一个被征服的国家一样统治埃及。这并不是亚历山大所期望的，在他的体制中，欧
179 洲人掌管金融和占领军，文官政府（由他统领）被托付给埃及人；省（国家的分区）仍然由当地省长统治，并由他来指定当地的统治者而非马其顿总督。甚至托勒密一世在担任埃及总督期间也没有完全抛弃亚历山大的思想，[4]他给本土人的空间比他们认为的更多，改变发生在托勒密一世蒙生海外征服政策后。托勒密一世的继承人瞄准了爱琴海这个帝国和它的沿海地区，并把埃及当成是挣钱机器。在前三个托勒密国王统治之下（公元前312年后），没有一个本土人拥有武器。但到公元前3世纪末，形势发生了变化。公元前217年，新组建的本土军队为托勒密四世赢得了拉斐亚战役的胜利，由此托勒密统治者认识到了他们的重要性。而且希腊的移民潮停止了，希腊元素由此开始失去其在埃及的土地。在此，我们最好还是将存在于公元前3世纪的托勒密王朝和它的体系概括一下，然后注意其后来的变化，特别是托勒密攸厄格特斯二世的一系列法令所反映出的变化。

---

① Rostovtzeff进行了讨论，*SHE* 1137－1138，1605。

② Fr. Heichelheim, *op. c. supra*, p. 177 n. 1; Wilcken, *Archiv* VI, 385 (Thracians); Launey, *op. c. supra*, I, 87 *sqq.*

③ H. I. Bell, *J. E. A.* 1922, 141. Cf. *Rev. E. G.* 1911, 400 no. 3.

④ Kornemann, *Raccolta Lumbroso* 235; cf. Tarn *C. Q.* 1929, 138.

180

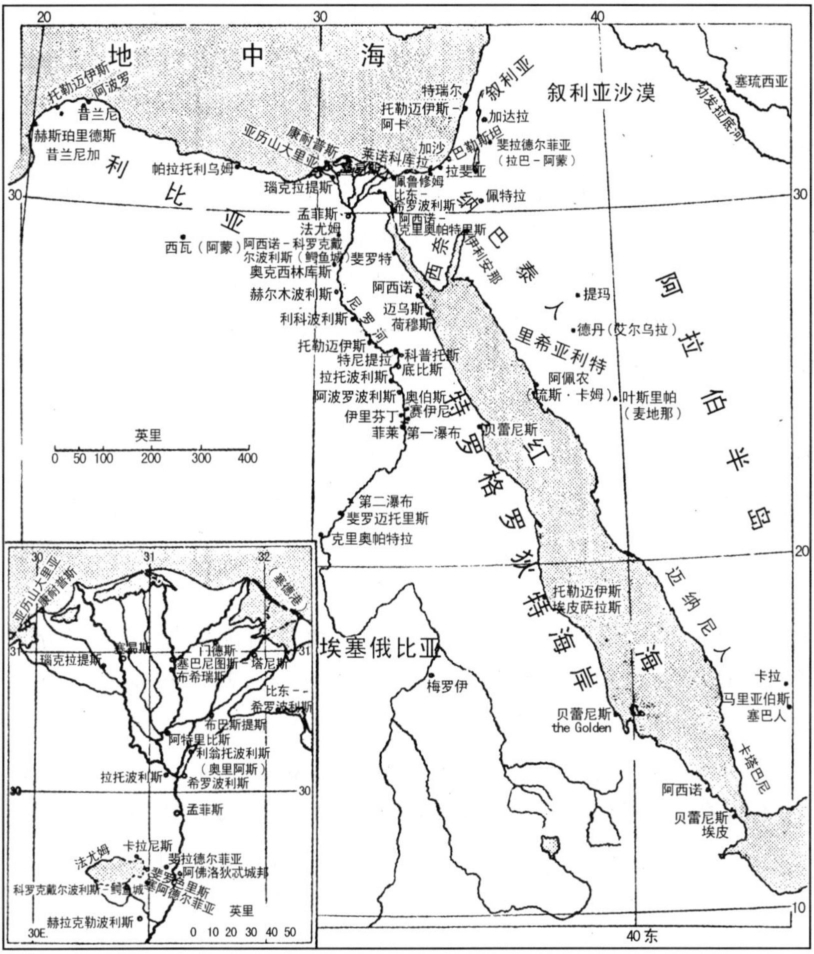

R.C.

埃及和阿拉伯
（插图：三角洲地区和法尤姆）

托勒密和塞琉古两帝国的政治、行政和经济体系上的差异和相似性表明，两种体系虽有着共同来源，但发展方向不同。它们的主要差别在于他们的经济政策和他们对希腊城市生活的态度。托勒密王朝统治者一开始就坚信，他们在埃及无法像塞琉古王朝在西亚所作的那样在希腊城市基础上建立一个强大国家。尽管托勒密一世如果不兴建城市就成不了亚历山大的继承人，但他在埃及只建了一座城市,即上埃及的托勒迈伊斯(Ptolemais),毫无疑问,它是在向受祭司影响的底比斯的中心地位发起挑战。[1] 托勒迈伊斯形式上是个自治的希腊城市,但它的自治权不久就因底比斯将军成为其首席地方行政官而受到限制,[2]这一措施使人想起帕迦马或者特萨洛尼卡(Thessalonica)的有限自治权。瑙克拉底斯(Naucratis)
181 继续存在,但与亚历山大里亚相比就显得没那么重要了。[3] 在城市方面,除亚历山大里亚外,托勒密王朝所表现出的惟一活动就是在他们的海外财产。尽管这些财产不时发生变动,但其数量一度非常之多。[4] 公元前 285 年到公元前 245 年,托勒密王朝间断地占有或控制着基克拉迪群岛,他们还从公元前 281 年到公元前 201 年控制着萨摩斯岛。[5] 在小亚细亚,尽管在与塞琉古不断交战中,许多城市和地区由托勒密王朝与塞琉古王朝交替统治,但托勒密王朝于公元前 273 年或更早到公元前 197 年间断控制着从西里西亚的卡利卡得奴斯(Calycadnus)到以弗所的大部分海岸地带。从公元前 241 年到前 202 年,达达尼尔海峡和色雷斯海岸的大部分地区同莱斯博斯岛和萨莫色雷斯岛(Samothrace),甚至包括在马其顿范围内的阿布德拉(Abdera)也在托勒密王朝控制区域之内。此外,托勒密王朝还控制着南叙利亚到黎巴嫩和腓尼基的大部分地区,不过在公元前 200 年之前,那里的边界一直发生着变化。在公元前 146 年之前,铁拉、[6]位于阿各利德(Argolid)的默舍那

---

① G. Plaumann, *Ptolemais in Oberägypten*, 1910.

② Plaumann, *op. c.* 29; cf. *OGIS* 51,728.

③ E. Marion Smith, 'Naucratis', in *Journ. Soc. Or. Res.* X, 1926,147.

④ Ernst Meyer, *Die Grenzen der hell. Staaten in Kleinasien*; Kahrstedt, *Syrische Territorien*; Otto, *Beiträge zur Seleukidengeschichte*; Tarn, *C. A. H.* VII, ch. 22; F. M. Abel, 'Les confines de la Palestine et de l'égypte sous les Ptolemées', *Rev. Bibli.*, 1939,207 and 531;1940,55 and 224.

⑤ 关于托勒密时期的铭文见 L. Robert, *études epigraphiques et philologiques*, 1938,113。

⑥ *I.G.* XII, 3, Index IV.

(Methana)、①位于克利特岛②的依塔诺斯(Itanos)也在托勒密王朝统治之下。昔兰尼加在大约公元前258年到公元前246年有过短暂的独立,至于其他时间则处于托勒密王朝统治之下,直到公元前96年。塞浦路斯是托勒密王朝最后的一个海外财产,他们统治着那里直至公元前58年。③ 托勒密王朝统治者给许多城市改了名字,如默舍那、④位于吕西亚的帕特拉(Patara)、位于塞欧斯的一些城市都变成了阿西诺(Arsinoe)。⑤ 然而,在西里西亚的阿西诺和菲拉德尔菲亚(Philadelphia)⑥可能是新建的。在叙利亚也有这样的城市,如吉尼色拉特湖(Lake Gennesareth)上的费罗特利尔(Philoteria),而其他一些本土城镇被改建成希腊化城市,阿克(Ake,或阿克莱[Acre])变成了托勒迈伊斯和拉贝特安曼·菲拉德尔菲亚(Rabbath - Amman Philadelphia)。至于前三个托勒密王朝的外交政策是防御型还是侵略型,学界对这一问题有许多争论,有人认为他们占领叙利亚南部和塞浦路斯是出于防御目的,除此之外的其他行为都带侵略性。

属于托勒密王朝海外财产的希腊城市事实上是被征服的城镇, 182
它们需要纳税,其政府形式和埃及的政府形式有一定联系。埃及托勒密王朝的一项变革就是取消地方省长,由希腊或马其顿将军统治那些省,仿佛他们就是总督。海外财产地也由将军与城市统治者(epistatai)共同管理,这在马其顿王国内很普遍。⑦ 但重要的一点是这些希腊城市的内部事务,不仅处在托勒密通过将军和城市统治者的控制之下,还在亚历山大里亚财政大臣的控制之下,因

① *OGIS* 102,115.

② Ditt.^{3} 685 1.42.

③ Sir George Hill, *Hist. of. Cyprus*, I (1940), esp. 173 *sqq.*

④ Hiller, 'Eφ. 'Aρχ. 1925 - 1926,68.

⑤ Str. 666; Ditt.^{3} 562. 见 Tscherikower *op. c.*, index *s. v.* Arsinoe。

⑥ 特斯彻瑞科沃认为菲拉德尔菲亚的建立时间更晚一些,我对此深表怀疑。

⑦ *OGIS* 44,113,134;不过特恩切瑞科沃(Tscherikower)怀疑南部叙利亚是否有将军存在,见 Tscherikower, Mizraim 1937,38。

为在每个省的将军都下属一个财政官员奥伊口诺摩斯(*oikonomos*),像卡里亚(Caria)这样的省也有一个将军和一个财政官在希腊化城市中行使权力。① 没有其他君主制达到这种程度,这显示出托勒密王朝统治者想要将埃及经济体系引入希腊世界的企图。不幸的是,他们为这一企图所做的努力到底有多少,我们却不得而知;但埃及的莱斯博斯岛除了用钱纳税以外,还用谷物纳税,②这意味着它的城市土地被当成是王田一样对待;在哈里长纳苏斯(Halicarnassus),名义上有一个三层桨战船司令官帮着维持埃及海军;③而且托勒密二世企图用自己的货币来代替在亚洲的城市货币。④ 总的来说,叙利亚无疑是以埃及模式组建的,但不是很彻底。除了朱迪亚祭司国,在安曼托比亚德(Tobiads in Ammon,参阅第212页),在托勒密的主权之下依然有地方首脑存在,且他们可能在其管理的地方拥有土地。⑤

公共事业 至于在埃及的公共事业,托勒密一世建立了图书馆
183 和博物馆;托勒密二世完善了图书馆,并修整了大流士一世通过苦湖(Bitter Lakes)将红海和尼罗河连接起来而建造的运河;托勒密二世还在其统治早期开始将默里(Moeris)湖水抽干以便建造阿西诺伊特(Arsinoïte);法雍这个他建立的希腊移民中心也因此获得了不少良田。⑥ 原来的沼泽地最终被改造成了有现在卡治湖(Karun)大小的一个湖泊。他们还在从尼罗河上的科普特(Coptos)到红海上贝勒尼斯(Berenice)的商路上建立了水井和碉堡,⑦且仿波斯建立了快捷的驿站系统,以及建立在必须役用动物基础上的一种较

---

① *P. Cairo Zen.* 59036 - 59037. 全在 Rostovtzeff, *C. A. H.* VII。

② Wilcken, *Chrestomathie* no. 2.

③ *P. Cairo Zen.* 59036;见 Wilcken, *Raccolta Lumbroso*, 93。

④ *P. Cairo Zen.* 59021; Schubart, Z. f. Num. 1921,68.

⑤ Tscherikower, *loc. c.*

⑥ 关于菲拉德尔菲亚(Philadelphia)这一新定居点(它在希腊人看来不是一个城市)的地形见 Topography: *P. Tebt.* II App. II; cf. Rostovtzeff, *SHE* I, 420。

⑦ *OGIS* 132.

慢但可沿路运送笨重行李和人员的方法；[1]托勒密二世引入骆驼，[2]后来从南部到亚历山大沿线都有了骆驼驿站。至于沿红海海岸的一系列重要探索，我们将在第七章进行介绍。最伟大的成就莫过于亚历山大里亚的建成。

亚历山大里亚　亚历山大里亚被称为埃及边上的亚历山大里亚，[3]并以"这个城市"与埃及的其他地区分开来，它位于红海和马瑞奥地斯湖(Mareotis)之间的重要地段，在这两个方向都有港口。狄诺克莱斯特(Deinocrates)按照传统的希腊城市形式，即长方形设计建造亚历山大里亚，这种形式甚至可在法雍乡村找到；但其未铺盖的道路却是罗马的。关于这座希腊化城市，我们的信息来源主要是斯特拉波的著作，他描绘了东西走向有100英尺宽的大街，其在适当的角度被第二条大街穿过，一些大街以阿西诺二世(Arsinoe II)的圣名命名。[4] 亚历山大用一个长达七弗隆(Furlongs，长度单位)、被称为赫普塔斯特迪思(Heptaseadion)的防波堤将法罗斯岛和大陆连接起来，那防波堤形成了一个双港；对于这种港口，我们 184
在叙拉古、锡诺普、昔齐库斯都曾见过。防波堤东面是一个大的天然盆地，现在被忽略了；西面是一个人工港优诺斯特斯(Eunostos)，它由防波堤构成，并通过一条运河同马瑞奥地斯湖相连接。每个港口有一个封闭的内港——东面是托勒密国王的私人港口，西面是位于优诺斯特斯的军用港口契波特斯(Kibotos)。马瑞奥地斯湖上的港口接纳尼罗河上的航运，据说其吞吐量甚至比海港还要大。那里还停留着托勒密二世雄伟的游船，后来其中一座为托勒密二

---

① Rostovtzeff, *Klio* VI, 249; Preisigke, *ib.* VII, 241.

② Athen. 200 F; *P. Cairo Zen.* 59008, 59010, 59143, 59207; *P. S. I.* VI, 562.

③ Str. 791 - 795, 801; Diod. XVII, 52; Ausfeld, *Rh. Mus.* 1900, 348; E. Breccia, *Alexandrea ad Aegyptum*, Eng. Ed. 1932; Schubart, *Ägypten von Alexander d. Gr. Bis auf Mohamed*, 1922; Bell, *J. E. A.* 1927, 171; E. Leider, *Der Handel von Alexandria*, 1935; Bell, *J. R. S.* XXXVI, 1946, 130；关于港口的位置，参见最近，Sir Halliday Savile, *Antiquity*, 1941, 209; cf. G. Jondet, *Atlas historique de la ville et les ports d' Alexandrie*, 1921, Pl. LII。

④ Bell, *Archiv* VII, 17.

世建造的驳船上甚至装有一座别墅。港口的东部是皇家居住地布鲁彻思(Brucheion),那里有神殿、宽敞的花园、宫殿、博物馆、图书馆、卫兵居住区、托勒密王朝墓地,还有托勒密二世为亚历山大遗体而建造的宏伟的坟墓(他把它从孟菲斯带来);这个坟墓直到罗马的皇帝竟还被认为是神圣的,卡拉卡拉还曾到那里朝圣过。这一切全都在法罗斯岛灯塔的照耀之下,这个灯塔是为了海上船只的安全而由克尼德斯(Cuidus)的索斯特拉特斯(Sostratus)在岛上建造的。

在城市中的建筑中包括所有的管理部门,包括粮油和其他产品的中心仓库、法院和体操房;东门的前面是体育馆,还有供赛马用的赛马场;在西面,当地人居住区附近矗立着伟大的塞拉匹斯殿;[①]在一座人工建造用于纪念希腊神潘的山上,人们可以一览城市全貌。商店和集市排列在中央大街两旁,到公元前 100 年左右,那里的房子大约有几层楼高;众所周知的宿舍是由拥有者的奴隶管理的。有一条运河将尼罗河水引进城来,通过水管将水输进地下贮
185 水箱里,[②]这些贮水箱相互关联,自成体系。居民们就是从这些水箱中取水的,后来在一些房子内用水泵就能取到水。这座城市城墙内已无空地,西面是埃及本土人居住区;东面位于厄琉西斯(Eleusis)郊外的那边有贵族花园,它们一直延伸到亚历山大里亚的度假胜地卡诺帕斯(Canopps)。到公元前 200 年为止,亚历山大里亚是当时世界上最大的城市,不过后来的罗马城超过了它;到奥古斯都朝代其总人口达到了 100 万左右。[③] 在一个最近发现的对话

---

① Wilcken, *Archiv* VII, 78. 现见 A. Rowe, 'Discovery of the famous temple and enclosure of Serapis at Alexanderia', (*Suppl. Des Annales du Service*, 1946); reviewed by C. Préaux, *C. d.'é.* 48,1949,362. 关于托勒密三世建造的,地基已被发现的那座坟墓是否是 Parmeniscas 的依然未决; cf. P. Jouguet, *Hommages à Joseph Bidez et à Franz Cumont*, 1949,159。

② Hirtius, *Bell. Alex.* 5.

③ 布洛赫所认为的数字过于小了,见 Beloch IV, 1,287。关于统治亚历山大里亚和埃及的国王见 *SHE* III, 378 B 1. 9。

中，一位狂热者宣称亚历山大里亚就是这个世界，整个地球都是这座城市的土地，其他城市只是她的村庄。[1] 关于托勒密二世治下它的富有和雄伟，我们可以从卡利克色尼斯(Callirenus)关于国王节日游行的叙述中找到，这一叙述通过雅典尼乌斯(Athenaeus)保存了下来。

严格从希腊意义上说，这个巨大的人群聚集地在希腊人看来不可能是一个城市。[2] 亚历山大里亚是以国籍为基础的国民(Politeuma)的集合，其中希腊人是最重要的；除此以外，该城一边尽头有一些享有特权的马其顿人，而另一边有许多埃及人。亚历山大里亚甚至没有一个城市委员会(尽管有些人不这样认为)。[3] 威尔肯(Wilcken)[4]认为亚历山大不可能在没有城市委员会的情况下建立这个城市，这一观点是以他建立的是一个"城市"、一个城邦为先决条件的；然而亚历山大里亚建立的基础可能是一种新的组成形式。然而亚历山大里亚的希腊国民更接近于希腊城邦体制。在亚历山大里亚，希腊人被称为"市民"或"亚历山大里亚人"，并被分成许多部落。[5] 他们有希腊式的执政官，以管理建筑、公共卫生等事务。他们还有希腊法庭来执行一种融和了"城市法律"(希腊 186
公民法)和皇室法令的法律；除公元前 3 世纪以后的犹太民族外，[6] 这些法律似乎对所有公民都有约束力。亚历山大里亚周边的土地是亚历山大里亚人的土地，其中包括希腊国民。如果人们发现了一个市政会，它很可能就是国民统治的城市委员会，而它一定存

---

① *P. Berl.* 130451.28，in *B.G.U.* VII，13；cf. Lumbroso in *Archiv* VIII，60.

② 关于这部分见 *Dikaiomata*；Schubart，Klio X，41，and *Einführung* 245，280，284；Plaumann，*Archiv* VI，77，*Klio* XIII，485。对于 politeumata，除 p. 147 n. 4，另见 Rostovtzeff，*SHE* 1401 n. 137。

③ Bell，*Jews and Christians in Egypt*，1924 (Claudius' letter)；见 *J.E.A.* XI，95；XIII，98，106；XIV，146；XV，123；XVII，128；特别是 *Aegyptus* XII，1932，173，"亚历山大里亚元老院的问题"。

④ *Archiv* VII，308，310.

⑤ Perdrizet，*Rev. E.A.* 1910，217.

⑥ 因为 Mitteis，*Chrestomathie* no. 21。

在。有许多希腊居民却不属于希腊国民，但所有人都是托勒密官员的统治对象，[①]这些官员后来有一段时间拥有了军事权力。当时还有其他王室官员，如治安官、穿紫装的 *exegetes*（评判官）、*eutheniarch*（供给官）。后一种职务后来可能负责管理食物供给，[②]但国王自己要保证这个城市的居民不会挨饿。[③] 有意思的是，宪法中有希腊人的个人城市法，这种法律对非希腊人也起作用，它正要变成一种真正的地方性法律，这也可能是亚历山大要将不同民族融合起来的方案的一部分。希腊人从公元前 2 世纪开始同埃及人通婚，亚历山大里亚最终融合成了一个有或多或少共同性质的民众（犹太人和希腊少数民族除外）聚集地；其间满是骚动、疯狂表演、对王朝的讽刺，有时甚至是敌对，但最终，他们还为这个王朝战斗，并为它的衰落深深遗憾。

托勒密制度 描述托勒密制度就像是描述一个无头的身体，因为所有线索都指向亚历山大里亚，但对它的中央机构，我们一无所知——现存资料都来自于乡村。在波斯人统治下，货币支付方式已替代了实物支付方式。这一过程在托勒密王朝统治之下极为盛
187 行，但旧的经济模式依然存在，资本在国内相对不足，利息在 24% 至 26%之间，[④]在希腊的利率尚不清楚，海外贷款除外。至于农民，他们是整个制度的基础，每个农民都被束缚在固定的地方，没有官员准许不得离开。[⑤] 垄断制的起源可以追述到法老时代的古寺庙的垄断，以及当克里奥米尼（Cleomenes）最终控制这个国家时，[⑥]他作为亚历山大财政主管对小麦市场进行的垄断；但正如我们所知道的那样，这一制度似乎是托勒密二世创建的，但可想而知是他的父亲首先发起的。

---

① Polyb. V，39；*OGIS* 743；Schubart，*Klio* X，68.

② Cf. Wilcken，*Grundzüge* 365 n. 5；Bell，*J. E. A.* XIII，174.

③ Kunkel，*Archiv* VIII，212 no. 15；Wilcken，*Hermes* LXIII，48.

④ Beloch IV，1，323.

⑤ Rostovtzeff，*Kolonat* 305 - 308；Wilckken，*Grundzüge* 26.

⑥ Ehrenberg，*Alexander und Ägypten*，50；Tarn，*Alex.* II，303 - 305，以及注释。

国王即国家;在佩狄卡斯(Perdiccas)死后,托勒密一世宣称埃及是他用长矛赢得的,[①]应按马其顿的传统传给国王。因此,他宣称占有除瑙克拉底斯(Naucratis)、亚历山大里亚和托勒密迈伊斯以外的所有埃及土地,这不仅包括古代的皇家领地,还包括寺庙土地、封建贵族的土地(这些贵族均被托勒密王朝取消)。所有土地从狭义角度可分成两类:[②]国王的土地(由国王直接控制的土地)和可授予的土地。国王的土地由王室农民(国王的臣民)为其耕种。这些人组成了村庄人口的重要部分,他们的祖先开垦王国已有几百年历史;他们中许多是小生产者,但也有一些是有一定财产的农民。他们传统的土地使用权转成了希腊的形式,即被登记为土地承租人,但他们没有书面租约,而国王也不履行出租人的职责。由于不能离开村庄,他们被迫耕种他们的土地,而如果土地产量不高,他们可能被迫耕种更多的土地,因为这个国家信奉这样一句格言:国王的土地必须被耕种。他们的家畜可能被征用,提供无偿劳 188
力去挖沟开渠。他们也可能随时都被召集去劳动,实际上他们和农奴差别不大。国王的土地到底有多少无人知晓,但当然占了很大一部分,尤其是在法雍和三角洲地区。

国王的土地、赐予的土地、受领土地的公民 土地的类型可以分成四类:(a)庙田、(b)军田、(c)赐田、(d)私田。(a)作为埃及的神,国王自己命人开垦了以前的寺庙土地,分配寺庙所要求的东西,并且保留剩余的。也许在底比斯的大片土地属于这一类。(b)军田(*klero*)是分配给军事移民的土地,他们原先是来自不同民族的雇佣兵,其中希腊人占绝大多数,将他们安置在土地上就保证了兵源。在公元前3世纪,他们获得了许多良田,但随后他们就被移居到了荒地和未开垦的土地上。由于国王将这些土地以较低价格卖给他们,他们藉此开垦这些是他们的份地。他们可以按照自己

---

① Diod. XVIII, 39,5.

② 关于土地,通常引用的著作是 add Rostovtzeff, *Kolonat* ch. 1 and in J. E. A. VI, 165; Kornemann, *Bauernstand* in P. W. 。

意愿将土地变成谷物地或园地(葡萄园被算作园地),并相应地交纳租金,如果是谷物地则用谷物交租,如果是园地则用钱交租。他们的地租不是很重,因为他们所服的兵役已算作部分地租。如果一个军田移民死了,或者未能缴纳租金或服兵役,国王可以恢复对土地的拥有权,但到公元前 218 年,这种土地变为可继承的了,它们可以传给军事移民的儿子,后来它又变成了可转让财产。[①] (c)赐田是大片地产,由一个或更多村庄及其土地组成,通常被赐予一些官员,于是这些官员就成了村庄掌权者。国王这样做的目的是通过这样的代理方式将土地充分开发,但国王可以恢复对这些土地的拥有权。芝诺草纸文献已提供了许多关于法雍的土地资料。这些土地都是由托勒密二世赐予财政大臣阿波罗尼戊斯(Apollonius)的。[②] (d)
189 私田原先指房子、花园和葡萄园,甚至一个王室农民的房子和花园也是私人的。希腊人有时称之为私产,但私人对私产只有使用权,没有所有权,这一点与托勒密王朝其他形式一样。除了希腊化城市,埃及任何土地上的财产或合法地产都无法脱离国王的控制,国王只是暂时将土地的长期使用权交给平民,除房屋和园地外,没收的荒地或军田,甚至空闲的王地即是如此——它们都被认为是"私有的";这在前世纪逐渐重要,而在罗马统治下,它的重要性就更为突出了。因为军事移民组成了国家的军事力量,所以私有土地的占有者也许就组成了小官僚集团。有人会将这种形式同亚洲塞琉古王朝采取的形式相比较,在那里,我们也许可以发现非军事化的殖民地与军事化的殖民地是相邻着的。

谷物 我们来看经济体系本身。[③] 埃及人的主食是小麦。所

---

① Préaux, *écon. Royale*, 463 - 477.

② *P. Cairo Zen.* And *P. S. I.*; Rostovtzeff, *A Large Estate in Egypt*, 1922; F. Zucker, *Hist. Zeits.* 1924,69.

③ Cf. the works cited p. 177,关于这一部分尤见 Rostovtzeff, *SHE* 300 sqq., Préaux, *écon. Royale*, 61 sqq., Heichelheim, P. W., *s. v. Monopole*。

有谷物地（无论在谁人手中）都须直接以谷物形式向国王交税，[1]而国王土地上的庄稼没有一部分是属于农民的，除非他们向国王交了税，而那些税就占了较大一部分，且被直接送进村庄里的国王仓库中。在亚洲，塞琉古王朝统治者与农民是伙伴关系，他们在歉收年份必须和农民分担损失（参阅第 142 页）。在埃及，本土农民耕种土地的每一部分收成都必须按规定的份额交纳给国王，这是首要义务，损失只能由耕种者承担，[2]这是托勒密王朝巨大财富的来源之一，王室农民几乎没有足够生活资料留下，至于次年的谷物种子则由国王提供。小麦从村庄的仓库被运往省中心仓库，之后又顺尼罗河北上运到在亚历山大里亚的国王仓库中。小麦像是第二条尼罗河，由千条小溪汇合后流向首都。[3] 托勒密是世界上最大的 190
谷物商。

纺织品　统治者对待纺织品和油料等皇室垄断或带有垄断成份的产品的方式不同，因为[4]纺织品是受原材料支配的。尽管国王可以决定国内每年生产多少亚麻，他却不能准确地决定应饲养多少羊：他最多只能将外国羊毛的进口税提高 20％，[5]这导致了阿波罗尼戊斯在税收范围内试养米利都羊（希腊羊毛）。[6] 对于像羊毛和亚麻布之类的产品，国王就没有企图通过强迫将产品只卖给他，从而控制原材料。王室工厂生产必需品，以供给法庭、军队和出口贸易（如亚麻布）；但在毛纺业中，许多生产都是由私人企业完成的。尽管亚麻布不算是完全垄断产品，但它的纺织地控制较为严

---

① Cf. A. H. Gardiner, *P. Wilbour* II and III, 1948，似乎与拉美西斯的土地课税形式相同。

② Wilcken, *Grundzüge* 171. Seemingly this may not apply to large holdings, Greek or otherwise.

③ 关于谷物从诺姆向亚历山大里亚的运输见 *P. Tebt.* III, 703 ll. 70 - 87; Rostovtzeff, *SHE* 1391 n. 115; E. Börner, *Der staatl. Korntransport in gr.-röm. Ägypten*, Diss. Hamburg, 1939。

④ 关于纺织品尤见已引著作 p. 177 n. 1; *P. Tebt.* III, i, 703。

⑤ *P. cairo Zen.* 59012.

⑥ *Ib.* 59195.

格。虽然各省每个纺织者必须按照规定为国家生产一定质量和数量的商品，而个体都倾向于补偿自己由此的损失，所以国家似乎对超过国家要求的额外生产量没有限制。例如寺庙仍被允许为他们自己生产，他们生产的是自己的份额。至于纺织产品市场，政府对于价格和数量的管理到什么样的程度，我们至今仍不清楚。

油品垄断 王室最大的垄断产业是油料。[①] 尽管橄榄传入埃及已有较长一段时间，但数量却仍十分少；种植橄榄树是出于装饰
191 目的，而橄榄只被用作水果。[②] 最好的油料是从芝麻中提取的，埃及人还从巴豆、亚麻籽、红花和药西瓜（葫芦籽）中提取油料，至于每年用多少土地种植油料作物则由国王决定。种植是义务性的，而且国王给全部产品制定价格。油料在国家工厂中生产，工人们是农奴，他们被迫工作，并且没有官员命令不得迁移。他们只能在自己被分配到的岗位上工作，最后油料通过零售商以固定价格出售。为了防止竞争，托勒密王朝对外国油料的进口税相当重。[③] 公元前 259 年，托勒密二世在埃及以 52 德拉克马的价格出售他的油料，进口税高达 50%，并且法令规定，进口的油料必须以 48 德拉克马卖给国家，这种规定就这样一直执行着。装运希腊油料的托运人必须交纳 26 托勒密德拉克马的税和大约 2 德拉克马的亚历山大港口税和其他税款，再以 46 德拉克马卖出，这样将有 18 托勒密德拉克马留给他用于支付油价、2%的出口税、运费和他自己的利润，因而他不能将油料在埃及出售，除非所有的花销低于 18 托勒密德拉克马，这个价值等同于大约 15 雅典（亚历山大）德拉克马。但在大约公元前 259 年，提洛岛的油料的零售价介于 17 到 21 雅典德

---

① B. P. Grenfell and J. P. Mahaffy, *The Revenue Laws of Ptolemy Philadelphus* (Revenue papyrus).

② *P. cairo Zen.* 59159, 59184; Str. 809; Ch. Dubois, *Rev. Phil.* 1925, 60; 1927, 7.

③ 数据出版见 *P. cairo Zen.* 59012 (*recto*)，关于收益法令，我在这里给出的信息更为详细，关于德洛斯岛的情况见 J. E. A. XEV. 257; Mlle. Preáux′ Calculating Écon, voyale 85，与我的描述有略微出入。

拉克马之间，因此埃及的税收可被视为防止进口；而如果阿波罗尼戊斯仍进口橄榄油并使用他自己的船只，财务大臣的巨大权力可以满足他的想法，但托勒密国王就不必这样冒险。任何人除了纳税外，如果出于个人利益而将外国油料沿尼罗河运送则他必须另交 12%的税，如果他企图卖掉那些油料，它们就会被没收，并且处以 100 德拉克马的罚款，油料产销是一种非常严格的垄断。这一过程中的每项环节都被国家化了，包括生产、制造和分配。托勒密 192
在芝麻油上的获利性介于 70%到 300%之间，而在药西瓜油上的获利更多。[①]

其他垄断行业与权利 对于其他一些产品，国王要么完全垄断，[②]要么插手其中。[③] 草纸(一种书写材料)的生产也许已处于托勒密二世垄断之下。公元前 333 年，在希腊一卷草纸售价两德拉克马。公元前 296 年，随着埃及的开放，一德拉克马可以买好几卷，但在公元前 279 年后，草纸行业处于垄断状态，平均一卷费用又达到两德拉克马。[④] 其他垄断行业则包括矿业、采石业、盐业和碱业(苏打的碳酸盐，用于制皂)，成衣业也可能已被垄断，大麻被当成是亚麻进行垄断。所有进口商品都必须以国王自定的价格卖给他。他在所有渔业和蜂蜜业中占 25%的份额，并且相应地加上了 25%的进口税来保护他的利益。[⑤] 他拥有尼罗河上部分的商船和皮革制造厂；克里奥帕特拉可能和她的侍女们一起经营一家羊毛厂。[⑥] 银行业真正实现了垄断；在亚历山大里亚有一个国家银行，在各省的首府和一些村庄里都有银行，它们向私人放款，除了

---

① 推论自 *Rev. P.* p. 151。

② Fullest list, Wilcken, *Grundzüge* 239 - 257.

③ 一般见：Wilcken, *Schmoller's Jahrb.* XLV, 49; Rostovtzeff, *J. E. A.* 1920, 161; N. Lewis, *L'industrie du papyrus dans l'égypte gréco-romaine*, 1934, 125。

④ Refs. Glotz, *J. d. Savants* 1913, 28; Bull. *Soc. Arch. Alex.* XXV, 1930, 83; Lewis, *op. c.* 152; Rostovtzeff, *SHE* 1391 n. 111. 不过我们不能确定纸卷长度和质量总是相同。

⑤ *P. cairo Zen.* 59012; Wicken, *Chrest*, no. 167.

⑥ Oros. VI, 19, 20.

存款和货币兑换业务还作为国家银行的分支机构（如果实际上它们不是在官员的领导下真正的分支机构的话[1]）；它们接受税收，并通过按财政部的账户支付钱款，这就像希腊城市中所谓的国家银行。除银行业外，诸如酿造业、养蜂业、养猪业等其他许多行业都须每年从财政部买执照才能继续经营下去，从这里我们可以看出，这种办法适用于所有未被垄断的行业。国王拥有所有牧草地和大量牲畜。王室农民在收获他们的谷物之后不得不再种一次庄稼，
•193 以饲养国王的牲畜。国王还放养着成群的猪和鹅。在埃及，任何人未经国王许可不得砍伐树木，因为树长在国王的土地上。

最后谈谈六一税阿波莫拉（apomoira），[2]这是一种交纳所有产品六分之一的税，其中葡萄园地的以实物交税，果园和花园地以货币交税。这种“六一税”曾属于神殿，但在公元前 266 年 5 月，托勒密二世将之用于对神化的阿西诺·菲拉德尔普斯（Arsinoe Philadelphus）的崇拜，这很可能意味着这一税收部分归国库所有。除了六一税，托勒密二世还以三年平均产量为基数对葡萄园、果园和花园的总产量收取 33.3％的税，[3]也就是说，一年的葡萄收获量大部分是归他的。尽管酒以实物的形式立即由财政官员运送出去进行贸易，但优质希腊酒须交纳33.3％的进口税。[4] 这与托勒密的税收是相对应的。这种精确计算决定了它不会对托勒密的酿酒业造成损害，同时又接受了亚历山大不可缺少的那些爱奥尼亚酒。葡萄园上的税收形式使得托勒密与葡萄种植者组成伙伴关系，那些葡萄种植者通常是希腊人，由于他们和埃及的谷物种植者不是伙伴关系，所以这是一种种族歧视，[5]但总体而言，国王并没有那样

---

① So Wilcken, *Schmoller's* J. XLV, 85; Préaux, *Écon. Royale* 280.

② 全在 Bevan 183。

③ *P. cairo Zen.* 59170, 59012，有 Edgar 的评论，*Ann. Serv.* XIX, 23,85, XXIII, 73; Rostovtzeff, *Large Estate*, 99; Westermann, *J. E. A.* XII, 38。

④ *P. cairo Zen.* 59012.

⑤ Préaux, *Écon. Royale* 451 n. 3; Westermann, *American. Hist. Rev.* XLIII, 1937-1938,270-272，有着很好的注释。

的种族歧视。至于埃及对统治的其他国家的自然作物(如昔兰尼的松香草、耶利哥的香脂、死海的沥青)的垄断情况,我们不得而知。

这些措施表明,由于埃及所有土地都属于托勒密王朝,所以从某种意义上说,所有商业,包括那些不受皇家垄断的商业看起来只能在一定的条件下才能经营下去,即要么买一张执照,要么向国王交纳部分产品。

税收　除此之外,托勒密王朝还有一系列为数众多的苛捐杂税,包括地产继承税、房子租金的5%的房税、10%的销售税、2%的 194
市场销售税、33.3%的鸽舍税、[①]牲口和奴隶税、人头税。人头税尽管税率不同,但托勒密对整个国家除祭司和一些特权组织外的所有人都收。这是一项经济措施,而不是一度被人认为的是一种政治税以标志埃及人低下的社会地位。[②] 货物从上埃及到下埃及、从乡间到城镇要收取入市税;在尼罗河港口要收取2%的进出口税。在亚历山大和其他海港有些进出口税是很高的。国王登基时要交纳皇冠税。民众还要为舰队和灯塔交税,给警察、医生、浴室等地方组织交税。后来,税收体系进行了一次改革,目的是要把国库同国王的私人财产分开。后者由一个被称为伊迪奥·罗格斯(Idios Logos)的官员管理(私人账户),[③]该官员隶属于财务大臣。根据奥古斯都时代的管理制度判断,所有弃婴都成了托勒密的额外收入,并作为可出售的商品为国王聚敛大笔财富。[④] 人们对于小笔钱财的重视程度十分惊人。伟大的阿波罗尼戊斯卖掉了他的玫瑰[⑤]挣了一些硬币,他还重复使用米利都的油罐。[⑥] 可惜的是,托勒密国

---

① A. Hunt, *J. E. A.* XII, 113.

② H. I. Bell, *J. E. A.* XXIII, 1937, 135; Préaux, *Écon. Royale* 382; Rostovtzeff, *SHE* 1392 n. 117; Bell, *J. R. S.* XXXVII, 1947, 17.

③ Str. 797; *OGIS* 188.

④ *BGU* V, 1, *Der Gnomon des Idios*, §§41, 107.

⑤ *P. cairo Zen.* 59269.

⑥ *Ib.* 59015 (*recto*),公元前259年,米利都发生了暴动。

王的收入无从知晓,[1]但托勒密王朝通常被认为是世界上最富有的,并且积攒了“托勒密王朝的金库”,这大大刺激了罗马人的贪欲。

注册 在这些情况下,要管理一个国家,完整的统计必不可少,且登记系统也非常完整。每个村庄都将其土地登记造册,一直
195 持续更新,它们记载了村中的每一片土地;省会都有一个全省的登记册,由村庄中的登记册组成;在亚历山大里亚一定有一个全国的登记册,由省登记册组成。此外还有房屋的登记册,所有拉车的牛和役畜都要登记。如果有人买了一张执照去钓鱼,一个登记人员就会跟着去登记他的捕获量。官方的土地统计满足了对不动产征税的需要,动产的征税是在所有者的申报和官方审查相结合的基础之上进行的。托勒密政府可能每年都会用一种形式进行人口普查。[2] 监督体系也像登记制度一样完整,凡事都要审查,托勒密国王每天都知道他的每个臣民的价值和他们中的大部分人在做什么。除非是在希腊化城市,国内市场上一般没有独立的贸易,零售商只是凭固定的利润充当分销商品的国家代理人;甚至当征税被外包出去时,自行其事也不大可能,除在海外殖民地,包税商被国家控制着。[3] 尽管托勒密所做的最好的事情只能是一件收税的机器,但是包税商还是足够小心,因为如果他不支付计算中的数目,那么他的财产和财产担保就会被没收。无论是王室农民还是其他农民种什么庄稼,政府都有规定,甚至阿波罗尼戌斯有一次也收到了这样的命令,这样的命令只能由托勒密二世亲自签发。[4] 所有王室农民的耕牛都在国家的控制之中,在耕种和收获期间,那些耕牛被分配下去使用,以使田地得到最好的耕种。除了较严格的组织,

---

① Jerome 指出(on Daniel xi, 5),在托勒密二世治下,14800 塔兰特的实质要小不少。

② Wilcken, *Grundzüge* 173.

③ *Rev. P.* A col. 1 *sqq.*

④ *P. cairo Zen.* 59155.

政府还做了许多事情，以促进农业生产，[①]包括新种子的试验、[②]阿拉伯羊的引进等等。[③] 阿波罗尼戊斯还为他的土地引进了米利都羊，[④]并种上了杉树，以求解决埃及木材缺乏问题。[⑤] 到奥古斯都时 196
期，法雍[⑥]有很多橄榄树。国内树的种植和养护并没有被忽视。[⑦]

官员　这样的体系必须包括行政、军队和财政在内的整个官员体系。至于行政，每个省分成若干税区，而每个税区又由许多村庄组成，每个村庄和每个税区都有两个当地官员；理论上每个省有两个官员，一个省长和他的书吏，但将军才是实际上的省首脑，他主要负责民事和法律，不过他的名字仍然是征服的象征。财政大臣是这个国度第二重要的人物，他是财政方面的首脑，可任命下属的财政官员。他在亚历山大里亚的办事处控制着两大中心，一是国王用于储存谷物和其他农产品的仓库，另一个是聚集各类税收的国家银行。至于在省会和村庄则有各省仓和村仓——负责将征收的谷物运到亚历山大里亚，以及省银行和村银行——负责税金；相应负责这些的是财务大臣的下属官员，每个省的 Oikonomos（管家）；但后来此职位一分为二，一个官家管理生产，一个管理税款。然而，这些财政官员却得不到信任，他们不仅必须找到担保人，而且每个人都被分配了一个检查员。当一个农民将谷物卖到仓库，在检查员证实了仓库管理人称的重量之前，他拿不到收据。如果没有足够的人自愿，那么政府就会强制一些人担任这类小官。

法律　托勒密作为一个绝对君主是法律的来源，[⑧]他的法令具

① R. Johannsen, *C. P.* 1923, 156; *P. cairo Zen.* 59033, 59156 - 59157, 56159; Plint XII, 56, 76.

② Athen. 369 F.

③ *P. cairo Zen.* 59430.

④ *Ib.* 59195.

⑤ *P. cairo Zen.* 59157.

⑥ Str. 809.

⑦ *P. Tebt.* III, 1, 703, 1. 191.

⑧ P. 57 n. 2.

有法律效力，但通常的法律执行起来必须考虑两种不同体系，[1]即希腊体系和埃及体系。尽管希腊人来自不同城市，他们的法律必须被当成一个整体来对待，但实质上亚历山大里亚的“城市法律”
197 表现出的则是雅典和小亚细亚法律的混和。[2] 托勒密王朝认识到希腊的原则是“法律是对人不是对地域”，而埃及人必须生活在他们自己的法律之下，他们拥有他自己的旧法官利奥克塔(Laocritae)，他们本土的土地法被翻译成希腊文，而后在公元前3世纪，一个特殊法庭被建立起来，以处理希腊人和埃及人的纠纷，法官在判决中会考虑双方的法律。在审判希腊人的法庭中，陪审团的法官被称为克拉马托斯塔(Chrematostae)；通常一个陪审团有三个法官组成，每个法官在它的本地区巡回办案，诉讼上交给亚历山大里亚的大法官。埃及的法律可以拿来在克拉马托斯塔前辩护，他们企图及时将利奥克塔驱逐出去。两种法律自然而然地相互影响着，但总体而言，希腊法律是在以埃及法律为代价的基础上发展起来的。但更重要的是行政对司法的侵犯。人们发现一个法官实际上是服从于阿波罗尼戊斯的。[3] 如果同国库产生矛盾，即使是希腊人也不允许聘用辩护律师。[4] 一种把所有小案件(地方上的案件)都交给行政官员来代替等待审判的习惯逐渐形成起来，且在公元前2世纪，这些官员很快介入到法官的职权，几乎涉及所有的民事案件。他们的决定虽然不正规，不具法律性，但人们对这种快捷而简单的方法都很满意。埃及和希腊的司法委员会正发生着同样的情况：非正式的审判权在正式审判权面前占了一席之地。最后埃及整个庞大的王室农民和垄断工人阶层都被排挤出了正式的法庭审判，而去接受财政官员和财政大臣的严厉审判。行政和司法已混淆起来，这从常理来看不是件好事，行政夺取了法律的

---

① Rostovtzeff, *C. A. H.* VII, 894 (参考目录)。

② *Dikaiomata*.

③ *P. cairo Zen*. 59202 - 59203.

④ 托勒密二世的信件见 *P. Amherst* II, 33。

权力。

农民 公元前3世纪,埃及的社会有了明显划分:军事移民(准 198
备组成一个军事贵族)、作为私有土地占有者的平民和三个城市中的希腊人组成了埃及的上层社会,政府官员也来自于他们;下层社会由人数庞大的普通农民组成。他们没有受过教育,因而命令常用世俗体埃及文字签发,尤其是同税收有关的命令,[①]这是后埃及时代的语言。他们生活在如此高效的社会体系下,遭受着苦难。整个社会的控制相当严密,几乎没有逃避的可能,这是在东方经常存在的温和的严峻形势。除了深知他们的生活一贫如洗之外,其他的我们就一无所知了,但是从公元前216年开始,数不清的起义可以清楚地告诉我们,国内有许多令人不满的地方。对于工资,一个手艺人一天可得两到三个奥波尔(Obel),[②]一个重体力活可得一个奥波尔,工作轻一点的就更少。即便按照希腊那可怜的标准,这点工资看上去都不大可能。但面包很便宜,如果考虑到食品价格,那么实际工资可能要比希腊高。[③] 然而,除了矿井里,埃及是没有奴隶的,这当然不包括希腊人的家奴。当地的劳力过于廉价,且管理严格,这样就造成奴隶很不值钱。[④]

罢工、庇护所、逃跑 可能已经有人注意到,托勒密制度建立在两大原则上:其一,每一人都有自己固定的地方,未经官方允许不得离开;其二,王田种植必须进行下去。在托勒密二世统治下,这一制度实施起来可能不太困难,因为托勒密二世对官员能进行有效控制。在谈到这一制度时,有一个财务官员这样说,“没有人有权利做他自己想做的事,为达到完美,国王对所有的一切都下达

---

① Schubart, *Einführung* 307.

② Oertel, *N. J. Kl. Alt.* XLV, 364; Westermann and Laird, *J. E. A.* IX, 81; Beloch IV, 1,321.

③ Rostovtzeff, *SHE* 412 and 1420 n. 209.

④ 关于奴隶见 W. L. Westermann, *Slavery in Ptolemaic Egypt*, 1929, and *s. v. Sklaverei* in P. W.; Rostovtzeff, *SHE* 1393 n. 119。

199 了命令”。[1] 但从一开始，本土的埃及人就厌恶这一制度，因为它过于严格。自公元前3世纪以来，罢工此起彼伏（这是埃及的一项古老传统），[2]这不是暴动（这其中经营者受到打击），而是定期撤走劳力。罢工的有矿工、采石场工人、船工、各行各业的工人、王室农民、零售商、警察甚至还有官员，工人的罢工不是为了改善工作环境或提高工资，这是得不到的，他们只是无用的绝望，也许会因某些特殊情况（如谷种晚到了）而加深这一绝望。他们有令官方感到害怕的一手，他们会不开工，离开他们“自己的地方”，有一份罢工通知这样写道：“我们太累了，我们要跑了”。[3] 他们通常躲到神庙里以获得庇护，[4]庇护一直被称作埃及的弗拉比阿斯·科普斯（Flabeas Corpus）。[5] 托勒密的权力在神庙内不起作用，焦急的官员们只能通过劝说，或做出小小的妥协，以便让工人们回到“自己的地方”。托勒密王朝最初的三位统治者拼命减少能够给予庇护的神庙的数量，但他们不敢废除或违反这一权利。更值得注意的是，由于埃及人对波斯统治的憎恨，在经托勒密一世允许情况下，埃及祭司可以拒绝给予定居在埃及的波斯人后裔这一权利。这些事例不会很多，但以后则出现了一种奇怪的法律上的推论。债权人起诉债务人的时候，不管债务人是什么，债权人会将其称为“波斯人后裔”以防止他获得庇护。[6]

但到公元前2世纪，事情发生了变化，特别是农民。整个国家
200 的人口数量在下降，[7]这部分是因为内战和革命，另一部分原因是贫困以及贫困造成的后果。越来越多的儿童被抛弃，种地的人越

① C. Préaux, *Écon. Royale*, 566.

② Bouché-Leclercq, *Rev. E. G.* 1908, 140; Rostovtzeff, *J. E. A.* 1920, 178.

③ *P. S. I.* IV, 421.

④ Fr. von Woess, *Das Asylwesen Ägyptens*, 1923，及在 *Z. d. Savigny-Stiftung, Röm. Abt.* 1926, 32。

⑤ Woess, *Asylwesen*, 3.

⑥ 阅读 Tait, *Archiv* VII, 175；见 Bell, *J. E. A.* XI, 98; F. Zucker, s. v. περσαι, in *P. W.* XIX, col. 917 *sqq*。

⑦ C. Préaux, *op. c.* 492.

来越少，土地变得荒芜。当这一情况发生时，官员就会叫其他人除了种自己的地，还要开垦空置的农田。这一做法并不受欢迎，反过来又使得小官吏的脾气越来越大，因为他们要负责为国家收到其应收到的款项。随着没人种地的情况日益严重，[1]小官吏们变得越发严厉和蛮横，没有准备好税款的人随时会被送进监狱，而埃及的监狱则太过恐怖。[2] 有一段时间，一些高级官员试图做出体恤民情的样子。他们会在困难时期作些调整，[3]或试图让下属们保持有条不紊。我们有一份一位财政大臣对他的下属官员管家的警告。[4]财政大臣要求他们友善并开诚布公地对待老百姓。这表明他们在这以前不是这样做的，但还有些比罢工更重要的事发生了（因罢工之后还是要工作的），那些因无力纳税而害怕官吏们蛮横无礼的农民会废弃土地，设法逃跑。[5] 他也许只能获得避难。但要是运气好的话，他可能逃走，并加入当地的起义队伍，或落草为寇。到头来，官员就会让整个村庄对不履行义务者负责。村里要代此人缴税并耕种他的土地。这也就是集体负责制在摧毁罗马帝国[6]进程中所起到的作用，但即便如此，不管劳力是跑掉了还是被关起来了，国家还是缺乏劳力。于是在不得已情况下，政府又出台了一种制度，即犯人可获得安全通行权（*pistis*）。[7] 这样他们便可离开牢狱一段 201
时间（如在收割时节），以便去收割一下他的劳动成果。这和臣民的自由没关系，只是人的工作。最终整个官僚体系开始瓦解。官员的野蛮和贪婪到了无以复加的地步。在他们统治下，国家的情况（国王有名无实）可以从托勒密攸厄格特斯二世签署的一系列法

---

① C. Préaux, *C. d'É.* 1935, 343.

② Cumont, L'égypte des Astrologues, 192.

③ C. Préaux, *op. c.* p. 504.

④ *P. Tebt.* III, 703；见 Rostovtzeff, *SHE* 1421 n. 212。

⑤ *Anachoresis*, see C. Préaux, *Écon. Royale*, 500 *sqq.*，和 *C. d'é.* 1935, 343; cf. M. N. Lewis, *J. E. A.* XXIII, 1937, fasc. 1（见 *C. d'É.* 1938, 176）。

⑥ C. Préaux, *Écon. Royale*, 509.

⑦ *Pistis*, C. Préaux, *ib.* 533－544, and in *C. d'É.* 1935, 109 *sqq.* 另见注释⑤的相关内容。

令中看出来。

祭司 祭司阶级的权力(仅存的旧的本土贵族)已不复存在,国王占据了庙田(在此类土地上耕种的农民与皇家农民很难区别开来),并把所有祭司都赶往亚历山大里亚来庆贺他的生日。另外,他还不让他们专营利润十足的油料和亚麻。然而,他却允许神庙生产足够供神庙使用的麻和油,这在国家专卖中是最重要的缺口。祭司阶级还要到小的行政机构任职,而这些服务是义务性的。祭司能举行会议,[①]但显然只是管理宗教事务和向国王授予荣誉。与此同时,国王也注意不去冒犯当地人强烈的宗教感情;他们把神和祭司区分开,尊重并培植埃及宗教,提供捐赠,并在丹德拉(Dendera)、埃德福(Edfu)、空翁帕(Kom Ombo)和菲莱(Philae)建造当地的神庙,因为托勒密就像法老一样是埃及的神,是太阳神的儿子。

希腊社会 希腊人[②]来到埃及以求发展,他们尽自己所能将自己的生活也移到了埃及。在一个世纪内,他们并未和埃及人自由混合。他们带来了他们自己的神,他们阅读荷马和欧里庇得斯,并组成了很多俱乐部。他们的基础教育既非义务的,也非国家管理
202 的。而这在埃及是由国家负责的。他们有大量的教科书和练习,有读写科目,也有有关语法和数字的科目,还有荷马作品以供研究,但文盲并不罕见。各省首府都建有体育馆,甚至是希腊人人数众多的村庄里也有,法雍的菲拉德尔菲亚有一个,后来底比斯也出现了一个,[③]最南方第一瀑布附近[④]的翁比(Ombi)也有。伴随体育馆出现的是18至20岁的男子成为公民的制度。至于中等教育,许多作家的作品都被研读过。但修辞是主要科目,因为它可使人获得高级职位。学习数学是为了测量土地,以及计算埃及和马其

---

① Spiegelberg 和 Otto, *Bay. S. B.* 1926, Abh. 4。

② 一般说来见 Bell, *J. E. A.* 1922; Schubart, *Die Griechen in Ägypten*, 1927。

③ *Rev. E. G.* 1924,359.

④ Wilcken, *Archiv* V, 410.

顿日历之间复杂的换算。这些复杂换算就连负责管理阿波罗尼戊
斯财产的芝诺有时也放弃了用马其顿方法计算日期。[1] 私人联合
的形成扩展到当地的埃及人中，对此，我们可以列出一大张贸易联
合名单，[2]但我们不清楚他们是仅作为宗教和社会中心，还是有其
他作用。雇佣军形成了许多俱乐部，有些有地域性，如塞浦路斯雇
佣军；[3]另一些则以种族为基础，他们称自己为 *Politeuma*（联邦），[4]
好像他们属于国家，这其中包括克里特人、[5]以土买人、[6]西里西亚
人、[7]皮奥夏人（Boeotians），[8]他们的民族自然很快就只剩一个空
名。但希腊人因散居在埃及而不能形成城市，于是他们形成了真
正的 *Politeuma*（联邦），每个 *Politeuma*（联邦）也许包括相当大的一
块区划。我们有“三角洲的希腊人”、“底比斯的希腊人”、“阿西诺
姆的希腊人”，[9]成员则是模仿自治的希腊组织。现存大量的信件
展示了当时的私人生活，有些相当有趣。有一封给克里昂[10]那位抽
干了莫里斯湖的水利工程师的信。[11] 这封信是在他失败后由他的 203
妻子美特里杜拉（Metrodora）写给他的，这是人类本性的一种光辉。
这些信表明妇女所享有的自由比我们预料中的要多得多，同时他
们也表明了希腊文明无处不在的特殊矛盾中的一个，即家庭中充
满关爱同时又经常抛弃孩子。[12]

官僚制度的崩溃 但由于托勒密王朝统治者早期的成功，他们

---

① Edgar, *Ann. Serv.* XIX p. 32, XXIV p. 29.

② San Nicolo, *Äg. Vereinswesen*, I, 66; and in *Epit. Swoboda* 1927, 255.

③ *OGIS* 143, 145 - 148, &c.

④ 相关的详细讨论见 M. Launey, OP. L. II 1064。

⑤ *P. Tebt.* 1 no. 32.

⑥ *OGIS* 737.

⑦ *SEG* VIII 573.

⑧ *SEG* II 871.

⑨ *OGIS* 709; Plaumann, *Archiv* VI, 176; Schubart, *Einführung* 247.

⑩ Witkowski, *Epist. Priv. graecae* no. 6.

⑪ Bouchè - Leclercq, *Rev. E. G.* 1908, 121.

⑫ Schubart, *Einführung* 467.

最终没能建立起一个在对一个民族剥削基础上永远强大的国家。王国的经济也并非像看起来那么稳定。外来的和内部的压力都产生了影响。托勒密一世曾引进了银币铸造，这对于大多数埃及人来说是陌生的，因为他们从来没有过大规模贸易。普通人用的是托勒密王朝的铜币，其与银币的比价为 60∶1（与公元前 3 世纪提洛岛的比价差不多）。有的税只能以银币支付，而有些则可用银币或是带贴水的铜币支付。公元前 220 年，60∶1 比率开始变动，显然是因为缺银（尽管这一情况未在地中海地区蔓延开来）。受政府于公元前 211 年做出的税收可由铜币支付的决定的限制，以铜币支付的产品价格相应上涨。到了公元前 180 年，贸易收支平衡再次发生变动，地中海地区铜与银的比价几乎翻了一番。到了公元前 174 年左右，480∶1 的比价（此时埃及自由市场的价格）被正式接受，作铜币支付税款换算之用。价格上升并未引起相应的工资增长，也许是害怕通货膨胀会失控，铜的价格变动会葬送人们对货币所抱有的信心，也会导致经济困难，尤其是对最穷苦的人而言。因此，这一价格变动应被视作造成拉斐亚之后一段时期当地不安定的一个因素，但主要因素还是在拉斐亚①本身（参阅第 22、61
204 页），在这一世纪末即将到来的这段时期内，埃及人尽管没有受到确切的压迫，但却受到那些视其优越性为一切的外国人有计划的剥削。

攸厄格特斯二世的措施　希腊人的大量涌入一停止，托勒密的军事实力很快就下降。到了公元前 168 年，唯有罗马的干预才使得埃及没有被“神显者”安条克征服，托勒密的制度完全依靠官员的能力和诚实。在托勒密二世强有力的控制下，这一制度还能发挥作用。而到了公元前 2 世纪，由于国王软弱，滥用权力的事情层

---

① A. Segrè in *A. J. Ph.* 1942，174；G. Mickwitz in P. W.，*s*，*v*，*Inflation*；Tony Ree*k*mans，“Economic and social repercussions of the Ptolemaic copper inflation”，in *C. d'É.*，48，1949，324. 另见 Rostovtzeff，SHE 710，他将动乱主要归因于高税率，而公元前 211 年前税收必须用银支付的规定也加剧了动乱。关于一般的硬币，详见 Rostovtzeff，ib，1416，n. 201。

出不穷，直到攸厄格特斯二世和他的姐姐克里奥帕特拉二世长期的内战，官僚主义最终瓦解。大约在公元前118年，攸厄格特斯签署的大量法令[①]表明埃及正处于一片混乱之中。官员为了私利敛财，并攫取了最好的王田。他们强迫老百姓为他们无偿劳动，把军队安排到那些免除劳役的人家中，以错误的度量衡欺骗纳税人。为了债务，他们甚至于抢夺王室农民以及他们的牲畜和家具。埃及人被拖到希腊的法庭。最糟的是，他们不经审讯，就被官员宣布监禁。这是官员还是制度的过失呢？也许两者都有，此制度如在不犯普通错误的人的行政管理下还能发挥其作用。毫无疑问，长年内战加剧了这一弊端，但不管攸厄格特斯二世犯了什么错，战争一结束，他就开始与邪恶作强有力的斗争，甚至涉及强加死刑。他 205
制止了不经适当审判的监禁，重新确立了在希腊和埃及的合约纠纷中当地法官利奥克塔的权力。法庭必须以合同中所用语言为准，但所有埃及人的案件必须交由利奥克塔办理。他还采取了一些措施以保护纳税人个人及其财产，并以此弥补战争造成的损害。公元前2世纪，为了公平、公正，他的规章条令的地位高于一切。虽然王朝又持续了100年，虽然以后的国王再穷也还能向南扩张并与恺撒打了一场持久战争，但他基本上没有成功，对于经济制度攸厄格特斯没有太大的问题，他的目标是恢复其效率，并施以合理的管理。

土著复兴 拉斐亚战役唤起了埃及人的民族意识。到公元前2世纪，希腊已失去了咄咄逼人的势头。[②] 在拉斐亚战役之后，[③]祭

① *P. Tebt.* I, 5, summary, Bevan, 315; Preisigke, *Archiv* V, 301. Fully discussed, Rostovtzeff, *SEH* 878 - 896; and see Préaux, 'La signification de l'époque d'Euergète II', *Actes Ve Congr. Pap.*, 1938, 345.

② 关于埃及人一般见 Préaux, 'Esquisses d'une histoire des revolutions sous les Lagides', *C. d'É.*, 1936, 530; 以及 "Les égyptiens dans la civilization hellénistique", *ib.*, 1942, 148。

③ Gautier 和 Sottas, *Un décret trilingue en l'honneur de Ptolémée IV*, 1925; Spiegelberg, *Bay. S. B.* 1925, Abh. 4; 在 Bevan, 338 中有翻译。

司给托勒密四世和托勒密五世(罗塞塔石碑)①的祭司政令表现出强烈的埃及色彩,并给予了国王们法老头衔。托勒密五世在孟菲斯实行了埃及式加冕(孟菲斯是第二个皇家居所)。开始于公元前216年的埃及起义以托勒密五世统治期的大暴动为高潮。在整个公元前3世纪,起义此起彼伏,攸厄格特斯二世大量扩大祭司的权力、特权及财产,以图安抚当地人。希腊人憎恶这个行为古怪的人,文人也恨他,因为他暂时关闭了博物馆;亚历山大里亚人恨他,因为他在内战中让他的军队袭击不怀好意的乱民;所有人恨他,因为他们相信他偏向埃及人;相应地,他们也贬低他的名声。但他对
206 形势还是有所了解,意识到罗马的野心,并接受了建立希腊埃及人的君主制的伟大构想。除了其他改革,他对当地军队组织进行了改编,还让一个叫巴奥斯(Paōs)的埃及人作他的亲戚,并封他为底比斯总督。② 和"神显者"安条克一样,他认为如要与罗马抗争就必须加强王国的实力。他希望通过让埃及人参与,来避免那些曾使安条克的纯希腊化的政策泡汤的种种困难。但接下来,他并未建立起一个全民的君主制,因为这与托勒密二世的经济制度很不协调,并且他也不想改变那带来丰厚收益的制度。因而,他不能赢得埃及人的心,暴动持续不断。直至公元前85年,托勒密·拉西罗(Ptolemy Lathyros)才镇压了最后一次暴动,并部分摧毁了底比斯。

在公元前200年后,许多事情都显示了土著的复兴以及国王们的埃及化政策。③ 没有更多的大地产授予希腊官员但出现许多新的避难所,同时一些旧的避难所也得到了恢复。从公元前93年到公元前57年,一个叫特亚得菲亚(Theadelphia)④的小村庄出现了四座避难所。这一权力受到滥用,以至于罗马迅速剥夺这些权力,不过它可能一直持续到基督教会接手时期。在攸厄格特斯二世统

---

① *OGIS* 90.

② *OGIS* 132.

③ 一般可参考 Oertel, *N. J. Kl. Alt.* XLV, 361; Bell, *J. E. A.* 1922, 139; Schubart 307。

④ Lefebvre, *Ann. Serv.* XIX, 37.

治时期，长期历法之争以马其顿人遵守埃及的历法而告终。在拉斐亚战役之后，埃及的军士阶级(machimoi)再次出现。他们成了拥有较小土地的军屯民。希腊的军事移民开始被称作卡托克(katoikoi)，以示区别。后来，卡托克在希腊文化中有了军事移民的意思。到了最后，卡托克和米奇莫伊(meachimoi)都失去了种族含义，只指拥有大小不等份地的人。[1] 在公元前 215 年，一个希腊人和一个埃及人联合承租了一块土地。[2] 公元前 200 年后出现了民族通婚，随着一些埃及人大规模崛起并都取了希腊名字，另外也有一些希腊人沉寂了，因此名字不再成为划分种族的标准。[3] 希腊名字和埃及名字出现在同一家庭里，一些希腊人超然离群。希腊人 207
和埃及农民很快就形成了一个新的混合种族，也是两者的媒介。希腊人这个称呼就成了具有一些希腊文化的人，[4]王朝也开始依靠那些甚至不被称为希腊人的人。像阿得勒(Adler)纸草记载的讲双语的非希腊战士荷鲁斯(Horus，或称为荷[Hor])，不管他是哪个种族的，他还是被称为“波斯人的后裔”，他可以作为他那个时期的典型。他从公元前 124 年开始，兢兢业业地在底比斯服务了近三十年，和一些像他一样的人在一个需要监控的地区做守卫。[5] 公元前 3 世纪纸草上所用的希腊语被埃及人不标准的希腊语所代替。有些希腊人也学埃及语，[6]埃及化的希腊人接受埃及的宗教和风俗习惯，[7]甚至对死尸进行防腐处理。公元前 1 世纪，希腊人中间出现

---

① *OGIS* 731；Oertel，*Katoikoi* in P. W.

② *P. Frankf.* 2.

③ 最早期事例见，Wilcken，*Chrest*，no. 51 (Ptol. III)。

④ Bell，*op. c.* 146；Otto，*Phil. Woch.* 1928，39. 或许希腊家庭组织形式的衰落可通过没有放弃书面协议的婚姻的出现得到说明。见 H. J. Wolff，*Written and Unwritten Marriages in Hellenistic and Postclassical Roman Law*，1939，esp. Ch. I。

⑤ *P. Adler*，*passim.* 关于综合条目 Περσηϛ τηϛ 'Επιγονηϛ，cf. p. 199 n. 5 *ante*，及见 *P. Adler*，p. 3 n. 1 (参考书目)，和 M. Laurey，*op. c.* I，569。

⑥ Wilcken，*Chrest.* No. 136.

⑦ As *OGIS* 111，130，175；cf. Bell，“Popular Religion in Graeco - Roman Egypt”，*J. E. A.* xxxiv，1948，82.

了兄弟姐妹通婚的事，[1]以至后来的罗马不得不阻止此类婚姻。另外，那些在体育馆呆过的人也会向埃及的神献祭。[2] 通俗文学开始预测人们深恶痛绝的亚历山大里亚的倒下。[3] 托勒密王朝统治者带给埃及的不是希腊精神，而只是外在形式。公元前1世纪以前，埃及迅速吸收外来文化，奥古斯都为了挽救仅存的希腊文明，不得已恢复得像托勒密一世一样，培养希腊文化的因素，兴建运动场，并再一次废除了祭司们重新获得的权利。

民族融合　埃及是托勒密的土地，这使得我们能够彻底地做一
208 个国家化制度研究。这一研究是如此的彻底，以至于涉及公元前3世纪一位不知名的作家（他留下了一部具有很高价值的关于希腊主义君主制理论的作品，但这部作品现在残缺不全），他谴责某位国王，这个国王必定是指在位的托勒密国王，托勒密国王将民众的东西当成他自己的。[4] 同时这一研究也使得我们研究给以后的罗马帝国提供样板的埃及官僚体系，不仅是其早期的高效，还有其后期的蛮横和衰败。除了一些让官员们检点自己行为的劝告，有关广泛传播的“早期托勒密国王是民众的父亲”的观念，以及他们准备满足哲学[5]要求的信仰几乎是站不住脚的，甚至那时与其他地方的习惯不同，坏收成造成的损失是由农民来负担的。我们知道不付诸行动的高贵情感的价值。毫无疑问，统治者有时也会采取行动，托勒密三世在尼罗河缺水或是闹饥荒[6]的时候会减免某些赋税；据说托勒密五世在登基后[7]的一项祭司法令中也减免了一些赋税，但由于他只是一个孩子，不管他做过什么，都不是残酷的统治

① Bell, *op. c.* 146.

② *OGIS* 176,178.

③ *Potter's Oracle* col. II 1. 2 (see p. 228).

④ Suidas, Βασιλεια, 3.

⑤ 见 Rostovtzeff, *SHE* 911,1379 n. 83,1552 n. 191. 另见夏巴特(Shubart)所说“不是是什么，而是应该是什么”(Archiv XII [1936] P. 1)。

⑥ *OGIS* 56 1. 18.

⑦ *OGIS* 90 ll. 13 *sqq.*

者干的，而是由他的希腊大臣阿卡纳尼亚的阿里斯托门尼斯(Aristomenes of Acarnania)做的。当然以后的托勒密统治者都尽力力争[①]保护臣民不受怪物(指制度)的侵犯(这怪物是他们的父亲创造的，而他们还在使用)。但他们的实力已没有那么强大了，不经过官员，他们已无法颁布法令。[②] 人民并非不欢迎这些国王，但他们与民众距离太远。并且，国王们与管理老百姓日常生活的官员们也很少有联系。

托勒密统治的特征 毋庸置疑，早期托勒密王朝统治者渴望得到金钱，以帮助建设一个强大的国家。对他们的谴责则是，他们得到金钱决非是为了用于那些创造出这些金钱的人的利益。他们改良土地，但他们没有改善人民的生活状况。他们没有压迫埃及人 209
的愿望，但除了让他们工作，他们也没有帮助实现埃及人的愿望。每一个讲求实际的奴隶主都是这样做的，但即使托勒密王朝这样也最终失败了。尽管政治史表明埃及的上层阶级仍拥有大量财富，[③]但在腐败、贪婪及无法无天的官吏统治下，许多老百姓都日益贫困、麻木。如果从世界史的角度看，图书馆和博物馆展现了托勒密王朝的辉煌，但这对老百姓来说毫无用处，不要让物质财富和物质的富有蒙蔽我们。从民族角度来考虑，他们的政府要比另两个马其顿王朝差得多。虽然安提柯王朝只有很少的资源，但他们是自由人民的民族统治者，他们掩护希腊世界免遭北方野蛮愚昧的侵害，并且促使了公元前3世纪更加灿烂文化的发展。塞琉古王朝尽管负担沉重、工作过度，但他们还是努力提高了半个大陆的文明层次，并获得了一定成功。而托勒密王室所做的不过是种种地，积累一些财富。

---

① Rostovtzeff's phrase, 911.

② C. preaux, *Un problème de la politique des Lagides*; *la faiblesse des edits*; Atti IV Congr. Pap. 153 *sqq.*, cf. *C. d'é.* 1937,292, and *ib.* 1935,343.

③ 见伊西多罗斯对伊西斯(Isis)的颂辞。另见 SEG VIII, 548. S99, esp550,551(法雍，公元前1世纪早期)。

第六章　希腊化与犹太人[①]

首次接触——托勒密统治下的朱迪亚——塞琉古征服和希腊化人——安条克四世——马加比起义——埃及流散——在亚洲——城市中的犹太人——市民权问题——七十子圣经——流散和希腊化——犹太—异教崇拜——犹太人和希腊人——犹太教派——希腊对犹太文学的影响——《传道书》——末世预言——《苏珊娜》——文学争论——犹太宣传——晚期马加比——希律王

---

① 一般的著作是：E. Schürer, *Gesh. d. jüdischen Volkes im Zeitalter Jesu Christi*, III[4], 1909; P. Wendland, *Die hell. -röm. Kultur*, 1912, ch. IX; E. R. Bevan, *Jerusalem under the High Priests*[5], 1924, and in *C. A. H.* IX ch. IX; Ed. Meyer, *Ursprung und Anfänge des Christenmus* II, 1921; Beer, *Israel und Juda* in P. W.; F. X. Kugler, *Von Moses bis Paulus* II, 1922; W. Kolbe, *Beiträge zur syrischen und jüdischen Geschichte*, 1926; N. H. Baynes, *Isreal amongst the Nations*, 1927; J. W. Hunkin in *Palestine in General History*, 1929 (Schweich Lectures 1926); G. F. Moore, *Judaism in the first centuries of the Christian ear*, I, 1927; S. A. Cook, *The religion of ancient Palestine in the light of archaeology*, 1930; E. Bickerman, "La charte séleucide de Jerusalem", *Rev. ét juives*, 1935, 4; *id.*, *Der Gott der Makkabäer*, 1937; *id.*, "Un document relative à la persecution d'Antiochos IV Epiphane", *Rev. d'hist. des religions*, 1937, 188; R. Marcus (ed.), Josephus, *Ant.* (Loeb Class. Library, vol. VII), Appendices and bibliographies, 1942. Literature, R. H. Charles, *The Apocrypha and Pseudepigrapha of the old Testament*, 1913, and *Religious Development between the Old and New Testaments*, 1914; W. O. E. Oesterley, *The Books of the Apocrypha*, 1915; R. Laqueur, "Griechische Urkunden in der jüdisch-hellenistischen Literatur", *Hist. Zeits.* 1927, 229. 尤见 Baynes' bibliographical notes。

首次接触　本章旨在概述希腊化时期著作中的犹太人。由希 210
腊化的崛起和时运而来的是希腊世界与犹太民族的接触，而犹太民族的强悍使其始终抗拒着征服者文化的影响。

在希腊化时期，几乎没有几个希腊人试图更多地了解犹太人。亚历山大熟知埃及和巴比伦文明，也和印度禁欲主义者有过交往，并首次将印度袄教经典介绍到欧洲，但他却从未到过耶路撒冷。[①]他的助手可能认为耶路撒冷不过是他们在小亚细亚和叙利亚地区
所熟悉的那类祭司国，而提奥弗拉图斯（Theophrastus）[②]仅将犹太 211
人视为虚构人类献祭的哲学占星家。我们直到托勒密一世统治时期才开始有了关于犹太人的一些知识，当时阿布德拉的赫卡泰乌斯（Hecataeus of Abdera）[③]在其相当混杂的叙述中的确把握住了两个明显特征：犹太人不制造神像；立法者摩西规定犹太人不许弑婴。从此，希腊人开始意识到犹太人不同于其他民族。但是，直至公元 1 世纪末，才有一个犹太人约瑟福斯（Josephus）将自己民族的历史介绍给希腊人。在这之前，希腊人亚历山大·波里赫斯特（Alexander Polyhistor，公元前 50 年）曾试图写一部犹太史，但结果却成了一出啼笑皆非的滑稽剧；即使博学多识的斯特拉波对犹太历史也全然无知，对犹太文献[④]更是闻所未闻。因此从某种意义上说，犹太人的世界总是与众不同。

托勒密统治下的朱迪亚　当公元前 301 年托勒密一世占领朱迪亚（Judaea）时，只有一部分犹太人居住在这个以斯拉籍以创立现代犹太教的山峦小国中。加沙和沿海平原没有犹太人，那些非力士人（Philistine）的城镇已被希腊化了。撒马利亚住有一支信仰雅赫维（Yahweh，位于示剑[Schechem]）的混合民族。安提柯一世已在加利利（Galilee）、佩里亚（Peraea）等地建立了希腊人聚居地，尤

① On this legend see Fr. *Pfister*, *Eine jüdische Gründungsgeschichte App.*, 1914.

② Th. Reinach, *Texts relatifs à Judaisme* p. 7.

③ *F. H. G.* II p. 392 §§4,8; cf. Jos. c. *Ap.* I, 199; II, 202.

④ XVI, 760 - 761；可能源于波塞冬尼乌斯，*F. Gr. Hist.* II A no. 87 fr. 70。

其在约旦河东岸地区（参阅第 181 页），以便增强它御防托勒密的土地。尚武好战的伊多姆人（Idumaeans，即伊多米特人[Edomites]）占据着朱迪亚南部和死海南岸，他们是埃及重要的雇佣兵来源。虽然朱迪亚没有通往外部世界的出口，但仍有许多犹太人居住在幼发拉底河东岸，主要是巴比伦地区。公元前 300 年左右成书的《约拿书》（*Jonah*）代表的就是亚述犹太人的观点，而《托比特书》（*Tobit*）中所描绘的情景则取之于居住在米底（Media）的犹太侨民生活。根据犹太传说，这些东方犹太人是犹太民族的十个支派，而居住在朱迪亚的则是犹太、便雅悯（Benjamin）和利未（Levi）三支。但不论其最初代表什么，这一犹太民族体系或许已完全失去了原先的地域含义，也就是说，一个犹太支派的犹太人在血统上可能属于任何犹太支派；女先知安娜（Anna）属于亚设（Asher）支派，而阿里斯提亚斯（Aristeas）的信认为犹太人祭司派去见托勒
212 密二世的使节代表着全部 12 个犹太支派；对此，当时的作者都无法分清，因此人们也就不可能知道了。

塞琉古征服和希腊化人 在公元前 200 年之前，朱迪亚一直处于托勒密王朝的统治之下。但除了两大犹太家族间争吵的一些记录外，这一时期的犹太历史鲜为人知。这两大犹太家族是拥有大祭司地位的奥尼阿德斯（Oniads）家族和根据地位于阿蒙的赫斯邦（Heshbon）附近、并可能有着部分伊多姆血统的托比阿德斯家族（Tobiads）。[①] 至于文学，公元前 3 世纪似乎更是一片空白。《耶利米的使徒书》（*Epistle of Jeremy*）可能始于公元前 306 年，《约拿书》大约在公元前 300 年，而《撒迦利亚》（*Zechariah*）的第 9－16 章则也许要晚于亚历山大时期，因此在公元前 200 年的《传道书》（*Ecclesiastes*）问世之前，犹太人似乎没有什么其他文学作品。犹太文学复兴产生于后来塞琉古时期的艰难岁月。如果说历史和文学的匮乏是幸福的试金的话，那么可以说托勒密统治时期的朱迪亚

① Büchler, *Tobiaden und Oniaden*, 1899; Gressmann, *Berl. S. B.* 1921, 663; Willrich, *Archiv* VII, 61; *P. Cairo Zen.* 59003, 59075－59076.

是相当幸福的了！但犹太富有阶层的不满到公元前200年已显而易见，这种不满在很大程度上是由埃及的沉重税赋引起的。在这一时期，犹太人人口一定程度扩张也不可避免，因为他们在养育小孩方面非常成功，存活率高，因此犹太人口的增长速度快于其他种族，犹太人相继在外约旦和加利利建立了犹太社区。托勒密王朝当然想让这些犹太人移居到它自己的领地，但从朱迪亚移民到埃及的犹太人究竟有多少却很难说。

安条克四世　托勒密王朝前三位国王似乎都能遵循希腊化惯例不干涉其臣民的宗教信仰。但托勒密四世并未遵循这种惯例，他是狄奥尼索斯酒神的热诚崇拜者，很可能为“萨巴支阿(Sabazios)等同于沙巴奥司(Sabaoth)”这种假设所骗，坚信犹太人只不过是在另一种名称和形式下崇拜狄奥尼索斯酒神；之后，他通过塞拉匹斯中的地狱判官这一共有因素又将狄俄尼索斯酒神与塞拉匹斯等同起来。或许他梦想在其帝国中统一宗教，只崇拜酒神狄奥尼索斯，这就要求他统一国内的主要种族。[①] 至于将狄奥尼索斯酒神崇拜引入朱迪亚方面，托勒密四世究竟做了何种努力，我们还不清楚，但我们通过《马加比传三书》(*III Maccabees*)可以看到， 213
他的确引起了一个宗教派别反抗，以至这一派别极力抹黑托勒密四世。[②]《传道书》从贵族阶层角度描绘了托勒密四世统治后期犹太国的悲惨景象：大地充满着反抗者的泪水，死者比活者更感幸福，国王的密探无所不在，连空中的鸟儿也在被监控之中。传道者本人显然是准备欢迎“身家清白”的安提柯三世，但波里比阿[③]指出，当时普通民众却拥护埃及的托勒密王朝，这就意味着早在公元前200年之前(具体时间不详)，贵族阶层中的一派已与托勒密发生争吵，并投向托勒密王朝的对手。现在我们必须对这一派别加以研究。

---

① Perdrizet, *Rev. E. A.* 1910, 234.

② G. A. Barton, *Ecclesiastes*.

③ V, 86, 10.

埃及的统治和邻近的希腊化城市使犹太人已习惯希腊语、科学术语以及希腊文明的其他一些外在现象。尽管以斯拉在朱迪亚的影响仍很强大，但统治阶级中的大祭司们却赞同希腊化。他们声称自己仍是好的犹太人，但愿意接受统治者文明的外部形式。这是一个支持塞琉古王朝的派别，而严守教规的犹太人通常倾向于支持埃及托勒密王朝。因此，《传道书》一直成为那些寻觅希腊精神中犹太文学线索学者们的猎场。这些希腊化犹太人引起了虔诚犹太人的憎恨。在后来的犹太作品中，他们经常被认为是“不信神的”，而犹太人的希腊化也许就像《箴言》(*Proverbs*)中的“异乡女人”那样，虽然“能说会道、阿谀谄媚”，但她的家“是通往死亡之宫”，谁若轻信，必死无疑。人们指控希腊化犹太人不重视割礼，并暴露出《旧约》中通常系堕落者所为的所有道德缺陷，但这种指控后来不了了之。到公元前 169 年，虔诚犹太人对希腊化犹太人的两项明确指控①是喜欢希腊体育运动(它涉及裸体)和戴希腊帽子。公元前 200 年，朱迪亚易主，安条克四世从埃及手中夺取了整个南
214 部叙利亚；而按照惯例，他暂时减免了朱迪亚各项税收。尽管采用并一直延用塞琉古历法，但塞琉古王朝统治并未使国家安定下来，各派试图让叙利亚与埃及发生战争，赫里奥杜鲁(Heliodorus，塞琉古四世的大臣)所做的掠夺神殿财富的努力也未使事态有所改观。一派严谨的犹太人，因为改革与神庙有关的一些不适当的行为失败，所以在一个被称为“星辰”的人领导下离开了朱迪亚去往大马士革。在那，他们建立了一个新的“悔悟会”(New Covenant)。② 这是当“神显者”安条克将其注意力转向朱迪亚的通常立场。

虔诚的犹太人不太可能说出安条克很多坏话。尽管西比林预言书(Sibylline books)③说他穿着紫服、凶残、不公、暴躁、在闪电中

---

① II Macc. 4，12.15.

② Charles，*Apocrypha* II，785；Ed. Meyer，*Berl. Abh.* 1919；Oesterley，138. 有些人现在将其建立时间确立为公元前 80 年。

③ III，389.

出生，还说他进行宗教迫害，杀人如麻，《但以理书》(*Daniel*)则谈到人们是多么地恨"小角"安条克，由此他成为反基督的典型，但惹出麻烦的是犹太人中的希腊主义者，而非安条克。安条克对犹太人的第一次干涉便是因为犹太人的一场内部争斗，不过无疑他置身度处更好。在安条克即位前，大祭司奥尼亚三世就已投靠了他，以便在与托比亚派无休止的党争中获得好处。而他的兄弟伊阿宋(Jason，一个希腊化党派的领袖)则密谋反对他，并许诺进贡更好的物品以劝说安条克罢免奥尼亚，把他立为大祭司。他还为犹太人争取到了在耶路撒冷建造体育馆及自称安条克人的许可，也就是说耶路撒冷可被更名为安条克城。[①] 但到了公元前 170 年，安条克因对伊阿宋不满而放逐了他，把托比亚派的美那劳(Menelaus of the Tobiad，他提供了更好的贡品)立为了大祭司，奥尼亚(Oniads)和托比亚均是希腊主义者，且他们的争持无宗教内涵。公元前 169 年，正当安条克侵略埃及的时候，伊阿宋夺取了除避难所卫城以外 215
的所有耶路撒冷土地，他还大肆屠杀美那劳党徒，但伊阿宋显然获得了相当支持。对安条克来说，在这一关键时刻耶路撒冷成了他最不安全的后方，他从埃及撤军，攻入耶路撒冷，而伊阿宋早已逃之夭夭，但其党徒则被叙利亚军队屠杀。恢复了权力的美那劳将安条克引入神庙并给予他部分财宝。安条克进了圣所，以后则出现了他在那儿所见所闻的奇异故事(参阅第 233 页)。

到目前为止，安条克尚未触及犹太教，且值得注意的是尽管他对于犹太人很重要，但犹太人对他来说未必很重要。他首先考虑的是征服埃及，其次是夺回巴克特里亚和征服帕提亚的计划(参阅第 34 页)。朱迪亚对他来说不过是一个小仆从国，其事务通常由他的省督管理，但在公元前 168 年，罗马告诫安条克不要进入埃及，这违反了国际交往的礼节且直接激怒了整个希腊文明世界；安条克预见到了罗马将给他造成的影响，于是他决定以文化和宗教(希腊式的)将帝国凝为一体，而朱迪亚必须像其他地方一样服从

---

① II Macc. 4,9.

这个趋势。美那劳可能告诉过他，这不会有什么困难，并且正如比万(E. R. Bevan)所说的那样，早期的叙述(《马加比一书》、《马加比二书》，*Maccabees I，II*)并未指出安条克敌视犹太人。[1] 事实上，我们也没有证据说明他在巴比伦尼亚压制过犹太人不过在这个时候，他所想的则是自由地转向东方。公元前 167 年，他的将军阿波罗尼戊斯(Apollonius)攻占耶路撒冷，推倒了城墙，并在“大卫城”建立了守备基地。之后，一名使者到达耶路撒冷，颁布了禁止犹太教的命令。在神庙大院内，希腊祭坛(荒凉的憎恶)[2]高置于犹太祭
216 坛之上。希腊祭坛上放的猪是每月斋戒的祭品。犹太神庙变成了宙斯奥林匹亚的神庙，其在人间的代理人则是安条克。在示剑的耶和华神庙也应被犹太人称为撒马利坦人(Samaritans)的要求变成了宙斯·色尼诺斯(Zeus Xenios)神庙。[3]

马加比起义 因为希腊化派系支持安条克，许多人都对此坦然接受，但也有许多人进行消极抵抗，他们中有许多人像殉道者一样悲壮地死去，不过一些过于夸张的细节则不值得相信。在传说中，哈斯蒙尼(Hasmonaean)家族的马提亚(Mattathiah)在摩广村(Modin)进行了积极抵抗。他死于大约公元前 166/5 年，他的儿子犹大(Judas，被称为铁锤马加比[Maccabaeus])召集了一伙志同道合的人开展游击战争，并于公元前 164 年击败叙利亚总督派高尔吉亚(Gorgias)率领的 6000 人部队。但对安条克来说，犹大反对合法政府的叛乱并不重要。他已越过幼发拉底河，进攻帕提亚，最后在公元前 163 年去世。之后，犹大攻克了神庙，但他没进攻卫城，并且恢复了对耶和华的崇拜。公元前 164 年 12 月，耶路撒冷举办了一次盛大的感恩节庆典。公元前 162 年，因安条克五世年幼，摄政王吕西阿斯(Lysias)控制了这个国家；随后，他包围了耶路撒冷，

---

① House of Seleucus II，171. Jos. Ant. XII，296 相当不一样。

② “Desolation”一般被认为是 Baal-Shamem；S. A. Cook，189。

③ 可参阅 E. Bikerman，*Rev. de l'ist. des religions*，1937，188。

但由于他的对手“显神者”的事务大臣菲利普斯(Philippus)[1]正在向安条克挺进，他不得不回援。为了获得犹太人的支持，他恢复犹太人的宗教，仅保留了塞琉古王朝的宗主权，但杀死了美那劳；至此，宗教战争结束。然而，安条克的统一大业在他死后也烟消云散。尽管犹大扮演了爱国者的角色。但真正挽救对耶和华的崇拜的不是犹太的剑，而是塞琉古统治阶层的意见分歧。

同样的分歧使得马加比建立了一个独立的国家。罗马元老院总想毁灭塞琉古王朝，因此接受犹大为同盟者；但是当狄米特里戊斯一世取得塞琉古王位后，他便收复了朱迪亚。公元前 160 年 3 月 15 日，在犹大击毙将领尼卡诺(Nicanor，这一天长久以来一直作为一个节日)后，祭司家族尼卡诺的继承者巴克奇德(Bacchides)和
新的大祭司阿尔西姆斯(Alcimus)一起击杀了犹大。他们派兵守卫 217
国家，任命了阿尔西姆(Alcimus)，但没有插手宗教，犹大的兄弟约拿单(Jonathan)及其游击队停止了战斗。看上去，所有一切都解决了。后来，王位觊觎者亚历山大·巴拉斯攻击狄米特里戊斯，双方都向约拿单求援，但巴拉斯许诺的大祭司职位吸引了他。到公元前 150 年巴拉斯征服了狄米特里戊斯之后，聪明但不讲道义的大祭司约拿单名义上成了塞琉古王朝在朱迪亚的军事总督，但实质上确是一个独立的王子。公元前 147 年，约拿单攻占雅发(Joppa)，为朱迪亚夺取了一个出海口。在他死后，他的兄弟西蒙(Simon)从叙利亚新的冲突中获益，赶跑了耶路撒冷卫城的驻军。在于公元前 142 年与德米特里二世签订了和平协定(这被认为是自由的开端)之后，犹太人立西蒙为世袭的大祭司和总督，而这也得到了罗马的认可。

埃及流散　我们必须转而看一看散居犹太人的历史，即有关于住在朱迪亚以外犹太人的事情。埃及早就有犹太人定居

[1] II Macc. 13,23.

点。[①] 公元前7世纪至公元前5世纪，源于由某个国王派驻的一队雇佣军的犹大人驻在尼罗河上游[②]的伊利方泰(Elephantine)。他们有一个耶和华的神庙(除此之外，他们还崇拜阿斯奇玛[Aschima]和阿那伊提[Anat or Anaïtis]女神)，并向埃及神灵发过誓，受埃及总督的管制；在公元前5世纪，他们使用波斯帝国官方语言阿拉米语(Aramaic)，并且还有一本记载着智者阿其卡(Achikar)故事的阿拉米语羊皮书。还有一些犹太人在耶利米(Jeremiah)时代定居埃及，他们在孟菲斯还有一旧殖民地。[③] 后来，托勒密一世将一些犹太人迁住亚历山大里亚，也许还给予他们上层阶级，如马其顿人[④]才能享有的特权。在整个公元前3世纪，移
218 民埃及的犹太人大都待在亚历山大里亚，有些也住在乡村。在托勒密三世统治时期，犹太人有了三个犹太教堂，其中两个用来供奉国王、[⑤]王后和王子们。至于第三个犹太教堂(位于利翁托波里[Leopntopolis])，托勒密三世则授予其政治避难权。[⑥] 犹太人拥有土地，[⑦]并经常被雇作收税官，但很少从事银行业(货币借贷)或充当商人(参阅第261页)。[⑧] 他们主要集中在亚历山大里亚的一个区域，随着人数的增长，组织分散(参阅第220页)，他们不再自称马其顿人，在奥古斯都统治下，称自己为马其顿人的犹太人要么是改变宗教信仰的人，要么是古董商。[⑨]

---

① 另见关于埃及的著作 in ch. V; add L. Fuchs, *Die Juden Ägyptens*, 1924; H. I. Bell, *Juden und Griechen in röm. Alexandreia*, 1926，有参考目录；M. Launey *Recherches sur les armies helléistiques*, I 543, II 1232(人物传记学)。

② Ed. Meyer, *Die Papyrusfund von Elephantine*, 1912; Schubart, *Einführung* 329.

③ Jer. 42-44.

④ Jos. *Ant.* XII, 8；见 Bell *op. c.* 12。

⑤ *OGIS* 726; Vogliano, *Riv. di. Fil.* LXVII, 247(在 Crocodilopolis)。

⑥ *OGIS* 129，和 Add., II p. 544。

⑦ Fuchs 52; add *P. Cairo Zen.* 59377.

⑧ Occupations, Fuchs § V.

⑨ *B.G.U.* 1132+1151.

公元前 2 世纪，犹太人在埃及已有了相当数量的定居点，好几个地方都有犹太教堂，犹太人和希腊人村落之间差异巨大。有一桩犹太人与埃及人的婚姻广为流传。[1] 在托勒密六世统治时期，大祭司奥尼亚三世（Onias III）的儿子奥尼亚来到埃及，他得到了一座位于利翁托波里的破旧神庙。公元前 160 年，他在利翁托波里建了一座以耶路撒冷神庙为原型、规模稍小的神庙，以之作为埃及犹太人的宗教中心。而且，他将耶路撒冷神庙的仪式照搬过来。神庙一直维持到公元 73 年。不过，更多虔诚的犹太人则看好耶路撒冷，[2]据说托勒密六世及以后的克里奥帕特拉三世手下都有犹太将领，一个叫阿布拉姆（Abram）的犹太人雇佣军则是作为希腊与埃及军事同盟成员出现的。[3] 在克里奥帕特拉三世和其子托勒密·拉提罗（Ptolemy Lathyros）的内战中，犹太人支持克里奥帕特拉三世，而希腊人支持胜利的拉提罗。因此，亚历山大里亚的犹太人与希腊人的关系就变得很紧张；但这主要是政治方面的，仅以语言表现出来。在罗马帝国时代之前，暴力排犹主义在埃及还闻所未闻。到公元前 1 世纪，亚历山大里亚的犹太人数是除了朱迪亚之外最
多的。在基督时代之后，在埃及的犹太人数达到百万之众。他们 219
主要占据了亚历山大里亚内五大城区中的两个。但亚历山大里亚没有专门的犹太人区，[4]有些犹太人则分散地住在其他地区。

在亚洲　犹太人在亚洲的移居过程则不易追溯，一些宗教现象使得相当一部分人有可能从巴比伦尼亚移居到小亚细亚（参阅第 225 页）。如果事实属实，移民毫无疑问发生于公元前 188 年塞琉古失去小亚细亚之前，因为看上去他们一开始像托勒密统治者一样，很欣赏遵纪守法的犹太移居者。[5] 而我们也有理由相信有关安条克三世在吕底亚和弗里吉亚（Phrygia）安顿了 2000 个犹太家庭

---

① Schubart, *Einführung* 330，引用 *P. Berl.* 11641。

② Jos. *Ant.* XIII, 62－73; B. J. VII, 422; Kahrstedt, *Syr. Terr.*, App. II.

③ Lefebvre, *Ann. Serv.* XIII, 217 no. 28.

④ Philo in *Flacc.* 6,8.

⑤ Jos. *Ant.* XII, 119,134,148; XIV, 186.

的故事，哪怕他的信出于宣传目的被修改过。[①] 虽然小亚细亚许多城市里的大犹太社区仅可追溯到 1 世纪，[②]但我们可设想它们埃及的移民情况很类似。在公元前 140 年以前，预言书都声称犹太人到处都是。[③] 在萨迪斯和其他一些城镇都有一个特殊的犹太城区。[④] 在公元前 100 年以前，提洛岛有一个犹太社区，他们漂亮的犹太教堂建于公元前 88 年之前。[⑤] 但在公元前 148 年马其顿成为一个罗马行省之前，那些后来在希腊和马其顿很出名的犹太移居地还不可能出现。在基督时代之前，有很多犹太人居住在大马士革和叙利亚(包括安条克)，但他们从什么时候开始在安条克大量移民则不清楚，这里的情况应与在埃及类似。在罗马帝国之前，应该没有大量猖獗的反犹主义出现。当然，提洛岛的犹太人也骂过一些人(姓名不详)，因他们伤害了两个无辜的犹太妇女，[⑥]但这事本身并不意味着反犹太人运动的爆发。

220 **城市中的犹太人** 犹太人进入希腊城市，一开始他们的地位只相当于外侨。后来，随着人数逐渐增多，他们建了一座犹太教堂，也许他们还像其他外侨一样组成了一个崇拜神明的私人团体(参阅第 338 页)。[⑦] 这样的团体有官员(犹太教堂的管理者和其他一些官员)据犹太法律办事，犹太人则将他们的争执交由官员们处理，而不是先交给希腊法庭处理。这在一开始是非正式的，但随着所有的统治者都倾向于犹太人，用犹太人自己的法律来进行判决的特权在许多地方也就被承认了。在罗马，犹太人社区中没有一个组织凌驾于犹太教堂团体之上，当庞培带到罗马的犹太犯人被

---

① Jos. *Ant.* XII, 148.

② *Ib.* XIV, 213 - 264; *B. M. Inscr.* 676 - 7' *Inscr. Hierapolis* 69, 212, 242, Acts *passim*；其他参考见 Schurer。

③ III, 271.

④ Jos. *Ant.* XIV, 260 - 261.

⑤ A. Plassart, *Mélanges Holleaux*, 201.

⑥ Ditt.^{3} 1181.

⑦ Schubaret II^{3}, 430 *sqq.*

释放回来后，他们甚至在耶路撒冷建起了他们自己的包括一小旅馆、起居室和浴室的。犹太教堂（由一个叫提奥多图斯[Theodotus]的人建造），[①]在希腊城市中，此类犹太教堂社区最终从私法转为公共法，并成为犹太主体行事的政治形式。尽管这不可能早于基督时代，但一定先于耶路撒冷被毁坏之前。

市民权问题　然而在许多城市，包括新兴的希腊城市，犹太组织走的更远；随着人数的增长，犹太人得到允许（指导）可创建一个自治机构，这使得他们成为半自治的移民，具有比外侨更大的权利。和其他自治机构一样，犹太自治机构管理自己的内部及宗教事务。但他们获得了别的自治机构没有的特权。他们最终获得了，如在公元前 3 世纪以后的亚历山大里亚[②]，他根据自己的法律由自己的治安官进行判决的权力。这可能意味着他们不受希腊法庭裁决的限制。比起宗教排他主义，这也许是希腊人以后深感不满的根源（因为希腊人坚持不干扰他人宗教的原则）。亚历山大里 221
亚[③]和西乐奈卡的贝乐尼斯（Berenice in the Cyrenaica）[④]清楚证明了这些犹太自治机构的存在，而且似乎还有其他许多城市也有自治机构，如小亚细亚的希拉波利斯（Hierapolis）。[⑤] 在奥古斯都时代以前，亚历山大的犹太自治机构由总督管理，他依据犹太法律进行判决，但同时也考虑到托勒密的法令。奥古斯都增加了一个长老委员会。公元前 13 年，贝勒尼斯由九名治安官组成的委员会管理着自治机构，执政官也可管理别的地方，[⑥]也许这在奥古斯都之后已属平常。

---

① Vincent, *Rev. Biblique* 1921，247；文献，Tod, *J. H. S.* 1923，37；1925，198。

② P. 186 n. 1.

③ Jos. *Ant.* XII, 108；XIV, 117；Aristeas, ed. Wendland, 310. 见 Engers, *Klio* XVIII, 79；Bell, *op. c*。

④ *C. I. G.* 5361；Str. *ap.* Jos. *Ant.* XIV, 115－118.

⑤ *Inscr. Hieraplois* 212，称为 κατοικια（见 *ante* p. 147 n. 5）；κατοικειν 较多，Jos. *c. Ap.* II, 33，39，44；*Ant.* XIV, 113，117 *sqq.*, XIX, 281, &c。

⑥ 如 Tlos；Hula, *Eranos Vindobonensis*, 77。

许多学者和约瑟福斯一样认为犹太人作为一整体是完全的亚历山大、安条克和伊奥尼亚城市公民，这通常是不可能的。因为完全的公民权(即加入政府和合法行政机构)必定要崇拜城市的神，而这对于犹太人来说则意味着叛教。但也有一些人可能违背良心做自己不愿做的事。如耶路撒冷的尼色塔(Nicetas)，他在伊阿所向狄奥尼西亚(Dionysia)[1]进贡，又如向位于埃得弗(Edfu)[2]的潘神庙致谢的两个犹太人。一般说来，犹太人不管是希腊主义者或是别的什么都坚信他们的宗教。事实上，城市中的犹太人称自己只是种族单位(*laos*)，[3]显然不是得到公民权的民族(*demos*)。克劳狄皇帝的信使我可得出这样的结论：在亚历山大里亚，犹太人作为整体从来就不是公民。[4] 现在在希腊文明问题上，约瑟福斯有时并非
222 令人信服，为了宣传的目的，[5]他甚至使用被改过的记录。在这里，他的术语混乱，我怀疑他是否想要为所有犹太人申请完全公民权，但不怀疑他有关在安条克和亚历山大的犹太人称自己为安条克人和亚历山大里亚人[6]的论断，或是他对“以弗所游行”的描述(当时以弗所的希腊人向阿格里帕请愿不让犹太人取得公民权)[7]。此外，除去约瑟福斯，圣保罗成为塔尔苏斯公民的详细声明也值得考虑，原因非常简单，只要是在国王拥有权力的地方(如新的城市、亚历山大里亚、安条克或像以弗所这样塞琉古统治者恢复了民主且能达成协议的城市)，他们就给予犹太定居者市民平等权(潜在公

---

① Le Bas 和 Waddington III，294。

② *OGIS* 73 - 74.

③ *I. Hierapolis* 69；III Macc. 2,28；Jos. *Ant.* XII，158,161,224,228,240，285，363 以及出处。

④ Bell，*Jews and Christians in Egypt*，见 ante p. 185 n. 4. 对另一原因，见 Wilcken，*Hermes* LXIII，48。

⑤ *E. g.* Sardes 的法令 *Ant.* XIV，259，中 Οι κατοικουντες εν πολει 'λουδαιοι πολιται 一条相互矛盾；对 πολιται 的修改非常明显。

⑥ *c. Ap.* II，33,39.

⑦ *Ant.* XII，125 - 126；XVI，27 (很可能来自 Nicolaos od Damascus)。

民权,参阅第 72 页)。[①] 也就是说,只要犹太人要求,他便可成为公民。当然,条件是他要崇拜城市的神。这就不光能够说明"以弗所游行",同时还包括"安条克人"和"亚历山大里亚人"。举例来说,当埃托利亚给予西奥城(Ceos)民平等权时,西奥便称自己为埃托利亚人。[②] 这确实可以说明为什么约瑟福斯和哲罗姆(Jerome)要坚持犹太人的"同等荣誉"。除了潜在公民权,我们找不到关于保罗声明的其他合理解释,无论是因安条克塔苏的犹太人具有的平等公民权,或是因为他(或他父亲)被授予荣誉公民权(当然他们没有接受);[③]而获得公民权的惟一的选择便是他崇拜城市的神,而这根本不用考虑。在紧急情况下,一个潜在的公民可能会申请他的公民权。这有一个与保罗类似的例子,亚历山大主管财务的哈巴鲁(Harpalus,雅典的一个荣誉公民)进行过武装叛乱。作为叛乱者,他被拒绝进入雅典,于是他打发了他的部队,亲自去申请他的 223
(潜在的)公民权,就这样被接受了。[④]

七十子圣经　希腊化时期犹太人留下的不朽作品有《七十子圣纪》,即希腊文《旧约》(保罗和斐洛的圣经),不过这部翻译著作的形式意义要远远大于实质意义。犹太人中流传着这样的故事:[⑤]托勒密二世召集 70 位犹太长者,要求他们将圣经译为希腊文,而现实也确实是存在 70 种翻译,但故事确只是个传说。不过犹太人似乎相信亚历山大里亚的第二代犹太人已接受希腊语,并失去了他们自己的语言。他们同时相信,鉴于这一举动,托勒密二世足以成为他们的朋友。翻译经历了很长一段时间,《五经》(*Pentateuch*)完

---

① 平等民权被清楚提到:Antioch, Jos. *B. J.* VII, 44; Alexandria, 3 Macc. II, 30; Jos . Ant. XII, 8; and Claudius' edict, *ib.* XIX, 281,此也适当地称呼犹太人为 συγκατοικισθεντας Αλεξανδρευσιω,希腊自治体边的一个自治体。De Sanctis, *Riv. Fil.* 1924,473, saw that 市民平等权是关键。关于另一种完全不同的观点见 H. Stuart Jones, *J. R. S.* XVI, 17。

② Ditt. [3] 522, I.

③ 有时被视为将市民平等权授予个人;Ditt. [3] 501; Memnon 9; *SEG* IV, 183,238.

④ *C. A. H.* VI, 450.

⑤ Jos. *Ant.* XII, 103,599,更多内容在阿瑞斯提阿斯的著作中。

成于公元前 3 世纪;《以塞亚书》(*Isaiah*)和《耶利米书》(*Jeremiah*)则完成于公元前 170 年至公元前 132 年之间;先知书和《诗篇》(*Psalms*)于公元前 132 年前完成;最后一本《传道书》(*Ecclesiastes*)则不早于公元 100 年。除去因使用较古老的希伯伦圣经文句发生的改动,译本有时也介绍当时的历史。这样希腊人有时便代替腓尼基人成了压迫者,[1]《以西结书》(*Ezechiel*)则间接提到米勒图的羊毛交易。[2]

流散和希腊化 作为整体,大流散中的犹太人继续崇拜耶和华,并将耶路撒冷看作圣城,他们还每年支付半个谢克尔(shekel)的贡赋作为进行神庙仪式的费用。公元前 61 年,罗马总督阻止了这项贡赋,这显示出亚洲行省有大量犹太人。[3] 但在种种限制内还有着很多不同。因大流散从精神上来说(即使不是从种族意义上来说)是对北部王国的继承,同情周围的宗教,且有普遍化的趋势。一些人愿意相信他们的宗教可以像拯救犹太人那样拯救非犹太
224 人。对于犹太人来说,《约拿书》就在号召犹太人将此宗教传遍整个希腊世界。毫无疑问,大流散总的来说符合犹太法律。但与此同时,在朱迪亚还有接受希腊思想的犹太人。这在大流散时期必定相当普遍,因为就整体来说,大流散并不排斥希腊的影响。许多犹太人放弃希伯来语而讲阿拉米语的事实使他们接受另一种语言更为容易。许多犹太人开始说希腊语,并取了希腊名字。特别是那些与 *Theos*(神)连在一起的合成词,如提奥多图斯(Theodotus)、提奥菲努斯(Theophilus)和多罗西亚(Dorothea)。甚至到公元前 3 世纪,对许多亚历山大里亚的犹太人来说,希伯来文圣经都是没用的,许多犹太人教堂举行仪式也用希腊语。一长串希伯来化的希腊词语也被编纂成册,从政治术语到家用物品,无所不包。[4] 伴随希腊语而来的还

---

① As Isaiah ix, 12; *Jer.* Xxvi, 16, LXX (=xlvi, 16).

② xxvii, 18.

③ Cic. *pro Flacco* 66 - 69.

④ 这一部分大部分内容来自舒尔勒(Schürer)的著作。

有希腊风俗。犹太定居者模仿他们的希腊邻居。他们建立贸易协会，例如希拉波利斯(Hierapolis)的紫色浸染工协会和地毯制造者协会。[①] 他们采用希腊形式通过法令，并把它们刻在犹太教堂前的石碑上。他们还授予荣誉，例如王冠，并在犹太教堂中给出首脑座位而不是在比赛中的前排座位。[②] 他们学习希腊人授予妇女头衔和荣誉。他们沿袭了希腊人解放奴隶和墓碑铭文的形式。在小亚细亚，一些犹太人接受混合婚姻，并且放弃了割礼。相应的，除了坚决改宗者，一般同情者没有被强行实施割礼或强迫遵守犹太法，他们只遵守安息日，圣餐仪式以及崇拜耶和华。西里西亚的沙巴提斯泰(Sabbatistai)[③]也许是一个非犹太人组织，他们过安息日，并像沙巴提斯特(Sabbatistes)那样崇拜耶和华。这些改宗者显示出，犹太人的宣传对于非犹太人有一定作用。有时，希腊也采用犹太人的形式，如在埃及和齐奥的希腊团体，他们首领就被称作“犹太教堂的统治者”。[④]

犹太—异教崇拜 但在小亚细亚和叙利亚，一些犹太人已不止 225
于模仿希腊的形式。他们接受了希腊东方式的礼拜，这也许可作为他们来自巴比伦尼亚的证据，因为在这方面，东方犹太人一直是接受者。妇女们已学会为塔慕兹(Tammuz)恸哭，为天堂女王做蛋糕。犹太人取了巴比伦尼亚名字，这意味着在所有事件中，耶和华的身份都等同于贝尔-美洛达克(Bel - Merodach)、尼波(Nebo)[⑤]和一个在《托比特书》(*Tobit*)中的波斯守护神。在小亚细亚，耶和华有一个希腊名字提奥-希波西斯托斯(Theos Hypsistos，最高的神)，[⑥]这

---

① *I. Hierapolis* 342; Ziebarth, *Gr. Vereinswesen* 127.

② *C. I. G.* 5361; *B. C. H.* X, 328.

③ *OGIS* 573.

④ Poland 356.

⑤ Charles, *Religious Development*, 213.

⑥ Cumont, *C. R. Ac. Inscr.* 1906, 63, 及 *Hypsistos* 在 P. W.; Roberts, Skeat 和 Nock, *The Gild of Zeus Hypsistos*, 在 Harvard Theol. Rev. XXIX, 1936, 55. 将耶和华的身份认定为宙斯的行为早在 4 世纪就有了，见 S. A. Cook, 179, 186, 212。

个名字后来被斐洛(Philo)用过。我们从提洛岛[1]犹太教堂的碑文可以看出希波西斯托斯就指耶和华。但在埃及,阿特里比(Athribis)的犹太教堂则是由当地的犹太人联合代表托勒密国王及其王后[2]的治安机构共同奉献给希波西斯托斯的,也许犹太人指的是一回事,治安机构又是一回事。除了可指耶和华外,希波西斯托斯还可指其他神灵,尤其是宙斯。[3] 在叙利亚,这个词指希里奥波利斯(Heliopolis)的宙斯(巴尔,Baal)和其他神。在士麦那和菲拉德尔菲亚(Philadelphia)的撒旦教堂,一些非犹太但以犹太人自居的人将《启示录》(*Revelation*)中宙斯在帕迦马祭坛的人像看作"撒旦的椅子",他们可能表明了一种混合崇拜。萨巴兹奥斯(Sabazios)也被等同于犹太人的神,这是因为萨巴兹奥斯被虚构等同于沙巴奥司,[4]他的奥秘(使人从先辈的罪恶中得到净化)迎合了相信亚当原罪的宗教。我们知道一个崇拜萨巴兹奥斯的社团,其成员同样崇拜希波西斯托斯。公元前139年,一些犹太人被逐出罗马,显然
226 是因为他们引进了对宙斯、萨巴兹奥斯的崇拜。[5] 最后,像沙巴萨伊奥斯(Sambathaios)、沙巴斯波恩(Sabbathborn)之类在埃及犹太人[6]中相当普遍的名字,可能不是源于沙巴斯(Sabbath),而是从沙巴伯塞(Sabmbethe)衍生而来(夏尔丹西比尔[Chaldean Sibyl]在提亚特拉[Thyateira]有一座神殿,[7]名为沙巴塞翁[Sambatheion]),也许他的名字与沙巴斯相同。毫无疑问,这些犹太异教的信徒们相信他们还是在崇拜他们父亲的神,但他们受到了融合了的希腊思想的影响,即不同民族崇拜以不同名字出现的相同的神,因此,那

---

① Plassart, *Mélanges Holleaux* 201.

② *OGIS* 96, cf. 101.

③ A. B. Cook, *Zeus*, *passim*.

④ Cumont, *C. R. Ac. I.* 1906,76.

⑤ Val. Max. I, 3,2.

⑥ Fuchs *op. c.*, Index p. 140 *sqq.*; San Nicolo, *Äg. Vereinswesen*, 22.

⑦ *C. I. G.* 3509; Beer, *Sambethe*,和 Gressmann, *Sabbatistai*,以及 Rzach, *Sibyllen* (die einzelnen), no. 18, in P. W. 。

些名字和教派可被统一起来。可以想象，这些教派可能相当重要，他们使得安条克四世认为，即使在朱迪亚引进对宙斯的崇拜应当也没有无法克服困难。

犹太人和希腊人　除了这些宗教，犹太人从希腊文明得到的东西都只是外在形式，很少学到内在本质。不管一个犹太人是采纳或拒绝希腊形式，他还是一个犹太人，即使以同样的词语表达，他的想法仍不会是一个希腊人的想法。无论是希腊人，还是犹太人，他们都渴望政治自由；对希腊人来说，自由是一种目的，最终是要形成自由的自治社区，制定自己的法律并崇拜其满意的神；但对于犹太人来说，自由只是一种手段，防止有人干涉其对神圣的且不能被人改动的犹太法律及除了一个神之外别无它神的虔诚。两者都赞赏智慧，但在希腊人看来，智慧是随着许多头脑的劳动一起发展的；而对犹太人来说，智慧是对上帝的恐惧，且永远不会改变。公元前 1 世纪以前，犹太教提供的是一个现象奇特的制度，这个制度拒绝接受希腊思想，但却广泛接收来自东方的、无限的、低级影响——占星术、魔鬼学、魔术；因为它想使这些东西彻底为它精神的服务，而希腊精神则没有东西可提供服务。但如果犹太人和希腊人的思想发生冲突，这个世界就需要双方的思想，因而当希腊思想风行于东方的时候。犹太人的思想就应当与之对抗，这有一定
好处。 227

但在某一方面，犹太人和希腊人又有着相似经历。随着亚历山大之后自治城邦政治衰败，个人主义兴起对于希腊人来说不可避免。因此对犹太人来说，旧的民族国家和神庙被毁也不可避免。有关以色列幸福未来的想法最终为以色列人的幸福未来的思想所代替。既然希腊人有个人主义与普遍主义的问题，那么犹太人也有类似问题。耶和华会不会将美好未来赐福给全人类？人类能不能相亲相爱，不是现在（如斯多噶派学者所希望的），而是最终成为弟兄？到了公元前 2 世纪，不朽的思想或复活的思想在一定犹太人圈子里牢固建立起来。很奇怪的是，有的人会认为犹太人的信仰会在希腊人那里获取永生，因为希腊化时期的希腊人没有这样

的信仰。一些人也许获得了永生，但仅只有一些人。对于好人通常的奖励是永久回忆。[1] 那个令人伤脑筋的有关犹太人从波斯获得些什么（如果有的话）的问题就不在这里讨论了，也许更多的是他们自己发展了这一信仰，但由于他们自身的原因，观点有所不同。这要归功于安条克的迫害（因除非死者复生，不然遵守犹太律法而殉道的人比起不虔诚的人下场更糟）；[2]归功于日益发展的意念（弥赛亚王国不可能在这个世界上实现[3]）；归功于人与神交流的日益增多，[4]所有这些理由都可归于这一新信仰。

犹太教派　我们必须回到朱迪亚，在那里，除了永生的信念，其他东西也在安条克迫害的动乱和马加比起义中发展起来：一次
228 崭新的文学活动兴起，犹太教派形成，弥赛亚希望的发展和改造。这些教派也值得注意，我们对他们相当了解。自以斯拉之后已存在一个强大组织——哈西德派（虔诚的人），他们代表整本犹太法律，当然反对希腊文明。在马加比时代，法利赛人从他们那里发展了起来（首次确切提到是在公元前120年），法利赛人遵守口头传统及成文的犹太法。律法学家是他们的盟友。法利赛一词通常被解释为圣经的"解说者"，但有人将之解释为"那些分离出去的人"。"扎多克的追随者"撒都该人（Sadducees）——也许不是大卫的祭司，而是不知名的建立者——从一些在大祭司周围的统治阶级中分化出来，他们是严格意义上的犹太人。他们抛弃了口头流传的传统以及对永生的新信仰（这在旧约上是没有的，且与希腊主义者无关），他们支持马加比国家。在约拿森成为大祭司后，法利赛人有时与马加比国家不和。当时还有更小的教派，如禁欲的艾赛尼派（Essenes）以及在大马士革已非常引人注目的"神圣盟约派"（Covenanters）。他们认为自己是以色列人中圣洁的剩民，神向他

① *Ath. Mitt.* 1907, 261 i. 16.

② Bevan, *High Priests*[5], 84; Ed. Meyer, *Ursprung* II, 183.

③ Oesterley 109; S. R. Driver, *Daniel*, 90.

④ Chales, *Religious Development* 102; cf. Moulton, *Early Zoroastrianism* 331.

们揭示所有以色列人（尤其是法利赛人[Pharisees]）犯过错、不为人知的东西。在马加比统治下，“神圣盟约派”返回了朱迪亚。在教派之后是大批群众，他们支持马加比统治者直到加那尤（Jannaeus）统治时期，他们的预言家是《启示录》的作者。

希腊对犹太文学的影响　现在我们不禁要问，我们能否在这一时期的犹太文学作品中找到什么或任一来自希腊正面影响的踪迹。看上去在这几个世纪里没有希腊人怀疑犹太人也有文学，[①]且不断发展并有可能与其他的文学进行竞争。除了巴比伦尼亚文学的复活，其他东方文学已几乎绝踪。举例说，埃及人好像只有一本《波特的神谕》（*Potter's Oracle*）[②]预言了亚历山大里亚的衰落。另 229
一本奇怪的颠三倒四的预言书《通俗编年史》（*Demotic Chronicle*）[③]表达了这样一个愿望：他们应当走出埃塞俄比亚，并将自己从托勒密的统治下解放出来。而自公元前 200 年以来，犹太人创作了大量文学作品，他们使用的语言包括希伯来语、阿拉米语和希腊语。旧约中的经典之作可在他们此时的作品找到，如《传道书》、《但以理书》（生动地记录了安条克所实施的迫害），《箴言》的一部分，也许还有《诗篇》[④]的一部分，及《次经》（*Apocrypha*）的大部分。这些文学作品包括赞美诗和智慧文学，其中一些具有较高价值；还包括《启示录》作者的新的宗教倾向；以及历史，有真实的也有虚假的；还有故事和箴言、宣传资料、魔法书及伪造的文件等。这些包括了许多复杂事件的作品证明了作者的充沛活力。除了《传道书》和《马加比二书》及一些宣传资料，我们并不知道作品作者的名字。与希腊人不同，犹太人对著作权并不感到骄傲。也许他们经常认为自己只是某种东西的载体，而他们的个性无足轻重。

关于希腊化对于犹太文学的影响，学者们意见不一。有的人已

---

① Cf. Jos. *c. Ap.* 1,217.

② Wilcken, *Hermes* XL, 544; W. Struve, *Raccolta Lumbroso*, 273；最新文献，R. Reitzenstein 及 H. H. Schaeder, *Studien zum antiken Synkretismus*, 1926,39。

③ Ed. Spiegelberg, 1914.

④ 涉及马加比家族的诗篇的问题见 Baynes, *op. c.*, 303 sqq。

大规模追溯了此类影响，其他人则对此完全否定。但某些带有普遍性的考虑此时则相当重要。在希腊化时期，犹太人和希腊人都喜欢将新的作品归于早期的伟大人物，而双方在进行接触以前就已经开始这样做了，这是因为人的思想呈现出一种纯朴趋势；所以如果希腊人与犹太人对一件毫无疑问的事情想的差不多，那么同样的情况也会在别的地方发生。比方说《马加比传一书》、《马加比传二书》引用城邦档案（可能是真实的，也可能是经过修改的），这一做法很像希腊历史学家，但作者们是以列王传记为模本，因此他
230 们不一定是在模仿希腊人（不排斥模仿可能性）。另外，两个作家的两段文章相似说明不了什么，除非这两人不是独立写作。当本·西拉（Ben Sira）在《传道书》中为他的先辈写赞美词的时候，没人会认为他所想是阿里斯托芬的《黄蜂》中有关同样主题的颂词；或者当提奥克里图斯暗指葡萄园的狐狸时，也不会有人坚持他是在抄袭《雅歌》；因为许多人会赞美他们的先辈或观察狐狸的习惯。但当《但以理书》的作者说尼布甲尼撒（Nebuchadnezzar）像牛一样吃草，他一定是在草拟舒西美什拉·内加（Shubsi - meshrā - Nergal）的悼词，[①]因为人是不吃草的，而这一寓言式的人物看起来在别的地方也不会有。如果用这些办法试一试，大多数臆想中的希腊影响都会立即消失。也许在当时较高层次的文学作品中（除《传道书》外）有一个事实可以肯定，即亚历山大里亚学识渊博的犹太人（他们于公元前1世纪写下了文笔优美的《智慧》的第一部分）也许读过柏拉图。神对他来说是超然存在的（他与这个世界没有即时的接触），且永存是一种纯粹的精神存活。据说柏拉图可能给犹太人作者以某种启发，如一开始“正义的灵魂由神来掌握”，然而作者的确是作为一个犹太人来进行写作的，并且坚信死后的因果报应（尽管是精神上的），阅读作品不一定要受到作品的影响。

《传道书》 《传道书》则不同。写这本富有吸引力著作的作者是大约在公元前200年住在巴勒斯坦的贵族。在《智慧》（*Wisdom*）

---

① 译文见 C. J. Ball, *the Book of Job*, 12。

第二章中，作者不敬奉神灵，这说明他已被希腊化。据说他的语言也略微受到希腊语的影响。人们可以感觉到，在他那个时代，他总有地方得到希腊的气息。许多有关他与希腊思想的不同观点都有各自的理由，[①]但除去兰斯顿博士（Dr. Ransdon）与泰奥格尼斯
（Theognis）有趣的相似，甚至在著名的第九章第七节以后的内容 231
中，我们也找不到直接有用的证据，证明哲罗姆首先提出的这些内容取自伊壁鸠鲁。但很显然，我们可以推断出与巴比伦尼亚的《吉尔伽美什史诗》[②]中一篇文章的相似。与此同时，希腊人相信“及时行乐”的观念要比《伊壁鸠鲁》更古老，由一位亚述国王首先阐明。[③]《但以理书》表明当时一些犹太人懂得巴比伦尼亚文学，但没有必要去假设《传道书》取材于以上两种思想来源中的任何一种，因为思想自人而始；许多地方从未读过《传道书》、伊壁鸠鲁或是巴比伦尼亚诗歌的人，其行为也一直为类似的思想指挥。

我感到关于犹太文学的表述之间差别是如此多，但《传道书》描绘的影像对我来说似乎是真的。[④]希腊人和犹太人在一个世界中发展，且在某些方面发展道路相同，就像今天一些令人不知所云的思想，称自己为“时代精神”或别的什么一样，这些东西会在不知不觉中影响人。《传道书》不可能创作于以塞亚（Isaiah）时期，但我们没有必要追溯其来龙去脉。传道士生活在这个不曾变化的世界，并感知这个世界。但即使可以在这个或是那个犹太作家作品中找出某种希腊的气息，那也并不意味着找到了希腊思想渗透的真正证据。

末世预言 在当时的犹太世界，最重要的事是启示性的文学作品。对人民大众来说，它代替了预言家，且其书卷是完成的。启示性文学最伟大成就是《以诺》（*Enoch*）和《十二族长遗训》

---

① List in H. Ranston, *Ecclesiastes and the early Greek Wisdom Literature*, 1925, 11.

② Barton, *Ecclesiastes*, 39.

③ Diod. II, 23, 3; Arr. II, 5, 4; Str. 672; Athen. 530 A; Maass, *Orpheus*, 211.

④ 比较 Baynes *op. c.* 142。

(*Testaments of the Twelve Patriarchs*)这两部伟大的作品集，它们在很大程度上对《新约》的作者产生了影响。启示性文学触及未来，人们都料想耶和华早已将未来告诉了像以诺和摩西这样的古代先哲。其中心思想便是心中有烦恼的人的希望，“弥赛亚”——①
232 他是应当到来的救世主，有时他被称为“人之子”和“耶稣”。关于弥赛亚的教义有着很大变化；有时他是神圣并且存在于世界出现以前，有时他又是人，难免一死；但不过该思想逐渐地从身体可在其中复活的人间弥赛亚王国，转成了一个精神不朽的永恒天国。通常只有正义的犹太人才会不朽，但偶尔(当时的伟大思想)所有人都可以不朽。这一教义与“人死后的因果报应”相似，这好像首次出现在大约公元前200年至前170年完成的《以诺》前半部分中，并自那时起开始影响整个世界。这两方面都与一个使得希腊人和犹太人都深感不安的问题有关，即不平的风行。人们对待这一问题的两种心态。哲学家卡纳德斯(Carneades，参阅第336页)认为，②如果真有主宰世界的神，那么他就不会允许此类事情发生；因此，即使神真的存在，他们对此事也置之不理。犹太作家则确信有一位神关注于此，于是他们得出了这样的结论：即我们看不到整个过程，一定有另一世可以补救，正义的会得到奖赏，邪恶的将受到惩罚；这与现代所希望的“终有一天我们会实现真正的价值”一点关系也没有，因那些作家是安分守己的犹太人，对他们来说，正义只是遵循犹太律法。他们以自己为榜样，表明正义的奖赏。这种教义在世界上起到了重要的作用，即宣扬“做个高尚的人，这样就会得到奖赏”，但它也很快便被滥用。人类正离清新的斯多噶派教义“做个高尚的人，这是你的义务”越来越远。

《苏珊娜》 我们还要注意一本观点不同的书《苏珊娜》(*Susannah*)。大约在公元前95年至前80年，法利赛人试图改革

---

① Enoch XXXVIII, 4.

② Cic. *De Nat. Deorum* III, 32; Armin, *Karneades* in P. W., 1972.

法律程序,[①]而《苏珊娜》则是支持"把盘问作为法律过程中得出真理的一种手段"的最有效理由。找出这一犹太人优于希腊人的纯粹世俗事情很有趣,因为很明显,希腊化对于这一强有力的正义工 233
具一无所知。然而有人提出的一条意见也很有趣,即希腊修辞技巧对拉比(Rabbinic)翻译圣经方法有影响。[②]

文学争论　除了伟大的犹太文学,当时还有一批宣传作家,他们用希腊文写作。这些人自由地从希腊文明中借鉴,但不是借鉴哲学或是历史,而是借鉴那些通常能够吸引受过一般教育的人的伪历史。曼涅托(约公元前280年)早就宣布不喜欢犹太人,[③]但他是埃及祭司。而在公元前100年的一些希腊作家中,阿波罗尼戊斯[④]便是其中最臭名昭著的(他是一个修辞学家,住在罗德岛)。他们这些人攻击犹太人,甚至波塞冬尼乌斯都屈尊去传播这样的故事[⑤],那至圣所丑闻的来源或结果——至圣所内竖立的是一头驴的头——说安条克四世在那里找到了一座人(摩西?)骑在驴上的雕像。犹太人自然而然做出了回应。我们不清楚是从哪一边先开始的,但舌战至公元1世纪达到了白热化状态,以阿皮翁(Apion)的攻击和约瑟福斯的回答为最高潮。对犹太人的指控是他们的文化都是从别的民族借鉴而来;他们没有人类博爱的情感,相当自私;他们是事实上的无神论者,因为他们说除了耶和华没有一个神是真正存在的。另外,犹太人也是坚信别的种族崇拜的只是画像,而非(事实如此)形象所代表的神,圣像不过只是一个符号而受到指责。

① Charles, *Religious Develepment*, 196; Oesterley 393.

② D. Daule, 'Rabbinic Methods of Interpretation and Hellenistic Rhetoric', *Hebr. Union Coll. Annual*, XXII, 1949,239.

③ Jos. *c. Ap.* I, 228-287.

④ Jos. *c. Ap.* II, *passim.*

⑤ *F.Gr. Hist.* II, A no. 87, fr. 69. 似乎第一个讲这个故事的人是姆拿西斯(Mnaseas),时间约为公元前200年; *c. Ap.* II, 80,114。

亚历山大·波里希斯特(Alexander Polyhistor)[①]保有了形形色色被希腊化犹太人表明犹太文化是世界上最古老文化,且事实上是犹太人教育其他民族的尝试。第一个作家狄米特里乌斯相当正确地描述了犹太历史,但他对诸如证明雅各(Jacob)的13个孩子可
234 能在七年之内出生这类天意之事感兴趣。利亚(Leah)成了数学图表。对尤波勒姆(Eupolemus)来说,历史没有一点儿意思。亚伯拉罕是一个巨人,他经历了大洪水,建成了巴比伦,还恢复了占星术(开始是由以阿特拉斯神[Atlas]以诺发现并传授给了埃及人)。同时,摩西(第一个哲人)发明了字母并且教授给希腊人,希兰(Hiram)和所罗门的宫廷与希腊化时期宫廷拼豪华;所罗门为了建神庙仅工资一项就付了160000塔兰特,这远远超过了亚历山大。阿塔巴努对引用《阿德斯波塔》(*Adespota*,希腊化时期不知名的无价值的作品)一点不感羞愧:约瑟夫(Joseph)成了埃及(托勒密王朝)的财政大臣,他使荒芜的土地再一次焕发勃勃生机;摩西几乎发明了所有的一切,包括武器、机器、船只、哲学,他还教埃及人崇拜动物,他死后被人用希腊措词大肆褒奖,奉作神明。克罗德姆(Cleodemus)则没有那么雄心勃勃,他只是使得亚伯拉罕的儿子们征服了比托勒密王朝更多的土地,不仅是特罗格迪特(Trogodytes),而是整个香料产地,包括阿拉伯和非洲。波里希斯特(Polyhistor)则被自己搜集到的谣言弄得头昏脑胀,谣传他将摩西变作了女人摩索(Moso)。一帮犹太诗人是这一文学的同盟军,斐洛和提奥多图斯(Theodotus)以六韵步诗的形式记述犹太历史;以西结(Ezechiel)以《出埃及记》为原型写了一部悲剧,其间红海的灾难是由一个按希腊最好典型塑造的使者来讲述的。

犹太宣传 犹太人当然能写得比这些更好。[②] 给阿里斯达(Aristeas)的信,通过一个异教徒之口,认真歌颂了犹太律法和犹太经典;这个异教徒称所有民族都崇拜耶和华,只是他们自己不知

① *F. H. G.* III, 206 sqq.

② 详见 Baynes *op. c.* 166。

道。《西比林神谕》(*Sibylline Oracles*)的第三卷(其余都是基督时代以后的事)以六步韵诗形式,让一个异教徒的女预言家证明犹太教要优于其他所有宗教。更重要的是(如果是真的)那本被称是由托勒密六世治下的犹太人阿里斯托布鲁斯(Aristobulus)所写的相当专业之作品;作为一个亚里士多德派的弟子,作者懂希腊哲学, 235
他试图说明犹太律法已包括了希腊哲学的精华;同时,毕达哥拉斯和柏拉图也从摩西那里学到东西。但有人认为这一作品是后来伪造的。

最高思想与最低思想之间的差距,就如同希腊人和犹太人之间的区别一样。在希腊化后期,希腊的征服逐渐无力。东方的占星术和魔法又一次涌向西方。此时,犹太人又扮演了一个相当引人注目的角色。犹太的魔法师是一流的,犹太驱魔者也广为人所知。犹太人有自己的关于魔术的书,就像圣保罗在以弗所变出篝火造成的影响一样。其中最著名的要数所罗门所收集的传说。希西(Hezekiah)一度禁止魔术的使用,因为它使人背离耶和华的法令。

接下去,我们要谈希腊化在朱迪亚的时运(这个国家于公元前142年独立,参阅第217页)。公元前135年,约翰·西卡努(John Hyrcanus)继承了他父亲西蒙的王位。但他的统治一点也不顺当。公元前134年,最后一个强大的塞琉古统治者西顿人安条克七世攻占耶路撒冷,并推倒城墙。安条克七世不可能再运行"神显者"的政策,因为他没有一大帮希腊化犹太人支持他,这帮人已被约拿单和西蒙一扫干净。安条克七世的委员会建议他灭绝犹太人,了结这一麻烦;但他坚持温和态度,他将大祭司之职授予西卡努(Hyrcanus),并拒绝干涉宗教的问题,不过这仅使得西卡努成为仪式上的奴仆。公元前129年,西顿人安条克七世一死,塞琉古的力量和权威也就到了头,西卡努终获自由。他接下来的统治则是马加比王朝的黄金时代,他开始恢复大卫国,对耶路撒冷重新设防,征服了耶路撒冷以东和外约旦的部分地区,并成了罗马的盟友。他还征服了示剑。在遭到顽强抵抗之后,他攻占并摧毁了撒马利

亚。马加比家庭的兴起(他们是利未人)产生了这样的后果:占星家不是从犹太和大卫家族中寻找救世主,而是从利未和艾伦家族
236 中寻找救世主。对于写作了西卡努统治时期主要作品的加利利人作家来说,早已提到的《十二族长遗训》,加上"山顶布道"的那些高傲的参与者,和西卡努自己(是预言家、祭司和国王——虽无名但有实)一起看似就要实现弥赛亚之希望;这些作家们献给他两首弥赛亚赞美诗。[①]

晚期马加比 但好景不长,西卡努的长子阿里斯托布鲁斯(Aristobulus,公元前105—前104年)谋杀了他的母亲。西卡努的第二个儿子亚历山大·加那尤(Alexander Jannaeus,公元前104—前76年)继承了王位,但他为人处事极其糟糕。一大批同情法利赛人的国民开始反抗野蛮士兵。经过了六年内战,加那尤掌控了局势。战乱的最后一幕是加那尤与他的妻妾们坐在餐桌旁看着最后600名反叛者被送上十字架。利未弥赛亚王国无须再探究下去,犹大弥赛亚两次崛起;弥赛亚的希望成了地球上某个未知的未来,有些时候甚至是天堂里的精神王国。然而,从约拿单到加那尤倒做成了一件事情。他们的父辈袭击过迦南人和亚马历人(Amalekite),他们也袭击了被希腊化的和那些希腊文化统治着的附近的叙利亚城市;被他们摧毁的城市可列出一大串来,当然这主要是加那尤摧毁的。[②] 在加那尤死后的20年,他的儿子大祭司西加努二世(Hyrcanus II)和阿里斯托布鲁斯二世(Aristobulus II)则连年相互厮杀。公元前63年,庞培出现了,他夺取耶路撒冷,废除君主制,杀死了阿里斯托布鲁斯,并将西加努置于叙利亚罗马总督的控制下,且开始恢复被马加比摧毁的市镇。

希律王 尽管统治者短期内实现了朱迪亚外在的希腊化,但试图将其彻底希腊化的努力(当时国内很少有人希望这样)最终没有

---

① *Levi* XVIII, 2 *sqq*; *Judah* XXIV, 1-2;(来自 Charles)。

② Meyer, *Ursprung* II, 280. 关于名单见 Jos. *Ant.* XIII, 395-397,名单所列城市没有必要都被摧毁。

成功。西加努二世的统治相当软弱，朱迪亚真正的权力掌握在他 237
的大臣伊杜马·安提帕特(Idumaean Antipater)手中。在安提帕特被谋杀后，他的儿子希律(Herod)[①]劝说罗马执政官立他为朱迪亚的国王。公元前37年，他夺取了耶路撒冷，随即承蒙罗马恩典又树立起他的权威长达43年。在罗马过渡时期由罗马授权的国王中，他是很著名的一个，有能力，但残酷、厚颜无耻——这是成功人士成功之路的本质(虽然正确，但坏透了)，他向安东尼建议"杀死克里奥帕特拉"[②]。过去伟大的"神显者"安条克没完成的事，他完成了，他以强有力手段将朱迪亚变成了还过得去的希腊式王国。他不是一个希腊式的国王，而是一个经过适当粉饰的以土买野蛮人，希腊化是他惟一可在他的多民族王国(从黎巴嫩到埃及)内采用的制度，他的总督和官员采纳的是塞琉古制度，但他数量众多的希腊城市只是附属市镇(这些市镇已向罗马请愿，要求将他们归于叙利亚省的管辖)。对于犹太人，他似乎始终不能下定决心。他试图安抚法利赛人，但他又大肆屠杀撒都该人。他阻止人们在朱迪亚建凯撒的神庙，但他在耶路撒冷建了座竞技场，并在城外建了一座剧场和圆形剧场。他还试图重建辉煌神庙，以赢得民心。与此同时，他也许还渴望成为一个神。[③] 最终，他把这个意愿通过在神庙上建一只鹰的雕像(宙斯的神鸟)[④]表达了出来，这是对犹太人最大的挑衅。他建了一些重要的城市，如西巴斯特(Sebaste，以代替撒马利亚)。他建在海边的卡萨里(Caesarea)有一个比比雷埃夫斯(Piraeus)还要大的海港，并且帮助装饰安条克城和其他城市。但犹太人不喜欢他的希腊建筑，因为这钱是向他们收的。他需要
大量钱财，他还没收了大量土地，而他的私人领土和领土上的收入 238
一定相当可观。他的税收也很重，这成了导致长期不满。他给民

---

① All the facts are in Otto's *Herodes* in P. W. See also *C. A. H.* X (1934), ch. XI; A. H. M. Jones, *The Herods of Judaea*, 1938.

② Jos. *Ant.* XV, 191.

③ Jos. *Ant.* XVI, 157; Otto, *Herodes*, 112 sq.

④ 关于犹太教堂的装饰见 S. A. Cook, 201。

众以和平的繁荣，但却以令人恐惧的手段治理国家。他用要塞控制朱迪亚，并任意处置和设立大祭司。犹太人之所以恨他主要是因为看到他对他们宗教造成的危害。犹太人不断反抗，直至无力反抗，他最后几年的统治是恐怖统治。他一死，犹太人就开始起义。犹太人后来报复他，把他的死因说得过于可怕（也许是结肠癌）。另外，他一死，他对朱迪亚进行希腊化的努力也付诸东流，因为这些努力靠的是武力，而非人的意愿。他死于公元前 4 年。到公元 6 年，朱迪亚成了罗马的一个行省。从此，朱迪亚的历史开始了新的一页。这里我们仅能说未来和过去一样，犹太人对于民族和宗教的献身精神证明他们是一种比任何一种来自希腊罗马文明的压力更强大的力量。但最后传下来的只是彻头彻尾严谨的犹太律法。

第七章 贸易[①]与探险

亚历山大——塞琉古探险——麦加斯提尼——来自印度的北部线路——中部线路——托勒密探险——红海——第一次远航印度——那巴提安人——贸易特点——铸币标准——贸易优势——金属——采矿——食物——纺织品——各种特殊物品——奢侈品贸易——乳香——贸易竞赛——罗马贸易者——提洛岛——奴隶贸易

---

① 目前主要著作是 Rostovtzeff 的 *SHE*，该书覆盖了整个领域。也可参阅 Rostovtzeff，*C. A. H. VIII*，ch. XX，附有书目；Fr. Heichelheim，Wirtschaftsgeschichte，ch. VII，有完整的书目注释。M. P. Charlesworth 的 *Trade Routes and Commerce of the Roman Empire*（1924）和 E. H. Warmington 的 *The Commerce between the Roman Empire and Indian*（1928）在希腊化研究方面仍旧有一定的价值。有大量的专题研究，但主要关注的是埃及方面的研究（参阅第五章），或许应该提到的是 Heichelheim 的 *Wirtschatliche Schwankungen*（Egypt，Uruk，and Delos）；Rostovtzeff 的"Foreign Commerce of Ptolemaic Egypt"，*J. Econ. & Business Hist.* IV，1932，725；E. Leider 的 *Der Handel von Alexandria*，1933；G. Glotz 关于 Delos 的文章（Heichelheim 列举了许多，见 Heichelheim 的 *Wirtschaftsg.* 1065 n. 5）。关于东方贸易：H. Kortenbeutel，*Der Ägyptische Sud-und Osthandel in der Politik der Ptolemöer und Römischen Kaiser*（1931），Heichelheim 在 *Wirtschaftsg* 中提到的著作（1084 nn. 25，26），Rostovtzeff 的 SHE 1414 年。关于到印度的海上航线，最重要的著作是 Tarn 的 *Bactria*，ch. IX；Otto-Bengtson，*Zur Gesch. D. Niederganges des Ptolemäerreiches*，Bayer Abh. 17，1938，pp. 194 *sqq.*，以及 Tarn 的评论，*J. H. S.* LIX，1939，324。关于探险，一般见：M. Cary and E. H. Warmington，*The Ancient Explorers*，1929；W. W. Hyde，*Ancient Greek Mariners*，1947；J. O. Thomson，*History of Ancient Geography*，1946，ch. IV，and ch. VI，§1。

239 **亚历山大** 亚历山大为希腊影响打开了世界大门，这个世界就是从爱琴海到印度库什，从药杀河（Jaxartes）到大瀑布（Cataracts）这些地区。假如亚历山大活得更长的话，他或许会把这一区域大大扩展，因为就在他死的时候，他筹划探险里海（Caspian），也计划试图通过环绕阿拉伯半岛完成从印度到埃及的海路探险（亚历山大已经完成了从印度到巴比伦尼亚这部分探险）；亚历山大的船队一部分已经到达巴林岛（Bahrein）和拉斯·穆桑代姆半岛（Ras Mussendam），另一部分到达也门。[1] 尽管因亚历山大之死而航行停止，但他的继承者再次继承了这些计划；除了希
240 腊—大夏人外，在希腊化时代唯一可与亚历山大之计划相比的，是由托勒密二世进行的阿拉伯半岛探险（参阅第 245 页）以及后来诸位托勒密进行的非洲探险。特别的是亚历山大的同辈人马赛的皮提亚斯（Pytheas of Marseilles）做了从不列颠海岸到挪威或日德兰半岛的令人惊异的航行，这是希腊人第一次听到北海（Arctic Sea），但没有什么结果；经验地理学家甚至不相信这次航行的真实性，尽管知识渊博的数学家埃拉托色尼（Eratosthenes）和希帕库斯（Hipparchus）明智地接受了这一说法。[2]

塞琉古王朝 塞琉古王朝忙于在别的方向探险，并倾注了大量精力。塞琉古依照亚历山大的计划，在波斯湾保持着舰队，[3]沿底格里斯河下游和波斯湾上部建立殖民地，并与阿拉伯海岸的格莱恩人（Gerrhaeans）[4]保持友善关系，这个民族以香料供应塞琉西亚（Seleuceia）；但他没有试图环绕阿拉伯半岛，由是与印度的贸易利益和线路从塞琉古王朝手中转移到了托勒密王朝的红海。在东北部，塞琉古的将军德莫达莫斯（Demodams）再一次跨越药杀河，[5]他的儿子安条克一世（Antiochus I）派遣帕特洛克里斯（Patrocles）勘

---

① Tarn, *J. E. A.* XV, 1929, 13.

② Str. 104, 75.

③ Polyb. XIII, 9, 5; Pliny Vi, 152.

④ Tkač, *Gerrha*, in P. W.

⑤ Pliny VI, 49; Tarn, *Tarmita*, *J. H. S.* LX, 1940, 89.

探里海；帕特洛克里斯既是一名著名的将军，也是一名著名的地理学家。[1] 亚里士多德和亚历山大都知道那里有两个被称为赫卡尼亚海（Hyrcanian Sea，我们称之为里海[Caspian]）和里海（Caspian Sea，我们称之为咸海[Aral]）的湖泊；[2]然而，之后亚历山大却又想弄明白这个曾被亚里士多德摈弃的古老观点——赫卡尼亚海不是一座湖泊而是一个海湾——是不是真实的，同时关于咸海的知识在亚历山大去世后整整丢失了一代人的时间。帕特洛克里斯从阿特罗帕特尼（Atropatene，阿塞拜疆）的基兹里·乌森（Kizil Usen）出发，勘探了南部海岸、东部和西部海岸的部分地区，但他得出的赫卡尼亚海是海的结论或许是由于某些当地的故事；对这些故事的结论很不高明，因为 150 年后的中国人张骞也听说大量同样的故事。其表现就是咸海是北海。[3] 对东北部探险没再做什么，这种情 241
况一直延续到希腊—大夏王[4]在大宛（Ferghana）殖民并与中国西域（Chinese Turkestan）建立安全的接触为止；他们为希腊—波斯艺术向东方世界的传播最终铺平了道路。

麦加斯提尼　塞琉古在印度遭到孔雀帝国阻止，希腊军队没有再次渗透到这个国家，这种情况一直延续到公元前 184 年孔雀帝国灭亡为止；但麦加斯提尼（Megasthenes，[5]塞琉古派他作为使者到位于恒河上的巴特那[Patna]附近的华氏城[Patāliputra]，这是旃陀罗笈多[Chandragupta]的都城，现在已经部分被挖掘）[6]大大扩展了希腊人有关印度的知识。他讲述一些旅行者的传说，但他也首先告诉西方有关恒河的知识，有关伟大的摩揭陀（Magadha）王朝的知识，他也叙述了旃陀罗笈多治理下的国家组织形式，这些现在可与

① Str. 507－508；Tarn，*Alexander* II，5 *sqq.* 另见 L. Pearson C. Q. 1951，80。

② Arist. *Meteor.* II，1，10；Tarn，*Alexander* II，pt. 1，§B，p. 6.

③ Ssu-ma-ch'ien，*Shi-ki*，ch. 123 §28，tr. Hirth，*JAOS* 1917，89.

④ Tarn，*Bactria*，ch. IV.

⑤ *F. H. G.* II，397.

⑥ D. B. Spooner，*Arch. Survey Ind.* 1912－1913，53；*JRAS* 1915，63.

《政事论》(*Artha - šastra*)相提并论——这一切都是一流的。[①] 他的书直到公元前 180 年都是有关印度北部所有知识的基础,这时巴克特里亚的攸西德米德·狄米特里戊斯(Euthydemid Demetrius of Bactria)征服或兼并了这个被弃的国家,统治了从华氏城到卡提瓦半岛(Kathiawar)这一地区有好几年。[②]

来自印度的北部线路 塞琉古的活动是与印度贸易或东方贸易问题联系在一起的,在整个希腊化时代这一直是一个重要的因素。我们传统的观点认为这种贸易有三条主要线路:北线、中线和南线,南线与托勒密的历史紧紧联系在一起了。北线[③]没有必要说得太多。据说,北线是由巴克特拉(Bactra,大夏[Balkh])统治,它一直到阿姆河(Oxus),跨越里海,沿着库尔(Kur)和法思河(Phasis)直到黑海;但我们相当确定的是这条线路从未存在。[④] 在塞琉古时代,人们仍旧相信海洋一直流向喜马拉雅(Himalaya)北端的底部,接近药杀河(Jaxartes,叙里-达里亚[Syr - Daria]);[⑤]毫无疑问,这是帕特洛克里斯的部分任务,即确定北部海路是否可能;后来的传说甚至认为他部分地
243 勘探过那个海路,[⑥]通过这次航行把印度人带到日耳曼海岸。[⑦] 塞琉古死后,塞琉古王朝被切断了与黑海地区的联系,对北部任何路线也就没有进一步兴趣了。

中部线路 在公元前 3 世纪,重要的路线是中路。这条线路从印度经海路到波斯湾,而后北上底格里斯河到达塞琉西亚(Seleuceia),接着续接陆路上的骆驼贸易商路,塞琉西亚是骆驼贸易商队的聚集地;一条线路从印度通过波斯波利斯(Persepolis)、苏

---

① *Camb. Hist. India* I, biblio. To chs. XVIII, XIX.

② Tarn, *Bactria*, ch. IV.

③ Str. 71,73,498,509; Pliny VI, 52.

④ Tarn, *Bactria*, App. 14.

⑤ Arist. *Meteor.* I, 350 a 11. 18 - 22; Str. 519(很可能是 Patrocles, cf. 491, 518)。

⑥ Str. 74,518.

⑦ Pliny II, 170.

242

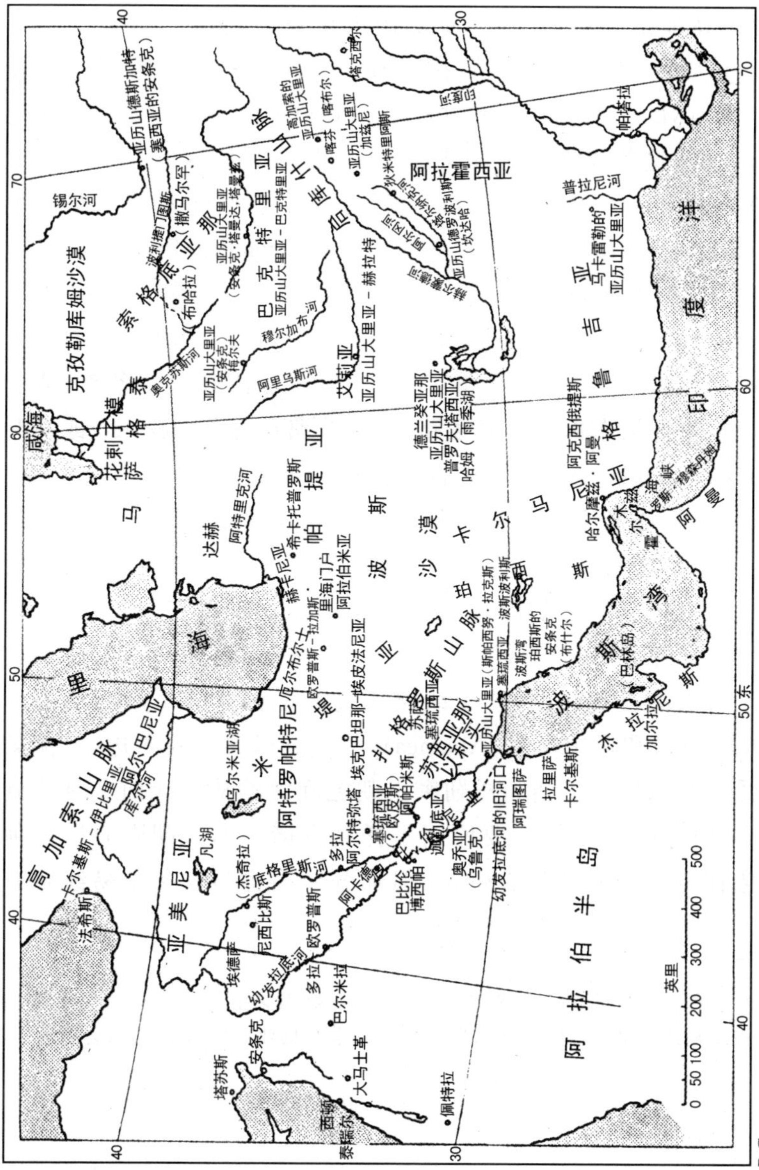
克孜勒库姆沙漠
索格底亚那
巴克特里亚
兴都库什山脉
阿拉霍西亚
格德罗西亚
印度洋
卡尔马尼亚
波斯湾
阿拉伯半岛
波斯沙漠
帕提亚
马尔吉亚那
里海
高加索山脉
亚美尼亚
美索不达米亚
阿特罗帕特尼
苏西亚那
扎格罗斯山脉
锡尔河
阿姆河
英里
0 50 100 200 300 400 500

中东

R.C.

萨(Susa)来到对面,[①]不过这条线路的重要性值得怀疑。最重要的路线——这也得到了希腊文献、中国文献的证实——从华氏城出发,经过高加索的呾叉始罗-亚历山大里亚(Taxila - Alexandria of the Caucasus)——巴克特拉(Bactra)——赫卡通皮洛斯(Hecatompylus)——埃克巴塔那(Ecbatana),到达塞琉西亚(Seleuceia);这条线路又有环路加入,环路从高加索的亚历山大里亚(Alexandria of the Caucasus)开始,经过喀布尔——加兹尼(Ghazni)、亚历山大里亚-普罗夫塔西亚(Alexandria Prophthasia,位于赛斯坦湖[Seistan lake]边)、赫拉特(Herat)、赫卡通皮洛斯(Hecatompylus)。[②] 从塞琉西亚开始,不断增加的货物不断向西流通,或者经过新的塞琉古线路[③]上溯幼发拉底河到达安条克;或者经过底格里斯河东部的古老线路,这条线路在齐莱(Jezireh)或在利巴(Libba,亚述尔[Ashur])跨越底格里斯河,通过尼西比(Nisibis)向西部流通,尼亚比汇集着亚美尼亚贸易;埃德萨(Edessa)也同样如此,部分货物由此采用传统的线路运到大马士革和推罗,部分货物通过幼发拉底河上的泽乌玛(Zeugma)运往安条克,泽乌玛现在已经取代了塔普沙卡斯(Thapsacus)。[④] 从安条克开始,很多货物穿行于古老的王室线路,这条线路通过弗里吉亚(Phrygia)的塔尔苏斯(Tarsus)和阿帕米亚(Apamea),一直到以弗所的海边(参阅第130页)。[⑤] 塞琉古王朝和托勒密王朝之间大约从公元前280年到前198年的斗争,尽管主要原因是托勒密诸王的王朝野心以及他们渴望在爱琴海地区建立帝国,但部分原因也与这条贸易线路有

① 克拉特鲁斯(Craterus)和安条克三世(Antiochus III)采用的是这条线路。但斯特拉波反复认为这条线路上从波斯波利斯到卡曼尼亚(Carmania),不会更远了:79,727,744。

② 关于环线,Str. 514,723,以及 Isidore of Charax *passim*。

③ Given minutely, Isidore §1 详细持续给出。

④ Xenophon and Alexander. Jezireh, Xen. *Anab.* III, 5,7 - 12; Libba, Polyb. V, 51 - 52.

⑤ Xenophon and Alexander; Calder, *C.R.* 1925,7.

关；这条贸易线路在以弗所的出口经常易手，托勒密王朝——因为他们拥有腓尼基和大马士革、安条克之间的马西亚斯河谷(Marsyas valley)——极有可能对塞琉古王朝的大马士革施加压 244
力。公元前 198 年至前 197 年间，伴随埃及被从叙利亚和小亚细亚驱除，这场争斗结束了；这条贸易主要线路一直维持到塞琉古王朝失去巴比伦尼亚为止，之后帕提亚人手中所控制的中部线路开始让步于南部线路。在这以后发生了很多变化；在公元前 1 世纪，伊德沙(Edessa)——马萨卡(Mazaca，凯撒里亚[Caesarea])——阿帕米亚(Apamea)这条线路开始使用，①取代了安条克；到公元前 100 年，从巴比伦尼亚到大马士革的捷径经过帕尔迈拉(Palmyra)跨越沙漠②或许成为更经常使用的路线；最终罗马跟随庞培的足迹从本都出发向亚美尼亚和高加索进发，为获得那些没开发的矿产，这使沿库尔(Kur)的里海—黑海线路更加引人注目。③

托勒密探险　我们转到南部线路和托勒密对埃及的勘探。这条线路从印度出发经过海路到达阿拉伯半岛的南部或东南部的中转站，印度货主在这里卸货，他们成为阿拉伯贸易的组成部分；这条线路几乎全部掌握在印度人和阿拉伯人手中，④可以确定在公元前 3 世纪这条线路是存在的，因为埃拉托色尼(Eratosthenes)恰巧提到桂皮(仅在印度生长)来自阿拉伯半岛东部的哈德拉毛(Hadramaut)。⑤ 阿拉伯人极其珍视他们的垄断，以致不允许印度船只进入曼德海峡，早期托勒密关于南部阿拉伯半岛几乎一无所知；埃拉托色尼对哈德拉毛的东面也不知情，尽管这个地方在亚历

---

① Str. 539.

② Pedigree on tomb of Iamblichus 墓内的家谱；S. B. Murray, *A. J. A.* 1915,268; Cumont, *Doura* XXXII。

③ Pliny VI, 52; Solinus, 19,4.

④ Str. 780－781; cf. Diod. III, 47,9. Minaean 航运，参考 Tarn, J. E. A. XV, 1929,17 n. 1; Gerrhaean, Str. 766；阿拉伯人一般为，σκεδ ἱ αι（商人），Agatharchides 各处；Str. 780－781 μ ἡτι γε κατα θαλασσαν 是错的。

⑤ Str. 769，其中 την σμυπνοφοπον（见 768）等同于 Hadramaut。

山大远征时就已为人所知。南阿拉伯半岛的历史[①]是各个民族为控制印度贸易、熏香贸易而进行战争以及联合的地方史；所罗门的奥斐（Solomon's Ophir）[②]或许是可以称呼那个时代任何一地方的
245 印度贸易商站。在公元前 3 世纪、前 2 世纪，主要政权是马哈拉的阿巴沙特（Habashat of Mahra）和南也门塞巴人（Sabaeans of southern Yemen）之间的联合政权，主要的印度商业中心是塞巴人的阿达纳（Sabaean Adana，亚丁），不断增加的贸易由塞巴人和米纳人（Minaeas）的沙漠商队穿过亚斯瑞布（Iathrib，麦地那[Medina]）和底但（Dedan，艾尔-乌拉[Al-'ula]）的传统"熏香线路"[③]把货物运到北方的佩特拉（Petra）。大约公元前 280 年，托勒密二世派阿里斯通（Ariston）勘探阿拉伯海岸，他似乎沿着这条道路探险，目的就是确保对底但的影响，并获得对不友好的那巴提安人的南部熏香线路的绝对控制。[④] 这条商路的贸易到达佩特拉，部分货物到达海边的加沙[⑤]或阿西诺（Arsinoe，苏伊士），之后也就到了亚历山大里亚；部分货物或许通过沙漠到达塞琉西亚（Seleuceia）；[⑥]其余的货物到达北方。通常，这条商路最后将路过大马士革到达安条克，公元前 200 年之后也是如此，这时塞琉古获得叙利亚的重要性通过黄金、象牙和印度香料而表现出来，这些东西是"神显者"安条克为庆祝此伟大胜利而在达芙妮（Daphne）举办庆祝典礼上展示出来；[⑦]但托勒密王朝在拥有叙利亚时另开辟了一条线路，货物从菲拉德尔菲亚（Philadelphia，拉巴-阿蒙[Rabbath-Amman]）和格拉萨（Gerasa，杰拉什[Jerash]）通过加利利，到达托勒迈伊斯（Ptolemais，

---

① Tkač, Saba in P. W.; D. Nielsen, *Handbuch der altarabischen Altertumskunde* 1927.

② 《圣经·列王记》中的盛产黄金和宝石之地。

③ Tkač *op. c.*

④ Tarn, *J. E. A.* 1929, 9.

⑤ Benzinger, *Gaza* in P. W.; cf. Str. 781.

⑥ 关于佩特拉至巴比伦的线路见 Sir. 767 (Eratosthenes); cf. Arr. *Ind.* 43, 4-5。

⑦ Polyb. XXXI, 3-4; Diod. XXXI, 16; Athen. X, 439 B.

阿克[Acre])，之后也就到达腓尼基；[1]托勒迈伊斯的重要性可以通过在塞琉古统治时还保留其名称而得到表现。[2] 公元前 115 年，[3]塞巴王朝(Sabaean Kingdon)的衰落或许为托勒密王朝开了口子；但托勒密最终使埃及分享通往印度的南线，是因为一个不太重要的话题——托勒密二世渴望获得大象。[4]

红海　托勒密一世已经开始勘探红海了，[5]他的海军司令斐洛(Philo)[6]已经发现了托帕兹岛(Topaz Island)，[7]某位托勒密清除了这座岛屿上的蛇。在托勒密二世统治早期，他的将军萨提洛斯(Satyrus)在苏伊士湾建立了菲洛特拉(Philotera)；[8]在这个湾口的阿西诺(Arsinoe)也是属于这个时期的，或许位于伊拉斯湾(Elath)的贝勒尼斯(Berenice)也是如此。[9] 托勒密二世然后稳步向南方推进；他的将军连续建立了米奥斯·霍米斯(Myos Hormos，马素尔港[Mussel Harbour]，位于库赛尔[Kosseir])、特洛哥迪特斯的贝勒尼斯(Berenice of Trogodytes，位于“臭”湾，即布满礁石的湾，它的遗迹，与琐安[Assouan]同纬度，保存下来)，苏阿基姆(Suakim)附近猎象的托勒迈伊斯(Ptolemais)；托勒密三世在马所拉(Massowah)附近建立了金色贝勒尼斯(Berenice the Golden，或许是阿都里斯[Adulis])；或许位于埃塞俄比亚的克勒埃(Koloë，克海托[Kohaito])也是他建立的，它的遗址据说属于托勒密王朝；后来 246

① Polyb. V，68－71；cf. R. Dussaud，*Topographie historique de la Syrie*，1927，44.

② Hill，*B. M. Coins*，*Phoenicia*，128.

③ Tkač，*op. c.*，1378

④ Diod. III，36，3；Str. 769，789；Agatharch.，*G. G. M.* 1，p. 111；App. *Prooim.* 10；OGIS 54 1. 12.

⑤ 一般说来：Agatharchides in *G. G. M.* 1 以及在 Str. 769－776（通过 Artemidorus)；Rostovtzeff，*Archiv* IV，298；Tscherikower op. c.（基础）。

⑥ Str. 77；*Milet* 1，7 no. 244.

⑦ Diod. III，39，4；Pliny XXXVII，108；Agatharch. *G. G. M.* 1，170.

⑧ Date：Tarn，*C. Q.* 1926，99.

⑨ Tarn，*J. E. A.* 1929，22.

这个地方成为象牙的集散地，象牙在阿都里斯出海。许多殖民地都成为城镇，[①]尽管它们在开始时或许是为保护贸易据点而存在的，因为这种探险的主要商业目的是为了收集象牙和捕获战象；托勒密三世组织了在将军领导下的以军事为基础的狩猎。[②] 探险在贝勒尼斯北部获得装备，在那里大象被装船运走；[③]因此，一条铺设完好的路通向尼罗河边的卡普托斯（Coptos，克弗特[Koft]），[④]主要的大象集中地位于孟斐斯（Memphis）。[⑤] 一支舰队驻扎在红海边以防止海盗。[⑥]

托勒密五世统治时期失去了叙利亚和爱琴海地区，导致了埃及对印度贸易态度的变化；埃及现在完全依靠南线。在托勒密五世时期，猎象也开始消亡了，为猎象而建立的组织现在转向保护贸易了，处于提拜德（Thebaid）的将军管理之下；公元前 130 年，他的职责包括监管货物的运输，收集黄宝石，并保护经过卡普托斯线路
247 （Coptos route）运送熏香的那些人。[⑦] 他们对从红海到亚历山大里亚的海上运输给予了更多的关注，这条线路成为塞巴人商路的竞争对手。公元前 2 世纪在这个海域有相当多的活动；在北部苏伊士附近建立了克里奥帕特里斯（Cleopatris），在南部建立了南方的阿西诺（Arsinoe），离曼德海峡不远。菲洛迈托（Philometor）也把边疆向尼罗河南部推进，一直到达瓦迪·哈勒法（Wady Halfa），并建立新殖民地。[⑧] 大概在那个世纪早期，埃及将军已经到达了“南方角”（Horn of the South），索马里的瓜达富伊角（Cape Guardafui），后来被叫作香料之角；他们没有在这里建立代理处，但是发现了许多

① Str. 771,773,815; Pithom-Stele on Ptolemais (Tscherikower 14).

② *OGIS* 82,86.

③ Pithom-Stele (Budge, *Hist. of Egypt* VII, 201 sqq.); *G. G. M.* 1,172; Wilcken, *Chrest.* Nos. 435,451-452.

④ *OGIS* 132; Str. 815; Pliny VI, 101.

⑤ *P. Petrie* II, 20.

⑥ Diod. III, 43,4=Str. 777 (Agatharch.); *P. Grenfell* 1,9.

⑦ *OGIS* 132.

⑧ *OGIS* 111.

奇怪的野蛮部落，这只是增加了希腊人已有的蛮族名单而已；另外，尼亚库斯（Nearchus）发现了食鱼者；从苏伊士湾到瓜达富伊角这一整个沿岸地区被命名为特洛哥迪特（Trogodyte，经常被错误地拼为 Troglodyte），[1]其中民族以食鱼者、食植物者、食海龟者、食鸵鸟者和食蝗虫者而著称。

第一次远航印度 到公元前 2 世纪末，意大利本土对阿拉伯和印度商品的需求在不断地增加，这使得这条贸易商路比先前的亚历山大里亚的更加重要。与些同时，托勒密王朝连遇两次意外好运：大约在公元前 120—前 117 年间，塞巴政权垮台了；在托勒密·攸厄格特斯二世统治时期，一位印度人——他是全部船员中惟一的幸存者——在红海岸边被救获时已奄奄一息；在这位印度人的指引下，库齐库斯的攸克多索（Eudoxus of Cyzicus）——服务于托勒密政府的欧洲人——第一次航海到印度，并沿海岸返回。[2] 这次航行使人们发现了西南季风，[3]这一发现是与希帕鲁斯（Hippalus）的名字联系在一起的；毫无疑问，印度人长久以来就知道西南季风，这就使得人们可以相对容易地进入曼德海峡以外的区域；后来的托勒密船只访问过南阿拉伯的港口，发现了索科特拉岛（Socotra），[4]有时航行到印度，所有的这些行为打破了阿拉伯中间人的垄断；[5]但 248
第一次通过印度洋航行到南印度的时间大约不早于公元 40—50 年间。[6] 后来的托勒密通过在海峡上重建狄勒（Deire）作为南部的贝勒尼斯确保曼德海峡的安全，而更接近米奥斯·霍米斯（Myos Hormos）的地方开始取代北部的贝勒尼斯作为卡普托斯（Coptos）

---

① Wilcken, *Archiv* VIII, 71.

② Str. 98 - 102＝Poseidonius, *F. Gr. Hist.* II A, no. 87 fr. 28. cf. Str. 72，世界尽头的索马里。

③ 此相关内容一般见 Tarn, *Bactria*, 367 - 371; Otto - Bengtson, *op. c.* 194 - 218。

④ 希腊人到达了 Agatharchides (*G. G. M.* 1,191，未知）与 *Periplus* 30 间。

⑤ 这种说法存在争议，但有些文献明确了这一点，见 Srt. 101,118，有些陈述也没有反对这种说法，见 Str. 798。另见 Wilcken, *Z. F. ägypt. Sprache* 1925,88。

⑥ Tarn, *Bactria*, 369.

的港口；到公元前 78 年，[1]如果不早于公元前 110/119 年的话，[2]提拜德(Thebaid)的总督(*epistrategos*)也成为红海和“印度海”的将军；一个新名称，主要意图是规范和印度的联系。另一方面，印度商人开始直接与索马里港口进行联系，印度人也出现在埃及；[3]一块带有车轮和三叉戟的墓碑证明在亚历山大里亚有佛教徒的存在。[4] 这些航行带来了有关南部印度最初的知识。胡椒也是南印度商品到达的重要证据。一小部分胡椒经过很长时间后到达希腊，不过它对提奥弗拉斯图斯来说只是一种药物；[5]如果公元前雅典的某人在其房间里[6]拥有两夸脱胡椒的话，那么就会发生新的事情。因此在整个托勒密时期，对东方的贸易和探险呈现出稳步发展的势头，当克里奥帕特拉七世(Cleopatra VII)建议放弃地中海而统治印度洋时，她所说的并不是胡话；她或许就是阿尔伯克基(Albuquerque)的先行者。

这一时期是否有人去过瓜达富伊角的南部取决于波塞冬尼乌斯讲述的另一个故事。[7] 他说，攸克多索在后来的一次航行中，沿“超过埃塞俄比亚”的非洲海岸航行，并带回了一艘遇难船只的船头，这个船头被认为是属于西班牙盖底斯(Gades)的船只，然后他去盖底斯，并试图追寻盖底斯船只的航行路线绕行非洲到印度，但他仅仅到摩洛哥南部便回航，因为与他的船员闹纠纷。这个说法
249 的可能性很大；但是在荒诞的细节上严重变形——比如这使攸克多索忽略了托勒密有关进口香料的规章制度。波塞冬尼乌斯几乎不是那种能从谎言中筛滤出真理的人，同样他也没有说他为什么相信希罗多德所叙述的腓尼基人环绕非洲航行的叙述。攸克多索的

① *OGIS* 186，190.

② Otto-Bengtson, l. c.; see Tarn, *J. H. S.* LIX, 1939, 324.

③ Wilcken, *Grundzüge* I, 264.

④ Petrie, *JRAS* 1898, 875.

⑤ Athen. 66, C-F.

⑥ Plut. *Sulla* 13.

⑦ Fr. 28=Str. 99.

叙述或许可接受部分，但盖底斯船航行的说法可以断定为“无法证明”。

那巴提安人　在这个时代晚期，托勒密王朝的主要竞争对手是佩特拉的那巴提安城（Nabataean city of Petra），“位于岩石裂缝里的城市”。当帕提亚占领巴比伦和控制自印度的中央线路后，佩特拉成为亚洲最大的贸易市场之一；除陆地的旅行贸易外，该城的居民现在通过伊利安那（Aelana，阿克巴[Akaba]）进行海上运输，他们通过在埃姆泊隆的阿拉伯港口（Arabia port of Ampelone）——他们可能占领埃姆泊隆，并将之重命名为鲁斯·库迈（Leuce Come）[1]——来切断埃及与底但之间的直接贸易。他们向北扩张，也向南扩张，甚至有一段时间（自公元前85年起）统治了大马士革。[2] 那巴提安人有着贸易方面的天赋，希腊对这样一个奇怪的事实评论说，他们彼此之间从不进行诉讼；[3]他们大概像中国商人一样，总是吝惜他们的言辞。

贸易特点　但我们讲到贸易的细节时，一开始就会遇到这样一个事实：在希腊化时代数量巨大的文献里没有哪部作品明确地记载这个时代的贸易，注意到这种情况是非常重要的。[4] 希腊化时代贸易的记录大多数是后来重写的，因为原来的多被埋在了罗马帝国及受罗马影响的希腊化道路系统之下；人们不应该仅从已知文献比较好的罗马时代环境出发讨论那个时代。后来的一些誊写者的一些材料毫无疑问是希腊化时代的，但这需要仔细分析。

波斯人阻止希腊贸易者到亚洲内陆进行贸易，但亚历山大及其继承者在这个大陆所打开的通道，亚洲和埃及不断增加的财富和人口，大量的新城市和殖民地，上层阶级生活标准的提高等所有这 250

① Tarn, *J. E. A.* 1929, 21 - 23；更多关于底亚和 Lihyanite 铭文的内容见，H. Grimme, *Le Muséon*, 50, 1937, 269。

② *Syria* VI, 218 no. 2，以及硬币。

③ Str. 779.

④ 希腊人在新王朝里仍旧是统治民族，他们在本性上从来就没有认识到这样一件事情：贸易大概是值得记录的。

一切都为贸易发展提供了巨大的推动力。商船的尺寸增加到在希罗(Hiero)不能控制的叙拉古号(*Syracosia*)的标准,[①]载货能力达到 4200 吨,新的点对点的航行习惯取代了沿岸航行,这大大增加了航行速度和贸易范围。公元前 3 世纪的许多城市改善了它们的港口,罗德岛的提莫斯提尼(Timosthenes of Rhodes)那充满地名的《论港口》(*On Harbours*)现在为地中海世界的舵手所拥有。许多希腊城市签订合同来调整公民之间的契约纠纷,这是罗德岛所促进的一场运动,一些措施也被采取来完善我们现在银行制度和信贷体系中的不足之处;当时已有信用证,不过还没有汇票。[②] 每一位希腊化君主(如果安提柯王朝不算的话)都是一位伟大的商人,一些希腊城市追随其先行者的足迹建立市政贸易;当然矿藏从不是私人财产,但现在罗德岛、尼多斯(Cnidus)和其他一些地区已经利用黏土矿藏来生产罐子并加以标志了,[③]普林恩、乌鲁克拥有自己的盐场,[④]米利都拥有自己的大牧羊场和羊毛工场。[⑤] 商人也没有现代的焦虑;在正常情况下,需求都超过供应,假如你能够得到一样东西,你肯定会把这样东西卖出去;根据提洛岛的情况来判断,零售商的利润相当可观,甚至达到 100%的利润。就目前所知,20%—30%之间的利润是比较正常的。[⑥]

铸币标准 当亚历山大发行他的国际流通货币后,实际流通的钱币重量大大增加了,这对已经扩大的贸易来说是必要的;到公元前 3 世纪,这个世界被分为两个主要的货币流通区域。[⑦] 亚历山大—德拉克马(Alexander - drachma)等同于阿提卡币制,这种币制为雅典、马其顿及其附属地区、塞琉古帝国和东部地区、帕迦马、比

---

① Athen. 206D;见 Beloch IV, 1,299。

② 见 *ante*, p. 116 n. 4。

③ List, Wilcken, *Archiv* vi, 400; cf. Glotz, *Ancient Greece at Work*, 1926,353.

④ *I. Priene*, 111 1. 112; Clay, *Babylonia Records* IV, 53 no. 54.

⑤ Glotz, *op. c.* 351,354.

⑥ Glotz, 363.

⑦ Beloch IV, 1,307 - 312.

提尼亚(Bithynia)、卡帕多西亚(Cappadocia)、黑海(通过吕西马库
斯的钱)和伊庇鲁斯(Epirus)所使用；这种币制影响到埃托利亚、彼 251
奥提亚(Boeotia)，最后影响到罗马，罗马所铸造的迪纳尔(denarius)类似于阿提卡—德拉克马(Attic drachma)，因此也加入了这一币制。托勒密一世一开始采纳的是罗德岛币制(Rhodian standard)，这是为了与埃及和罗德岛之间的贸易保持密切的关系；但在征服了腓尼基之后，托勒密一世转而使用腓尼基币制(Phoenician standard)了，罗德岛自然也遵从这一货币；这个标准盛行于埃及及其附属地区、迦太基及其帝国、罗德岛、叙拉古和马赛。这两个国际货币标准因此也反映出雅典和腓尼基由来已久的对立关系。在德尔斐和其他地区还仍旧使用埃吉纳货币(Aeginetan standard)，但其重要性不大；科林斯还仍旧维持它古老的货币，但是它的货币敌不过阿提卡货币。迦太基也实验性地发行过替代性的货币。

贸易优势　到公元前3世纪，贸易优势注定从希腊世界转移到埃及、罗德岛和亚洲沿岸；但是对于这一情况也不能夸大其辞，用美塞尼在大约公元前100年(参阅第112页)的繁荣昌盛来证明苏拉时代之前的希腊的贫困是困难的。雅典商业确实衰落了，直到公元前2世纪晚期才恢复活力；但是科林斯[1]凭借亚洲和意大利之间的过境贸易在公元前2世纪或许可以与以弗所相抗衡；公元前205年，赫拉克莱德斯(Heracleides)说卡尔西斯有着希腊世界最好的市场，[2]同时的比奥提亚也非常富裕；[3]埃托利亚明显变得越来越富裕，[4]埃姆布拉西亚(Ambracia)[5]作为从意大利到达船只的门户港口而繁荣，这种情况一直维持到罗马改变航路到戴尔哈希姆(Dyrrhacium)为止；派该塞的艺术(参阅第321页)，也证明了繁荣的存在。这些新国家大大增加的财富究竟到达什么程度？公元前

① Beloch IV, 1,271.

② *F. H. G.* II, p.260.

③ Polyb. XX, 6.

④ *Ib.* XXI, 26,9; Agatharch., *F. H. G.* III, 192.

⑤ Hatzfeld, *Les trafiqu ants Italiens*, 22; cf. Polyb. XXI, 30,9; Str. 325.

170 年，罗德岛 2%的进出口税就高达 100 万德拉克马（参阅第 175 页），与此形成对比的是，公元前 401 年的雅典是 20 万德拉克马。但奇怪的是世界上这些最富有的国家大多数——塞琉西亚、安条克、罗德岛、以弗所、昔齐库斯、科林斯、提洛岛——都是因过境贸易而繁荣的；以弗所是一个过境贸易中心，它逐渐超过了其作为生
252 产中心的竞争对手米利都；这个事实表明，在国际贸易中起主导作用的是东方世界的生产和产品。除米利都外，主要的例外是亚历山大里亚、帕迦马（这两座城市有农奴和奴隶工场）和推罗；但是亚历山大里亚和推罗也从事着巨大的过境贸易。当公元前 88 年之后，坝帕尼亚的普特奥利成为意大利与东方进行贸易的港口后，把它和希腊化时代最大的港口亚历山大里亚进行比较将非常有趣。[①]亚历山大里亚进口[②]所需的全部木材和金属，还进口羊毛、紫色染料、大理石、上等葡萄酒、香料和马匹等，这是一张让人惊叹的清单；不过，亚历山大里亚的出口[③]——小麦、纸草、玻璃、亚麻、羊毛织品、油膏、香水、象牙和其他奢侈品——在总体上远远超过进口；因此，亚历山大里亚成为托勒密王室宝库的一个重要组成部分。但是在普特奥利，进口远远大于出口，[④]而罗马人并没有用钱币充斥爱琴海地区；这种平衡代表着新世界中的一种新事物，即作为罗马包税人的劫掠。

金属　现在我们转而讨论贸易的对象。有关金属[⑤]的大概情况是清晰的；除了铁、铜以外，一定程度上还有银，东部地中海世界的矿藏已消耗殆尽，黄金更是如此。一般来说，吕底亚的帕克托鲁

---

① Str. 793.

② Wilcken, *Schmoller's Jahrbuch* XLV, 105; *Grundzüge* 1, 266; E. Leider, *Der Handel von Alexandria*, 1935. For horses, Rostovtzeff, *Large Estate*, 167 - 168; cf. P. Cairo Zen. 59075.

③ Wilcken, *Schmoller's Jahrbuch* XLV, 105; *Grundzüge* 1, 266; E. Leider, *Der Handel von Alexandria*, 1935. 关于马，见，Rostovtzeff, *Large Estate*, 167 - 168; cf. P. Cairo Zen. 59075。

④ Str. 793.

⑤ Blümner, *Eisen*, *Gold*, *Kupfer*, *Silber* in P. W.

斯、特摩洛斯(Pactolus and Tmolus in Lydia)以及小亚细亚的金矿已经枯竭,[1]斯凯普特萨(Scaptesyle)的冲积砂、[2]马其顿的柏米昂山(Mount Bermion)和皮埃里亚的金矿也是如此;[3]沿斯特里蒙(Strymon)的一些金属矿还存在,[4]但安提柯国王不再铸造金币了。在东方,据说卡曼尼亚的许克坦尼斯(Hyctanis in Carmania)黄金储量已减少;[5]但究竟开发到什么程度,这很难说。波斯帝国的黄金是通过巴克特里亚获得的,多来自主要的亚洲黄金供应地西伯利亚(Siberia),西印度的“金蚂蚁”(ant-gold)也是来源之一;[6]但到公元前3世纪中叶,西伯利亚的两条金矿线路都被切断了,几乎没有什么黄金流到西亚。西班牙[7]的黄金到公元前202年可能流向迦 253
太基。但是托勒密王朝则向南方开拓,在努比亚和金色贝勒尼斯(Berenice the Golden)一侧的山脉[8]开发了富金矿,大概从阿拉伯也获得一些黄金;[9]托勒密从一开始就使用金币。小亚细亚的城市和国王都进行过一定数量的银矿开采,[10]马其顿的潘该戊斯山(Pangaeus)在整个希腊化时期一直出产银,[11]尽管劳立昂(Laurium)银矿在不断地衰败,但到了奥古斯都时代仅有部分矿藏被耗尽。[12] 大量的银自西班牙流向东部世界,这是帝国的宝库,这里的银是“无法计算的”;大概自盖底斯到迦太基或腓尼基都出产银,当约拿大约在公元前300年渴望快速赶到塔特苏斯(Tartessus,

---

① Str. 591,626,680.

② Perdrizet, *Klio* X, 1.

③ Str. 680.

④ *Ib.* VII, fr. 34.

⑤ *Ib.* 726; Pliny VI, 98.

⑥ Fully in Tarn, *Bactria*, 105–108.

⑦ Str. 146.

⑧ Pliny VI, 170; Agatharchides, G. G. M. 1,123.

⑨ Tarn, *J. E. A.* 1929,15.

⑩ Rostovtzeff, *SEH* passim.

⑪ Str. VII, fr. 34.

⑫ Str. 399.

就是那时的盖底斯），他可以马上找到去那里的船只。这个世界需要大量的银来铸造货币和制造奢侈品，但供应也很充足。托勒密在埃及以银币为基础，并积累了大量财富；公元前 91 年，在美塞尼这个闭塞落后的小城里银币也很常见了（参阅第 112 页）。托勒密通过控制塞浦路斯而几乎垄断了铜，塞浦路斯的铜非常丰富，[1]这甚至使竞争对手西班牙感到恐惧；但是托勒密从没有开发过西奈的矿藏，[2]这里实际上正在成为那巴提安人的地区。[3] 攸卑亚岛的铜枯竭了，[4]不过阿塔鲁斯拥有一些地方矿藏。[5] 铁仍旧随处可见；假如某些矿藏（比如拉克尼亚[Laconian]）已经耗竭了，在那些从没有开发过的岛屿可以发现丰富的铁矿资源。最优质的铁（几乎接近于钢）是由海路到达昔齐库斯的，[6]这种铁大概产于卡力贝（Chalybes，参阅第 343 页），[7]现在则分散于本都、亚美尼亚；公元前 1 世纪，中国的铁
254 经梅尔夫（Merv）输入到帕提亚，人们经常讲到这件事。[8] 来自康沃尔（Cornwall）和布列塔尼（Brittany）的锡一开始是通过盖底斯和迦太基运输的，但自公元前 300 年后不断有锡通过卢瓦尔河（Loire）、加龙河（Garonne），再经由陆地到马赛。[9] 西班牙大概还有一些锡，不过锡岛（Tin Islands）可能是一个神话，也可能是误解。[10] 水银（朱砂的形式）主要用于制作银朱，可从三个地方获得：[11]卡帕多西亚银矿——曾一度以“锡诺普土”（Sinopic earth）闻名的

---

① Str. 684.

② Rostovtzeff, *SHE* 297, 1173, and Excursus II(Sinai).

③ B. Moritz, *Gött.* Abh. XVI no. 2.

④ Str. 447.

⑤ *Ib.* 607, 610; Rostovtzeff in *Anatolian Studies* 367.

⑥ Rostovtzerff, ib. 365.

⑦ Str. 549.

⑧ Pliny, XXXIV, 145; cf. Ssu-ma-ch'ien, *Shi-ki*, ch. 123 § 103 (tr. Hirth, *l. c.* 108). 进口：Oros. VI, 13, 2＋Plut. *Crassus* 24。有人认为没有发现经印度南部的希拉斯（Cheras）来的铁。

⑨ M. Cary, *J. H. S.* 1924, 166.

⑩ Haverfield, *Kassiterides* in P. W..

⑪ W. Leaf, *J. H. S.* 1916, 1.

锡诺普银矿；靠近柏恩特劳迪西亚（Laodicea the Burnt）的新奇奇玛（Zizima）银矿；靠近以弗所的银矿，此时全部的供应来自以弗所。

采矿　一般来说，采矿是希腊化时代最严重的污点。在劳立昂和卡帕多西亚银矿[1]有许多令人震惊的道德故事；在这里引用阿噶萨奇德斯（Agatharchides）对努比亚金矿[2]的描述就足够了：这座金矿为托勒密所拥有，它不仅使用奴隶和罪犯（习惯做法），而且使用战俘，这些战俘或许是自由的希腊人；年轻人前额悬挂着灯在爬行，用手打通石英隧道，寻找黄金矿层；被砍倒的石英由儿童拖曳出来，老年人用锤子敲打为小块；然后准备冲洗碎片，水磨房里充满着灰尘，这些磨不是由牛而由妇女来牵引的，三人拉一张磨，而且是裸体；他们由武装的努比亚人看守着，被戴上脚镣并被鞭笞；这些人没日没夜地劳作，也顾惜不到自己的身体；阿噶萨奇德斯一本正经地说道，当死亡来临时，所有的人都是高兴的。

食物　至于食物，谷物[3]大概是所有贸易产品中最多的，即使和原银贸易相比也是如此；雅典、科林斯、提洛岛、许多岛屿、[4]爱奥尼亚[5]或许还包括其他一些城市通常都是进口者，而埃及（包括昔兰尼）[6]和克里米亚是最大生产者。希腊的供给都来自埃及和克
里米亚；到了公元前2世纪，克里米亚的资源开始减少，[7]努米底亚 255
（Numidia）逐渐成为取代者；公元前180年，马西尼撒（Massinissa）以很低的价格把谷物送到提洛岛。[8] 至于巴比伦尼亚和埃及在供

---

① Str. 562.

② *G. G. M.* 1,123.

③ A. Jardé, *Les cereals dans l'antiquité grecque* I.

④ *I. G.* XII, 5,1010 和 1011;7,40; *OGIS* 4. Str. 684,塞浦路斯可以自给自足是一件让人好奇的事情。

⑤ OGIS 9; Ditt.³ 354,344 ii. 73－100.

⑥ For Cyrenaica, *SEG* IX,2.

⑦ Polyb. IV, 38,5; Rostovtzeff, *Iranians and Greeks in South Russian*, 147; Ramsay, *Asian Elements in Greek Civilization*, ch. XI.

⑧ *I. G.* XI, 4,1115, note.

应爱奥尼亚方面是否存在竞争，或者巴比伦尼亚的剩余产品如何处理，我们不得而知；我们对塞琉古王朝整个内陆地区的情况一无所知。一些西西里谷物被运到希腊；[①]但在任何情况下，埃及在小麦市场上的霸主地位都是不容质疑的。谷物贸易的国际仓库是罗德岛[②]和提洛岛（参阅第264页）。希腊化世界到处都生产酒，但最好的酒来自叙利亚北部地区（其葡萄酒从沿海的劳迪西亚[Laodicea]出口）和[③]爱奥尼亚及其沿岸岛屿（不包括萨摩斯）。此外莱斯博斯、开俄斯、科斯、尼多斯（Cnidus）、以弗所、士麦那、特摩洛斯、火山岛卡塔克考美尼（Katakekaumene）的酒也都很出名。[④]亚历山大里亚坚持进口叙利亚和爱奥尼亚的酒，而不管税收是多少，[⑤]就像伦敦坚持香槟酒一样；同时劳迪西亚的酒甚至被运送到阿拉伯半岛南部；[⑥]葡萄园阻止了爱奥尼亚生产足够的谷物，因为在同样的土地面积上，葡萄的利润大概是小麦的五倍。[⑦] 至于其他食物，雅典出口优质的油；雅典和基克拉迪群岛出口蜂蜜；[⑧]拜占庭出口咸鱼[⑨]（部分是黑海的再出口）；比提尼亚（Bithynia）出口奶酪；[⑩]本都出口水果和坚果，[⑪]巴比伦尼亚和耶利哥出口枣椰；[⑫]米安德河上安条克（Antioch on the Maeander）的无花果干，[⑬]科斯和贝

---

① *I.G.* II2，408（330B.C.）；*SEG* III，92；Diod. XXVI fr. 8；POlyb. XXVIII，2，5.

② Dem. LVI，9 *sq.*；Polyb. XXVIII，2，5，XXXI 31，1，cf. V，89；Diod. XXVI fr. 8.

③ Str. 752.

④ Str. 628，637，657.

⑤ 很多纸带，见 Wilcken，*Archiv* VI，400。

⑥ 假设 *Periplus* 28+49 说明了较早的贸易。

⑦ Jardé *op.c.* I，187.

⑧ Str. 399.499；*P. Cairo Zen.* 59426，590121.30.

⑨ *Ib.* 59012；Wilcken，*Archiv* VII，82.

⑩ Str. 565.

⑪ *P. Cairo Zen.* 59012.

⑫ Str. 763，800，818；Pliny XIII，44；Jos. *Ant.* XV，96.

⑬ Str，630.

莱图斯(Berytus)的葡萄干[1]，以及大马士革的西梅干[2]都是著名的。这时已经知道印度糖，但只是在医学中使用。[3]

纺织品　关于纺织品。亚历山大里亚是亚麻的主要出口地，[4] 256
其惟一的竞争对手是吃蝙蝠的波希帕人(Borsippa)[5]和科尔基斯人(Colchis)；[6]伊利斯、朱迪亚的亚麻业后来也很重要。埃奥利斯(Aeolis)[7]和昔兰尼[8]都生产羊毛，帕迦马[9]和亚历山大里亚[10]出口羊毛织品，但羊毛业的真正中心是米利都——[11]其本地出产的羊毛在当时是世界上最好的，尽管吕底亚、弗里吉亚全境也纺织羊毛；与盐相关的地区是塔特塔湖(Tatta)，这里的水可以用来卖钱，卡塔克考美尼拥有大量的畜群，其羊毛在位于莱库斯的劳迪西亚(Laodicea on the Lycus)纺织。[12] 毫无疑问，在叙利亚也有大规模的羊毛业，因为这个地方不是在罗马统治时代才开始繁荣的。有好几个地方都有自己的特产，比如帕迦马的挂帘、黄金织布，[13]埃奥利斯的地毯，[14]西里西亚的粗大斗篷；[15]同时，亚历山大里亚也生产便宜的物品与非洲土著交换。[16] 棉花(曾经在亚述种植)[17]现在只是作

① Pliny XV, 66.

② Athen. 49 D *sqq.*; Charlesworth 47.

③ Str. 694;据说在药方中使用。

④ Wilcken, *Grundüge* 245.

⑤ Str. 739.

⑥ Str. 498.

⑦ Rostovtzeff in *Anatolian Studies* 379.

⑧ Pindar, *P.* 9,11.

⑨ Rostovtzeff in *Anatolian Studies* 379.

⑩ Schubart, *Einführung*, 418.

⑪ *P. Cairo Zen.* 59142,59195,5930; *B. C. H.* 1922,307 no. 1; Pliny VIII, 190; Theoc. XV, 126; Athen. 540 C, D; Ezek, XXVII, 18 (LXX).

⑫ Str. 568,578,630; Pliny *l. c.*

⑬ Rostovtzeff, *l. c.*

⑭ Rostovtzeff, *l. c.*

⑮ Livy XXXVIII, 7,10; Varro *R. R.* II, 11,12,一个贸易用名。

⑯ Wilcken, *Grundüge*, 267.

⑰ *C. A. H.* III, 77.

为奇异的事物为人所知,[①]尽管印度棉布也一定曾被进口,但这至少是公元前1世纪的事情了。[②] 在张骞于公元前115年凿通中亚商队线路之前,中国丝绸从未传播到西方,这之后丝绸肯定传到过帕提亚;[③]埃及可能在公元前1世纪知道中国丝绸织品,[④]但通常来说,使用的丝绸都来自西亚的野生蚕。[⑤] 科斯岛在整个希腊化时代都进口蚕茧,并将蚕丝捻成线,进而纺织出半透明的布供妇女穿
257 戴;[⑥]在葡萄酒、丝绸和信仰疗法之间,科斯岛取得了巨大的繁荣,但"科斯服装"(Coan Garments)只是个贸易名称而已,腓尼基(这已发展为"阿拉伯"的进口地)肯定已经存在庞大的丝绸业,[⑦]因为丝绸已经变得如此常见,以至于美塞尼在公元前91年禁止在入会仪式期间穿戴透明服饰。[⑧] 但克里奥帕特拉的丝绸衣服可能是中国的丝绸,[⑨]这些丝绸大概是通过帕提亚运来的,或者是经印度通过海洋运来的。

各种特殊物品 不同地方出产或制作的已知特产的全部名单将是非常长的。[⑩] 亚历山大里亚面向世界供应纸草;[⑪]它[⑫]和西顿[⑬]还供应玻璃,不过有人说罗马时代之前的埃及是很少制造玻璃

---

① Str. 693. 见 However Olck, *Byssos* in P. W. 。

② Arr. *Ind.* 16,1-3; Lucan III, 239(很可能); Warmington 210。

③ Ssu-ma-ch'ien, *Ski-ki*, (Hirth l. c. , esp. pp. 103,133); cf. Florus III, 11,8.

④ Sir A. Stein, *Burlington Mag*. XXXVII, 1920,3.

⑤ Blümneer, *Serica* in P. W. ;以及 *Hou Han Shoo* (Chavannes, *T'oung Pao* 1907, 184 n. 1)。

⑥ Arist. *H. An.* 551 b, 13; Pliny VI, 54; XI, 76.

⑦ Agatharch. , *G. G. M.* 1,189.

⑧ Ditt.[3] 736 1. 22.

⑨ Lucan X, 141.

⑩ 关于这些商品的名单目录,可参阅 A. Schmidt, *Drogen und Drogenhandel*, 1924。

⑪ Wilcken, *Grundüge*, 255, &c. ; cf. Star 800.

⑫ Schubart, *Einführung*, 418; de Bissing, *Rev. Arch.* 1980, i, 211.

⑬ Str. 758; Pliny, 76.

的。[①] 自公元前2世纪起,羊皮纸才成为帕迦马的垄断产品,但如果说是攸美尼斯二世发明了羊皮纸则不是事实;长久以来为人所知的,也是他做过的,是他利用他家畜和皮革方面的财富在他的奴隶工场里进行大规模生产。[②] 马其顿和特洛阿的艾达山(Mount Ida in the Troad)供应树脂,但存在竞争;[③]安提柯王朝有一些出口税收或许可方面的制度,在这一制度下,他们可以降低盟友的价格或者提高敌人的价格。[④] 埃及从死海渔场获得用于防腐的沥青,[⑤]这在巴比伦是充足的;[⑥]被用来防止葡萄遭虫子侵害的沥青土需要从罗德岛和皮埃里亚的塞琉西亚(Seleuceia in Pieria)出口。[⑦] 亚历山大在乌浒水[⑧]发现的石油没有进一步被提及。帕罗斯的大理石(Parain Marble)在哪里都无可匹敌,公元前166年之后,雅典在彭特里(Pentelic)从事巨额大理石贸易;[⑨]许多其他地方的大理石也在使用,有时仅仅是地方性的;但对来自攸卑亚岛和萨索斯岛的彩色 258
大理石的喜爱和贸易,对来自埃及和特诺斯(Tenos)蛇纹大理石的喜爱和贸易在很大程度上是罗马时代开始的,[⑩]因为是罗马人开发了泰格图斯(Taygetus)的绿大理石,[⑪]多西蒙姆(Docimeusm)的红色纹理大理石也是罗马人开发的,这些材料在希腊化时代几乎都未开发过。[⑫] 马其顿向希腊供应木材,[⑬]缺少树木的埃及则利用黎

---

① Cumont, *L'Égypte des Astrologues*, 108.

② Pliny XIII, 70; Cumont, *Dour* ach. V.

③ Theophr. *H. Plant.* IX, 2 *sqq.*; Pliny XIV, 128; Polyb. V, 89,6.

④ Glotz, *Rev. E. G.* 1916,281,324.

⑤ Diod. XIX, 98 *sq.*; Str. 763.

⑥ Str. 743; Isidore §1.

⑦ Poseidonius, *F. Gr. Hist.* II A no. 87, fr. 93.

⑧ Arr. IV, 15,7; Str. 518; Athen. 42 F; Plut. *Alex.* 57.

⑨ Ferguson, *Hell. Athens* 376.

⑩ Charlesworth, 123.

⑪ Str. 367; Pliny XXXVI, 55.

⑫ Str. 577; Calder, *J. R. S.* II, 1912,245.

⑬ Plut. *Dem.* 10; Diod. XX, 46,4; Ditt.^{3} 334 1. 29; Polyb. V, 89,6; Pliny XVI, 197.

巴嫩的雪松（总是王室的产业）、塞浦路斯的松树、巴山（Bashan）的橡树，同时通过西里西亚的阿西诺（Arsinoe in Cilicia）获取木材，此外埃及开发陶鲁斯（Taurus）的森林；[1]埃及失去北方帝国后就准备从特洛哥狄特海岸进口木材。稀有木材来自本都[2]和索马里，就我们所知，提洛岛的乌木[3]和埃及的乌木来自印度。希腊化世界各地的窗户是由卡帕多西亚的滑石制造的。[4] 埃及出口一些花岗岩，比如大约在公元前 130 年，这些花岗岩被提洛岛用来制作新码头。[5] 在希腊许多地方可以寻找到紫色蚌类和海绵动物，[6]但是紫色颜料的生产仍旧是腓尼基的重要工业，这里的推罗、阿拉杜斯（Aradus）变得非常富裕；染色业在爱奥尼亚和小亚细亚西部也是个很大的产业。塞琉古垄断着来自印度的象牙，[7]直到公元前 269—前 250 年间托勒密二世把大量的非洲象牙抛放到市场上打破价格垄断为止；[8]随着孔雀王朝的衰落和埃塞俄比亚的开发，非洲象牙肯定逐步获得了竞争力；在公元 1 世纪，托勒密向迪狄马（Didyma）神庙捐
259 献了贵重的象牙礼物。[9] 在整个公元前 3 世纪和前 2 世纪早期，从色雷斯、叙利亚和小亚细亚（参阅第 105 页）有稳定的奴隶流入希腊各个城市；甚至在公元前 200 年之前，提洛岛就可能存在奴隶市场，但规模不是很大。[10] 最后要提到的本都——其巨大的财富直到公元 1 世纪才真正获得开发——是药材的主要来源地。[11]

---

① Str. 669.

② *Ib.* 546.

③ Durrbach, *Comptes des Hiéropes*, 320 B 1. 68, 351 1. 4; Athen. 201A.

④ Str. 540.

⑤ Ferguson, *op. c.* 362.

⑥ The list Charlesworth 125 并非全为新产业。关于提洛斯参阅 Durrbach *B. C. H.* 1911, 82。

⑦ Athen. 539 F-540 A, Str. 630, *B. C. H.* 1922, 307 no. 1, *I. Hierapolis* no. 342; Wilcken, Chrest. no. 2. *Acts* 16, 14.

⑧ *I. G.* XI, 2, 163 1. 7; 203 A 1. 71; 287 A 1. 118.

⑨ *OGIS* 193; Wiegand, *Siebenter Milet-Bericht* p. 50.

⑩ *I. G.* XI, 4, 1054; 见 Roussel, *Délos colonie athénienne*, 19。

⑪ Str. 163; Crateuas' work (ch. IX, post).

奢侈品贸易　关于奢侈品，宝石[1]主要来自印度和阿拉伯，埃及出产紫水晶，[2]红海[3]出产黄玉，埃塞俄比亚的塔尔米斯(Talmis)出产翡翠；[4]印度和波斯湾出产珍珠，这在亚历山大之前并不为人所知，但现已被妇女视为极珍贵的装饰品。[5] 不过妇女是否大量使用宝石似乎是值得怀疑的；[6]至于钻石，我们还不知道；红宝石极其稀少，除去珍珠，提奥弗拉斯图斯仅利用此宝石来作为宝石雕刻；萨迪斯和巴比伦的红玉十分著名，[7]宝石雕刻在亚历山大里亚十分盛行。琥珀贸易已经消失了。高卢移民已经毁灭了从波罗的海到亚得里亚海那古老的琥珀贸易体系，在尼禄统治时代重建这个贸易商路之前，琥珀是个令人好奇的事物。[8] 玳瑁壳[9]来自印度和特洛哥狄特海岸；亚历山大里亚是金匠作坊最多的中心；但真正的奢侈品贸易是香料，[10]这种需求是巨大的。印度运来了桂香和桂皮，从喜马拉雅山运来了甘松、甘松香和没药树脂(后两者也来自格德罗西亚[Gedrosia])；[11]阿拉伯除了乳香外，主要出产没药。[12] 皮西迪亚(Pisidia)生产安息香和各种黏胶，[13]这大概使塞尔哥(Selge)繁荣起来；革尼撒勒湖(Gennesareth)出产香灯芯草；[14]耶利哥独占香树脂贸易，这种植物在著名的香树脂花园(安东尼后来把这个花园献给了 260

① 现已得到科学的加工，Warmington, *op. c.*, Pt. 2ch. 3。

② Pliny XXXVII, 121.

③ *OGIS* 132; see p. 245.

④ Olympiodorus, *F. H. G.* IV, 66; cf. Str. 815.

⑤ Arr. *Ind.* 8,11; Theophr. πεδι λιθων 36; Lucan X, 139; Babelon *Margarita* in D. S.

⑥ Theophr. l. c.，“昂贵的项链”是珍珠做的。

⑦ Pliny XXXVII, 105.

⑧ Blümner, *Bernstein* in P. W..

⑨ Str. 72,773.

⑩ 已有科学的分类(印度)，见 Warmington pt. 2 ch. 2。

⑪ Arr. VI, 22,4; Str. 721.

⑫ *P. S. I.* VI, 628; Rhodokanakis, *Z. f. Semitistik* 1924,113.

⑬ Str. 570; Pliny XII, 125; Athen. 201 A.

⑭ Theophr. *H. P.* IX, 7; 755; cf. Polyb. V, 45,10.

克里奥帕特拉)之外的其他地方已被连根拔起(像荷兰曾对丁香花所做的那样);[①]大概香树脂这种植物像乳香树一样也是神圣的,因为只能用石刀砍它们,[②]这暗示着一些古老的宗教礼仪。桂皮受到高度赞扬,但阿拉伯人完全控制了这一贸易,以至于希腊人认为桂皮是在阿拉伯和索马里生长的。[③] 亚历山大里亚是香料贸易中心,[④]罗德岛作为其出口仓库;[⑤]香料属于王室垄断贸易,有官员监督[⑥],官员监督全部进入埃及的香料,所有香料都要申报;这些进口香料又被糅合到油膏和香水中,[⑦]加工好后又被出口,从而构成了一个巨大的产业。油膏所蕴藏的涵义或许可以在帕提亚国王的加冕礼上得到生动说明,[⑧]这种油膏包括27种不同成分,这和耶路撒冷的高级祭司只使用四种成分的油膏形成鲜明对比。这时的印度用什么来交换她的出口品似乎不得而知。但阿拉伯南部[⑨]应该只是一点点安息香,[⑩]劳迪西亚是葡萄酒(参阅第255页)。亚历山大里亚是玻璃和布;因此有传闻说,阿拉伯南部的钱堆积如山,[⑪]这一传说在奥古斯都时代一次注定倒霉的探险中发挥了作用。

乳香 乳香这种商品超然于所有其他商品,因为这在一定程度上是宗教贸易。假如没有崇拜的话,希腊人、犹太人或蛮族是不可能做这种贸易的;乳香在"人类居住世界"的每个架坛熏烧,这一产品需求量巨大;亚历山大里亚每年在加沙获得乳香的重量就达500

---

① Theophr. *H. P.* IX, 6; Str. 763,800; Diod. XIX, 98; Plut. *Ant.* 36; Jos. *Ant.* XV, 96; B. J. 1,361; Justin XXXVI, 3,1; B. Laufer, *Sino-Iranica* 429.

② Jos. *Ant.* XIV, 54.

③ W. H. Schoff, *Periplus*, p. 82,确定了这一问题。

④ Wilcken, *Grundüge*, 249, and *Z. f. Äg. Sprache* 1925,86; Rostovtzeff, *Archiv* IV, 313; Collart and Jouguet, *Raccolta Lumbroso*, 109.

⑤ I. G. XI, 2,161, A. 1.92, Durrbach, *Comptes* 354 1.67 (myrrh).

⑥ *P. S. I.* Vi, 628; Wilcken, *Archiv* VII, 82.

⑦ List, Pliny XIII, 8-17.

⑧ Pliny XIII, 18.

⑨ 回到对 *Periplus* 的争论。

⑩ Cf. Pliny XII, 81.

⑪ Str. 780.

塔兰特，[1]而仅巴比伦的贝尔(Bel)祭坛就每年消耗1000塔兰特。[2] 261
盛产乳香的地区是从也门山脉向东，通过哈德拉毛，一直到佐法尔(Dhofar)平原一带的阿拉伯南部海岸地区。[3] 这种树是神圣的，只有特定家族的成员才能割取液体，[4]而且是要在举行宗教仪式的情况下进行，因为他们所汲取的是神圣物种的生命之血；在汲取树液时要向树焚安息香，就像对待神灵一样，这样可以让树息怒。[5] 在亚历山大里亚的工场里，工人们用手处理这些乳香，当工人离开工场时必须脱下衣服接受检查，就像金伯利(Kimberley)钻石矿中劳作的黑人一样。[6] 然而几乎不奢侈的希腊奢侈品，却是所有商品中最有价值的，在经过了长途贸易的危险和代价后，其在爱琴海范围内每磅的价格大概等于一位熟练工人一个星期的工资。[7] 至于埃及是否不经过阿拉伯人的转手而成功地直接从索马里获得乳香，我们找不到这方面的记载。

贸易竞赛 除希腊人外，最重要的贸易民族是南部阿拉伯人、那巴提安人以及已经提到的腓尼基人；腓尼基商人甚至追随亚历山大走过那可怕的格德罗西亚(Gedrosia)路线，腓尼基人后来在提洛岛的定居表明了他们的敏锐仍无出其右者。没有证据表明犹太人在商业中扮演着任何特殊的作用；约瑟福斯发自肺腑地说犹太人不是一个商业民族。[8] 罗德岛和昔齐库斯这两座城市排斥非希腊人，[9]但这并不是通常的情况。定居在一座城市中的外国人通常组织自己民族的协会，大概也带来他们自己的神灵；这种类型可以在腓尼基人的波塞冬崇拜(Phoenician Poseidoniastae)中看出，这个

---

① Plut. *Alex.* 25.

② Herod. I, 183.

③ Tkač, *op. c.*

④ Pliny XII, 54.

⑤ Herod. III, 107; Schoff, *Periplus*, 130－131，和他的引证。

⑥ Pliny, XII, 59.

⑦ 一般见 *I. G.* XI, 2, 287 A ll. 13 和 73。

⑧ *c. Ap.* 1, 60; Fuchs *op. c.* 56 很少有名字。

⑨ Hatzfeld, *Les trafiquants Italiens dans l'Orient hellénique*, 116, 156.

组织由神庙、展现商品的柱廊和辅助建筑构成。[1] 协会也出现了，不过协会并不以民族为基础，而是以特殊的贸易为基础，就像提洛
262 岛上的意大利油品贸易者协会，[2]或者是在雅典和亚历山大里亚的全部出口商人协会。[3] 在希腊化时代晚期出现了一种新现象，在黎凡特(Levant)地区出现了罗马商人，他们是在公元前166年在提洛岛建设自由港和公元前130年亚洲形成行省的情况下而出现的。

罗马贸易者 “罗马”贸易者[4]包括罗马所有的同盟者，其中一些是意大利希腊人；提洛岛最早记录的是赛顿(Serdon)，一个“罗马”民族，时间是公元前259年，[5]诺维乌斯人(Novius)在公元前250年，[6]米纳图斯人(Minatus)，坎帕尼亚人(Campanian)在公元前220年，[7]到公元前230年还有一些伊庇鲁斯人。到公元前130年，希腊世界的罗马人数量众多，提洛岛上罗马人群体最为庞大，并开始流向亚洲；迪纳尔(参阅第251页)也伴随流通到亚洲。到公元前74年，罗马人在比提尼亚的数量已经很多了，但并没有进一步向小亚细亚东部渗透；不过在庞培吞并叙利亚之后，大量的罗马人移民到安条克；在奥古斯都统治时代，罗马人到达了佩特拉(Petra)，[8]但也只是在佩特拉才几乎完全是罗马的保护国时。罗马人从公元前127年起出现在亚历山大里亚，但数量不多；[9]奥古斯都时代之前，罗马人对埃及商业的主要贡献是沿尼罗河而上进行流动买卖。[10] 罗马贸易者在一开始并非不受欢迎，不管是在希腊还是在亚洲都是如此；罗马人时常成为一位公民，娶希腊妻子，拥有

---

① Picard, *B. C. H.* 1920, 263; Délos VI.

② Ferguson, *op. c.* 405.

③ *I. G.* II2, 1012; *OGIS* 140.

④ 接下来所述的大部分都源于 J. Hatzfeld, op. c., 1919。

⑤ *I. G.* XI, 2, 115 1. 25.

⑥ Durrbach, *Comptes*, 287 1. 58.

⑦ *Ib.* 351 1. 5.

⑧ Str. 779.

⑨ Durrbach, *Choix des inscr. De Délos*, I, ii, nos. 105 - 108.

⑩ As *P. Tebt.* 33.

土地，参与城市生活，或许还担任地方官员，把他的儿子送到体操馆，或者通过男青年会(ephebate)进行训练；在普林恩的佐锡马斯(Zosimus at Priene)，[1]一些罗马人模仿希腊人对市政慈善进行大量慷慨的捐助。罗马人建立了一些有分支机构的固定商号。但这其中许多人不是自由人；在提洛岛我们所知道的231位罗马人中，88人是自由人(其中27人是意大利希腊人)、95人是被解放的奴隶、28人是奴隶，[2]这说明自由人在这里的比例已是很高的了。人们期望这些罗马人遵守所居住城市的法律，罗马元老院有时甚至命令他们遵守所居住城市的法律，但这些罗马人相对于他们的希腊人、东方人竞争者而言还是拥有巨大的优势：罗马人能够而且经常 263
请求不用城市法律而用罗马法律进行复审，还可从得意的罗马总督那里获得有利的判决或宽容；政治骰子是有利于罗马人的，这就是他们为什么依附于一个由罗马统治者治理的国家的理由。这一切所引起的是不断出现的不满，而这不是商业竞争能解决的，在亚洲尤其如此；就希腊人而言，公平的竞争再不会在自己先前那片土地上实现了。

提洛岛　公元前166年，罗马使提洛岛成为自由港，从而打破了罗德岛的霸权，所谓的自由港就是废除进口税、出口税和港口税；尽管罗德岛仍旧保持着商业的繁荣，但提洛岛不久就取代罗德岛成为爱琴海国际转口贸易的中心。科林斯在公元前146年的毁灭使提洛岛获得了进一步发展的机会。蒙森那罗马因商业原因而毁灭科林斯的说法现在值得怀疑；[3]因为科林斯是不可能排斥罗马人参与它贸易的，不过科林斯的毁灭最终是有利于提洛岛上罗马人的，穆米乌斯(Mummius)是否真正有这样的远见值得怀疑；这大概只是警告希腊的一个行动。对于公元前146年以后的希腊贸易，我们通过在有罗马商人定居的地方无希腊人的贸易可了解到

---

① *I. Priene* 112 - 114.

② Hatzfeld 241.

③ Hatzfeld 367.

些相关情况；在塞斯匹阿（Thespiae）的强大团体表明塞斯匹阿牢固把握了科林斯一些过境贸易，并且他们也入侵了伊庇鲁斯，因为这个荒僻的地区现在已经被留做饲养牛马了。萨洛尼卡（Salonica［Thessalonica］）和帕特雷（Patras［Patrae］）的港口现在似乎并不从事贸易；萨洛尼卡与安提柯一起衰落，安菲波里斯再次成为马其顿的商业中心，同时意大利的交通线仍旧是从布林迪西（Brindisi）到埃姆布拉西亚（Ambracia）的跨境贸易线，就像皮洛士时代一样；帕特雷只是到了奥古斯都时代成为罗马的殖民地后才成为重要的港口。或许意大利人所创造的一个生意是把塑像运到意大利的贸易（参阅第 317—318 页）。

提洛岛[1]在公元前 3 世纪仍旧是神圣的岛屿；但该岛的贸易也在其亚洲财富不断增加的背景下稳步地增加，这由以下事实得到
264 说明：公元前 250 年之后，农业地租持续下降，而房屋的租金却不断上升（参阅第 116、120 页），该岛现在已经是一个巨大的谷物市场了，来自萨洛尼卡的安提柯官员也来到这里；[2]提洛岛大概为感谢安提柯的帮助而给对方一部分财产。[3] 许多国王以建筑来装饰这个岛屿；托勒密一世为他所捐献船只而修建的房屋就属于这类建筑，[4]安提柯·贡纳图斯、[5]阿塔鲁斯一世、[6]腓力五世[7]的柱廊也属于这类建筑，这类耐用的建筑实际上是商人在使用。当罗马在

---

① 除注释中所引的著作外，另见 P. Roussel, *Délos colonie athénienne*, 1916; Durrbach, *Choix des inscr. De Délos*; Rostovtzeff in *C. A. H.* VIII, XX，有参考目录，另在 *SHE* 788 sqq.；关于提洛岛一般也在，W. A. Laidlaw, *A History of Delos*, 1933, and J. A. O. Larsen, *Roman Greece*, in T. Frank's *Economic Survey of Ancient Rome*, IV。

② *I. G.* XI, 4, 1055, 666, 680, cf. 664-665, 1053.

③ Roussel, op. c., 10; R. Vallois, *Délos* VII, i, 166.

④ Couchoud 和 Svoronos, *B. C. H.* 1921, 270，与 ib. 1922, 473, 476。

⑤ I. G. XI, 4, 1095; F. Courby, *Délos* V.

⑥ R. Vallois, *Le portique de Philippe*, *Délos* VII, i, 162-163; E. V. Hansen, *The Attalids of Pergamon*, 268.

⑦ *I. G.* XI, 4, 1099; Vallois *op. c.*

公元前166年把该岛归还给雅典时，除去它的港口，其他作为一个国际商业中心的设施并不坏；在雅典统治下，雅典受领征服土地的公民驱逐提洛岛人，并定居在这个岛屿，因此有大量的外国人流入；罗马人蜂拥而至这里遇到了东方人，东方人也来到这里遇到了罗马人。提洛岛的财富影响到了她的主人，到公元前88年，雅典享受到其最后的辉煌；①船只再次开始寻找比雷埃夫斯港口，②财富在不断增加，商人排挤掉古老的土地所有者，更大的家族变得常见了；雅典除了出口它的彭特里大理石和塑像外，也生产家用的物品——花瓶、灯具和床。但这种繁荣的结果源自对提洛岛人的极大不公，而这种不公部分原因是罗马人以及其中装作雅典人的腓尼基人，而非真雅典人。

公元前130年，提洛岛爆发奴隶起义；雅典受领征服土地的公民处于无能为力的状态，后来起义被整个商业社团镇压了。自此以后，雅典受领征服土地的公民统治结束了，提洛岛成为一个独特类型的国家，这个国家由不同的民族(*politeumata*)组成，采取了更进一步的措施：外国商业协会成为"定居者"，他们的全体显然构成 265
了"提洛"，它看似没有任何城市的形式，但其在雅典总督治理下；③这就说明，政治优先服从于贸易需求。假如黄金可以制造一个黄金时代，提洛岛④现在就在享受这样一个时代；提洛岛分享罗德岛部分过境贸易，科林斯的几乎全部过境贸易，它为自己所创造的一切都是来自于意大利对奢侈品不断增加的需求。个人和社团的建筑都呈现庞大的规模；现存的房屋被分为小间，新货栈沿海岸建立，码头砌有埃及花岗岩；到公元前125年，建造很长时间的人造港口竣工了，这里建造了大量的神庙、仓库、供各个民族聚会和崇拜的场所；这在公元前1世纪末的意大利市场达到了顶峰，廉价的

---

① Ferguson, *Hell. Athens*, 373.

② Ditt.[3] 706.

③ 跟随 Ferguson, *ib.*, 380，反对 Hatzfeld, *B. C. H.* 1912, 189; *Trafiquants*, 130。

④ Ferguson, *ib.*, ch. IX; Roussel, *Délos*, 1925 有描述。

建筑几乎没有什么价值而言，但都装饰着依据古老艺术品复制而来的死气沉沉的塑像和马赛克。可以在这里遇到每一个亚洲民族——埃及人、腓尼基人、叙利亚人，来自本都和比提尼亚的人；来自阿拉伯南部的密纳安人（Minaeans）带来了他们的神灵华德（Wadd）；[①]到公元前 100 年，犹太人出现了，并建立了会堂。在公元前 3 世纪到前 1 世纪之间，腓尼基协会变得越来越缺少宗教性了，商业的味道越来越足。[②] 希腊人主要以雅典人为代表，就像塞浦路斯的斯马洛斯（Simalos of Cyprus）[③]是宇宙城邦公民（cosmopolites）的代表一样，斯马洛斯得到了塔伦廷（Tarentine）的公民权，并让他的儿子在阿提卡的德莫（deme）登记入伍；很少有人是来自希腊本土、马其顿、各个岛屿或者亚洲各个古希腊城市。现在最大的因素是罗马人；这些罗马人为希腊地方长官所宠爱，雅典一直是罗马的朋友，后者成为各个岛屿中真正的权威。

奴隶贸易 提洛岛完全是一个过境贸易中心，它接受每一种买
266 卖；同时数量庞大的各色人口拥挤在这个小岛上，使得这岛屿仍旧必定是各种食物的大卖场；但该岛的大量财富多是生自一个丑恶的原因。在意大利和西西里不断发展的拥有庞大地产的种植园体系要求大量的奴隶，同时罗德岛因政治上虚弱而不再能有效地镇压海盗；于是提洛岛和海盗邪恶地联合在一起，供给意大利所需要的东西。提洛岛成为已知的最大的奴隶市场，而东部世界的各个政府则由于臣民的流失而衰落了；据说比提尼亚的人口下降了一半。[④] 涉及到奴隶而言，几乎没有希腊人是无辜的，而提洛岛在罗马影响下的衰落使此明白无疑；希腊德尔菲的阿波罗（Apollo in Greek Delphi）就在尽自己最大能力解救奴隶，因为他在世界性的提洛岛便俯身观察到此之前希腊任何地方都没有的罪恶：曾经的圣

① Clermont-Ganneau, *C. R. Ac. I*, 1908, 546.

② Picard, *B. C. H.* 1920, 263.

③ Hatzfeld, 308.

④ Brandis in P. W., *s. v.*

岛，其领地内无人对他制造战争，此时却吹嘘每日可轻松处理10000名奴隶。[1] 黄金时代的黄金实际上是污浊的。提洛岛的耻辱也反映在雅典身上；但除雅典人外，似乎并不是所有的希腊人都参与这种不道德的买卖很深，这种买卖主要由罗马人和东方人进行。暴力和厚颜无耻的海盗最终在西里西亚西部建立了固定的国家，迫使罗马政府进行干涉，于是作为罪恶之源的提洛岛停摆了；但对这个城市的历史性惩罚是其在公元前88年被海盗同盟者米特里达特的一位将军抢劫，最终它在公元前69年作为贸易中心被海盗首领毁灭。

有关公元前88年的巨大灾难和罗马在亚洲的商人被屠杀之后的贸易似乎没必要在这里多加叙述（参阅第42页）。希腊和提洛岛再也没有恢复元气；普特奥利（Puteoli）——“小提洛岛”——取代了提洛岛成为东部世界商品出口到罗马的商业中心；东方人随贸易而至，在普特奥利居住的有那巴提安人、腓尼基人和来自赫里奥波里斯（Heliopolis）、帕尔迈拉（Palmyra）的叙利亚人。当苏拉在亚洲殖民后，罗马商人蜂拥而至，这一群体在许多地方都为数众多，267
同时那巴提安人在米利都定居。[2] 亚历山大里亚没有受到灾难影响；但腓尼基人肯定受到塞琉古衰落所带来的影响，在通常情况下，罗马内战时那些彼此敌对的将军在亚洲所带来的麻烦也必定会给贸易带来萧条；在这种情况下，就像在其他许多情况下一样，奥古斯都重建和平和满意政府正在恰到好处的时候。

---

① Str. 668：“could”, not “did”.

② *Milet*, 1,3,387 no. 165.

第八章　文学与艺术[①]

文学的扩展——图书馆——语文学——伟大的残篇——爱情诗——悲剧与喜剧——启蒙诗：阿拉图斯——田园诗：卡里马库斯——警句——牧歌：提奥克里图斯——史诗：阿波罗尼戊斯——拟曲——哲理诗——讲演术与修辞学——公元前3世纪的历史学家——波里比阿——晚期历史学家——其他历史形式——逍遥学派与传记——描述地理学——斯特拉波——传说与传奇——各类散文形式——丑闻

268 **文学的扩展**　在亚历山大的事业导致文明巨变之后，以某种流行方式公开展现自己的人数在骤增，这是很自然的事。教育随着时代进步广泛传播，但正如今天一样，形成了两个群体：一个是接受过高等教育的群体，另一个群体人数相对较多，他们接受过教育，但受教育程度尚不能充分阅读；专著和通俗文学相应地迎合了两个群体的需要。在希腊人手中系统化的纸草以及后来的羊皮卷的产生，与雇佣受过教育的奴隶相结合，由此产生了大量书籍，其规模迄今未知；由此种种出现了两个新现象：其一，作家，他写作不

① 一般著作是 F. Susemihl, *G. d. griech. Literatur in der Alexandrinerzeit*（1891，仍旧是不可或缺的）；W. von Christ, *G. d. griech. Literatur* II, ed. 6 by W. Schmid, 1920（Müller's Handbuch VII, ii, 1）；Wilamovitz, *Die griech. Literatur*^{3}，1924；Beloch IV, 1, chs. XIII, XIV；J. U. Powell and E. A. Barber, *New Chapters in the History of Greek Literature*, 1921，1929, and 1933；Barber in *C. A. H.* VII ch. VIII；H. J. Rose, *A Handbook of Greek Literature*, 1934。

是因为有话要说，而是因为写关于其他书的书是一件令人愉快的事；其二是藏书家，如特奥斯的阿佩里康（Apellicon of Teos），他发现亚里士多德的图书部分藏在一间地窖里。希腊化时期的都城使作家们汇集于一些民众众多的中心；随着交流的深入以及公共文明和“公共演说”也传播到大部分“可居住的世界”，于是即使来自 269
诸如波里斯色尼斯（Borysthenes）或阿特米达（Artemita）等外邦人也成了忠实听众；幼发拉底河省份或更远东方的作家可列成一张相当大的清单；[1]像苏萨这样的城镇完全处于希腊文明范围之内。对于这种文学扩展，新王国的统治者们一般都抱有支持态度，并有时相当热情；学术成为一种力量，有时凌驾于财富之上。诗人和历史学家可能成为国王们的朋友，哲学家和建筑师也可能成为他们的大使；一个恰当的引语曾经改变一个条约的命运。[2] 作家们开始彰显而不是隐藏他们的个性；没人能猜测修昔底德的样子，也无法猜测亚哈（Ahab）、以利亚（Elijah）的故事作者的样子，但我们都知道波里比阿和布道者。

图书馆　最重要的是，国王们在他们的都城都建有图书馆。[3]图书馆可能起源于亚述和巴比伦，但在亚历山大之前的希腊世界，只有偶尔出现的暴君才有钱去收集图书；如果亚里士多德建立了第一个个人图书馆（不论规模大小），那一定是亚历山大提供的资金。国家图书馆开始出现在安条克、帕迦马，后又出现在罗德岛、[4]士麦那[5]和其他可能出现的城市；[6]但所有这一切都在亚历山大里

---

① Ed. Meyer, *Blüte und Niedergang*, 24；增补了 Herodicus of Babylon，以及 Herodorus of Susa (Cumont, *Mém. Déleg. En Perse* XX, 89 no. 6)。现见 Tarn, C. A. H. IX, 596，及非常全的 *Bactria*, 39 - 55；F. Altheim, *Weltgeschichte Asiens in griech. Zeitalter*, II, 1948，137 - 169 还有非常不同的行文。

② Sext. Emp. *adv. Gramm.* 662；*C. A. H.* VII, 714.

③ 见 Dziatzo, *Bibliotheca* in P. W.；Beloch IV, 1，425，以及关于埃及的著作。

④ De Sanctis, *Riv. fil.* 1926，63；Powell 和 Baber, II, 83；M. Segre, *Riv. fil.*, 1935，214（目录片段）。

⑤ Str. 646.

⑥ 给 Cos 一个图书馆和一百本书做礼物，L. Robert, *B. C. H.* 1936，421。

亚布鲁彻思(Brucheion)的著名图书馆面前黯淡失色。它建于托勒密一世时期,托勒密二世在位时对它进行了修缮;托勒密二世还在塞拉皮翁神庙(Serapeum)建立了子图书馆,可能用于存放誊抄的书籍。

托勒密一世还在图书馆旁边建有博物馆,且不论这是不是法勒隆的狄米特里戌斯为他出的主意,它的建立都是基于亚里士多德的理念。因此,尽管雅典拥有哲学,但是吸收了世界各地学者的亚
270 历山里亚作为世界科学和文学中心让雅典黯淡无光。我们对博物馆了解甚少,只知道它是一个学者的联合组织,他们的领袖是一名祭司,生活在托勒密控制的一座建筑里或其旁边不问世事;泰门(Timon)和怀疑论者把他们称为"笼中的肥鸟"。[①] 博物馆在攸厄格特斯二世时期被解散,但后来又得到了重组。[②] 图书馆由一名官方指派的馆长管理,他同时也是王储的老师。来自各国的船只把书卷卸在码头上,在托勒密二世时期,它们在被分类整理之前保存完好;到公元前1世纪,图书馆的书增加到约700000卷,但这一数字我们无法确定。恺撒烧毁的不是图书馆,而是卸在码头或堆在码头准备运走的书堆;作为补偿,安东尼把帕迦马图书馆藏的200000卷书给了克里奥帕特拉,但这些书是否被运送过去,我们不得而知。公元272年,当奥勒良(Aurelian)烧了布鲁彻思时,亚历山大里亚图书馆部分被毁,最后关闭。

语文学 我们所知的处于最伟大时期的馆长是以弗所的译诺多图斯(Zenodotus of Ephesus)、罗德岛的阿波罗尼戌斯(Apollonius)、埃拉托色尼(Eratosthenes,参阅第302页)、拜占庭的阿里斯托芬(Aristophanes of Byzantium),另一个阿波罗尼戌斯和萨摩色雷斯的阿里斯塔库斯(Aristarchus of Samothrace);卡里马库斯可能在译诺多图斯之后、阿波罗尼戌斯以前担任过馆长,但对这

① Athen. 22 D.

② *OGIS* 172.

一点，我们不能肯定。[①] 在这些人当中，至少有四个人是语文学家；
语文学已被提奥弗拉斯图斯的学生米提林的普拉希法尼
(Praxiphanes of Mytilene)发展起来，亚历山大里亚为它提供了新
的机会并已成为它成功的基础。译诺多图斯通过与手稿的比较
发明了文本批判，亚历山大里亚的学校也把希腊古典文献确立和
流传下来，且引入重读法。译诺多图斯处理了荷马的一篇诗文，
删减了许多插入的诗节；阿里斯托芬和阿里斯塔库斯专著于译诺
多图斯的文本，现在通行的文本大部分是阿里斯塔库斯的作品；其
他许多作家都得到了类似的对待。译诺多图斯也开始整理书籍，
他整理史诗和叙事诗；他的助手，诗人吕哥弗隆(Lycophron)和埃 271
托利亚的亚历山大各自整理喜剧和悲剧；卡里马库斯整理散文著
作并出版目录，即编辑作者、传记和其他信息的“编节录者”
(*Pinakes*)；阿里斯托芬写了一个附录，马洛斯的克拉特斯(Crates of
Mallos)可能为帕迦马的图书馆编辑了另一个类似的著作。这些人
使语文学成为一门科学，使许多著作流传到罗马时期，还产生了注
解、评论和一个关于所有稀有文字的文学作品——这是词典编纂学
的基础，如马其顿人埃莫里亚斯(Amerias)编纂的马其顿词典。迪
代默斯(Didymus of Alexandria，约公元前40年)对德摩斯梯尼的注
释的一部分被恢复了，这是针对德摩斯梯尼的一项重要工作，其间
许多文字引自历史学家的著作，由此提供了许多有用的历史文献。
迪代默斯写到了大部分作者，据说他写的书有3500卷，比之前或
之后的任何人都多，他因此获得了“克莱森特罗斯”(Chalcenteros，
贪婪的心)的绰号。

伟大的残篇　如果把科学家和哲学家包括在内，现已知道的希腊化时期作家超过1100人，但由于大部分希腊化时期的文献现已佚失，对于他们中的大部分人来说，我们除了名字之外所知甚少。虽然埃及的沙漠不断增多，但我们却依然仅拥有残篇。为什么如

① *P. Oxy.* X, 1241; Körte, Archiv VII, 243; Wilamovitz, *Hell. Dichtung* 1,206 (排除了 Callimachus); Beloch IV, 2,592 (包括 Callimachus)。

此之少的希腊化时期作家抵达君士坦丁堡？可以接受的解释是，公元 2 世纪阿提卡的倒退使人们轻视希腊化时期的著作，但这个解释并不充分，因为小亚细亚这个希腊化风格最不明显的地区在两个世纪之后仍然充然活力。第三手的摘要无疑最终扼杀了最初的历史学家。希腊化本身应为现代通往知识的捷径这一谬误负责。许多作家消亡了，因为他们并没有出现在学校的读物中。公元前 3 世纪到前 2 世纪的一个学校使用的是攸克多索过时的天文学，[①]但一般来说，导致巨大毁灭的原因和罗马在其中所起的作用仍然模糊不清。

272 **爱情诗** 我们可以先以诗歌为例。[②] 到亚历山大时期，诗歌艺术就已在大师们的高压下消亡殆尽，没有人去涉足诗歌，因为无可比及这些大师，所以人们认为它也几乎不值得尝试。在欧里庇得斯之后，负有盛名的诗人要数科洛丰的安提玛库斯(Antimachus of Colophon)，他为他的情妇所写的关于爱情的短篇诗歌合集“莱德”(*Lyde*)后来被许多人模仿，包括创造了“阿斯克列帕德”(Asclepiad)诗韵的萨摩斯的阿斯克列皮阿德斯(Asclepiades of Samos，约公元前 300 年，相对于哀诗，他的诗更像抒情诗)、科洛丰的赫耳墨西阿那克斯(Hermesianax of Colophon，约公元前 290 年，他列举了他们那个时代许多堕入爱河的重要人物，但诗写得很差)、科斯的菲勒塔斯(Philetas of Cos，约公元前 300 年)。菲勒塔斯写给他妻子比提斯(Bittis)的挽歌受到奥古斯都时期作家的赞扬；但托勒密二世的导师、第一本希腊语词典的作者确实生活在他所促成的学术圈，在他们中间有译诺多图斯、赫罗达斯、卡里马库斯、提奥克里图斯。这种爱情诗歌确实影响到了普洛佩提戊斯(Propertius)；但

① C. H. Oldfather, *Greek Literature Texts from Graeco-Roman Egypt*, 20 no. 314.

② A. Rostagni, Poeti Alessandrini, 1916; J. W. Mackail, Lectures on Greek Poetry[2], 1926; Barber in The Hellenistic Age; Wilamovitz, Hellenistische Dichtung, 1924; A. Körte, Hellenistic Poetry, 1929; A. Couat, Alexandrian Poetry under the First Three Ptolemies, transl. James Leob, 1931; H. Herter, Bericht on Hellenistic Poetry in Bursian, 255(1937).

是在希腊，诗歌的发展仍是以阿斯克列帕德(Asclepiades)为代表的挽歌形式。

悲剧与喜剧 悲剧继续被大量创作，这是为了迎合新、旧节日的需要。在公元前3世纪早期，有七个作家久负名望，他们被称为“七巨头”，但真正值得一提的只有一个，那便是美奈德莫斯年轻的朋友吕哥弗隆(Lycophron)，他回归普律尼科司(Phrynichus)时代，写当代主题：一部话剧是关于下层人士专政下的卡珊德里亚的痛苦；另一个是色情话剧，关于他的主人美奈德莫斯——无疑，如柏拉图所刻画的西勒尼(Sileni)，此话剧中的古怪贝壳意为揭示内在神性——通过这个话剧，我们看到美奈德莫斯那著名的令人心动的晚宴——雅趣大于美酒的晚宴。[1] 另一方面，喜剧在整个世纪都很流行，但是公元前262年腓勒蒙(Philemon)的死结束了它最辉煌的时期。它的形式，被称为新喜剧，或没有歌舞合唱的喜剧，直承自 273
阿里斯托芬，是当时雅典最有活力的艺术形式，就我们所知，约有70位作家采用这一形式写作，但它太具雅典特色，以至于任何推广到亚历山大里亚或其他地方的尝试都失败了；腓勒蒙的死戏剧性地与雅典政治重要性的终结相一致。新喜剧的杰出人物是米南德(Menander，于公元前292—前291年间去世)，[2]现在在埃及的发掘成果使我们能脱离泰伦斯(Terence)更直接地了解到他。我们对他在那个时代的重要性毫不置疑。他的作品被大量引用，这有助于保持他的活力。他有三句台词成为了英语中的谚语。[3] 他那风趣、优雅，男人在家里更多和其情妇们而非妻子们在一起，在莎士比亚和莫里哀出现之前，一直是文学史上的一个标志；他取材于生活的内容并不是他的错，因为这是数世纪以来的古老传统。对他的赞扬再多也不过分；他的节目都很好，有时一些更好，如英雄里

---

① 关于美奈德莫斯的圈子见 Tarn, *Ant. Gon.*, 22。

② A. W. Gomme, *Essays in Greek History and Literature*, 1937, 249 sqq.; T. B. L. Webster, *Studies in Menander*, 1959.

③ 英才早逝。近朱者赤，近墨者黑。不做亏心事，不怕鬼敲门。

的达乌斯(Davus)和派瑞克罗门尼(Perikeiromene)里的格莱西亚(Glycera),并通过他轻率的宽容使之更加闪光。但对作家而言,他和他的模仿者在文学上如沉寂的沙漠。生活并不完全是由诱惑和多余的孩子、巧合、与长期失散的女儿们相认、发怒的父亲、无礼的奴隶们组成,但毫无疑问他经历了这些东西,且尽管他的角色也很典型,但生活并不总是独特。然而这个世界都是相当的典型,自新喜剧汲取的材料主要基于雅典人颓废的传统信念;更正结论似已太迟,但是任何愿意这么做的人都可以从 20 世纪 20、30 年代的伦敦舞台剧中汲取出关于英格兰人颓废的更加精彩的画面。我们应该在它真正的价值上评价后者,为什么要接受前者呢?

274 **启蒙诗:阿拉图斯** 除了喜剧以外,诗歌的复兴主要集中于亚历山大里亚。人的目标更多是保持诗歌活力而非挑战大师们,并为此利用当时生活中扩展的多方面爱好,使诗歌内容触及到人们的行为和思想。这产生了许多诗歌形式,其中最主要的是启蒙诗、田园诗和警句(两种诗体都包括哀诗)、浪漫史诗。有趣的是科学的盟友启蒙诗并不根植于科学的发源地——亚历山大里亚,它的主要代表人物是安提柯二世·贡纳图斯的朋友,索里的阿拉图斯(Aratus of Soli)。此公一生都在雅典和培拉度过,曾为贡纳图斯的婚礼(公元前 276 年)写过颂辞。[①] 他关于攸克多索旧星表的六步格律诗《天象》(*Phaenomena*)是当时被阅读最多、最受称赞的诗,这首诗启发了维吉尔"田园诗"的灵感,它的影响一直持续到中世纪;至于为什么这个枯燥的天文学作品会如此流行则是一个谜。一位评论家认为它顺应了当时"以一种简单方式传播人们渴望得到的知识"的潮流;[②]另外,人们喜欢它简洁直陈、不同于诗歌般华而不实的语句。[③] 两者都可能是真的,但是我更倾向于把它的成功归功于它通过水手和农夫对星象的应用例证了斯多噶信条,这是对高

---

① 关于第二篇赞美诗见 Tarn *J. H. S.* 1920,149。

② Wilamowitz, *Griech. Lit*^{3}. 203.

③ Mackail, *op. c.* 197.

尚的前奏的重要一击，类似于克里安提尼的伟大颂词；它对斯多噶学派很有影响力，圣保罗就曾引用过它。阿拉图斯引导了潮流；与他同时代的人，①科洛丰的尼坎德(Nicander of Colophon)把一个关于毒药和解毒的科学专著改为诗歌(它后来被翻译成拉丁文)，他还把关于农业和养蜂的著作改为诗歌(维吉尔读过)；奥维德引用过他的《变形记》(*Metamorphose*)。同时也有许多人写关于天文学、地理学的诗歌，甚至捕鱼也会被记录下来，似乎什么都可以被拿来作诗。一首叫《亚历山大》的史诗被保存了下来，它可能出自吕哥弗隆，但肯定是创作于西诺塞法拉(Cynoscephalae)战役②之
后；它不属于任何风格，之所以被保存下来是因为它极其晦涩难懂 275
的语句引起了语言学家的兴趣；但它以小见大，记载了从特洛伊到罗马时期的整个欧亚间的斗争。

田园诗：卡里马库斯　亚历山大里亚风格的诗歌形式是田园诗，这意味着少数几个画面就能使之完整；它有许多形式，这有时是为了背诵的需要。在那个时代，最具典型亚历山大里亚风格的代表人物是来自昔兰尼的诗人卡里马库斯，他同时也是廷臣和语言学家，还曾是菲勒塔斯的学生。他使哀歌成为留存的最流行的媒介。我们现在拥有他的一篇颂词《后发座贝勒尼斯的头发》(*Coma Berenices*)的一部分(是卡图鲁斯[Catullus]的译本)，关于阿西诺之死的一首短篇史诗《赫卡勒》(*Hecale*)和记录了许多习俗和崇拜的"起因"的重要著作《阿提亚》(*Aitia*)。③ 但是，如果不是因为他写的短诗，我们几乎可以说他不是一个诗人，而只是一个会写诗的学者。所有需要注意和修饰的地方他都注意到了，值得欣赏的是他避免了多愁善感和修辞；对于这些，他确实在谨慎回避，后来一位评论家说他是"不犯错误的人"，也许是因他非常多的批判。

① Date：Beloch IV，2,574；R. Flacelière，*Rev. E. G.* 1928,83.

② 兹格勒将这一战役时间确立为公元前196年，这是可以接受的，见 Ziegler，*Lykophron* in P. W. Tarn，*Alexander* II，29，cf. 24。

③ R. Pfeiffer，*Callimachus*，I，1949.

因为他在这方面无法释怀，所以在他关于一个无趣神话之异常苛刻的变奏曲中几乎没有一行诗有人情味，可以确定也无一行诗可让人血脉鼓胀，它的诗甚至对于他时代受过教育的人来说也很无趣。他的形式已没有实质含义，但他确立了一个标准，并影响了许多人。在形式上，他影响了卡图鲁斯，但在精神上，他的《爱恨交织》(*Odi et amo*)并无闪光之处。有趣的是，与他同时代并比他年轻的欧福里翁(Euphorion)比他更具影响力，但就我们目前所知，此人是卡里马库斯拙劣的模仿者。欧福里翁居住在亚历山大位于科林斯的宫殿中(约公元前250年)，后来他成为了安条克的图书馆馆长；他在奥古斯都时期也是重要人物，一度影响过维吉尔。

警句 但卡里马库斯的警句处于另一个不同的水平上，有时甚至可以赶上现代水平。他关于他的朋友赫拉克利特(Heraclitus)之死的诗行通过凯瑞·约翰逊(Cary Johnson)翻译《爱奥尼卡》
276 (*Ionica*)已为许多人所知；另一首一样好的，讲述了一个人在听到玩陀螺的孩子要求彼此“保持自己路线”后出于自己的地位而不愿结婚的故事；其间他关于鹦鹉螺的简短演说优雅之极，无法超越。但是普遍精通警句确实是那个时代的一个特征，诗中的作者也不羞于表达他们的感受。它的繁荣期可以从希腊化早期李奥尼达斯(Leonidas)和阿斯克列皮阿德斯(Asclepiades)所处的时代一直算到西顿的安提帕特(Antipater of Sidon)、加大拉的菲洛德莫斯(Philodemus of Gadara)和梅利埃格(Meleager)等一批叙利亚人所处的1世纪政治衰退时期。的确，它持续的时间比其他任何诗歌形式都久，只是最后随着希腊语一起消亡了。梅利埃格(Meleager)的爱情诗优雅、亲切，让人回想起他喜爱的花。在更早的范本于埃及被发现之前，他为他的一个朋友编纂的诗集被认为是第一本诗选或诗的“花环”。[①] 菲洛德莫斯仅仅阐述了一个叙利亚城市骄奢淫逸的生活，奇怪的是，一般认为他是赫拉克勒斯纸草(Herculaneum papyri)勤劳的哲学编纂者。

---

① Schubart, *Einführung* 131.

牧歌：提奥克里图斯　卡里马库斯的诗在当时是一个标准，而叙拉古的提奥克里图斯（Theocritus of Syracuse，约生于公元前315—前312年间）则创造了田园诗的另一种形式。他可能从早期西西里诗人那里获得了灵感，诗中的一些东西也源于地中海的农歌，但他的田园牧歌的文学形式是他独有的（现代意义上的“田园诗”都源于他）。他的童年可能在西西里度过，他年轻的时候和科斯的菲勒塔斯在一起（菲勒塔斯在科斯的朋友是阿拉图斯［Aratus］，据铭文所知，[1]这位阿拉图斯并不是指诗人阿拉图斯）。他在约公元前276年到前270年间停留在亚历山大里亚，但没人知道他在那儿停留了多久。有人认为他对家乡西西里的花草树木非常依恋，呼喊“埃特那（Etna），我的母亲”的人是他，而不是门那克斯（Menalcs）。在他看来，如果他能够和他的至爱坐在岩石的遮蔽处一起看家乡蓝色的大海的话，那么财富和权力就一文不值。他尝试了许多种形式的田园诗。在他的笔下，甚至赞美托勒 277
密的官方颂词和对亚历山大里亚一位时髦妇女的谈论都成为了诗歌。他的诗是给田园的，人们珍视他是因为他歌颂了牧羊人间的歌谣比赛；被抛弃的女孩尝试让他的爱人回心转意；两个老渔翁呆在他们的芦苇小屋；[2]伴着利西达斯（Lycidas）美丽歌声的收获节，以及他对作物和动物的喜爱：蝉在阳光下鸣叫；狗做着猎熊的梦；小狐狸围绕在小孩的晚餐周围。他的男人和女孩都是活生生的农民。他精通田园诗，什么都没有给其他人留下；他的继承者远不及他，维吉尔的《牧歌》（*Eclogues*）似乎是拙劣的模仿，后来模仿的人不断增多，直到最后一位叫华托（Watteau）的诗人出现，及牧羊女穿上裙托并涂脂抹粉。因为亚历山大里亚人，他成为了一位经典人物；因为亚历山大里亚人，他能够抛开亚历山大里亚的一切，拥护并回归自然。他并没有创作关于自然的伟大的诗，因为他没能透过表面看见它。对他来说，“茂盛的常春藤中的黄蜂”就只是令

① *I. G.* XI, 2,161 B 1.66,203 B 1.38,287 B 1.43.

② If *I. G.* XI, 21 be Theocritus'.

人愉悦的嗡叫黄蜂而已。对它的壮丽,他也并不比其他希腊人有更多的感觉。对此,我们必须转而看希腊化时代一位不知名的犹太人,他写了《三个孩子的歌》,他知道神应在风雨、洪水和暴雪被歌颂。[①] 但对大自然的甜蜜和纯美,提奥克里图斯有着与其他希腊人不同的感受,正如他所唱的,在旷野的歌声中,他永远不会死。[②]

史诗:阿波罗尼戊斯 在这一时代仍有人创作史诗,在这些新创的史诗中,至少里阿诺斯(Rhianus,约公元前 250 年)关于美塞尼亚战争(Messenian)和阿瑞斯特墨尼斯(Aristomenes)的英雄事迹的史诗就令人激动不已。波桑尼阿(Pausanias)曾引用过它,它在我们的年轻人心中仍有其地位,没有它,我们将是贫穷的,哪怕他只是个传奇。史诗作为地方爱国主义教育手段有着一定的前景,因为随着城市在君主制面前失去了它的权力,它便越发为其过去和
278 传奇感到自豪,经常用史诗歌颂城市和人民。诗人来到一个城市并诵读他关于这个城市的史诗会受到热情款待,并得到很大的尊敬。但当时还有另一种不同类型的史诗,即亚历山大里亚的阿波罗尼戊斯(Apollonius of Alexandria,他通常被称为罗德岛人)写的《阿耳戈英雄纪》(*Argonautica*)。卡里马库斯与阿波罗尼戊斯之间争吵的细节仍然是个谜,[③]但《阿耳戈英雄纪》肯定表达了对卡里马库斯的反抗(卡里马库斯声称这么厚的一本书本身就是一堆废话)。卡里马库斯与阿波罗尼戊斯争辩,但阿波罗尼戊斯是否因此离开帝国很值得怀疑。卡里马库斯,及阿波罗尼戊斯的继任者埃拉托色尼(Eratosthenes)是昔兰尼人,且托勒密三世娶了一位昔兰尼公主,前生一切是否就是因为昔兰尼在政治上反对亚历山大里亚呢?无论如何,阿波罗尼戊斯的史诗是个个例,整体而言在这方面,知识人失败了。阿波罗尼戊斯能构思出一幅美景,却不能讲一

---

① Cf. S. A. Cook, 206 and n. 3.

② Κατειβόμενον κελαρυσδε.

③ Wilamovitz, *Hell. Dicht.* 1,206; Add *P. Oxy.* XVII, 2079,2080,另见 Powell and Barber II, 4。

个故事；他那精细的文学手段几乎寸步难行，语言也很蹩脚。但是他第三本书关于美狄亚的爱情故事的那一部分相当出彩，因为这在希腊是第一次也是最后一次有人敢描述一个陷入爱情的少女，并且她是一个特殊的科尔基斯（Colchian）女孩，不过并不典型。阿波罗尼戊斯没有继承者，直到维吉尔模仿他，他第三本书中的美狄亚远胜于黛多（Dido）。无论亚历山大里亚对他做了什么，他已经复了仇；只有学者才会永远读卡里马库斯。阿波罗尼戊斯（尽管主体部分已经残缺）是准现代文学的先驱。

拟曲　田园诗和史诗是针对受过高等教育的人的，受过中等教育的人也需要娱乐，很迎合他们的口味，它分为说和唱两种形式，前者最初源于西西里，后者源于小亚细亚分散的“爱奥尼亚民歌”。在公元前 3 世纪，许多由拟曲演员组成的闲散社团诞生。拟曲的内容是一天的日常生活、日常文字或其他的一些小事情，提奥克里图斯著名的“叙拉古的妇女”就是一个例子。我们从埃及获得了希罗达斯（Herodas，约公元前 240 年，很明显，他是另一个菲勒塔斯圈子的成员，用抑扬格调写诗）拟曲的善本。他许多诗的主题并不
让人开心。逼真描绘的事物有时并不值得描绘，但是描述人们经 279
常谈论的事物颇有价值。明显与这个形式相关的是淫秽诗歌，该作品就侧重于粗俗行为；索塔迪斯（Sotades）所写关于托勒密二世婚礼的韵文粗俗不堪，他也因此被托勒密二世的海军指挥官溺死。这种清唱拟曲分为希拉罗迪（hilarody）和马戈迪（magody）两种，它们各自模仿悲剧和喜剧。但著名的《少女的哀悼》（*Maiden's Lament*，一个被不忠爱人抛弃的少女的激情呼唤）[1]不属于以上两种形式中的任何一种，但它是拟曲，其中一部分可以用于舞台诵读。我们还发现了一个希拉罗迪的例子，它的框架里充满了限制言论，拙劣地模仿了《伊菲格涅亚在陶里斯》（*Iphigenia in Tauris*），其中有一幕讲述一个用印度语胡言乱语的蛮族人皇帝被一对兄妹

① Powell, *Collectanea Alexandrina*, p. 177.

灌醉，然后这对兄妹趁机逃了出来的故事。[①]

哲理诗 拙劣的模仿同样被用于比拟曲更高的文学形式。怀疑学派的泰门写了一个关于其他哲学家(健在的和已逝的都有)的小喜剧《索罗伊》(*Solloi*)，[②]这自然仅对少数精选的人有吸引力。犬儒学派的克拉特斯(Crates)在《乞讨者的钱袋》(*Beggar's Wallet*)[③]中的创作是对荷马的很好模仿，其中他把犬儒的贫困标记美化成一个正直人的庇护所，如同一个脱离虚伪的无尽之海的小岛。但克拉特斯的诗，尽管形式上是模仿诗文，但足够庄重，这可能导致使用严肃韵诗为媒介这一消亡很久的潮流在哲学中复兴。最好的例子是斯多噶学派的克里安提尼(Cleanthes)所写的《宙斯颂歌》(*Hymn to Zeus*)[④]这一具有较高水准的希腊宗教诗歌，与正统的颂辞和赞歌完全不同(其数量未知)。几乎同样著名的著作是麦加洛波里斯的塞西达斯(Cercidas of Megalopolis)写的诗，他是一个有着犬儒学派学识的政治家(每个对现行的制度不满的都是犬儒派)，他通过治愈疾病和资助穷人，以劝诫他的朋友去应对社会
280 革命的威胁。[⑤] 这首诗从当时平庸、毫无深度的教化诗歌中脱颖而出(例如，科洛丰的菲尼克斯[Phoenix of Colophon]，约公元前286年)。于是，我们有了这样一首流行的(政治)民歌，它通俗好记，在公元前290年的雅典街头被广为传唱。[⑥]

亚历山大里亚诗歌对罗马的影响巨大。我们已经注意到了一些众所周知的观点，而新的观点仍不断显现。一项现代发现已经显示——在菲洛德莫斯(Philodemus)的《论诗歌》(*On Poems*)中所保存的一篇论文——贺拉斯(Horace)的《诗艺》的原则和许多细节

---

① *P. Oxy.* III, 413 is 2nd C. A. D.，但这些残片既便不是希腊化时代的，也是希腊化类型的。关于印度语文献见 Rice in Powell and Barber II, 215 and refs。

② Diels 中的片段，*Poet. Philosoph. Fragmena*。

③ Diels *ib.* fr. 4.

④ *S. V. F.* I, no. 537.

⑤ Powell, *op. c.* fr. 4 ii. 46 *sqq.*

⑥ Athen. 253 D (见 p. 53)。

都起源于希腊化时代。[①] 但希腊化只为罗马人提供了形式和对象，却没有给他们诗歌所需至关重要的东西，这也是诗人和笔耕不辍的文人之间的本质区别；诸如卢克莱修(Lucretius)、卡图鲁斯、维吉尔等伟大的诗人们就是从这里寻找着他们自己的灵魂。

讲演术与修辞学　在转而讨论散文之前，我们应该注意到口语的作用。司法委任扼杀了法庭上的演讲(这不是太大的损失)，但是政治演说在亚历山大以后仍繁荣了一个世纪。戴那卡斯(Deinarchus)、德摩斯梯尼的外甥德摩卡里斯(Demochares)事实上就有德摩斯梯尼时代的遗风，尽管法勒隆的狄米特里戊斯(Demetrius of Phalerum，公元前 317—前 307 年)可能走得是他自己的路线；而锡西翁的阿拉图斯(Aratus of Sicyon，公元前 271—前 213 年)明显是一位伟大的演说家，在他很长的职业生涯中，他始终左右着阿卡亚议会，而德摩斯梯尼从来没能左右雅典人。由于他的演说辞没能存留下来，没人知道他是怎么做到的，但普鲁塔克说他鄙视艺术形式，[②]例如修辞学，他可能都是即席发挥，想什么说什么，这可能会使那些习惯于修辞艺术的人感到震惊。阿格拉奥斯(Agelaus)在公元前 217 年的诺帕克图斯(Naupactus)大会上呼吁希腊团结起来的演讲，一定非常之优秀，它有着两个让人难以忘记的设想，波里比阿给出了这篇演讲的概论；而皮洛士的老师基尼阿斯(Cineas)则被当时的人拿来与德摩斯梯尼相提并论。[③]

但政治演说最终消亡了。从公元前 2 世纪开始，所有事物都在 281
修辞学的发展中被淹没。列举这门艺术中的专家是没有意义的，其数量增长可延至罗马时代。西浦罗斯(Sipylos)山麓下的马格内西亚的赫格西亚(Hegesias of Magnesia)促进了小亚细亚辞风的流行，他的修辞在长度上可被分割成节，类似于现代的自由诗(我们

① C. Jensen, *Philodemos über die Gedichte*, 93; *Neoptolemos und Horaz*.

② *Arat.* 3.

③ Plut. *Pyrrh.* 14; App. *Samn.* 10.

不能确定是他还是提迈欧[Timaeus]发明了这种风格)。[①] 特姆诺斯的赫马格拉斯(Hermagoras ofTemnos,约公元前 150 年),他的《手册》(*Handbook*)成为了权威读本,标志着对阿提卡风格(Atticism)的回归。修辞学有一些优点,它可教导人们厘清思绪,但它成为希腊化时代被诟病的一个方面。按照人们的总结,这种风格看上去是一切,但实质什么都不是;即你说什么不要要,规则给你话说,并避开缺隙。因为某些原因,修辞学令雅典人陶醉不已;如今它又通过廉价杂志和电影院再次盛行,人们对华丽辞藻如同对剧院一样蜂涌而至。修辞学贬低了它接触的每件事物。佩特罗尼戊斯(Petronius)说它引导人们极为关注盗版侵权,这很超前,但很少涉及现实生活。[②] 而马修(Martial)对之进行了总结,他尖锐嘲弄它的拥护者可做出关于汉尼拔的优秀演讲,但却在一个盗窃案中毫无用处。[③]

公元前 3 世纪的历史学家 在散文中,历史占首要地位。[④] 在亚洲被开拓之后,亚历山大之后的两代人目睹了大量历史作品的问世;尽管因后世作者的引用,我们对此时的一些历史学者略知一二,但所有的历史学家都已消亡。伊索克拉底(Isocrates)和他的学生们引入的实用主义写法并没有消亡或即将消亡,新世界的真实感促使一些人开始反对修辞学,特别是在熟知亚历山大的圈子里。托勒密一世正在尝试去做一件新事情(约公元前 288—前 283 年间),他利用官方日志和其他官方文件,辅之以自己的记录和回忆
282 写成了《亚历山大传》,他是写下他所知道和看到的事情的实践者。他这样做对我们来说是极好的。同样,尼亚库斯(Nearchus)关于他在公元前 312 年之前航行的记录,可能有最可信的希腊语编年史。

---

① Specimen in J. B. Bury, *Ancient Greek Historians*, 171.

② *Satirae* 1.

③ *Ep.* 286 (VI, 19).

④ Generally, Bury *op. c.*;另见我的参考书目 C. A. H. VI chs. XII - XIII, XV. 关于残篇见 Jacoby, *F. Gr. Hist*。

这些人自童年起就是亚历山大的朋友，能切身感受他的指挥才能。[①] 卡珊德里亚的阿里斯托布鲁斯（Aristobulus of Cassandreia）是亚历山大军中的一名希腊工程师，他写了从约公元前294年至前288年的历史，其视野与托勒密的军事角度完全不同，这位头脑睿智的作家对亚历山大非常了解，且精通地理学。这三位都通过阿里安被呈现在我们面前。我们在狄奥多罗斯（Diodorus）对亚历山大肖像的精彩描述中也能找到其背后的阿里斯托布鲁斯的影子。亚里士多德的外甥，欧里尼萨斯的卡里斯梯尼（Callisthenes of Olynthus）在公元前330年写了一本充斥着荒谬言论、谗言媚语的书，旨在颂扬亚历山大，但它在实际上对传统的影响力很小。至于诸如皇室侍从卡瑞斯（Chares）或爱传播流言的埃菲普斯（Ephippus）等圈外人记录的则全是毫无价值的琐事，因为一个人只能看到他力所能及看见的；但身为船长的奥奈斯克里图斯（Onesicritus）不属此类，且很难被称为“说谎者”，因为他写的并不是亚历山大传，而是类似于色诺芬的《远征记》（*Cyropaedeia*）的浪漫史。在公元前280年至前270年或更晚时期，逍遥学派和斯多噶派两个哲学学派开始对上述思想做出反应，具体由一个二流作家亚历山大里亚的克莱塔库斯（Cleitarchus of Alexandria）展开；此公对古物并不严肃，说要保留一切好东西，但他很聪明；他写了一本修辞华丽的亚历山大传（还早于公元前280年至前270年，可能在此之后），但完全不受欢迎。克莱塔库斯因此成了一个撒谎欺骗上苍，且极失败的模仿者，尽管最后可能只有他自己在此传递。[②] 克莱塔库斯的夸张后来迎合了罗马的口味，普林尼称他“阅读广泛”。他利用并歪曲了阿里斯托布鲁斯的作品，并在很大程度上依赖于陪在亚历山大身边的蹩脚诗人所讲的故事，其间满是关于亚历山大的流言和丰富想象。他是狄奥多罗斯描述亚历山大的次要史料来源，他的作品也在相当程度上被克提戎斯（Curtius）引用。 283

① 关于接下来的论述见 Tarn, *Alexander* Ⅱ, Part 1。

② Tarn, *Alexander* II, 265.

在公元前264年之后不久，塔奥多门尼的提迈欧（Timaeus of Tauromenium）在雅典完成了一部关于西部希腊人的历史巨著，时间截止到当年，影响持续了两个世纪。他勤劳且有学识，富有旅游经验，勤于收集铭文证据，但他的思想毫无深度，他也没能真正理解狄奥尼修斯（Dionysius）和阿加索克勒斯（Agathocles）。虽然他引入了奥林匹亚德（Olympiads）笨拙的测定年代的方法（这在当时十分流行，波里比阿和卡斯托[Castor]也曾用过这种方法），但他像一个修辞学家一样用小亚细亚风格写作，内容涉及奇迹和传奇。狄奥多罗斯的阿加索克勒斯（Diodorus' Agathocles）沿袭他的风格。萨摩斯某一时期的一位专制君主丢里斯（Duris）尝试进行一次创新，他写了从留克特拉战役（Leuctra）到公元前280年间的这段历史。在写作中，他通过创造戏剧人物和动作、运用剧场形式使历史显得更加有趣。从他的作品中，我们追溯到的历史与事实有所偏差，但可以接受。赫拉克里亚·潘提卡的利菲斯（Nymphis of Heraclea Pontica，活跃于公元前280年）写了一部关于亚历山大继承者的书，该书已经失传，无从寻觅；但是他写的赫拉克里亚（Heraclea）史极其生动，尤其是对门农（Memmon）的描述。雅典的迪努斯（Diyllus）写了一部希腊史，时间从神圣战争（Sacred War）到卡珊德死亡的公元前298年，在该书中他对卡珊德持肯定态度，我们在狄奥多罗斯的著作中可以找到它的痕迹。法勒隆的狄米特里戌斯留有一部史著，以记载他统治雅典时期的一段历史，除此之外他还著有其他著作。德摩卡里斯（Demochares）从民族主义角度写了一部他时代的华丽历史。拜占庭的狄米特里戌斯（Demetrius of Byzantium）详述了高卢人对亚洲的一次入侵；普罗克辛努斯（Proxenus）写了一部关于皮洛士的伊庇鲁斯（Pyrrhus' Epirus）的著作。皮洛士本人也留有一卷《记忆》（*Memoirs*），以记述他经历的战争，该书不仅是一本其官方《日志》（*Journal*）的修订本。

在亚历山大之后半个世纪的伟大历史，也可能是希腊最辉煌的历史，由卡里亚的希罗尼姆斯（Hieronymus of Cardia）撰写，他是卡里亚的攸美尼斯（Eumenes of Cardia）的朋友，也有可能是他的亲戚。在攸美尼斯死后，他作为将军和指挥官侍奉过安提柯一世、狄米特里戊斯和贡纳图斯，他的书记录了从亚历山大死亡一直延续到皮洛士时期的历史。他的著作是狄奥多罗斯（Diodorus）《历史集成》第 18 卷以下和阿里安的“继承者战争”（*Diadochi*）的主要史料来源，其著作部分内容也被普鲁塔克在他的攸美尼斯和狄米特里戊斯传中引用，并对整个我们被打断的时代传统发挥着稳固的影 284
响；我们对那一时期了解得越多，就越能深信在它之后曾出现过许多现在难寻踪迹的伟大作家。希罗尼姆斯像修昔底德一样以战役年代纪年，他笔下的人物似乎非常可信，这是一个不常见的现象。他的著作没有特定风格，因而最终佚失了；但他谨慎地记述着他所看到的真实事件（他活跃在相关历史中），他的叙述足以证明他善于描绘场景和人物；此外，令人惊讶的是，即使是现在，我们也能发现狄米特里戊斯的性格在发展变化，如果这归因于他（好像必须如此），那他的地位将高于之前所有历史学家，因为对希腊人来说，人物的性格都是静态的。[①] 他诠释了波里比阿所强调的，“在希腊，只有切身经历过的人才写得出好的历史”的观点。[②] 他能侍奉安提柯王朝使我们感到非常幸运，因为他使我们理解一些马其顿人的历史成为可能。亚洲的塞琉古王朝和埃及的托勒密王朝都没有产生一个称职的历史学家；但至少塞琉古王朝早期运气比较好一些。

就希腊而言，在希罗尼姆斯与波里比阿之间的这段时期由菲拉库斯（Phylarchus）占据着。他在雅典著史，将丢里斯的历史续写到克里奥门尼斯（Cleomenes，公元前 219 年）之死。普鲁塔克在阿吉斯（Agis）和克里奥门尼传和其他部分中对他的著作都有所提及。他通常被视为另一个丢里斯，这部分是因为他对女性人物戏剧性的介绍；尽管他确实是克里奥门尼斯的支持者，但对他的时代分析越多，他就越发重要；他与波里比阿针锋相对，而波里比阿并不总

---

① Wilamovitz, *Hell. Dicht.* I，维拉莫维兹认为没有哪个希腊人在人物描写上取得进步。显然，阿拉图斯对人物性格的描述也是静态的。

② XII, 28.

是对的。[1] 西锡翁的阿拉图斯(Aratus of Sicyon)写的《回忆录》(*Memoirs*)是他的自传,他在该书中记述了这个世纪后半期的大量事件。尽管他在书中表现出明显支持一方,对对手的记述不甚公平,但该著作仍使我们对阿卡亚同盟有了一定认识。他在书中对
285 自己的过错也直言不讳。普鲁塔克在传记中曾引过他的著作,波里比阿也把他的著作当作叙述这一时期历史的主要史料来源。索斯努斯(Sosylus)在意大利时与汉尼拔在一起,因此他写有一部汉尼拔传,不过这部著作现已佚失,留存至今的只有一些残篇。[2]

波里比阿 公元前2世纪属于麦加洛波里斯的波里比阿(Polybius of Megalopolis,约公元前198—前117年),他在阿卡亚同盟的政治和战争事务中扮演着重要角色。在皮德纳(Pydna)战役之后,他被押往罗马,后成为潘奈修斯(Panaetius)和西庇阿·阿米利安努斯(Scipio Aemilianus)的朋友,最后于公元前146年回到希腊。他伟大的《历史》讲述"已知的世界"从公元前221年到前146年间的历史,但只有前五卷留存下来,且还是从他人著作中提取出来的。李维再现了他,尽管使用了一些次等的史料。他视埃弗罗斯(Ephorus)和提迈欧为前辈。他一开始简单叙述了希腊和罗马的情况,以填补提迈欧时代到公元前221年间的历史空白。虽然他不喜欢修辞学,但是他被修辞学家们的博学所吸引。他视潘奈修斯为朋友,而对其他伟人不屑一顾。遗憾的是,他因为不喜欢马其顿而忽略了希罗尼姆斯,而他对阿拉图斯的认识则可能来自于阿拉图斯本人。波里比阿的作品并不通俗易读,他的写作风格是长篇累牍地记述敕令、文件,如提迈欧一样,他的叙述经常被辩论打断,而这些在今人的著作中通常只被作为附录。在军事事件叙述上,他比不上希罗尼姆斯;在船舰知识上,李维知道的比阿卡狄亚人(Arcadian)教给他的更多。他运用他所能用的官方档案,并且使用了许多证据,但他在科学上缺乏足够的训练;他的思想是政治

---

① Instance, *C. A. H.* VII, 761.

② *F. Gr. Hist.* II A, p. 303.

家思维，他写作也是为政治家而写。他相信现在可以向过去学习，在政治上他是顽固派，且反应迟钝，他的著作常有可疑的遗陋，例如他在叙述中省略了阿卡亚同盟章程。他并不是中立的，某些英国作家说他在阿卡亚同盟中的政党被称为“上帝的辉格党”，他对埃托利亚和马其顿的态度需要读者始终调整心态。作为罗马的同伙，他虽然没有公平对待迦太基，但他对汉尼拔付出的努力给予了肯定。如果有人强调他的缺陷，那么他的伟大足以掩盖这些缺陷。286
他选择了一个伟大的主题，且对它进行了全景式展现。他的英雄是罗马，他的主题是罗马在地中海世界的扩张，他所有的叙述都如小溪般汇入了这条大河之中。他写的历史是罗马英雄时代的史诗；他理解这个时代，知道这个时代产生的人物；他知道希腊和罗马的内幕；他能够把他选的场景描绘得很好；尽管不是很深入，但他的确尝试过理解事件的原因；他并不害怕道德的批判。他强调，历史首先要是真实的。[①] 在希腊史学家中，他始终保持正确的方向，按照蒙森的说法：与之前的黑暗相比，在他之后，他的太阳驱散了云雾。

晚期历史学家　波塞冬尼乌斯[②](Poseidonius，参阅第 349 页)续写了波里比阿的历史。他的著作详实生动，但对一个历史学家来说过于肤浅。他提到了许多奇闻异事，而他对凯尔特人[③]过多赞誉显示他对凯尔特人洞察不够；假如恺撒真向他询问凯尔特人心理的话，恺撒遇到麻烦也就不足为奇了。他的立场与罗马贵族派相同，认为相对黑暗的时代是格拉古和苏拉之间的这段时期，在现有的传统背后，我们感受不到这个作家的伟大。他关于雅典与米特里达特[④]联合的叙述被长久保存下来，这显示出他的水平；他没有解释被唤起的憎恨罗马人的缘由，而是提及一小部分安定而和

① I, 14,6; XXXVIII, 4,5.
② 残篇见 *F. Gr. Hist.* II A, no. 87。
③ Frs. 15,116.
④ Fr. 36.

平的群体，他们有一个世纪没有发动战争了，突然他们兴起像反对薛西斯一样拼死抵抗罗马，而这只是因为一个能说会道的诡辩家告诉他们这么做。大马士革的尼各老（Nicolaus of Damascus）或许是位更出色的史学家，他是希律一世宫廷的一位哲学家和史学家，并在一些事务上有一定经验。他写了一部通史；关于希律的著作大体部分上保存在约瑟福斯著作里了，这也是我们为什么对希律事情了解甚多的原因，同时却遗忘了这位更伟大的尼各老。我们对尼多斯的阿噶萨奇德斯（Agatharchides of Cnidus，约公元前120
287 年）写的世界通史一无所知；至于亚历山大里亚的提马戈尼斯（Timagenes of Alexanderia）写的《论国王》（*of the kings*）是否是一本真正的马其顿王朝君王史，我们无法确定。[①] 阿特米达的阿波罗多洛斯（Apollodorus of Artemita）写了一部帕提亚（Parthian）史，我们从中知道了一些关于希腊—巴克特里亚的片段。最后，我们必须感谢西西里的狄奥多罗斯（Diodorus of Sicily），他在奥古斯都统治时期写了一本《历史集成》（*Historical Library*）。作为一位历史学家，他并不称职；他的书通俗易读，至于该书是好是坏则取决于作者自己的判断取舍。但他保留了一些本会佚失的著作，例如伊安布鲁斯（Iambulus）的著作；他最主要的贡献是使我们对希罗尼姆斯有所了解。

其他历史形式 除了正式历史，还有其他形式的历史写作方法。在公元前3世纪早期，巴比伦祭司贝罗苏斯（Berossus of Babylon）和埃及祭司曼涅托（Manetho of Egypt）试图使希腊人了解他们国家的历史。[②] 尽管提奥彭普斯（Theopompus）了解波斯古经，[③]贝罗苏斯的占星术也非常受欢迎，但几乎没有人会严肃认真地研究蛮族历史。《萨伊斯的历法》（*Calendar of Sais*）[④]——埃及

---

① 迈耶尔否定了提马戈尼斯的论述，见 Ed. Meyer, G. d. Altertums II, 23。

② P. Schnabel, Berossos und die babylonisch-hellenistische Literatur, 1923.

③ *F. Gr. Hist.* II, no. 115, p. 64 (71).

④ *P. Hibeh* I, 27.

纪年历法和节日——大约于公元前300年用希腊语写成,无论如何是非常著名的,同时卡里马库斯也似乎知道并模仿了巴比伦人的神话。① 在托勒密一世的统治下,阿布德拉的赫卡泰戊斯(Hecataeus of Abdera)以一个希腊人的视角写埃及史;后来一位叫米南德(Menander)的人致力于编写腓尼基编年史。米利都的亚历山大·普里黑斯特(Alexander Polyhistor of Miletus,约公元前50年)收集了包括希腊和蛮族在内的许多国家的文学作品,它还保留了一些犹太传教资料(参阅第233页)。地方爱国主义影响诗歌,同样也影响到了历史,我们知道一个很长的关于地方或城镇编年史的清单;②这样的编年史也可能包含了古文物研究者和碑铭研究者的劳动,博学的菲洛克洛斯(公元前261年去世)写的《阿提斯》(*Atthis*)或雅典编年史就描述了许多关于政制、节日、庆典的信息;③毫无疑问,其他城市也做了类似的工作。克拉特鲁斯 288
(Craterus,传统上认为他和贡纳图斯是同父异母兄弟,这值得怀疑)编纂了一个雅典敕令集成,并配有可信的历史注释。④ 在古物研究领域最出名的是伊里昂的波勒蒙(Polemon of Ilium,公元前2世纪),他穷其半生研究了许多国家的铭文,获得了许多知识,然后他写了一部关于许多城市建立、古迹、习俗和碑铭本身的著作,每一种都配有批判性的杂录;他的作品被认为相当可信,但他的作品没能留存下来,这可能是我们在希罗尼姆斯之后最大的损失。尽管他知识并不广博,但许多人追寻他的足迹、模仿他的写作风格;波桑尼阿(Pausanias)可能运用的波勒蒙的材料比他自己承认的要多。埃拉托色尼创立了年代学研究(参阅第302页),除此以外,他还是一位真正的历史评论家。⑤ 雅典的阿波罗多洛斯(Apollodorus of Athens)在公元前144年把他的年表改编为押韵的编年史,他的

---

① E. Ebeling, *Die babylonische Fabel*, 1927;没有必要是第一手的。

② List, Christ - Schmind[6], 215.

③ New frs. *Klio* V, 55.

④ Br. Keil, *Hermes* XXX, 190,214; Jacoby, *Krateros* in P. W..

⑤ Reuss, *Rh. Mus.* LVII, 568. De sanctis, *Riv. fil.* 1928,53.

残篇价值也在于此。罗德岛的卡斯托(Castor of Rhodes,公元前42年去世)使用阿波罗多洛斯的作品编纂了一套与之同步的年表,它相继被瓦罗(Varro)和攸西比戊斯(Eusebius)的前辈尤利乌斯·阿非利加努斯(Julius Africanus)引用,因此,攸西比戊斯充满抱负的编年史计划与埃拉托色尼有一定联系。

逍遥学派与传记 逍遥学派热衷于记录事实,这使他们很自然地一开始就致力于历史工作。提奥弗拉斯图斯写了一部科学研究史,其他人写了医学和数学史;提奥弗拉斯图斯的两个学生历史学家丢里斯和赫拉克里亚·潘提卡的查马里翁(Chamaeleon of Heraclea Pontica)各写了第一部艺术史和诗歌史,且有许多追随者。狄卡尔库斯(Dicaearchus,约公元前300年)写了一部非常重要的著作《希腊人的生活》(*The Life of Hellas*),它可能是一部文化史。所有这些著作都失传了,如同狄卡尔库斯的一部重要著作《斯巴达政制》(*Constitution of Sparta*);只有提奥弗拉斯图斯勾勒形象的速
289 写《人物》(*Characters*)——对社会史而言有些趣味——保存下来。但是逍遥学派对历史学的影响可能非常坏。[①] 他们创建,或确定了非常流行的命运学说(参阅第340页),并热衷于收集关于每个事件的每一个碎片(无论好坏),使得不加区别地混用事实和传说这一习惯风行,这种做法除了引起流言以外别无他用。当时没有比他们宣传反对亚历山大及其家族更令人不快的事了;他们甚至不知道避开相互排斥的辩解,[②]这个第一次宣传战是明显有害的。他们擅长写传记,这使公元前3世纪的个人主义不可避免地被引向繁荣;但他们把真理和谬误相混淆的习惯已经深入显示在他们早期的作品中了,索里的克里库斯(Clearchus of Soli)所写的《传记》(*Life*)是它的根源。亚历山大里亚有影响的传记作家是萨提洛斯(Satyrus,公元前220年),他的《欧里庇得斯传》(*Life of*

---

① Cf. Powell and Barber I, 145.

② 最坏的例子见 Tarn, *Alexander* II, app. 18。

Euripides)被发现了,[①]该书采用对话形式写作,效果比人期待的要好;此外卡里马库斯的学生士麦那的赫米普斯(Hermippus of Smyrna)也是较有影响力的亚历山大里亚传记作家。在这些人的努力下,亚历山大里亚堆积了大量传记材料,但都未经严格筛选,以至于后来普鲁塔克在借鉴使用这些材料后写出了一部伟大的艺术作品,其间事实与谬误死死缠在一起,例如还没有人能够成功分析普鲁塔克笔下的亚历山大传。不过希腊化时代也创造了一位严肃的、称职的优秀传记家(我们受惠于他很多),这就是雕刻家卡利斯图斯的安提戈诺斯(Antigonus of Carystus,公元前 225 年后去世),他写了公元前 3 世纪哲学家的传记;他的部分作品和其他一些次等材料通过第欧根尼·拉尔修(Diogenes Laertius)的作品留存了下来。

描述地理学 希腊化时期的地理学起源于科学(参阅第九章),结束于文学。埃拉托色尼伟大的《地理学》(*Geography*)描述了他所知道的世界,有关地中海世界部分是好的,因为亚历山大、帕特洛克里斯(Patrocles)、麦加斯提尼(Megasthenes)和皮提亚斯(Pytheas)(埃拉托色尼敏锐地认知到皮提亚斯的游记是真的)让人们早已知道这些地区(参阅第七章);对边缘地区是推测的,因为他 290
自然对非洲和印度半岛、恒河以东的世界或北欧和亚洲一无所知,但他对亚洲的描述超越了幼发拉底河区域。而波里比阿的实用主义使人们的思维转向了描述性地理学。与他同时代但比他年轻的尼多斯的阿噶萨奇德斯(Agatharchides of Cnidus)对红海沿岸和当地的居民做了精彩描述,这是基于埃及人向南入侵的基础上描述的;阿特米达的阿波罗多洛斯(Apollodorus of Artemita)描述了大夏和中国西域。以弗所的阿波罗多洛斯(Artemidorus of Ephesus,约公元前 100 年)长期游历在外,利用前人的著作和丰富的史料创作了一部非常重要的著作,但我们只能通过斯特拉波的著作才能了解到它。波塞冬尼乌斯的作品(参阅第 349 页)充斥着描述性地

---

① *P. Oxy.* IX, 1176.

理学，非常生动、出彩；现在一般认为斯特拉波的著作就是根据它描述西欧居民、西班牙矿藏、小亚细亚的火山区域和其他地方（斯特拉波本人或许很熟悉的地方），以及在罗纳河口（Rhône）奇特的赫兰的阿尔勒（Cran d'Arles）的；此外，狄奥多罗斯也对阿拉伯奇观作出了熠熠生辉的描述。

斯特拉波 尽管阿马西亚的斯特拉波（Strabo of Amaseia）的著作《地理学》是在提比略时代出版的，但在这里还是要提及，因为除他之外，使我们受惠的作家太少了。他的书是希腊化时代的绝笔；通过他的眼睛，我们看到了整个已经逝去的世界。他最初并不是地理学家，只是继承了前人的事业，但他写得很好且做了很理智的评价；有人认为，假如阿特密多鲁斯（Artemidorus）、波塞冬尼乌斯的著作保存下来的话，我们就可以不那么重视斯特拉波了，尽管这是事实，但多少令人反感。对于斯特拉波所处且非常熟悉的这个世界，人们可能希望知道的是处于鼎盛时期的希腊化诸王朝，因为我们了解更多的是巴克特里亚人，对作为罗马代理人的国王却了解较少。他收集的大量信息涉及地理学理论、希腊城镇、经济等一系列重要事务，这是非常了不起的；在马可·波罗时代之前，他比任何人都了解亚洲内陆地区（不是海岸地区）。他的书简明扼要并配有图片。他生动描述了亚历山大里亚和罗德岛的辉煌、孟加拉的社会制度；卡帕多西亚（Cappadocian）的祭司王、印度的苦行僧、日耳曼女祭司、高卢祭司德鲁伊特（Druid），这些人都在我们
291 面前一一通过；他还讲述了色雷斯和波斯的奇怪节日、伊比利亚人的父亲育儿习俗、卡曼尼亚人（Carmania）的割取对手首级作为战利品的风俗；在他的陪伴下，我们可以与皮西亚斯（Pytheas）一起探索不列颠，或者与帕特洛克里斯（Patrocles）一起探索里海、看猫鼬捕杀鳄鱼、在克罗西安（Croycian）洞穴里囤积番红花（Crocuses）；我们能够在腓尼基海中汲取淡水、在西西里叉剑鱼，捕捉努比亚鸵鸟，或者西班牙雪貂。自希罗多德以来，再也没有这么生动的图书存世了。

传说与传奇 地理学的基层是“旅行者的传说”。博格的安提

法奈斯(Antiphanes of Berge)确定了它的类型，他讲了这样一个故
事：一个国家在秋天非常冷，一个人说出的话会在空气中凝固，除
非等到春天冰雪融解，你才能知道那些话说了什么。“Bergean”一
词也成为希腊语，意为“无稽之谈”。赫卡泰戊斯关于希柏里尔人
(Hyperboreans)的传说和埃莫迈图斯关于喜马拉雅的北俱卢洲
(Uttara Kurus，即阿塔科瑞[Attacori])的传说都是这一类的著作。
现存的一个范例是琉善(Lucian)有趣的《真实的故事》(*True
Story*)，其是《水手辛巴达》(*Sindbad of the Sailor*)直系“祖先”。
历史的基层被神话和浪漫传说占据着，且非常多产；特别是特洛
伊人的传说和罗马建城的传说是在希腊化社会中兴起的，假如蒙
默思的杰弗里(Geoffrey of Monmouth)生活在这个时代的话，他
会被视为个中高手大受欢迎。但主要的成就是亚历山大传奇，这
是一个混杂故事，其材料来源于埃及、巴比伦和希腊传统以及许
多传说故事，有时自相矛盾。希腊文献中有关亚历山大传奇的最
好版本 A′，包含一些真实的历史事件。此版亚历山大传奇因伪
卡里斯梯尼(Pseudo - Callisthenes)而为人所知，虽然它与这位作
家毫无关系：尽管我们通常认为它直到约公元 300 年左右才最终
定型，但它的许多史料都是希腊化时代的，①而传奇最著名的故事
在公元前 3 世纪②就为希腊世界所知，不过这些著名的故事并不
包含在此版亚历山大传奇中。传奇有着无数的化身，它最终扩散
到亚洲，传到马来亚和暹罗；在西方，它传播到法国和不列颠。历 292
史本身越来越趋向于成为教科书和摘要一样的东西，不断从伟大
作家那里汲取养分，又不断彼此之间相互重复，渐渐越久就越乏
味，错误也越多；后来的查士丁和奥罗修斯(Orosius)也生动诠释
了这一风格。

---

① Dates: A. Ausfeld, *Der griech. Alexander - roman*, 1907; W. Kroll, *Kallisthenes*, pt. 2, in P. W., and Text of A', *Historia Alexandri Magni*, 1926; Tarn, *Alexander* II, Index s. v. Alexander - Romance.

② 关于威尔一生中的旅行见 Tarn, *Alexander* II, 364 n. 1。

各类散文形式 的确，散文写作的形式与内容是无穷无尽的；因为人类任何想法和行为都可以成为文学主题。我们之前已经提到乌托邦(参阅第 122 页)。书信通常被哲学家用作正式的媒介；但书信——不管是伪造的还是修饰过的——在文学史上的传播，以及随亚历山大死后发生之军事冲突而产生的宣传战(小册子和宣传册)中扮演了重要作用；那些已经出版的有关亚历山大、奥林匹亚斯(Olympias)、安提柯·贡纳图斯和其他人的信件只有部分是真实可信的。[①] 所能想象到的历史名人之间的对话已被记录下来(至今已发现两篇)；[②]琉善运用了加大拉的蒙尼普斯(Menippus of Gadara，约公元前 280 年)的大量讽刺作品，并用散文和韵文混合的形式写作，有时也以对话的形式写作，犹如萨提洛斯的《传记》(Satyrus' *Lives*)。众多群体要求简短易读的读物，同时不断发展的文学所包含的内容越来越丰富，涉及各个主题[③]——历史、战争、宴会、剧场、道德哲学、各色流言等，范围从真实的历史摘录到最不真实的趣闻。波利亚努斯(Polyaenus)和埃利安(Aelian)展示了这种类型，雅典尼戊斯(Athenaeus)的记述则五花八门，它们除了保存了一些不知名作者的名字以外毫无用处，这只是一个被美化了的例子。所谓的亚历山大"计划"是公元 1 世纪所编写的这类作品，包含大量谬误，几无真实可言。[④] 托勒密·攸厄格特斯二世似乎出版
293 了他自己的平庸著作。希腊人对剽窃毫无意识，复制前人的作品是一种恭维；其终结是受奥古斯都保护的毛里塔尼亚的朱巴二世(Juba II of Mauretania)购买下几乎所有伪造的文献，并通过简单的剪刀加浆糊的方式不假思索地编辑大量作品，涉及的主题很多；普

---

① 所有信件都应被单独对待(cf. Kaerst, *Phil.* LI, 602)。

② Demades and Deinarchus, Berl. KL. Texte VII, 13; The 'Macedonian Dialogue', Gött. Nachr. 1922, 32 (P. Freiburg 7 and 8). Cf. Lucian, Δημοσθενους εγωμιον.

③ 这类收集被称为 υπομνηματα，这意味 a. 国王的官方《日志》(*Journal*)；b. 我们称之为回忆录的东西。List of Memoirs, Christ-Schmin[6], 21; list of Miscellanies, index to Müller's *F. H. G.* IV, p. 697, cf. *J. H. S.* 1921, 10。

④ Tarn, *Alexander* II, App. 24.

林尼的《自然史》(*Natural History*)只是同类型中比较好的例子。这样的作家保存了大量真实与谬误,但两者融合在一起,我们很难将两者区分开。

其他人编辑一些名录;十位阿提卡演讲家、七大世界奇观、数页之多的"发明家",这一切都是在希腊化时代完成的;弗勒贡(Phlegon)给了一张百岁老人清单,[①]有人也列了一张不饮酒者的清单。[②] 我们有整个关于奇观与奇迹的文学作品,它经常被冠以过去的伟大名字,这些书种类的确繁多。诸如希罗和利安得(Hero and Leander)、萨福和法翁(Sappho and Phaon)、皮拉摩斯和提斯柏(Pyramus and Thisbe)、安条克一世和斯特拉托尼斯(Antiochus I and Stratonice)这样的浪漫爱情故事(像阿波罗尼戊斯的作品一样,不是严肃地表现爱情故事)以许多不同的背景形式出现,这就为所谓的罗马时代的希腊小说铺平了道路;尼西亚的帕耳忒尼戊斯(Parthenius of Nicaea)在 73 岁的时候为罗马带去了一本这类爱情故事集。当然,当时还存在许多关于特殊主题的文学作品,它们中有一些是好的,如罗德岛的提摩斯色尼(Timosthenes of Rhodes)的作品《论港口》(*On Harbours*)。波塞冬尼乌斯的学生埃斯克列皮奥多图斯(Asclepiodotus)留下了一部关于训练和战略的学术著作。此外,我们还听说过关于农业、养蜂、种果树、园艺、育马、捕鱼、珍石、释梦的书,许多描述特殊节日或者托勒密四世和希罗(Hiero)庞大舰队的书,以及一整套关于烹饪和风流社会的文学作品;一本有关宇宙的书,自然被归在克里奥帕特拉名下。[③]

丑闻 有一部作品必须要提到,它从名称上看便是邪恶的,即公元前 3 世纪晚期的作品《论过去时代的荡妇》(*On the wantonness of past times*)。[④] 作者自称是苏格拉底的学生阿瑞斯

---

① *F. Gr. Hist.* II, no 257, fr. 37.

② Athen. 44 B *sqq.*,一定源于一张希腊化时代的清单。

③ Susemihl II, 417; *C. A. H.* X, 39 and n. 6.

④ Wilamovitz, *Philol. Untersuchungen* IV, 48; Herse, *Teles*^{2}, Prolegomena LXIV.

294 提普斯(Aristippus),他的对象涉及众多名人,而他也尽可能地创造与这些名人相关的丑闻;在第欧根尼·拉尔修的《名哲言行录》(*Lives of Philosophers*)中对他有足够的记载,只是现在看来并不可信。它不可能是这类书惟一的一本;任何人想要理解希腊化都必须认为它值得作为流言传播,并将之与一些现存的文学资料重合。腓力二世虽无个性,但当他在喀罗尼亚(Chaeronea)战役之后注视着整齐排列着的底比斯神圣军的尸体时,诅咒那些说了他坏话的人时,他可能羞辱了许多作家。[1]

① Plut. *Pelop*. 18.

第九章 科学[1]与艺术

天文学——巴比伦——阿里斯塔库斯——希帕库斯——数学家——阿基米德——地理学——埃拉托色尼——波塞冬尼乌斯——医学——动物学与植物学——希腊化时代科学的局限性——城镇规划和建设——建筑形式——迪狄马——雕塑——帕迦马中楣——萨摩色雷斯的胜利——肖像画——绘画——混合艺术——音乐

天文学 希腊人在亚历山大时代之后才拥有自己的科学。在 295
此之前，数学和医学奠定了好的基础；毕达哥拉斯、柏拉图及其学派把几何学发展到了很高的水平——柏拉图学园刻有著名的铭文："不懂几何者勿进"；希波克拉底（现代医生仍以他的誓言起誓）奠定了现代医学的基础；同时，亚里士多德（他的工作得到了亚历山大慷慨的支持）不仅使整个学术领域系统化，而且确定了至关重要的研究原则：收集大量数据，从演绎中得出结论。随着亚历山大把已知世界实际扩大了四倍，所有学科都面临着爆炸式增长。亚历山大在许多方面为知识的增长提供了材料，包括植物学、动物学、地理学、民族学、水文地理学；而更为重要的是，他把巴比伦带入了希腊人的视野，使得真正的科学在他死后几代人时间里发展迅速，这是以后许多个世纪里再也没有发生过的事情。这一时期的优越

① 一般可参阅 Gercke - Norden II, 5(1933), *Exakte Wissenschaften*, by A. Rehm and K. Vogel; M. R. Cohen and I. E. Drabkin, *A Source Book in Greek Science*, 1948。

性是毋庸置疑的，并且一直保持到相当现代的时期。不过它也包含了一个奇怪的矛盾(类似的矛盾在希腊化时期比比皆是)，即我们一般认为科学在本质上源于欧洲，但是希腊化时代的天文学部分源于巴比伦人。

296 **巴比伦** 我们可以先来看天文学。[①] 长久以来巴比伦收集了许多天体的观测数据，且和我们的一样，希腊人关于天空及其行星的图景以及星座都是巴比伦人的，而巴比伦人的星座学知识甚至在公元前523年之前就传到了中国；[②]在波斯统治时期(它可以追溯到公元前523年)，[③]运用目测观察记录这样科学的天文学从巴比伦尼亚开始，在那里有三个学派，分别在乌鲁克(Uruk)、希帕尔(Sippar)、巴比伦附近的波希帕(Borsippa)。[④] 亚历山大时代之后最著名的人物应属希帕尔的基德纳(Kidinnu of Sippar, Kidenas)，[⑤]至于他是身处公元前4世纪晚期还是公元前3世纪，我们无法确定。1923年，施纳贝尔(P. Schnabel)把岁差这一激动人心的发现归功于他，但这种说法存有争议；[⑥]他在公元前300年计算的一年有365年5小时41分4.16秒，与现代的计算结果只相差7分16秒。

阿里斯塔库斯 在希腊人中，自攸克多索(Eudoxus，公元前4世纪)以后，关于宇宙被普遍接受的观点是太阳、月亮和行星以地

---

① 一般可参阅 Sir T. Heath, *Aristarchus of Samos*, 1913; *Greek Astronomy*, 1932; Hultsch, in P. W. *s. v. Astronomie*; O. Neugebauer, 'The History of Ancient Astronomy: Problems and Methods', *Journ. Near East Stud.*, IV, 1945,1 (有着很好的参考目录)。对于巴比伦，到1933年，现代文献见 W. Gundel's *Bericht* on *Astronomie*, *Astral Religion*, *Astral-mythologie und Astrologie*, in Bursian, 242,1934, ii, 1-153，特别是25-26,98-99,101；另有 J. Bidez, 'Les écoles chaldéennes sous Alexandre et les Séleucides', *Mélanges Capart*, 1935,41。

② C. Bezold, *Ostasiatische Z.* VIII, 42.

③ P. Schnabel, *Berossos*, 238.

④ Str. 739; Schnabel 212.

⑤ Schnabel 219,237-239.

⑥ Schnabel ib. and in *Z. Assyr.* 1927,1. 大部分被接受；rejected by F. X. Kugler 则拒绝之，见 *Sternkunde und Sterndienst in Babel* II, 582-630，另见 Neugebauer, *J. A. O. S.* 1950, 1，他复原了 Hipparchus。

球为中心呈圆形旋转；但赫拉克里亚·潘提卡的赫拉克莱德斯(Heracleides of Heraclea Pontica，与亚里士多德处于同一时代，比亚里士多德年轻)发现了地球的轴心，并且还发现水星、金星都围绕太阳转。[①] 萨摩斯的阿里斯塔库斯(Aristarchus of Samos，逍遥学派斯特拉托[Strato]的学生)接受了这一观点，并将之发扬光大，他随后发现太阳远大于地球——他认为大到 300 倍之多。这种看法大概会使他认为地球中心论是不可能的；他还指出，地球和其他行星都围绕太阳呈环形旋转；太阳及其他恒星都是静止的，且后者与我 297
们相距甚远。对于这些观点，虽然他不能证明，但仍是划时代的；然而，在他之后的阿基米德、阿波罗尼戊斯、希帕库斯(Hipparchus)等伟大的几何学家没有发现太阳作为一个圆的中心这一现象，因而他们反对他的体系；从几何学角度出来，希帕库斯说人们必须"拯救现象"是对的，所谓"拯救现象"就是忠于观察。遗憾的是，这并没有引导他们发现椭圆轨道，反而演变成赫拉克莱德斯(Heracleides)的本轮理论；在公元前 3 世纪，有人(这个人很可能是阿波罗尼戊斯)[②]创造了第谷·布拉赫体系——行星绕着太阳，太阳绕着地球；这种体系注定无法持久。另外，我们还应提及公元前 3 世纪的另一位天文学家亚历山大里亚的科农(Conon，阿基米德的朋友)，他因贝勒尼斯贡献了一绺头发以保障托勒密三世的安全归来而将一个星座命名为"后发座"(*Coma Berenices*)，[③]这是星群中少有的几个不用追溯到巴比伦时期的星座之一。与此同时，一批巴比伦著作被译成希腊文，尤其是萨丁尼斯(Sudines)的作品，到公元前 2 世纪，已经有大量巴比伦资料可供希腊人阅读，包括基德纳(Kidenas)的著作。[④]

希帕库斯　公元前 2 世纪最伟大的人是尼西亚的希帕库斯

① Heath, *Aristarchus*, 249.

② Heath 267.

③ Pfeiffer, *Callimachus*, I, fr. 110, cf. Catullus 66; Susemihl I, 721.

④ Cumont, *Astrology and Religion among the Greeks and Romans*, 11.

(Hipparchus of Nicea,约公元前146—前126年)。[①] 与他同时代的天文学家塞琉古(Seleucus,他住在波斯湾边上塞琉西亚,是个非常有趣的希腊人)捍卫着阿里斯塔库斯的太阳中心论,并力求为它找到证据;[②]希帕库斯继承了本轮理论和偏心圆理论,但他在这方面比阿波罗尼戊斯出色,他创造了地心说,该理论后又被托勒密·克劳狄(Claudius Ptolemy)复制,一直统治着世界,直到哥白尼学说诞生;最终,塞琉古在这次斗争中失败,阿波罗尼戊斯的体系也被取
298 代,世界被"太阳、月亮和行星围绕地球旋转"的理论确定下来。希帕库斯明白了太阳如何运转,但他无法知道月亮又是如何运转的。这点很可悲,假如日心说被确立下来的话,这样就可以扼杀占星术,并为世界解决了无穷无尽的麻烦。一般认为是希帕库斯发现了岁差,他的计算使一年的二分点提前了36秒(实际是50.3757秒)。至于他是真的发现者还是依据先前基德纳的断言,我们并不知道(参阅第296页);总的来说,现代曾一度趋向认为基德纳才是真正的发现者。希帕库斯肯定用了巴比伦人关于日食、月食现象和其他大量信息[③]——他是否受巴比伦的恩惠这类观点不必再老生常谈了[④];并且,他的一个陈述显示,他运用了基德纳的251个阴历月等于269个近点月的等式,这说明他通晓基德纳的作品。但是,与基德纳不一样,他对年的计算比平均回归线年长了6分14.3秒,而他们实际确立的一年时间不是365¼天,这种历法在实际操作中被基本忽略,直到公历出现。希帕库斯计算的阴历月的平均长度少了1秒,且他计算的月亮的直径及离地球的距离大概接近真实;他计算的太阳的体积比地球大1880倍,且计算出太阳与地球间距离有地球直径的1245倍,这让他开始认识到这个距离是非

① Add Rehm, *Hipparchos* 18 in P. W.; Susemihl I, 765. 所有人物来源于希恩(Heath)和胡尔奇(Hultsch)的著作,尤其是胡尔奇的图表。Heath p. 350。

② Cumont, *Syria*, 1927, 83. Called a Chaldaean, Str. 739;可能的含义见 Tarn, *Bactria* 43 and refs.; Bidez, *op. c.* 76。

③ Cumont, *op. c.* (astrology), 57, 61; Kugler, *op. c.* II, 17.

④ 魏德勒(E. F. Weidner)(cited Kugler II, 621)甚至否定了他的任何原创性。

常大的，而不是阿基米德的 180 倍；不幸的是，托勒密的计算结果又回到了 605 倍。在他的观测中，他运用了视差，这种方法之前阿基米德就已在使用。他最伟大的工作是他确立的 805 多颗恒星目录，他将这些星体用经度和纬度标注，并按亮度划分为三个等级，这一目录后来又被托勒密扩充。如果不把托勒密计算在内，那么他是最后一个科学天文学家；他已经面临着一个新世界——占星术的世界(参阅第 345 页以下)。

尽管如此，我们还应提及公元 1 世纪的一个人，他就是波塞冬
尼乌斯(Poseidonius)，这是因为他的两个天才猜想。① 他(参阅第 299
349 页)计算出的太阳直径是地球直径的 $39\frac{1}{4}$倍，而不是希帕库斯的 $12\frac{1}{3}$倍以及阿里斯塔库斯的 $6\frac{3}{4}$倍，与地球的距离是地球直径的 6545 倍而不是希帕库斯的 1245 倍；这分别是真实数据的 3/8 和 5/8。他的计算依据是阿基米德所计算的"太阳的视轨道直径等同于地球直径的 10000 倍"，但阿基米德据以表达的是另外一个意思，即它必然小于 10000 倍，这是说明波塞冬尼乌斯方法的一个很好的例子。② 不幸的是，托勒密却认为，太阳的大小和体积数据甚至比阿里斯塔库斯计算出的数据还要小；他的观点成为了此后数世纪的权威。

数学家　数学③与天文学紧密联系在一起，同样的人经常在这两个领域都很活跃。公元前 3 世纪的数学成就可能比其他科学领域的成就都要大。几何学是一切的基础，那时的人还不知道数学符号——大概是希腊人完美的几何学阻碍了数字符号的发明。欧几里得(约公元前 300 年)并不是原创性数学家，尽管他著述广泛，

---

① Beside Heath，见 Reinhardt，*Possidonios* 198。

② Heath 348.

③ 部分主要取材于 Heath，*A History of Greek Mathematics*，1921；另见 Heath，*A Manual of Greek mathematics*，1931；J. L. Heiberg，*Mathematics and Physical Science in Classical Antiquity*，1922；Gesch. *Der Mathematik und Naturwissenschaften im Altertum*，1925；Ch. Singer，*A Short History of Science*，1941，ch. II。

且紧贴证据，但最著名的还是他的几何学，尽管他紧扣一些逻辑，但确仅是当时已知知识的教科书；他是一位像柏拉图和阿基米德一样的智者，因为知识而追求知识，他曾经对托勒密一世说，没有通往几何学的“王室之路”。他的书是全世界的几何学读本，该书在希腊人、罗马人、阿拉伯人、中世纪人和现代人中传播，并会一直传播下去。希腊几何学还包含了大量被现代人称为代数学的东西，但在欧几里得时代，二次方程式被认为已经适用于寻找数值了；尽管如此，在
300 公元前 3 世纪，针对代数的记号刚开始出现，直到公元 3 世纪狄奥番图斯（Diophantus）时代它才被接受。埃拉托色尼在他其他活动中运用数学，阿基米德的《方法论》（*On Method*）就是奉献给他的著作；当罗德岛一直处于瘟疫状态时，神要求将那里的神坛（立方体结构）扩展一倍，是埃拉托色尼发现了如何使立方体扩展一倍。① 培加的阿波罗尼戌斯（Apollonius of Perge，他曾在欧几里得的学校求学，比阿基米德年轻）可算是数学界第二重要的人物了；他在圆锥体方面做出了巨大贡献，其著作后半部分是献给阿塔鲁斯一世的，这标志着知识的巨大进步，以至于似乎使其他人没有什么可做了；他很有可能是三角学的创始人，尽管对三角学的首次系统运用应归于后来的希帕库斯——希帕库斯在对埃拉托色尼的地图评论中运用了三角学知识。

阿基米德 最伟大的名字是叙拉古的阿基米德（Archimedes of Syracuse，公元前 212 年去世）。他著述广泛，写有各种专题论文，仅科技成就就能列一份很长的清单；特别是他算出了 π 的范围（圆的圆周和它的直径比），不过阿波罗尼戌斯后来计算的比他更加接近正解；他还创立了表达数字到达极限的专门术语，从而奠定了对无穷数字计算的基础；此外，他还创立了流体静力学。在阿基米德的墓地上（墓地原本已经被人遗忘，后来又被西塞罗重新找到）按他的愿望，那里刻了一个包含球体的圆柱形图案，以显示他最高的成就，即他思考出了球体的体积和外接球圆柱体的关系。他还是

---

① Knaack, *Eratosthenes* in P. W., 362.

古代世界最伟大的机械师；尽管他同意柏拉图的说法，即一个哲学家不要把他的知识用到实践中去，但实际上是他把知识运用到了实践，这抓住了世界的想象。他做了一个天象仪，该天象仪以水为动力，来展现天体的运动（大概是手动这些行星的）；他发明了复合滑轮——用于移动重物的巴罗科斯（*baroulcos*）或绞盘；[①]他还发明 301
了虹吸管，用于抽空船只和在尼罗河汛期之后的土地，该装置也应用于我们的螺旋钻中。每个人都知道关于他的故事：他是怎样专心致志而忘了吃饭；他是怎样在洗澡的时候通过观察水而明确发现了重力，然后他跳了出来，裸体跑回了家，大叫"尤里卡"（eureka，我找到了）；当希罗伟大的"叙拉古号"（*Syracoxia*）下水困难重重的时候，他是怎样独自使船下水，然后他告诉国王："给我一个支点，我将撬动整个地球"；在叙拉古遭围攻期间，这位几何学家是怎样凭一己之力用抓钩和改进的弹射装置把整个罗马军队挡在海湾达三年之久的。他是惟一成为传奇的数学家。

如果撇开阿基米德，操作机械（与工程机械有所区别）毫无建树，[②]这里主要是指围城器械和投射器——在此，各种专题论文和机械模型留存了下来；由于劳动力价格过于便宜，要使心思用在机械建造方面是不可能的，不过克达席布斯（Ctesibius）发明了压缩空气动力的和水动力的投射器，[③]还有人发明了水车，小克达席布斯[④]还发明了水风琴，[⑤]这曾在早期教会中使用。阿里斯塔库斯（Aristarchus）制作了改进的日晷。亚历山大里亚的希罗（Heron of Alexandria）对蒸汽[⑥]的膨胀力有一些研究；但是有一些人认为希罗

---

① Dindorf's Stephanus *s. v.*

② Diels, *Antike Technik*² 1920; Schramm in Kromayer and Veith, *Heerwesen und Kriegsführung*.

③ Described, Diels *op. c.* 106.

④ Orinsky, *Ktesibios* in P. W. 奥林斯基（Orinsky）对两个克达席布斯的身份进行了辨别，见 Orinsky, Ktesibios in P. W. 。

⑤ Athen. 174 B; Ditt. ³ 737 n. 2; Tittel, *Hydraulis* in P. W.

⑥ Diels *op. c.* 59.

是公元 200 年以后的人物，不过把他认为是公元前 1 世纪的人物更为合理。① 最有用的发明是便携式水位器(*dioptra*)，它在土地测量上取代了经纬仪；希帕库斯基于巴比伦人的模型制造了更为精密的望筒，以用于天文学。② 数学仍然保持活力，但在公元 1 世纪，伊壁鸠鲁派之西顿的泽诺(Zeno of Sidon)的观点冲击了几何学的基础；而波塞冬尼乌斯对此给予了反驳，这个时期随着波塞冬尼乌
302 斯的学生盖米诺斯(Geminus)完成了一部数学史的巨著而结束，该书对已有的成果做了一个概要总结。

地理学 科学地理学——不同于描述地理学③——充满了活力，在安东尼时期又再次复兴。科学地理学肇始于亚历山大的测量部门所进行的一系列测量，这奠定了亚洲地理学的基础；大约在公元前 300 年，在卡珊德或吕西马库斯的资助下，④逍遥学派的狄卡尔库斯(Dicaearchus)⑤制作了一张世界地图；他计算了许多希腊山脉的高度，并可能计算了地球的周长；他把希恩-吕西马库斯(Syerne - Lysimachus)作为基线，计算出它的长度是 300000 斯塔得斯(stades)，这一数字可能过大，但不失为一次值得称赞的伟大尝试。公元前 3 世纪最伟大的地理学家是昔兰尼的埃拉托色尼(Eratosthenes of Cyrene，公元前 275—前 200 年)，他是这个时代产生的伟人之一，也是雅典斯多噶派异端阿里斯通(Ariston)的学生，⑥他在亚历山大里亚工作，但与学园联系密切。⑦ 他在他所涉及的许多学术领域都可以与亚里士多德媲美；另外，他还研究历史评

① 日期有争执，见：Diels，57 n. 2；Hoppe，*Hermes* LXII，79（*c.* 130B. C.）；Hammer - Jensen *ib.* LXIII，34（late）；Gercke - Norden，II，5，74。

② Hoppe *l. c.* 91；Hultsch，*Dioptra* in P. W..

③ H. Berger，Gesh. d. *wissenschaftlichen Erkunde der Griechen*²，1930；F. Gisinger，Geographie in P. W.；J. Oliver Thomson，*A History of Ancient Geography*，1948.

④ His ues of Lysimacheia identifies the 'kings' of Pliny II，162。

⑤ Beloch Iv，1，463.

⑥ Susemihl I，409；Knaack in P. W. *s. v.*

⑦ Tarn，*A. J. Phil.* LX，1939，53.

论和年代学，也发表了关于数学和哲学的著作，并写了一部超越吕哥弗隆（Lycophron）的喜剧史，而且他也写诗歌；他的绰号是“柏塔”（Beta，“排名第二”之意），也就是说，他在自己每个领域的研究都在一群有学识的人中有“发言权”。他通过计算相当于从亚历山大里亚到希恩距离的子午线的一部分，得出地球的周长为 252000 斯塔得斯；他运用的斯塔得斯的长度至今未知，肯定性的结果是不会知道的，但最可能的数据是 24662 万英里，而真正的周长为 24857 英里。[①] 他真正的错误来自他没有意识到亚历山大里亚和 303
希恩是否在同一条经线上（它们不在一条经线上）；无论如何，这是一项惊奇的创举，在现代之前没有被超越过。他计算的“可居住的地球”有 8910×4340 平方英里，在纬度上被他视为与陶鲁斯—兴都库什山一线（Taurus - Hindu Kush）[②]平行的罗德岛线（36°）一分为二；这种划分来源于亚历山大帝国在亚历山大去世前不久完成的地名索引。[③] 当然，他也画了经度和纬度平行线。

埃拉托色尼　印度和非洲是否相连这个问题一直困惑着亚里士多德，最终被亚历山大解决了。埃拉托色尼那强烈批判性的思维从来没有怀疑过所有的海洋是一体的，他认为可居住的世界——欧洲、亚洲、非洲——是一个岛屿；[④]他指出了印度洋和大西洋潮汐的相似性，并正确推论出一个人可以从西班牙经非洲游到印度。[⑤]尽管语言学家阿里斯塔库斯（Aristarchus）与语言学家马洛斯的克拉特斯（Crates of Mallos）就荷马史诗中的地理问题发生过争执，这使墨涅拉俄斯（Menelaus）接受了这一看法，[⑥]且波塞冬尼乌斯（Poseidonius）也在攸克多索（Eudoxus）的故事中运用了这一想法

---

① Heath，*Aristarchus*，399；Hultsch 差不多；其他计算见 Beloch IV，1，465；Ginger *l. c.*；Viedebantt，*Klio* XIV，207；J. O. Thomson，*op. cit.* 159 - 162。

② Str. 84，86.

③ Diod. XVIII，5 - 6；Tarn，J. H. S. 1923，93；*Alexander* II，App. 14 及 17。

④ Str. 32，56，113.

⑤ *Ib.* 38.

⑥ Str. 38，περιπρυς，因此没有像 Susemihl II 一样穿越大西洋，6。

(参阅第 248 页),但这种航行在达伽马之前没人实践过。埃拉托色尼是认识到“一个人可以从西班牙向西游到印度”的第一人。[1]在某些方面,他有比他的任何继承者都更为公正的观点;但他的缺点在于他不擅长处理经度,希帕库斯在这方面则凭借更新的知识能够使他的地图经得起严肃的批评。希帕库斯有更好的办法,他认为在全世界不同观测者的协助下可以确定更大地域的经度与纬度;[2]不过政治境况使它完全不可能,但后来的克劳狄·托勒密可能运用了这一方法,他在《地理学》一书中给出的大量地方用于标
304 注经度和纬度。这本书在哥伦布之前一直统治着世界,但无论如何,托勒密在更远东方地区的坐标只是猜测了。

波塞冬尼乌斯 波里比阿所做的伟大贡献使希腊地理学在其身后成为描述地理学,因为这种地理是惟一对历史学家有用的东西;在希帕库斯与罗马时期之间的科学地理学惟一的进步来自于波塞冬尼乌斯(参阅第 349 页),[3]他对关于地球的事情充满了无限的好奇心,除写了著名的《论海洋》(*On the Ocean*,取自皮提亚斯的标题)外,他还写了关于气象学和火山现象的作品。他的著作既不是科学的,也不是批判的,从未想过让这一切服务于科学。他收集了大量火山、水文等现象来解释地球表面的变化,以作为支撑他观点的证据;对他来说,神话或历史、亚特兰蒂斯(Atlantis)的毁灭和赫里斯(Helice)的毁灭是一样的;但总的来说,所有事物都出自欧洲—安纳托利亚地震带。他在计算地球的周长[4]时运用了一些奇怪的假设;至于他使用斯塔得斯究竟是多长,我们不得而知,但无论如何,他把地球计算的太小。[5] 他是五个气候带的发明者,[6]相比之下,波里比阿的划分为六个气候带,埃拉托色尼通过把回归带分

---

① Str. 64.

② Capelle, *N. J. Kl. Alt.* XLV, 306.

③ Capelle, *N. J. Kl. Alt.* XXI, 616; Reinhardt, *Poseidonios*, 61-123;片段。

④ Heath, 344; Gisinger *l. c.*; Reinhardt, 196.

⑤ 他将罗德岛的平行周长设计为 14 万斯塔得斯,见 *infra*。

⑥ Frs. 28,76.

成两个热带，和两热带间可居住的赤道带，进而将地球划分为七个
气候带，这是一个神奇的美妙猜想，但中间实际上是沙漠带；波塞
冬尼乌斯以正午的阴影为基准，无论它一年之内是倒向一边、两边
或整个周边。幸运的是，他遵循了埃拉托色尼的信条，相信海洋都
是一体的，[1]这种信条由于天文学家希帕库斯和塞琉古的反对再次
流失；他完成了到达盖底斯(Cadiz)的著名旅行，并在那里研究了大
西洋的潮汐。亚里士多德和狄卡尔库斯(Dicaearchus)认为太阳通
过增大风速造成潮汐，而一个伟大的旅行家皮提亚斯第一次展示
它是由月亮造成的。塞琉古观察波斯湾后发现，潮汐(春潮和小 305
潮)并不规律，他并把它归结为月亮在黄道带的位置不同造成的
变化；波塞冬尼乌斯对这种不规律的观测更进一步，他把它归结
为月亮月相的不同。但在原动力上，他又把它归结为亚里士多德
所说的风，因而塞琉古认为月亮和地球的相互作用产生了某种形
式的压力或水流；[2]他可能沿着某一方向继续探索，而如果他深入
下去，他可能会发现地球引力。

尽管如此，波塞冬尼乌斯的探索并没有仅停留在潮汐上，他最终导致了美洲的发现。有人(可能是埃拉托色尼)认为大西洋纵向被陆地一分为二(即美洲)，[3]这个建议激发了塞涅卡著名的发现新世界的预言。[4] 然而，波塞冬尼乌斯不仅反对这一观点，而且在得出地球体积过小的情况下相信，与罗德线(36°)相平行的“可居住的世界”从东到西有 70000 斯塔得斯，这大约是地球周长的一半；所以，当他凝视着大西洋之时，他非常自然地认为，一个人向西游 70000 斯塔得斯就会到达印度。[5] 这一评论最终传到(特别是)罗

---

① Frs. 28，82.

② Aetius p. 383，Diels.

③ Str. 65；Berger *op. c.* 398.

④ *Medea* 375.

⑤ Str. 102 = fr. 28 § 2 (p. 234) 180000 stades, is the corresponding N - S circumference.

杰·培根(Roger Bacon)[1]那里,是培根最终奠定了哥伦布发现印度的信心基础;这也是哥伦布从波塞冬尼乌斯航行到盖底斯从而继续航行至印度的惟一历史根据。

医学 在医学方面,[2]公元前3世纪早期有两个非常重要人物,即卡尔西顿的希罗菲鲁斯(Herophilus of Chalcedon)和位于塞奥斯(Ceos)的尤利斯的埃拉西斯特拉图斯(Erasistratus of Iulis),他们建立了相互竞争的学校。希罗菲鲁斯在亚历山大里亚工作,他的学校也与亚历山大里亚紧密相关,不过这个学校对亚洲的影响很大。对于埃拉西斯特拉图斯的生活和工作,我们所知甚少,关于
306 他的故事毫无价值,尤其是关于他成为塞琉古医生的故事。[3] 这两人都对解剖学和生理学做了重要贡献。希罗菲鲁斯发现了人的神经系统,这在他之前无人知晓,他将大脑与小脑区别开来,并认为神经活动源于大脑和脊髓;他还发现动脉运输的是血液,而不是之前人们所认为的空气;此外,他发现脉的搏动也不是源于他们自己,而是心脏;而后,他实际发现了血液循环,只是这种发现在哈维之前再次流失。他们对身体某些部位的命名一直沿用至今,如十二指肠和血栓。埃拉西斯特拉图斯在心脏解剖上有所突破,但他的主要发现是运动神经和感觉神经之间的区别;不幸的是,他回到了之前的观点,即动脉运输空气。两个人都做过正式手术,都解剖过尸体。我们知道亚里士多德对动物进行过活体解剖;但是塞尔苏斯(Celsus,一个理智、称职的作家)曾记载了一个令人恐怖的故事,希罗菲鲁斯活体解剖了托勒密一世给他的罪犯(至于当时是否有麻醉剂,我们无法确定),[4]他同时也暗指埃拉西斯特拉图斯做过类似的事。

---

① A. G. Little, *Roger Bacon*, Proc. Brit. Aead. 1928, offprint p. 16.

② Heiberg *op. c*; Ch. Singer, *Greek Biology and Greek Medicine*, 1922; Susemihl I chs. 24, 34; W. H. S. Jones, *C. A. H.* VII, ch. IX.

③ 维拉莫维兹认为他也在亚历山大里亚工作过见 Wilamovitz, Hell. Dichtung, 163 n. 3。

④ I p. 4 1. 37, Daremberg;另参见 *C. A. H.* VII, 286。

他们的学校没有在这两位巨匠的基础上继续取得很大成就，并在希罗菲鲁斯的学生科斯的腓力诺斯（Philinus of Cos）所建立的第三个经验主义学校的影响下最终失去了先前的光芒。腓力诺斯的学校大概受学园的怀疑主义影响，他认为解剖可以被忽略，疾病可以在没有生理知识的情况下被治愈；不过，该学校最有名的成员塔仑图姆的赫拉克莱德斯（Heracleides of Tarentum）的确从事过解剖，该学校对药物的专注为药物研究做了很大贡献。普鲁萨的阿斯克列皮阿德斯（Asclepiades of Prusa）身处公元前 1 世纪，他是非常有趣、富有个性的人；在医学方面，他未经过专门训练，但他知道通过饮食、散步、谈话、冷浴治愈疾病，而不是药物；在这一方面，他取得了巨大成功，以至于有传言说他（像恩培多克勒［Empedocles］一样）使一个人死而复生。这一传说是有迹可寻的，因为塞尔苏斯（Celsus）说他曾经看见一个被送去埋葬的人仍然活着。[①] 在奥古斯 307
都统治时期，塞尔苏斯用一本医学百科全书对这一时代进行了总结，它记录自希波克拉底以来的医学成就，其地位与盖米诺斯（Geminus）的数学史并驾齐驱。当然，所有经历这一时期的科学医学都有他另一半的世界，在塞拉皮斯和阿斯克勒庇俄斯（Asclepius）的神庙治愈所，病人只须躺在这一区域中便会在梦中被神治愈；一些有关治愈所的记录非常有趣，[②]但毫无疑问，一些病人真的通过建议得到了治愈。到公元 1 世纪，江湖郎中是医生和祭司的真正竞争对手。

动物学与植物学　相比起始阶段，动物学和植物学的成果有限。提奥弗拉斯图斯和他的继承者斯特拉托写了关于植物学的书。但在本质上，相关科学还是停留在亚里士多德时的水平，所有已做的工作仅是让希腊化世界熟悉各种各样的新动物；塞琉古送

① Cf. Pliny VII, 124 with Cesus II, p. 38, 1. 15.

② Ditt.[3] 1168 – 1169. Cf. R. Herzog, *Die Wunderheilunger von Epidauros* (*Philol.* Suppl. Bd. XXII, 3), 1931.

给雅典了一只印度老虎；[①]托勒密二世有一个植物园，[②]这个花园除了24只巨大的狮子以外还有豹、猞猁和其他猫科动物，印度和非洲的水牛，来自摩押(Moab)的身手敏捷的野生动物，一条45英尺长的巨蟒，一头犀牛，一头北极熊(这样的动物来到南方的旅途肯定非常有趣)[③]以及鹦鹉、孔雀、珍珠鸡、雉和许多非洲鸟。[④] 植物学发展得更好些。提奥弗拉斯图斯的巨著《植物史》(*History of Plants*)融入了亚历山大征服的成果，该书在很长一段时间都是该科学的高水平著作；所有写入这部作品中的都是珍贵的植物知识，如阿拉伯的乳香树及其药学价值。经验主义学派的医学对药理知识的贡献很大，它有一整本关于毒药和解药的著作，阿塔鲁斯二世
308 和米特里达特·欧帕托尔(Mithridates Eupator)对此特别感兴趣；
阿塔鲁斯有一个种满奇异植物的花园，以供他研究。虽然米特里达特的医生克拉泰夫阿斯(Crateuas)通过绘制植物图像的方式来减少词语表达的不确定性，但是植物学从来没有得到分类和系统命名。[⑤]

希腊化时代科学的局限性 兴奋之余我们会发现，由于物理学和化学这两门现在看来十分重要的学科的缺失，希腊化时代的科学还有很多应做的没做。在希腊化时代，化学(炼金术除外)[⑥]从来就没有真正起步，而物理学随着斯特拉托一起消亡了，斯特拉托有限地运用了德谟克里特(Democritus)的原子(实际上是分子)理论。伊壁鸠鲁的选择理论与科学一点关系都没有(参阅第328页)，但卢克莱修(Lucretius)对进化的叙述基于恩培多克勒(Empedocles)

---

① Philemon, *Neaira* fr. 47 (Kock II, 490); Alexis, Pyraunos fr. 204(*ib.* 372).

② Agatharch. *G. G. M.* I, 111.

③ 卡利辛努斯(Callixenus)驳斥了任何认为该熊得了白化病的观点，见 Callixenus ap. Athen. 201 C calls it μεγαλη。

④ Athen. 201 C, cf. 200f; Diod. III, 36, 3 *sqq.*; *P. Cairo Zen.* 59075.

⑤ Singer, *J. H. S.* 1927, 1.

⑥ Wellmann, Bolos in P. W.; Diels, *Ant. Technik.*[2] ch. VI; F. S. Taylor, *A Survey of Greek Alchemy*, *J. H. S.* L, 1930, 109.

的观点，即认为不适应的动物应灭绝，这是真正的进化论假设源头，科学高举着它。希腊人在他们所创造的水平上并没有走得更远，因为他们没有科学设备，且除了外科以外缺乏经验；为了自己的幸福，希腊人并没有在工具和机械上用太多天赋，所以在没有望远镜、显微镜和试管的情况下，他们已经走得尽可能远了。康福德(Cornford)说，如果有几个类似阿基米德克服了希腊人对机械设备的歧视并且发明了光学镜片的人，那么整个历史进程都将被改变。① 但诸如尼禄的眼镜②(与凸透镜相关)，③尤其是法洛斯岛上的“亚历山大之镜”(可以超出视野范围发现船只)④等一些设备显示出凹透镜可能已被使用；但是这并没有延续下去，因为希腊人思想聚焦在思考事物的本质上；像女神一样被供奉着的是哲学而不是科学，且出于这种原因，科学中的数学远超过科学的其他分支。

城镇规划和建设　科学向艺术⑤的转换通过建筑⑥和城镇规划⑦ 309
体现出来；因为在某些方面，希腊化的建筑是旧式希腊建筑和工程的结合体，这可能源于斐洛在亚历山大统治时期于雅典建造的兵工厂和码头仓库。如果大量建筑的出现意有所指的话，那么我们可以说在亚历山大以后的世纪是建筑繁盛时期。在这种背景下，

---

① *C. A. H.* IV, 577.

② Plin. XXXVII, 64.

③ Ar. *Clouds* 766; Plut. *Num.* 9, see L. R. Farnell, *Cults*, V, 353.

④ A Hilka, *Studien zur Alexandersage*, 1911, p. 5 H. 蒂尔施(Thiersch)提到了一个希腊化时代的望远镜，见 Thiersch, *Pharos*, 91。

⑤ 一般可参阅 B. Ashmole, *C. A. H.* VIII, ch. 21, and Bibliography; *C. A. H.*, *vol. of Plates III*; W. Zschietzschmann, *Die hellenistische und römische Kunst*, 1939。

⑥ 一般可参阅 M. Collignon and E. Pontremoli, *Pergame*, 1900; Th. Wiegand and H. Schrader, *Priene*, 1904; Wiegand, *Milet*; Pontremoli and B. Haussoullier, *Didymes*, 1903; A. R. Sehütz, *Das Typus des hellenistischen Hauses*, 1936; D. S. Robertson, *A Handbook of Greek and Roman Architecture* 2nd ed., 1943; W. B. Dinsmoor, *The Architecture of Ancient Greece*, 1950 ch. VII。

⑦ 这里我从 A. von. Gerkan, *Griechische Städteanlagen*, 1924. Cf. F. Haverfield, *Ancient Town Planning*, 1913; A, Boethius, “Roman and Greek town architecture” in *Göteborgs Högskilas Arsskrift*, LIV, 1948,3 受益很多。

许多新城镇被建立起来，而在这些城市中，但凡是希腊人的城市都会包括一个剧场、市场、城镇大厅、健身房和至少一所神庙；据说，以弗所的剧场可以容纳 24500 人，[①]米利都的议会大厅也非常巨大。前面已有一些关于亚历山大里亚和帕迦马的记述，安条克和底格里斯河边的塞琉西亚的人口也并不比亚历山大里亚少多少。安条克由四个筑有围墙的城镇或由圆形城墙围起来的区域组成；德米特里亚（Demetrias，参阅第 68 页）由德米特里亚和派该塞两个城镇组成，一个圆形围墙将这两个城镇围在了一起。在攻城机械上最伟大的进步应归功于亚历山大的工程师迪阿德斯（Diades），[②]更多要归功于狄米特里戊斯引起的相应的城墙改进；还有一座华丽的城堡位于赫拉克里亚-拉特莫斯（Heraclea - Latmos），它属于二线城市，但仍有迹可寻，[③]它横跨大山和山谷，中间架有高塔。奥泰的小梅利泰亚（Melitaea in Oeta）筑有城墙，且没有梯子可以攀爬。[④]
310 一般情况下，城墙沿着城镇的轮廓平地而建，与背后的小山相连；它没有为城镇扩展留下空间，这也就解释了为什么像安条克这样的城市会随着它的发展变成有着独立城墙的城镇群。没有哪一座希腊化的城市能够挑战叙拉古 17 英里的环形城墙构造，亚历山大里亚的高大城墙周长可能只有 10 英里，以弗所只有 7½英里，米利都只有 7 英里；[⑤]而一些阿卡纳尼亚（Acarnanian）城镇临时用于保护乡村人口的环形墙可能与以弗所的城墙相当。[⑥] 当然，在亚历山大里亚和塞琉西亚，有很多当地居民居住在城墙之外。

建筑形式 希腊化城市特征是它的长方形街道。这些街道把城市分割成块状，使之像棋盘一样；米利都的希波达姆斯

---

① Brückner, *Ephesos* in P. W., 2816.

② *Laterculi Alexandrini* (p. 293 n. 1); Athenaeus περι μηχανματων.

③ Krischen, *Milet* III, 2.

④ Polyb, V. 97,5.

⑤ Gerkan 110；关于米利都极好的防御工事见 Wiegand, *Milet* II, Heft 3,1935。

⑥ Noack, *Arch. Anz.* 1916,215.

(Hippodamus of Miletus)在伯里克利时代引入的比雷埃夫斯(Piraeus)系统在现在已十分常见。[①] 波里比阿[②]把希腊化城镇与罗马军团营地相比,它们都是两条主街道以直角角度相交,从而把城镇分成四块,在主街道的两端都有一个城门。我们知道在叙利亚有一些这种类型的城市,[③]并且亚历山大里亚、塞琉西亚[④]和其他城镇也是一样;但现存对这种构造的文学描述相对应的只有比提尼亚的安提柯尼亚-尼西亚(Antigoneia - Nicea in Bithynia)。[⑤] 还有一些城市是依所处的周围环境而建的:普林恩就是典型的依小山坡而建的常用形式,在那里尽管棋盘模式也保存了下来,但是两条主街道与长轴线平行;在米利都,从平面图上看,规划似乎把公共建筑分布在最有利的位置;士麦那(Smyrna)像围着一座小山的马蹄铁,[⑥]它有三个独立街区,每个街区都有长方形、朝向不同的街道,这也许可以解释被认为"建造"过它的国王数量;皮埃里亚的塞琉西亚(Seleuceia in Pieria)建立在悬崖的梯台上;[⑦]提洛岛则是杂乱无章地发展。实际上,建筑师筑城没有固定模式,他们为达到优美之目的而适应当地实际情况。例如,主街道通常在市场的一边,但是 311
街道被计划用来通往市场,市场不会向街道以外发展。[⑧] 尽管如此,一些证据表明这种方位是为了保障房子在冬天能够最大限度地照到太阳,[⑨]当然除了巴比伦以外,在塞琉西亚的房子自然都是朝向北的。[⑩]

---

① Fro Egypt, Schubart, Einführung, 437.

② VI, 31,10.

③ Cumont, *C. A. H.* XI, 634.

④ Air photographs.

⑤ Str. 565.

⑥ Str. 646.

⑦ Ruge in P. W. *s. v.*

⑧ Gerkan 95.

⑨ N. E. Manasseh, in *Second Preliminary Report upon the Excavations at Tel Umar*, 29.

⑩ Ib. 79.

亚历山大里亚的主要街道据说有 100 英尺宽，相比之下，其他城镇的主要街道还没有罗马的街道宽。帕迦马的法律规定，主要街道宽度应为 33 英尺；普林恩最宽的街道大约为宽 24 英尺；马格内西亚为 $26\frac{1}{3}$英尺。交叉路口约有 14 到 15 英尺宽，不过我们知道有 $10\frac{1}{2}$英尺的说法①；通过小阿索斯（Assos）直接穿过原生岩石来取直街道，我们可以看出当时的劳动力十分廉价。士麦那宣传说，它是第一个为街道铺路的城镇；②在希腊化时期，虽然有城镇铺路，但这样的城镇毕竟很少，如米利都、安条克和亚历山大里亚都没有铺路。我们所知的第一次在主街道上铺边石的是希罗一世（Herod I）在安条克铺的，在时间上与罗马几乎同期。③ 此外，城市饮水供应系统也受到特别关注；很可能水仅仅依靠万有引力从山上流到水库，然后再分流到各处；但通过普林恩（Priene），我们可判断只在少数情况下水被分配到各个房屋中。亚历山大里亚地下蓄水池是一个例外，关于安条克每户都能用上水的叙述也是非常晚的事；帕迦马公共健康法对污染城镇水质所强加的极其严厉的惩罚反映了它对健康的关注。④ 在无法用引力供水的地方，压力得到了很好的理解。如对帕迦马山地的供水需要 18 气压的压力把水沿着金属管道上压两英里。⑤ 浴室非常常见，在每个设备齐全的健身房里都有⑥；帕迦马显然有公共盥洗室，⑦且由公共健康法律规
312 定，房屋的排水沟也被覆盖，⑧这和雅典一样；⑨但像普林恩一样，公共排水系统可能要等到罗马人统治时才建立起下水道。

迪狄马 建筑技术改变不大。拱门和圆拱早在巴比伦就已为

---

① Manasseh, *ib.* 82.

② Str. 646.

③ Jos. *Ant.* XVI, 148; *B. J.* 1,425.

④ *OGIS* 483.

⑤ Water - supply: Gerkan 87.

⑥ Hepding, *Ath. Mitt.* 1907,273.

⑦ *OGIS* 483 1. 221.

⑧ *Ib.* ll. 60 - 75,222.

⑨ Arist., *Ath. Pol.* 50,2.

人所知，冲天塔在这一时期被引入，以加强先前用木头制作的旧式建筑，但这只是偶尔出现的情况；拱门出现在帕迦马和迪狄马，但是从外面支撑拱壁的拱形门希腊人则可能完全不知；亚历山大里亚的蓄水池的圆拱一开始被人说成是阿拉伯式的。科林斯首都以维持旧有秩序的方式不断稳定地获得声誉；爱奥尼亚式和科林斯式的混合体也出现在亚洲。另外，建筑革新与建筑形式也是关联的。私人住房仍然以开放式大厅为中心，但大厅得到了很大改进，也变得更加奢华；在公元前 2 世纪，周柱廊——柱子围绕着大厅——开始在提洛岛出现。[①] 建筑也必定因所运用的建筑材料而发生变化；据说亚历山大里亚永远不会被烧毁，因为那里根本就没有木头；[②]同时，埃及缺乏大理石导致了一种“镶嵌”的发明，即在内墙上镶上薄板，墙被刷得像大理石一样；另一方面，像迈拉萨(Mylasa)这样的城市富产大理石，他们甚至拿它用于建造私人房屋。[③] 有时候，这种本用于房间的嵌墙也用于花园和石柱廊，这样你就像身处一个各边都开放的大厅里。[④] 推罗和阿拉杜斯(Aradus)所处的海岛地形不允许有更大横向空间，因而它们的房子建有很多层；[⑤]这或许是亚历山大里亚到大约公元前 100 年仍在城墙内的原因，因为这个城市在开始兴建时，房屋的间距只有雅典人所强制的间距的一半，似乎在这点间隔空间内想建造房屋只能向上要发展。[⑥]

人们会喜欢通过描述亚历山大里亚的皇宫区域来生动地再现希腊化时期的建筑；但我们除知道它坐落于花园之中以外，其余的 313
一无所知。托勒密的居所一定要被描述一番，它不同于东方人的

① J. Chamonard, *Délos* VIII, 1.

② Hirtius, Bell. Alex. 1.

③ Str. 658.

④ The Villa Boscoreale at Pompeii.

⑤ Str. 753,757.

⑥ Dikaiomata 95 *sqq.*; Wilamovitz, *Hell. Dicht.* 1,156; V. Ehrenberg, *Alexander und Ägypten*, 95.

宫殿，而是严格意义上希腊式的，有一群并列在一起的门厅和起居室，并大量任意地使用了进口的大理石；菲洛帕特的船屋（一个有着被石柱廊围着的大厅和圣坛的别墅被搬到了一条驳船上）可能展现的就是这种类型。[①] 这是一个柱式长廊的时代，尤其对商人而言更是如此；国王的才能通常以这种形式体现出来，如安提柯·贡纳图斯、阿塔鲁斯一世以及罗德岛的腓力五世（参阅第 264 页）和米利都的安提柯一世。[②] 市场通常的类型是三边有石柱廊环绕着，第四边与大路相连。一些大城市开始把贸易区和政治区分开，就像他们把港口的贸易功能和军事功能分开一样；[③]一些土地条件允许的地方模仿了亚历山大里亚的双港口模式，[④]而一个重要的城市可用铁链封锁其中一个港口，但可能除昔齐库斯之外，[⑤]没有其他城市可以与雅典的优势竞争，雅典可以关掉所有港口。[⑥] 在亚历山大里亚法洛斯岛的灯塔（一个逐渐缩小的三层塔楼，近 400 英尺高）上有一个索斯特拉图斯（Sostratus）的灯室[⑦]十分独特。第三层是"灯室"，八根柱子支撑着一个冲天塔，在它之下是燃烧着松脂树的篝火，光线可以通过凸面镜反射出去；一个升降梯可在塔内上下。它可能给了阿拉伯人建立清真寺一些灵感。圆形露天剧场尽管并不常见，但肯定可以追溯到喜欢圆形建筑的希腊化时期，如奥林匹亚的腓力庞（Philippeion）和萨摩色雷斯的阿西诺尼翁（Arsinoeion）；在萨摩色雷斯（Samothrace）的多利安式神庙有一个圆形的后殿，其形状很像基督教的长方形廊柱教堂。[⑧]

---

① Athen. 205 D; Caspari, *J. D. A. I.* 1916, 1. Cf. Fr. Studniczka, *Das Symposion Ptolemaios* II, 1914.

② OGIS 213; *Milet* 1, 7 no. 193a and p. 31; *SEG* IV, 442.

③ Gerkan 103.

④ K. Lehmann Hartleben, *Antiken Hafenanlagen*.

⑤ Str. 575.

⑥ Michel 1465 1. 40; Schol. Ar. *Pax* 144.

⑦ OGIS 66 - 68; Poseidippus, no. 1 (Schott); Eusebius, Schöne II, 119; Breccia, *Alexandrea* 107; Bevan 95; Thiersch, *Pharos*, and *J. D. A. I.* 1915, 213.

⑧ Conze and Hauser, *Samothrake* I, Pls. XI, XVII.

这一时期兴建的神庙数量众多，因为除了新城镇外，许多定居 314
点和协会也需要一座神庙；但提洛岛①的塞拉皮翁神庙显示这些后来建立起来的神庙通常造价低廉，而这几乎是不可避免的；通常情况下，一个拥有 50 名会员的协会是无法供养一个小庙的。在杜拉-欧洛普斯（Doura - Europus），一个像剧场一样带有阶梯座椅的房间是纳莱亚（Nanaia）的阿耳特弥斯神庙的附属建筑（大约公元前 32 年），后来建的两座庙也有这样的附属建筑，大概是用于祭祀目的；可能用于跳一种神圣舞蹈。② 在这一时期，所有伟大神庙中最著名的要属亚历山大里亚的塞拉皮翁神庙；在那里，一个罗马时期的立柱仍然标识着塞拉皮翁庙的地点；在哈德良时期，雅典的宙斯·奥林皮戊斯（Zeus Olympius）神庙建造完成，但米利都附近的迪狄马的阿波罗神庙永远都没有完工；据称最漂亮的神庙③是马格内西亚的阿耳特弥斯·洛科斐尼（Artermis Leucophryene）神庙，它由赫尔莫根尼斯（Hermogenes）④计划建造，于公元前 129 年完工。位于幼发拉底河的阿耳特弥斯（Artemision）神庙堪称世界奇观，但在这里我不好把它包括在内，因为它实际建于公元前 4 世纪；不过，我们可以对迪狄马做一个简短描述。⑤ 斯特拉波称迪狄马是最伟大的希腊神庙，⑥但实际上这份荣耀应归于西西里。在尺寸上最大的五个神庙依次为：阿克拉加斯（Acragas）的宙斯神庙，规格为 363×182 英尺；塞利努斯（Selinus）的阿波罗神庙，规格为 360×163 英尺；迪狄马，规格为 354×160 英尺；幼发拉底河的阿耳特弥斯神庙，规格为 342×164 英尺；雅典的宙斯神庙，规格为 354×135

---

① Roussel, *Les cultes égyptiens à Délos* 264.

② Cumont, *Doura* ch. III; cf. *Excavations at Dura -Europos*, fifth season, 132 (C. Hopkins).

③ Str. 647.

④ Vitruv. III, 2,6; Ditt. ^{3} 1156.

⑤ Cf. J. D. Beazley and D. S. Robertson, *C. A. H.* VI, 555; R. C. Bosanquet, *Dublin Lectures on Archaeology*, Oct. 1924.

⑥ Str. 634.

英尺。

迪狄马的旧神庙在爱奥尼亚起义中被烧毁了；[1]米利都在大约公元前 300 年建立了一所新神庙。迪狄马只能通过海路到达，从登陆点到神庙的圣路（Sacred Way）排列着原来古风时代的祭拜者的塑像；[2]这一想法源于埃及神庙大道边排列的斯芬克司像，现在
315 它又从迪狄马回到了埃及。通往孟斐斯塞拉皮翁神庙的路边摆满了希腊英杰的雕像。[3] 神庙区域在形状上像一个露天运动场，有些人相信田径比赛是围着它进行的——希腊田径运动一直是宗教庆典的主要部分之一。这座神庙是四周双列柱廊式和十柱式神庙，也就是说它被两排立柱包围着，前面的纵向排列着十根立柱，其他的神庙没有超过八根的。在内墙的凹处有 12 根柱子，每四根一排，共列三排，这替代了之前在双柱式门廊（*in antis*）中的两根柱子，给来访者的感觉就像是一个爱奥尼亚式立柱的森林，它们被认为是埃及式或波斯式大厅，用于转移实际上看不到内殿（*naos*）的想法——这种内殿有屋顶，里面存放神庙的塑像。当参观者进入前厅，正前面的石墙挡住了视线。在石墙的中心是被托勒密十一世用象牙装饰过的巨大的“神谕所”大门，[4]神谕很可能就是从这里传出去的。大门一边是带有圆顶的楼梯；沿着楼梯向下就进入了被称为内殿的地方，这里有一个比地面低 14 英尺的露天院子。院子的尽头是雕刻大师卡纳库斯（Canachus）的阿波罗神坛，它曾被大流士一世搬走，又在公元前 295 年被塞琉古归还；正对着阿波罗的是宏伟的 22 级台阶，这些台阶引导着返回的路，并最终到达庭院和前厅之间的小礼堂，即“神谕所”；在台阶的顶端是三个大门，其中

① 苏萨（Susa）发现的指关节骨有力证明了后来关于薛西斯和布兰奇达伊（Branchidae）的故事，不是真实的，见 Haussoullier, *Mém. Délég. En Perse* Ⅶ, 155。

② Haussoullier, *Cinquantenaire de l'école pratique des Hautes études*, Paris, 1921, 85.

③ Wilcken *J. D. A. I.* 1917, 149.

④ *OGIS* 193.

两个通向上面的房间，很可能是宝库。迪狄马完全不同于其他各个知名希腊神庙的形式。但是它立柱雕刻的基座和在双柱式门廊中的12根立柱可以追溯到公元前6世纪以弗所的阿耳特弥斯神庙，正如圣路属于旧世界一样；同时，有一位名叫帕奥尼乌斯的迪狄马建筑师参与过新阿耳特弥斯神庙的建造工作，他很可能被要求避免重复，迪狄马因而变成独一无二的大胆出奇与刻意仿古的结合体。

雕塑　艺术的特征随着希腊化而发生了改变。古典限制不复 316
存在；艺术不再受到限制，因为这是一个尝试新事物和探索许多新路径的时代。这一时代所有的趋势都体现在它的雕刻艺术上：①艺术缺乏宁静，因为这个时代的确对宁静了解甚少；自我意识，在帕迦马留下的戏剧手法中表现出来；同时也体现出浪漫主义，甚至接近于丑陋的现实主义。个人主义随着肖像雕塑的兴起而兴起，人类天下一家的思想在老年劳动人民身上得到体现，如罗马保守宫殿里让人比较惊异的牧羊女和渔民塑像。安条克的命运塑像提醒我们命运是公元前3世纪典型的崇拜形式，就像提洛岛的伊希斯(Isis of Delos)刚刚来到这个新世界一样；斗争在帕迦马(Pergamene)的浮雕中被人格化了，在萨摩色雷斯的胜利女神(Victory of Samothrace)中，胜利是荣耀的，仿佛这样的胜利之前没有，以后也不会再有一样。令人欣喜的是，尝试表现那些菲迪亚斯(Phidias)或普拉克西特列斯(Praxiteles)所没有表现的事物不再会受到谴责，而欣赏一些希腊化时代的作品也没有必要感到内疚。当然，颓废也最终在艺术作品中展示出来；诸如亚历山大里亚人的

① 一般可参阅 Collignon, *Hist. de la sculpture grecque*, 1897; W. Klein, *Die Kunst der Diadochenzeit*, 2 vols., 1905－1907, *Gesch. D. gr. Kunst* III, 1907, and *Von Antiken Rococo*, 1921; E. A. Gardner, *A Handbook of Greek Sculpture*², 1924; G. Dickins, *Hellenistic Sculpture*², 1920; C. Picard, *La Sculpture Antique* II, 1926, 193－310; A. W. Lawrence, *Later Greek Sculpture*, 1927; J. D. Beazley and B. Ashmole, *Greek Sculpture and Painting*, 1932; E. Buschor, *Das Hellenitische Bildnis*, 1949。

怪诞、爱神厄洛斯(Eros)降格为丘比特、从提奥克里图斯到田园式的人造“自然”的转变,以及一度为人所敬仰的拉奥孔雕像等等所有的一切都反映了艺术作品的这一趋势。理想主义逐渐衰败了,灵感开始来源于过去而不是艺术家的灵魂。即便如此,技艺只到雕塑最后变成了一种贸易才开始衰落;米洛斯的阿佛洛狄忒(Aphrodite of Melos,即米洛斯的维纳斯[Venus of Milo])与昔兰尼的阿佛洛狄忒(Aphrodite Anadyomene of Cyrene)都被定为公元前2世纪晚期作品,这说明美在当时仍是艺术的追求方向。①

317 关于这三个世纪的艺术发展趋势,我们已经做了许多研究;我们研究了一些地方学派,并将这一时期划分为不同阶段,如果不考虑地方性这一问题的话,我们可以用异域艺术、巴洛克、洛可可风格等术语来加以标签;或许一个不懂艺术批评的人在苛刻的科学面前会感到疑惑——这是可以理解的,这种科学在过去几年时间里已经成功地把从公元前322年到前31年间各地的“萨摩色雷斯的胜利女神”塑像都定位了,而且包括时间也确定了——这些时间即使对历史学家来说也是极其杂乱无章的。② 雕塑通过大量产出和不同寻常的价格从而成为一种活跃力量;一件好的雕塑作品的通常价格是半塔兰特,③据说阿塔鲁斯二世曾为了一个雕塑花费了100塔兰特;④腓力五世在色姆(Thermum)⑤寻得2000尊雕塑,罗马人也从埃姆布拉西亚(Ambracia)拉走了大量雕塑,⑥但这两个地方肯定都不是艺术中心。另外,我们还知道有相当数量的希腊化时期作品存世,这些作品以原始品、残品以及复制品,甚至和曾经

---

① G. Bagnani, *J. H. S.* 1921,232; G. Krahmer, *Röm. Mitt.* 1923-1924,138.

② Lawrence, *J. H. S.* 1926,213; Beloch IV, 1,524(306-300); Dickins op. c. (c. 250); Krahmer *op. c.* (c. 150), Lippold, *Röm. Mitt.* 1918,91 (some Roman victory); Klein, *Rokoko*, 106 (Actium).

③ Wilhelm, *Neue Beriträge* VI, 2.

④ Plin. VII, 126; XXXV, 100.

⑤ Polyb. V, 9.3.

⑥ *Ib.* XXI, 30,9; Livy XXXVIII, 9,13.

存在的作品没有任何关系的形式表现出来；这是一个荣誉雕像、献祭塑像的繁荣时代，每个希腊化城市都有大量作品，其中不乏杰作；我们从那些世代为雕刻家的家庭可以看出，这一行业是如何逐渐从艺术转变到技艺的。决定性的一步发生在罗马征服之后，一位名叫穆米乌斯(Mummius)或韦雷斯(Verres)的掠夺者在很大程度上把喜欢希腊塑像的口味带到了罗马，就像文化不高的人在陈列博物馆。雅典在公元前146年以后的商业复兴部分是因为他们供应罗马所需，包括在旧有雕像基础上原创的作品，也包括复制品，其他城市也竞相效仿。这类作品中的杰作要属有着强壮肌肉的“法尔内斯的赫拉克勒斯”(Farnese Hercules)和高贵的“贝尔维德尔的阿波罗”(Appolo Belvedere)。最后，一家名叫科苏提(Cossutii)的罗马商业团体在希腊各地建立分支机构，哪里有大理 318
石，哪里就有希腊人在生产雕像，然后批量销往罗马；[①]雕像起源于宗教，结束于贸易。

在亚历山大里亚似乎存在这样一个雕塑学校，[②]不过它主要是一个收藏中心；迄今为止，我们在埃及发现的主要是二流作品，[③]但亚历山大里亚的墓地浮雕是个例外，要不是法勒隆的狄米特里戌斯禁止在雅典进行墓地浮雕，使这一代艺术家失去了生活来源从而被迫离开雅典来到亚历山大里亚的话，也不会如此；[④]用粉饰灰泥法粉饰雕像的头发最初就是在埃及兴起的。普拉克西特列斯(Praxiteles)在亚历山大里亚及其他地方的影响仍大，但在他的作品中，皮肤手感的光滑度也变得夸大了；美丽的昔兰尼的阿佛洛狄忒阐释了这种有时仅注意人体放松的风格。亚历山大里亚真正的优势在较小的艺术作品中；马赛克艺术[⑤]和宝石雕刻很可能就产生

---

① Hatzfeld, Trafiquants 227.

② Lawrence *contra*, *B. S. A.* XXVI, 67.

③ Lawrence, *J. E. A.* XI, 179.

④ *Contra*, A. J. B. Wace, *J. H. S.* 1930, 154，他不认为阿提卡对埃及有任何影响。

⑤ Mosaics: Cumont, *L'Égypte des Astrologues*, 101 n. 1.

于这里。令人惊奇的是，尽管理想主义在亚历山大里亚的艺术品中发展得不好，但是这个城市有一件特别理想主义的作品，即塞拉皮斯的崇拜雕像。[①] 这可能是斯库帕斯(Scopas)的学生伯亚克西斯(Bryaxis)的作品，托勒密一世就是从他那儿买来的；这个雕像被涂成深蓝色，眼睛是用珠宝镶嵌的，通过装饰奢华、富丽堂皇的内殿发出的光线照亮了暗淡的太阳穴；其面部表情温和、壮丽、神秘，比较适合冥界神灵，头部是一个谷物秤，意指埃及是巨大的谷仓。

利西波斯(Lysippus)仍在罗德岛有着持续的影响，他的学生林都斯的卡瑞斯(Chares of Lindus)为了庆祝罗德岛在公元前 304 年成功抵抗了德米特里戊斯而雕刻了太阳神的巨大雕像。这一雕像
319 可称得上世界奇观，遗憾的是，它在公元前 225 年的地震中被毁，没有史料记载它具体的样子。[②] 罗德岛是一个培养男子气概的学校，一个培养体格健壮的男人和细心织布的女人的学校；众所周知的位于柏林的祈祷男孩(Praying Boy of Berlin)和位于在那不勒斯的被称为希腊化时代统治者的雕塑可以阐释它最辉煌的时期。甚至在公元 1 世纪，当它堕落到拉奥孔(Laocoon)雕像和法尔内斯公牛群(Farnese Bull groups)这种痛苦形式时，它的技艺水平仍然令人惊讶。但利西波斯的学校最有影响的作品是著名的"安条克的命运(Fortune of Antioch)"，[③]该作品由他的学生欧提基狄斯(Eutychides)为安条克所做，她有着深沉的脸，亲切、有魅力，她坐在山上，脚下是奥龙特斯(Orontes)河神；她全身都被遮盖，并戴着一个塔状的皇冠，从那以后，她便成为了城市女神的标志，其手上还拿着一片棕榈叶。布鲁恩(Brunn)说她没有古老女神那样的高贵和朴素，这种说法没有必要，因为她根本不是神(尽管她后来变

---

① Weitz, *Sarapis* in Roscher; Amelung, *Rev. Arch.* 1903, ii, 177; Lippold, *Festschrift Paul Arndt*, 1925,115; the works on Egypt. 它的头部最近被认为是金子做的，见 Brady, *Harvard Stud. in Class. Philol.* LI, 1941,61 (*post* p. 356 n. 1)。

② C. Robert, *Chares* 15 in P. W..

③ P. Gardner, *New Chapters in Greek Art*, 1926, ch. XII.

成了神)；她是安条克那群男女统治者的具体化和个体化(参阅第340页)。由于其适应地方环境的多样性，这种类型被亚洲大量城市效仿。

帕迦马中楣　帕迦马学校早期的历史仅仅是对技巧感兴趣的历史，在伟大的帕迦马艺术[1]中，斯库帕斯的影响再次复活，这可追溯到阿塔鲁斯一世两次战胜高卢人(在公元前230年以前)时。一些大理石复制品——大概是同时代的复制品——仍旧保留着阿塔鲁斯胜利纪念碑上的高卢人物，其中最著名的当属卡皮托的“垂死的高卢人”(Dying Gaul of the Capitol)，这是高卢人杀死了他的妻子并自杀的群雕，拜伦把这种“垂死的格斗士”称之为永恒。这些作品得到了很高评价；纪念碑艺术家在演进这种奇观的类型和野蛮人粗糙的劈砍形象时建立了一种新的理想主义：尽管不能容忍失败，但不惧死亡；与作家们相比，他们吸收了更多了凯尔特人的精神。这一艺术的第二阶段在帕迦马宙斯祭坛(Altar of Zeus at
Pergamum)之巨大的中楣中体现出来，[2]它的长度超过400英尺， 320
展示了诸神对泰坦的战争，这个阶段是属于巨大学识的阶段。地球诞生时那些奇特形状，有部分末端被大蛇吞没、复杂的心态、事件冲突的各种表现形式，有一些令人深刻，一些充满戏剧色彩，但其总体上表现出来的野蛮、混乱一点也不像希腊艺术；无论这个中楣是什么，它一定有着巨大影响，基督教文献称祭坛是“撒旦的椅子”，这种说法也许并不荒唐；因为它对希腊化表达前无古人；这是一个整体混乱的时代——文明和野蛮的碰撞、正义与邪恶的冲突，这些冲突都以不熟悉的方式表达出来，始终处于无法预测之中，这就是事情的全部。这也必定使人想起另一个祭坛，即奥古斯都的《和平祭坛》(*Ara Pacis*)中的大地女神，她美丽而宁静，并携带丰富的产物。当希腊化的斗争正毁坏它本身的时候，这个世界只能要求罗马作为一个胜利者降下和平。

---

① E. V. Hansen, *The Attalids of Pergamon*, 1949, ch. VIII.

② 详见 Hansen, *op. c.*, 292－304。

萨摩色雷斯的胜利　这个时代最吸引人的艺术杰作当属《萨摩色雷斯的胜利》(the Victory of Samothrace)了,对它的评价就像它的创作日期一样备受争议;[①]但似乎可以确认的是,它与狄米特里戍斯的胜利钱币(因纪念他的海军于公元前 306 年在萨拉米海战中击败托勒密一世而铸)似乎有一些关联;史蒂丁尼兹卡(Studiniczka)教授[②]和阿什莫(Ashmole)教授[③]发现,在属于阿西诺二世的岛屿上,[④]安提柯·贡纳图斯为他的父亲狄米特里戍斯建立了一座纪念碑,以庆祝他在约公元前 258 年科斯海战中战胜托勒密二世,对历史学家来说,这是最令人满意的解释,也是惟一令人接受的解释。在卢浮宫里处于站立状态的这尊塑像,从一边看过去,她强有力的翅膀似乎过于庞大,这就留下了一个小问题,即她微微向前倾斜似乎会失去平衡;她并不是站着的,而是飞落下来,落在大船的船头,好像科斯战役真是她的战争,她高举的右臂化为了地峡胜利者的桂冠。[⑤] 在这种姿势下,塑像的皱纹是正确的,它展示了海风,好像她仍在飞行之中。

321 **肖像画**　富有想象力的作品很少再来自希腊本土了,那里没有艺术气质的阿卡亚人、埃托利亚人等处于至高无上的地位。但达摩丰(Damophon,公元前 2 世纪)在位于阿卡狄亚的吕科苏拉(Lycosura)的"德斯波伊那和科拉群像"(Despoina and Kora)中试图重温古老神灵那超然的宁静,这是非常有趣的。尽管如此,利西波斯(Lysippus)的亚历山大雕像极大推动了肖像画的发展,并从本土向外传播;波利尤克图斯(Polyeuctus)著名的德摩斯梯尼肖像(约公元前 280 年)是非常好的作品,即使在现在,我们也可以想象到

---

① 见 p. 317 n. 1。

② *J. D. A. I.* 1923　1924, 126.

③ In *C. A. H.* VIII, 675; H. Thiersch, 'Pro Samothrake', *Wien*, *S. B.* 212, 1930, Abh. 1, 21 *sqq*.

④ *OGIS* 15.

⑤ 美国远征队发现了这一雕像丢失的右手;指上被磨掉的部分显示它烧成了一个(金属的)花环。

它光彩夺目，足以在现存的大量肖像中占有一席之地。如果说还有什么工作可做，我们必须从铸币入手。在铸币中，我们可以发现大量传统的作品，其中一些非常完美，如在吕西马库斯的残片上美丽、被理想化的亚历山大头像，或极具艺术神密性的希腊—巴克特里亚国王们的头像(这代表着希腊肖像画的较高水准)。除了硬币之外，也有大量的浮雕作品存在，但施赖贝尔(Schreiber)的一系列希腊化时代的墓雕[1]只有一部分是希腊化时代的作品。我们在西顿发现的石棺上面所绘亚历山大猎狮图十分精美，希腊早期那些上彩的美丽的浮雕都属于这一类。浮雕、雕刻与绘画因墓地浮雕融为一体且互相影响；除了墓地浮雕以外，还有仅上了彩的墓地石碑。

绘画　这些来自派该塞的墓碑是现存仅有的原创希腊化绘画作品，它们虽属二流，但已是最好的了，[2]因为瓶画时代已经结束。我们通过伟大艺术家的声誉可以得知，希腊人认为他们的绘画[3]与他们的雕塑同样有价值；至于什么作品代表着它的最高水平，我们很难猜测，因为画架图片已经消亡，除了一些文学说明和像亚历山大战斗的马赛克作品等复制品外，阿佩利斯(Apelles)和他时代的历史作品都没能留下来。除了一两个坟墓外，我们所有的是装饰性墙面，实质是希腊化时期的艺术品，它意味着庞培城的第一阶段 322
源于亚历山大里亚。但庞培不提供复制品；它的绝大部分是贸易品，本身就是廉价的贸易复制品——神话、荒诞的事物和毫无生气的丘比特等都是它的主题；那里有美丽的花朵和风景，但他们表现出的伟大艺术并不比伟大的希腊诗歌选集多。我们似乎可以发现，绘画逐渐动摇了它与雕塑在公元前 4 世纪的关联性——或许是

① *Die Hellenistischen Reliefbilder*, 1889.

② A. S. Arvanitopoullos, 1926, especially 142, and Plates.

③ 一般的著作是：E. Pfuhl, *Malerei und Zeichnung der Griechen*, 1923; *Masterpieces of Greek Drawing and Painting* (abbreviated; trans. J. D. Beazley), 1926. Pfuhl is not responsible for my view of Pompeii。

希腊化时的绘画做了一项真正的工作，并掌握了透视和全景的知识；[1]尽管希腊人热爱太阳和空气，但其诗歌对风景的感受表达很少；庞培的风景一般且缺乏气氛，可能绘画中的风景从来都是人物的陪衬。

尽管如此，庞培的两处风景从大量的风景中脱颖而出，且人们欣赏它们完全是出于风景本身，而不是古物研究者的好奇。一处是在别墅的一件绘画作品上，一群美丽的妇女处于酒神仪式（或神话）的很长的场景的最右端，普福尔（Pfuhl）坚持认为这种姿态可以追溯到一些伟大的壁画；[2]另一处甚至更加重要，它是博斯科雷尔（Boscoreale）别墅的壁画，展示给我们的是肖像画，别的画面只能在令人畏惧的法雍木乃伊中发现了。[3] 这些公元1世纪的壁画[4]被认为是以狄米特里戍斯一世家族为代表的公元前3世纪早期画家的作品的真实复制品；这个家族与利西波斯的学校有着密切联系。哲学家粗犷的形象、高傲的头、有流动感的白胡子——一个绘画的形象，不是雕塑的形象——或许演化成中世纪施洗者约翰的形象，老年约翰；被称为欧里狄克（Eurydice）的女人充满悲伤思考的眼神也很难被遗忘。最首要的是，即使是复制品，它们传达的信息是：这些人实际上都是伟大的男人、女人。

混合艺术　除此可能对迪狄马的神庙产生了某些影响外，这里
323 的艺术完全从希腊发展而来。在这一时期，希腊艺术与东方艺术发生了一些相互影响。这个困难的问题对专家来说不可逃避，且如叙利亚的建筑、杜拉的绘画、印度非常重要的犍陀罗（Gandhāra）学派的雕塑、埃及的科姆埃乔戈法（Kom - el - Chougafa）大墓地等大量资料都属于罗马帝国时期，至于它们能否被追溯到希腊化时期，我们不得而知。康马根尼的安条克一世（Antiochus I of

① R. Pagenstecher, *N. J. Kl. Alt.* XLVII, 271; Pfuhl II, 883; Beloch IV. 1,528.

② II, 878.

③ Girard, *La Peinture Antique*, 250; Pfuhl II, 840,847.

④ Studniczka *l. c.*, 68 *sqq.*

Commagene，参阅第 170 页）纪念碑的雕塑显示出地方性的石刻模仿了晚期希腊作品。[①] 在希实本（Heshbon）附近的阿拉克伊埃米（Arakâil - Emîr）的托拜厄斯（Tobiad）据点（不论它是堡垒还是神庙）留存的大量作品显示（公元 2 世纪）希腊建筑借鉴了波斯和腓尼基的风格。[②] 在浩兰（Hauran）之苏维达（Suwêdā）中的哈马什（Hamrath）的那巴顿（Nabateam）墓也是希腊式的（约公元前 85—前 60 年），[③]但位于浩兰（约公元前 33 年）塞（Sî）的波萨梅（Balsamen 或 Ba'al Shamin）的伟大的那巴顿神庙则表明希腊对那里的铭文几乎没有影响[④]，不过科林斯式立柱的影响同样可以在埃杜夫（Eduf）和埃斯纳（Esneh）的埃及式（托勒密式）神庙的主体建筑之棕榈叶的编排中看到。[⑤] 一些亚历山大里亚来的墓碑显示了埃及的影响；埃及本土的雕刻，在公元 1 世纪在希腊人的影响下开始复兴并反映在肖像画上。[⑥] 最引人注目的是在 1920 年被发现的埃及官员佩托斯里斯（Petosiris）位于阿玛尔纳（Amarna）附近的坟墓，如果它属于这一时代的话。[⑦] 它类似于某些希腊的英雄祠，不过建筑风格是埃及式的；墓碑的基调完全是埃及式的，但从实际效果上来看受希腊的影响很大，特别是对英雄的献祭和哀悼中女性的表现尤为明显；女性和农民也穿着希腊服饰，懂得一些透视法 324
的艺术家尝试在表现手法上引入希腊的现实主义。希腊化因素和亚洲因素的混合体现在帕提亚艺术中，而这种影响最终把希腊文

---

① Human and Puchstein, *Reisen in Kleinasien*, 1890.

② *Syria II A* (Princeton expedition): *Architecture of Southern Syria*, by H. C. Butler, p. 1.

③ *Amer. Arch. Exped. to Syria*: *Architecture*, by H. C. Butler, 325.

④ *Syria II A*, 365.

⑤ K. D. McKnight, *Art and Archaeology* 1924, 43.

⑥ Lawrence, *J. E. A.* XI, 190.

⑦ G. Lefebvre, *Le Tombeau de Petosiris*, 1924 (*c.* 3000). P. Montet, R. E. A. 1926, 62, *Rev. Arch.* 1926, 161（波斯时代）；同样的，Jouguet, *L'Impérialisme macéd*. 330. But C. Picard, *Mélanges V. Loret*; *Bull. Inst. Arch.* Orient. XXX, 1930, 201 不确定是希腊影响，而不是波斯的。

化传播到印度并穿越了中亚，不过这不在本书的考察范围之内。

音乐 这一章的叙述肯定会留下缺憾；因为希腊化的音乐①——除了知道它像现在一样在生活中占据着非常重要的一部分，并且也不仅仅局限于受过教育的人外——没有什么可说的。我们在德尔菲发现了两首颂歌——用五个节拍写的，其中一首非常优美；②但音乐是一个迷失的世界，这不仅仅是因为它已经消失了，还因为希腊音乐是基于手指的间隔而不是半音，即使我们拥有它，也只有极少人能理解它。

---

① J. F. *Mountford in Powell and Barber*, II, 146 (with bibliography).

② Powell, *Collect. Alex*. 141 - 169.

第十章　哲学[①]与宗教[②]

哲学派别——行动哲学——伊壁鸠鲁体系——芝诺——斯多噶派伦理学——怀疑学派——希腊宗教的衰落——私人协会——宗教融和——命运——叙利亚宗教——安纳托利亚——巴比伦占星崇拜——斯多噶与占星术——波塞冬尼乌斯——命运——巫术——神秘主义宗教——安纳托利亚神秘主义——塞拉皮斯——伊西斯——希腊化时代的宗教与基督教

---

① 通常可参阅：Lives of the Philosophers in Diogenes Laertius；一般可参阅 Wendland，Kaerst（bk. V，ch. 2），and Beloch Ch. XII. E. Zeller，*Stoics*，*Epicureans and Sceptics*，trans. 1880。关于 Stoa，可参阅 H. von Arnim，*Stoicorum Veterum Fragmenta*（SVF）；Sir A. Grant's essay in his *Aristotle's Ethics*，1885；G. H. Rendall，*Marcus Aurelius*（introduction），1896；W. L. Davidson，*The Stoic Creed*，1907；E. V. Arnold，*Roman Stoicism*，1911（bibilography）；E. R. Bevan，*Stoics and Sceptics*，1913；M. Pohlenz，*Die Stoa*，1948。关于 Epicurus，可参阅 Usener，*Epicurea*，1887；C. Bailey，*Epicurus*，1926，*The Greek Atomists and Epicurus*，1928；A. J. Festugière，*Épicure et ses dieux*，1946；关于 Sceptics，可参阅 Arnim，*Arkesilaos and Karneades* in P. W；M. M. Patrick，*The Greek Sceptics*，1929。

② E. R. Bevan，*Later Greek Religion*，1927；U. v. Wilamowitz-Moellendorf，*Die Glaube der Hellenen* II，1932，261 *sqq.*；A. D. Nock，*Conversion*，1933，chs. II-IV；W. Schubart，*Die REligiöse Haltung des frühen Hellenismus*，1937；O. Kern，*Die Religion der Griechen* II，1938；M. P. Nilsson，*Greek Piety*，1948；*Gesch. D. griech. Religion* II，1950. 对于当时更加普遍的思想见 generally，N. H. Baynes，The Hellenistic Civilization and East Rome（James Bryce Memorial Lecture），1946。

325 **哲学派别** 希腊化世界的哲学是斯多噶哲学，其余派别都居于次要地位。一般来说，就像我们在这三个世纪所看到的，先是亚里士多德学派失去了其至高无上的地位，而在之后的一个半世纪里，柏拉图学派在一定意义上也是寄生于斯多噶学派的，因为这时作为怀疑主义学派的柏拉图思潮的生命力主要在于与斯多噶学派的辩论；伊壁鸠鲁学派没有发生什么变化，仅仅吸引为了数不多的信徒；而斯多噶派同时影响着大众宗教和占星宗教以及其他多种形式的迷信，并最终垄断了怀疑主义。事实上无须争辩，斯多噶派已足以凭其之力使柏拉图主义以一种形式复活了，这种形式即修正的斯多噶主义或折衷主义，而这是早期罗马帝国时代著名的哲学。

326 在整个希腊化时代，雅典还是哲学中心，即便后来的两位伟大的斯多噶派哲学家都在罗德岛从事研究工作。在法勒隆的狄米特里戌斯于公元前317年成为亚里士多德的继承人后不久，有权拥有土地的外邦人提奥弗拉斯图斯（Theophrastus）把亚里士多德学派（逍遥学派）造就成为像柏拉图学园一样的合法、有组织的协会；公元前306年，来自兰普萨库斯（Lampsacus）的雅典人伊壁鸠鲁在其花园建立了他的学派；公元前317年以后，芝诺来到雅典，并于公元前302年开始在饰有绘画的门廊，即Stoa（柱廊）传授他的学说；因此，到公元前3世纪早期就出现了四个学派，它们像在伟大的学院肩并肩地工作。自公元前317年起，亚里士多德学派经历了短暂的辉煌，卡珊德赞助这一学派，提奥弗拉斯图斯赋予法勒隆的狄米特里戌斯以灵感，狄米特里戌斯本人在失败之后帮助托勒密一世建立博物馆。提奥弗拉斯图斯是一位多才多艺、博学之人，但在他去世之后，学园的继承者斯特拉托放弃了奠基者定下的从事理论知识研究的原则，到公元前3世纪中叶，其工作也就结束了；它为科学研究做出了很大贡献，也给历史研究帮了不少倒忙，在哲学方面除了为折衷主义贡献几个因素外就再也没有其他的了。像对亚里士多德本人，雅典人与这个学派也格格不入，安提柯也经常厌恶它；如果这个学派和狄米特里戌斯一起迁移到亚历山大里亚的话或许会有更好的发展。柏拉图学派不会消亡，因为它是雅典人的学派；但该学派也放弃了对知识的探求，当阿塞西劳斯(Arcesilaus)复兴这一学派的时候，尽管或许返回到苏格拉底，但就其内在谱系而言几乎和柏拉图已没有什么关系了。

行动哲学　小的地方学派或逐渐淡出舞台或被合并入阿塞西劳斯的中间学派，尽管其中有厄里特里亚的美奈德莫斯(Menedemus of Eretria)①——安提戈诺斯·贡纳图斯的朋友和老师——这一位著名的、富有个人魅力的人物，他有很强的判断力，并是这个杰出学术圈中的中流砥柱，他的朋友把他比作苏格拉底，但他既没有留下任何著作，也没有继承者，他的影响主要依靠他的个人魅力，这种影响也因此随他的去世而消失。不过，犬儒学派仍旧是一个活跃的群体。他们没有建立中心，因为贫穷已成为他们的天职；但他们对穷人有很大的吸引力(他们生活简陋，有意忽略 327
普通礼节，这使他们面对生活的勇气大打折扣)，不过他们影响了早期的斯多噶派。但是，芝诺的老师，犬儒学派的克拉特斯(Crates)——“心灵医生”——似乎一直是这样一个人；他富有智慧，并且更加热忱，他摈弃了大量财富，过着乞丐般的、布道者的生活；尽管他长得很丑，但赢得了他的学生希帕契娅(Hipparchia)的芳心，她放弃了一切与克拉特斯结婚，并分享他的生活方式；一位那个时代的人尽可能严厉地抨击荒淫就是某种预兆。但是犬儒学派的弱点就在于他是“穷人的钱袋”(beggar's wallet)，这也是克拉特斯所炫耀的：他们通过过普通人的生活而拯救他们的心灵，而这些普通人是没有时间来拯救自己的心灵的。另一个奇怪人物是伯利斯提尼斯的比昂(Bion of Borysthenes)，②他是安提戈诺斯·贡纳图斯的另一位朋友，是犬儒学派的三个代表人物之一。他出身卑微，自负于自己的聪明才智，也有一些粗劣的江湖骗子的色彩；但在外表之下是博爱，也有某种简朴的刚毅，并且他的影响巨大，因

---

① Th. Gomperz, *Greek Thinkers* (trans.) II, 205; Tarn. *Ant. Gon.* 22.

② Hense, *Teles*[2], Prolegomena; Tarn, *Ant. Gon.* 233.

为他是后来众多云游教师中的第一人，并到处推广哲学，之后奥利金(Origen)把他比作基督教云游传教士；这些人赋予了那个时代某些精神底蕴。尽管不是原创性的思想家，但他有足够的能力让人们听他宣讲；他甚至在罗德岛的码头上以他通常的训导方式吸引了众多水手——要尽责，即使情况不妙，也要满足于现状，像常人一样面对运气。要理解这个行为的含义，把它转换为昨天的伦敦码头就可以了。

两个新的哲学学派——伊壁鸠鲁的哲学和芝诺的哲学——不仅是亚历山大征服所形之成新世界的产物，更重要的是人们感觉自己不再仅仅是他那个城邦一分子的产物；他是一个个体，因此同样也需要新的指导。这两个学派的目的都不在于发现真理(truth)，而在于满足于实际需要；自然两者也就有某些共通之处。
328 哲学的主旨是个人的幸福，重要的是行动。因此，两者都可回归到柏拉图、亚里士多德，以致回归到苏格拉底。它们都满足于把感觉印象当作真实，伊壁鸠鲁说全部的东西都是真实的，而芝诺制定的真理标准是：印象是如此吸引你以至于不信都不可能；两者都把包括人的心灵在内的宇宙看成由一些物质组成的(尽管对于斯多噶学派而言，他们主要是渴望精神上的，这大概仅仅有词语意义)，并且采纳已存在的物理解释——伊壁鸠鲁采纳德谟克利特的解释，芝诺采纳赫拉克利特的解释。两者都竭力避免激情与情感，激情与情感会带来不幸，这种不幸是由难以满足的欲望造成的。两者都首先特别重视伦理，他们把政治与伦理道德绝对分开；两者都不关心科学或学问。但相似性并不是无休无止的；两者在本质上相距甚远，处于两极状态。新世界在以两种方式影响着人。大多数人感到他们属于这个世界，但在未标明位置的大海上航行；而这就需要斯多噶着手绘制的航海图。但少数人感到压抑与恐怖，渴望逃避；对这些人而言，伊壁鸠鲁为他们指出了一条道路。

伊壁鸠鲁体系　伊壁鸠鲁说，他们所惧怕的是世界仅仅是一台机器，即没有什么善的或恶的神灵可以影响这个世界，它也不是通过设计或指导形成的，而依据某些机械的原则形成。伊壁鸠鲁复兴了德谟克利特的原子论：原子（他的意思是分子）在真空中像雨一样不停地下落，它们彼此碰撞形成了世界。但是，伊壁鸠鲁立即遇到了两个难题。在真空中垂直下落的原子并不能彼此碰撞，也不能像伊壁鸠鲁所理解的那样碰撞。伊壁鸠鲁并不重视原子，而是特别关注于伦理；没有自由意志就没有道德。他一并解决他的这两个问题：原子为了能够碰撞可以有意地改变方向；这就是说，伊壁鸠鲁赋予了原子以自由意志。那么，伊壁鸠鲁的世界从一开始就具备一些机械以外的东西；这位唯物主义者只有通过否认他自己的原则才能建立一个世界。其余的事情就比较容易解决了。恩培多克勒的那种“许多适应性相对较差的动物已得到检验并已灭绝”的观点对伊壁鸠鲁也有裨益；我们在这个学派至高无上的里 329
程碑式的著作，即卢克莱修的《物性论》中关于地球生命进化的完美描述可以看到这种结果。伊壁鸠鲁的目的是在科学原理的基础上构建一个世界，使人们摆脱对神的恐惧，摆脱对各种邪恶迷信的恐惧；人的灵魂在死时会再次融化为曾经形成它的原子。伊壁鸠鲁的学派通过拒绝涉及预言、占星术贡献了好的服务。但伊壁鸠鲁在面对大众流行信仰时做出了很大让步，他承认神存在，但认为神除了展示一种理想的幸福画面外，什么也没有做；他们就是一小撮伊壁鸠鲁派哲学家，势单力薄，生存在内在世俗世界里，很可能用希腊语持续地交谈。人们会不知不觉地滑入西塞罗的模仿诗文：[1]他们惟一的职责就是彼此互说“我是多么幸福呀”。

但伊壁鸠鲁的伦理道德也是非常严肃的。幸福是目标；幸福意味着快乐；快乐是惟一真正的善。但是，这并不是伊壁鸠鲁前驱昔兰尼学派（Cyrenaics）的身体的、感觉的幸福；它首先是知识的幸福，对于心灵来说，这是最重要的。被动的幸福胜于主动的幸福——休息、来自激情的自由、渴望、需求，以上都没有痛苦；人之努力的关键是宁静致远（*ataraxia*），避开忧虑。美德（virtue）至关重要，但并非像斯多噶学派所教导的那样是由于美德自身的原

---

① *De Nat. D.* 1, XLI (114).

因——这并没有意义;美德至关重要,是因为没有美德,幸福就不存在。这构成了一种自我克制的学说。主动努力的自我克制和被动幸福,加上他的追随者形成的与其他人分离的寂静小群体,通过他强调的友谊,结合起来,抛开生活在同伴之中并享受着家庭生活;从精神上看,人们或许可以把他们称为第一批修士。他们从没有影响这个伟大的世界,也没有这个愿望。他们从未改变或添加这个学派奠基人所教导的学说,但他们迎合了人类永久的需求,并且他们也从没有消失过;公元 2 世纪,在吕西亚的欧诺安达(Oenoanda),某个并不知名的第欧根尼(Diogenes)在一块石头上以很长的铭文刻写了他们的学说,[1]因为这些学说给他带来了幸福与宁静,他想让后来者分享这些学说。伊壁鸠鲁本人(于公元前 270
330 年去世)是一位温文尔雅、节俭之人,他以从容不迫的坚毅忍受着疾病给他带来的最后苦楚;他个人在雅典获得了相当大的成功,包括女性在内的那些伊壁鸠鲁圈子里的人物在那个暴风骤雨的时代不仅是楷模,而且是令人愉悦的绿洲;如果伊壁鸠鲁的快乐学说有时被滥用的话,这也不是那些真正追随伊壁鸠鲁学说之人所滥用的。真正应该谴责伊壁鸠鲁哲学的是它教导人们逃避生活,那是逃避责任的一种行为。

芝诺 非常不同的是极端禁欲的腓尼基人,[2]其中位于塞浦路斯基提翁的芝诺(Zeno of Citium),创建了斯多噶派,是那个时代最高贵的人。作为一个羞涩、寂静的人,一个说着和写着中性希腊语的外邦人,他取得了进展,即便进展缓慢;和拥有花园的伊壁鸠鲁不同的是,他没有一个中心供他的追随者使用,只是在公共柱廊(Stoa)下向追随者布道,这也预告了一个事实:斯多噶派导师不会被束缚在雅典,而是会传遍世界。但在芝诺活动生涯的早期,他吸

---

① Ed. William, 1907 (Teubner).

② 同时代的腓尼基人,见 Diels, *Poet. Philos.* Fr.; Timon, 193 fr. 38; Crates, 215 no. 27. Zeno a Phoenician name: Herzog, *Koische Forschungen* 71 no. 42。芝诺可能有一些希腊血统。

引了安提柯·贡纳图斯，后者成为他的学生和终生的朋友；从世俗意义上看无疑安提柯·贡纳图斯给芝诺提供了帮助。芝诺在去世前很久，他的个性就征服了雅典人，特别是雅典的年轻人，而鉴于对这些年轻人的影响，他的影响被说得很大；尽管芝诺是安提柯的朋友，但他与政治保持距离，芝诺去世的时候刚好是在安提柯和雅典之间的战争之后，这场战争对芝诺来说必定是极其痛苦的煎熬。雅典人为芝诺举行了公共葬礼，以及一个最美的告别式；因其杰出的社会地位，在其去世之后，下列言辞赋予了他荣耀："他鞠躬尽瘁为大家树立了榜样，因为他遵循自己的学说"。他的学生形成了一个著名的团体，这其中特别重要的是阿里斯通(Ariston)——埃拉托色尼(Eratosthenes)的老师；珀塞戊斯(Persaeus)，他作为精神导师去了安提柯那里；斯菲鲁斯(Sphaerus)，他在斯巴达帮助克里奥门尼进行革命。芝诺的继承者，阿索斯的克里安提尼(Cleanthes of Assos)是一位用希腊语撰写伟大宗教诗歌的作者，他使他的学说显现出宗教的色彩；克里安提尼的继承者，索里的克里斯普斯(Chrysippus of Soli)是一位多产作家，他从许多废弃的书里精心提 331
炼出这个学派的精华；我们将在后面遇到潘奈修斯和波塞冬尼乌斯。不幸的是，芝诺和克里斯普斯的著作已经佚失，只存一些残篇，在我们遇到罗马帝国时代折衷学派——塞涅卡、马库斯·奥勒琉(Marcus Aurelius)、爱比克泰德(Epictetus)——之前，斯多噶派的著作没有一份是完整保存下来的；西塞罗的《论义务》再现了潘奈修斯的论文《论职责》。芝诺从一开始就从赫拉克利特汲取了一些灵感，也可能从巴比伦人那里汲取了一些灵感(参阅第347页)，不过他更多的是从犬儒学派那里汲取灵感；但是芝诺本人发展了庞大的伦理体系，他的继承者也与犬儒学派所曾想象的任何事情都不一样。

斯多噶派伦理学 我们已经注意到了斯多噶学派的兄弟观念、世界国家观念(参阅第79页)。该学派的宇宙实际上是一座巨大的城市；这个宇宙由一种至高无上的力量统治着，斯多噶派把这种力量想象为许多面貌和名称——命运、宙斯、天意、世界规律、自然。斯多噶学派以他们的唯物术语对这种力量进行构思，进而构思出五种要素或圣火，所有存在的事物都从中产生，天与地——所有的事物都存在其中，包括人的灵魂；任何事情都是神灵的衍生物，任何事物从衍生意义上来看都是神灵；人本质中的火花（spark）与神灵同类。宇宙（Universe）在每一个时期结束的时候——长时间的连续循环——被再吸收为圣火，然后又重新开始这轨道上精确地重复这一过程；时代也是如此，另一位苏格拉底会在另一座雅典讲学，可见普天之下并没有新事物；所有一切先前都曾发生过，历史仅仅重复自身，这对我们来说是一个陌生但又很熟悉的观念，从雪莱的《希腊颂》结束时那华丽的抒情诗就可以知道。因此，统治宇宙的那种力量是命运；但它又不同于那种令人恐怖的巴比伦命运，因为它是全智的，并且它给人们定下的命运对人来说也是最好的。实际上，它是上帝，宇宙是设计的产物，上帝制定统治宇宙的规则，总的来说上帝他自己就是宇宙规则；上帝本人也遵从他制定的规则。上帝并不是一位缺乏道德品质的神灵，因为他的设计是
332 全智的、万灵的；星辰在各自的轨道上并不盲目旋转，而是在为海员、农夫生动地说明上帝的天意。在虔诚的克里安提尼看来，上帝甚至是一位仁慈的神灵：他甚至制造全部恩泽，没有人喜欢的事，上帝喜欢。更进一步的是，一切事情都是决定了的；从决定论的观点来看，斯多噶派遇到了常见的难题，首先也最重要的是斯多噶的体系是一个道德体系，而没有自由意识也就没有道德；决定论的逻辑结果是唯信仰论（antinomianism）——我可以做我愿意做的邪恶之事，因为这也是命运所决定的。

斯多噶派遇到的另一个难题是世界国家观念如何实践的问题。因为其中所有人都是一座城市里的公民，而且所有的人都是平等的。但事实上，每个人在性格、能力、环境状况都不一样，用克里斯普斯的比喻来说，没有什么东西可以阻止剧场里座位的好坏之分；因而所有人也不能是同样的，平等仅仅是一个理论问题。而斯多噶派的世界国家在实践中也是不切实际的；因为世界是由普通人组成的，由那些非哲学家治理，这些人并没有宇宙规律的知识。幸

运的是，斯多噶派满足于他们能够做到的；他们站在国王宝座的后面提供建议；他们也像其他哲学家一样撰写有关应该怎样治理国家的论文；①他们准备着向坏政府斗争，特别是向僭主政治、斯巴达的斯菲鲁斯(Sphaerus)、帕迦马的布洛修斯(Blossius)斗争，积极促进可以为人们获得更大平等的任何改革，积极促进走向他们自己的共产主义形式的步骤，这意味着和谐和放弃阶级战争。

然而，与他们原则保持一致的是，他们似乎既不能承认自由意志，也不能承认平等，但他们又得接受这两个原则。他们解决这两个棘手问题的方法是返回到智慧(Wisdon)或心灵(Mind)这一根本原则上来。人类心灵是圣火的火花，但人体是泥土；因此，身体并不重要。芝诺说所有与身体都有关的事物——强壮与羸弱、疾病与 333
健康、富裕与贫穷——是无足轻重的事；因此，这在理论上可以完全保持他们的观点。斯多噶贤人——智者——会忽略这类事情，仅仅关注心灵的事情。但这些对所有的人都是同样的或能够是同样的；银矿中的奴隶在身体上经受着煎熬，但在其心灵上或许仍旧追寻智慧，仍旧是哲学家或圣人的同类。因而，人毕竟是平等的，即便(假如谈希望的话)只能是心灵上的平等；在这个范畴里，乞丐或许就是国王。

他们通过智慧也解决了决定论(Determinism)。确定无疑的是，他们的智者是一位超然的、冷酷的、彻底的修士；他做善事，但并不考虑他人的感受，因为为了冷静他必须保持镇定；用圣保罗(St. Paul)的话来说，他愿意让他的身体燃烧，但却没有爱；奇怪的是芝诺虽把他的理想国建立在爱之上，但在智者著作中却没有爱他人的思想。人们读到的都是他的理想，无疑智者也是一种理想，他追求此，但幸运的是从未达到。智慧是神圣的力量；因此，世界

① 关于这些呈交国王的论文的现存情况，见关于保存于斯托柏戊斯(Stobaeus)中的残篇；Goodenough *Yale Class. Stud.* (I, 1928, 55)；Tarn, *Alexander* II, 386, 410。关于给阿里斯提亚斯的信的要点，见 Tarn, *Bactria*, 426，以及所引文献；Schubart, *Archiv* XII, 1936, 4。关于新残篇及一般情况，参阅 Rostovtzeff, *SHE* 1379 n. 83。

上真正的智慧也必定与神圣相一致,智者渴望的是富有智慧的神灵或命运为他规定规则。就斯多噶学派而言,与之相随的是决定论与自由意志之间的矛盾因一种新的哲学概念——义务(duty)——而被超越了;人有自由意志,但非履行不可的义务却使得自由意志以接近神圣意志。不论他是否屈从于命运,或作无用的抱怨,在物质领域都没有多大的意义;他都必须走为他注定的道路。当他达到相称的智慧时,他就会认识到哪种方法是正确的方法,并发现心灵的宁静,真正的明智既不需要推进也不需要引导;他将看到并乐观地预测到命运的意欲;他自己意志的自由发挥将直接使他进入与上帝(God)意志融为一体的境界。当他来临时,理想的人只说"你的意志已经实现了"。

334 对斯多噶派自己来说,他们也随之解决了古老的幸福问题。不幸通常源于你想得到而又得不到或不能得到的东西;那么,幸福的方法是需求你能得到的东西,即与神圣意志保持一致。这是他们所说的"根据自然生活",而不是犬儒学派所使用的相当物质的那面;因为自然也是神。可以肯定的是,他们使用这个概念来摈弃对奢华与快乐、财富与成功、文明复杂性的眷虑,因为这些东西并不是神圣计划的一部分。不过,与神圣意志保持一致所意味的远远不止忽略这些物质上的事情:斯多噶派不会为其儿子的死亡而感到悲伤,因为天意是全智的,没有什么更好的事情可以发生。至高无上的力量不仅是全智的,而且是全善的;它所做的一切都是最好的。因此,为了达到与权力相和谐,最需要的是美德;美德并不是别的事情,只是幸福而已;美德是其自身的充分犒劳。几个世纪以来,许多人相信这种说法,并且一些人在身体力行。

美德是斯多噶派伦理学的中心要旨。关于这点,芝诺是不妥协的;芝诺说,企图行恶就等同于作恶。[①] 首先,他说,不管什么事情,如果不是绝对善的话就是恶;但这一原则是如此不切实可行,以致他在去世之前就必须亲自修正这一说法:给予那些无关紧要的事

① 他一定是指这个意思,见 *S.V.F.* I, fr. 251。

情以一些空间;结果这些事情被分为更喜欢的事情和被摈弃的事情,斯多噶派自然会选择前者;就此范围而言,斯多噶派关于义务的主要概念得到了坚实的巩固。对斯多噶派而言,一个人应该遵循道德规范并不是装腔作势,因为斯多噶主义的第一前提就是其本身就是一个道德体系,它声称相反的规范必定是错误的,因为这些规范把不和谐引进到宇宙秩序,这是一个比人类更大的秩序。现在,人类与上帝保持和谐的方法是智慧与美德,智慧与美德的进步都可能是斯多噶派由是开始检查他导致的进步,以及有 335
意提升道德所产生的思想。此外,至高无上的力量已经为人类预先计划好了,人类在前进的道路上会得到帮助;就这样,到目前为止最流行的哲学概念,意识首次出现。意识和义务是斯多噶派的基石。

这些伦理观念对世界、对基督教的影响是极其巨大的。批评者或许会支持这套体系的一些外在的东西,或者意识到以各种尖锐的问题为难那些智者,但是中心堡垒——行动哲学——是不可动摇的。事实上,斯多噶的宗教意义像哲学意义一样重要,就像它要表现出来的意义是精力充沛的宗教。我们需要力量来蔑视身体的物质形态,它像补药一样对各种强壮的本性产生影响;真正的斯多噶派,无论他是什么样的人,都是自己心灵的主宰者,或者用他们的话来说是知足(*autarkes*),自我满足。既然他是他自己命运的主人,命运就不会伤害他,因为命运给他带来的东西是他将选择的东西。但对于大家来说,不管是强者还是弱者,它表达出一种信息,即心灵的坚定不移。不论世界对你做了什么,它在一个领域是没有权力的;你可以退回到你自己的心灵世界,可以在那里发现宁静;因为没有人能够在那里伤害你,除非是你自己。

怀疑学派　怀疑学派开始于埃里斯的皮浪(Pyrrhon of Elis),他在年轻的时候曾随亚历山大到过印度;但他没有写下任何东西,我们仅是通过他的信徒,讽刺文学作家泰门(Timon the "sillographer")知道他(参阅第 279 页)。泰门的学说很简单:烦恼之源在于相互矛盾的知识,但没有什么事情是能够认识的,因此悬置你的判断,不要武断;还需谨记没有什么东西是重要的,即使是你的生死也不重要;只有这样你才能到达那种目标——沉着冷静。他在各地巡回宣扬他的这种学说并获得了大量钱财,但他并没有达到沉着冷静,因为他一生的大部分时间都花费在对阿塞西劳斯的攻击上,因为阿塞西劳斯侵犯了他的势力范围;皮浪没有继承者,因为怀疑主义伴随阿塞西劳斯传给了学园。阿塞西劳斯(约公元前 264—前 242 年)是热爱雅典的杰出人物,但作为哲学家,其作
336 用是负面的;他也认为获取知识是不可能的,并且认为只要推翻斯多噶派的知识理论("不可抵抗的印象")就可以证明这一点,这一知识理论是斯多噶派必须做出的贡献,因为其所处位置。阿塞西劳斯的伟大继承者是卡纳德斯(Carneades,公元前 213—前 129 年),他是如此专心于对斯多噶的斗争,以至于他自己说,要没有克里斯普斯(Chrysippus)这样的人的话,他的话一点意义都没有。卡纳德斯非常善于战斗,他攻击斯多噶派的软肋——预言与占星学,并迫使潘奈修斯修改对这一问题的看法,还毫不费力地击垮了"不可抵抗的印象"。但卡纳德斯并没有产生真正的影响;他没有能击中斯多噶派的本质要害,世界很快就遗忘了他。因为卡纳德斯就世界究竟以什么样的方式存在与运动,没有提供任何贡献。弄清知识是不可能的,阿塞西劳斯曾经说行动的指南必定是合理的,这毫无意义;卡纳德斯代之以可能性(Probability),但只能把这解释为"按照你知道的相近办法去做"。他也使自己暴露在很容易被误解的境地,因为他不分青红皂白地对任何论题都加以赞成或反对,并把这当作是一种智力的操练;公元前 156 年,他在罗马尝试了这一方法,朴素的罗马人对这种不道德的轻浮感到震惊;甚至他的学生,迦太基人哈斯德路鲁贝尔-克里托玛库斯(Hasdrubal-Clitomachus)——他把老师的著作编辑为 400 卷,试图把卡纳德斯口传学说压缩为书面著作——也承认他有时并不知道哪一个是卡纳德斯的真正观点。尽管卡纳德斯具有某种破坏激情,但他是一位声誉良好、有个性的人,是希腊世界所曾出现的思想最为敏锐的人物之一;他所提出的一些难题从没有得到解答。怀疑主义随他

而去，但在西塞罗的同辈人埃内斯德姆斯(Aenesidemus)手中又复兴了，在安东尼(the Antonines)时代再次复兴；它有补缺的功能，因为当有人想批评、剪除教条主义哲学时，它是有用的。

希腊宗教的衰落　希腊化时代宗教领域惟一重要的东西是哲学和东方宗教。黎明实际上正在降落在奥林匹亚诸神身上，尽管只是外在的表现——新的神灵、[①]新的神谕、[②]新的节日，以及公元 337
前 146 年以后在希腊世界的各种诱人宗教的复兴(参阅第 146 页)；但在建的、已建好的最大神庙一般都属于异域神灵，像亚历山大里亚的塞拉皮斯神庙，或者马格内西亚的金眉女神(Fair-browed goddess)——母神狄恩杜美奈(Dindymene Mother)的继承者。我们可以在一座希腊城市计划为一位希腊神祇建造的大神庙看到正在发生的一切；位于迪狄马的阿波罗神庙经过了四个世纪还没有完成，这并不是因为米利都缺钱，而是因为缺乏有活力的信仰，先前各个城市在一代人之内就造就了各类神庙。位于多多纳的宙斯曾通过橡树林的风、泉水中的泡泡对自己的信徒说话，以显示他的威力；在迪狄马，赋予神谕是一种商业行为，由来自政府机构的部门履行。许多事情凑合起来就决定了奥林匹亚诸神的命运。这些神灵属于城邦，也与城邦同起同落；就文化人而言，哲学扼杀了奥林匹亚诸神；对普通人而言，个人主义扼杀了奥林匹亚诸神；一个人不再是城邦的一部分，无论一个城邦集体崇拜谁，他都会满意，他需要的不过是一个诉说的对象。但对亚洲和埃及的征服解决了这一问题；因为它只是武力的征服，而不是精神的征服。希腊已经准备好采纳外来神祇，但外部世界并没有采用同样的态度；希腊的杜拉开放地接纳了巴比伦神祇，但是没有希腊神祇进入巴比伦的乌鲁克。[③] 异域神祇或许采纳希腊语的名字，但仅此而已。这些神祇是更加强壮的，一旦东方世界认识到自身的强大和

① Lindian Chron. A ll. 3,7; *SGDI* 3086; Pfister, *Epiphanie* in P. W., § *sq*.

② Ditt.[3] 635 B, 735,1157.

③ Schroeder, *Berl. S. B.* 1916,1180.

希腊的柔弱，对亚洲的征服就必将失败；因为希腊所提供的东西是科学和哲学，而且仅仅为少数精英人物所接受，人民大众是从不接受这些东西的。假如托勒密一世在亚历山大里亚崇拜宙斯，并且迫害奥西里斯(Osiris)信徒，埃及人将会反抗，但也会理解；而若托勒密诸王改为替埃及神祇建造神庙，这对埃及人来说意味着并不是信仰自由而是软弱——入侵者对自己的神灵都不信仰。从公元前2世纪起，希腊化就处于铁锤和砧板之间，处于罗马之剑与埃
338 及、巴比伦精神之间。“神显者”安条克四世看到这一问题，并自此之后一直被称为疯子。但是他在希腊宗教和文化基础上统一王朝的尝试失败了；希腊宗教没有得到第二次机会。

私人协会　公元前300年以后，个人主义通过私人协会彻底爆发而展现了自己(参阅第93页)。私人协会是外来崇拜进入希腊城市的通常渠道；[1]一些移居在城市里的外来者会聚集在一起崇拜自己的神祇，希腊人或许也会参加。这些协会有助于崇拜实践的多样性；比如，埃及的许多狄俄尼索斯俱乐部(Dionysus club)就有自己的神圣之学或仪式书籍。[2] 外国俱乐部或许会崇拜其所居住城市的神祇，就像居住在罗德岛的哈利阿斯泰人(Haliastai)崇拜赫利俄斯(Helios)一样；而希腊人俱乐部尽管时常崇拜一些奥林匹亚神祇，但从不崇拜自己城市的神祇。大的学术团体都把缪斯女神作为自己的正式神灵从而使缪斯女神变得特别重要，雅典的四个哲学学派和亚历山大里亚的博物馆都把缪斯女神当作自己的正式神灵；所有帮助人的、保护人的守护神都得到崇拜——在雅典，人们崇拜埃密诺斯(Amynos)、[3]许珀德克特斯(Hypodectes)、[4]迪克森[5](Dexion就是索福克勒斯[Sophocles])；在科斯，人们崇拜帕西

① Foucart, *Les Associations Religieuses*, Ziebarth, *Gr. Vereinswesen*; Poland *op. c.*; Nock, C. R. 1924, 105.

② *B. G. U.* 1211; Schubart, *Einführung* 352.

③ Ditt.³ 1096, Michel 1548.

④ I. G. II, 1061.

⑤ Ditt.³ 1096.

奥斯(Pa*sio*s);[1]在铁拉(Thera),人们崇拜安赫斯特(Anthister);[2]家庭俱乐部只把他们的祖先崇拜为英雄。[3] 但有一件事情,俱乐部在公元前3世纪从未做过:它们从来不崇拜被神化了的国王,这强烈地表明王权崇拜从一开始就纯粹是一种政治现象。第一个由俱乐部进行的国王崇拜的例子是狄奥尼索斯艺术家在亚洲的一个分支——阿特里斯泰俱乐部(the club of Attalistai)——在提奥斯的克拉同(Craton of Teos)领导下进行的对攸美尼斯二世的崇拜;[4]就埃及人巴斯里斯泰(Egyptian Basilistai)而言,他只对以国王为目的的一些神灵进行献祭。[5]

那个时代处于希腊世界以外最重要的希腊神灵是狄奥尼索斯;狄奥尼索斯艺术家把他传播到了世界各地;艺术与哲学赋予了狄 339
奥尼索斯以神韵,使之追寻亚历山大的足迹在亚洲开花结果。[6] 那里他的名字萨巴崔奥斯(Sabazios)等同于全权全能的主耶和华(沙巴奥司),他也因此影响了流散的犹太人(参阅第225页);俄耳甫斯教(Orphics)把狄奥尼索斯等同于许多神灵,后来在埃及通过奥西里斯这一因素,狄奥尼索斯被等同于塞拉皮斯。狄奥尼索斯成为托勒密诸王的祖先,也成为阿塔鲁斯王朝的祖先,可能是狄奥尼索斯的忠实信徒的托勒密四世梦想使狄奥尼索斯成为这个混合帝国的主要神灵(参阅第212页)。可以肯定的是,假如有希腊神灵能征服世界的话,狄奥尼索斯将是惟一的可能。尽管俄耳甫斯教的影响后来变得很大,但远没有到水到渠成的地步。

宗教融和 那个时代一个主要要素是对一神的追求。亚历山大超越了民族国家,这暗示要超越民族崇拜;尽管不再有一个帝

---

① Ditt.[3] 1106 1. 148, but see Hiller's note.

② *I.G.* XII, 3,329.

③ MIcjel 1001; Ditt.[3] 1044.

④ *OGIS* 325 - 326; Michel 1015 - 1016; *I.G.* XI, 4,1061.

⑤ *OGIS* 130; I.G. XII, 3,443; San Nicolo, *Äg. Vereinswesen* I, 26; Launey, *op. c.* II, 1026 *sqq.*

⑥ Nock, *J.H.S.* 1928,21.

国，但有一个“人类居住的世界”(inhabited world)和一个文化，而这样一个世界、一个文化意味着(它似乎是)一神，这种哲学是让有文化的人习惯的一种观念。有采取民族神的形式，声称这个民族神是全世界的神，就像朱迪亚的雅赫维；但另一场运动——非常典型的希腊化式运动——是宗教融和(syncretism)的快速发展，在这种融和背后是一个神灵等同于或融合于另一个神灵，类似——神教。[①] 人们愿意不偏不倚地崇拜任何神灵；当安条克一世的妻子斯特拉托尼斯(Stratonice)向提洛岛上的阿波罗神庙捐助大量钱款(参阅第 98 页)、重建赫拉波里斯(Hierapolis)上的叙利亚阿塔伽斯(Syrian Atargatis)神庙、[②]加入位于士麦那的崇拜埃及阿奴比斯的俱乐部时，[③]她无疑将这些神视为了同一个神。斯多噶主义助长了这一过程，它并不排斥各种民族神。斯多噶派把各种民族神引入他们的泛神论体系，以寓言的方式解释所有的神话，不过确是粗暴
340 的方式；他们寻求把神灵解释为也是这个仁慈世界秩序的组成部分，而不是毁灭这些神灵，仁慈地把面罩赋予普通人，以不让他们的眼睛直接接触真理所裸露的太眩目的阳光。

命运 然而，一神的距离还很远；即便斯多噶派也不能吸收命运的概念。命运是一个彻头彻尾的希腊化时代的概念。第一批逍遥学派——法勒隆的狄米特里戊斯、[④]提奥弗拉斯图斯[⑤]——铸造了命运的形式；米南德提示命运或许就是天意(Providence)；[⑥]一位不知其名的诗人把命运比作是彩虹女神(Iris)——诸神的信使。[⑦]

---

① 最有力的解释是伊西斯(Isis)，最充分的解释是 kaerst op. c. p. p. 208；另见 salso Festugière's study cited p. 359 n. 3.

② Lucian, *De Dea Syr.*, 17,19.

③ Michel 1223.

④ Polyb. XXIX, 21,1 - 9.

⑤ His *Kallishthenes*: Cic. *Tusc.* III, 10,21.

⑥ Κωνειαζομεναι ll. 13 *sqq.*

⑦ Powell, *Collect. Alex.* 196 no. 34.

命运的观念笼罩着公元前3世纪,甚至波里比阿[①]以及后来的波塞冬尼乌斯都不玷污大众信仰的特权,这种大众信仰隐藏在命运的名字之下。命运并不是盲目的运气,而是人们所不能理解的某种事物秩序。但所有的事物都能经历命运。命运曾把亚历山大这位将军带到王位之上,也把他带到坟墓;命运曾宣布马其顿应该击倒波斯,反过来自身也会垮台了(就像狄米特里戊斯所预言的一样[②]);西诺塞法拉(Cynoscephalae)战役之后,希腊人同情腓力五世,因为命运已经改变了他的一切。[③] 命运并不完全是一位不友好的女神,因为她没有剥夺人们的希望:三十年河东、三十年河西。每一个人都有自己的命运,他的守护神(*daimon*)[④]——罗马人称之为精灵(*Genius*)——就是他自己的个性。城市与公民同样以国王守护神(*daimon*)的名誉发誓,[⑤]人们对亚历山大或安提柯·多宋[⑥]的“命运”有着盲从的信仰,欧提基狄斯(Eutychides)创造的安条克命运塑像所产生的巨大影响最终成就了城市的命运,成为城市女神。

就文化人而言,哲学和科学取代了宗教的地位。但这几乎没有影响普通人;随着奥林匹亚诸神的衰落,一个人必须信仰一些东西。一种更加纯正的宗教感情开始发展了,亲密、自信的东方信仰所具备的吸引力变得不可抵抗。就这个领域而言,东方俘虏了它的征服者;尽管这场运动或许直到基督教时代之后才达到顶峰,但它从希腊化时代汲取了全部力量。不过,人们必须要在各个国家之间做些区别。至于波斯,虽然它是非常强大的国家,但在这里没 341

---

① 另一种观点见 W. Siegfrid, *Studien z. gesch. Anschauung des Polybios*, 1928;另见 Laqueur, *Woch*. 1929,961。

② Polyb. *ante*.

③ App. *Mac*. 9,1.

④ Identical: Bouché-Leclercq, *L'astrologie grecque*, 228; Wilamowitz, *Hell. Dicht*. 1,74, *Hermes* LXII, 290.

⑤ By his daimon: *P. S. I.* IV, 361; *P. Cairo Zen*. 59462; *B. G. U.* VI, 1257; *P. Dem. Zeno* 4, in Spiegelberg, *Demotischen Urkunde des Zenon-Archiv*, 1929,11, cf. Wilcken, *Archiv* IX, 239. By his Fortune: *OGIS* 229 l. 61; Str. 557.

⑥ Athen. 251 C.

有什么东西可讲；[①]这个主题是复杂的、模糊的，但可以肯定的是“不可征服者”密特拉(Mithras the Unconquerable)的时代还没有到来，即便公元1世纪的西西里海盗崇拜他；[②]在埃及一篇中所提到的密特拉恩(Mithraion)仅仅是一些波斯雇佣军的地方小礼拜堂。[③]两个世界性的影响来自巴比伦和埃及；叙利亚和安纳托利亚的崇拜施加了大量的局部影响，但在重要性方面不可同日而语，不过叙利亚崇拜也影响到希腊(参阅第342页)和埃及，[④]安纳托利亚的影响渗透得更远(参阅第344页)。

叙利亚宗教　在叙利亚，[⑤]各种古老宗教的权力增强了，尽管部分是以希腊化了的面目出现的；铸币(特别是罗马时期的铸币)充分地显示着崇拜与宗教融和。[⑥]尽管我们知道安纳托利亚存在着好几个类型的古老祭祀国家，但并不存在真正占优势的神灵，这毫无疑问是因为叙利亚在政治上总是分裂为几个王国或受不同地区的影响。最强大的神灵是大马士革的哈达德(Hadad of Damascus，[⑦]旧约圣经中的临门[Rimmon])，他吸收了许多地方的
342 巴力神(Baals)，成了大马士革的宙斯和赫里奥波里斯(Heliopolis [Baalbek]，巴尔贝克)的宙斯，但他的主要神庙位于赫拉波里斯-班彼士(Hierapolis-Bambyce[Mabbog]，马博比斯)，公元前150年前他在这个地方是宙斯。他在大马士革和赫拉波里斯的配偶是阿塔

---

① 参见 Bidez-Cumont, *Les Mages Hellénisés*, 2 vols., 1938。莱岑施泰因的文献中的数据是最不能确定的，见 Baynes, *Israel among the Nations*, 289-294。Kaerst *op. c.* 218, 239.

② Plut. *Pomp.* 24.

③ Wilcken *Archiv* VII, 71.

④ Schubart, *Eiführung* 353; and *Archiv* VIII, 287; Wicken, *Zu den "Syrischen Göttern"*, *Festgabe für A. Deissmann*, 1927, 1; Rostovtzeff, *Kleinasiatische und Syrische Götter im Römischen Aegypten*, *Aegyptus* XIII, 1933, 493.

⑤ S. A. Cook, *op. c.*, chap. 3, esp. 217-219; Cumont, *Les Religions Orientales*[4], 1929.

⑥ Hill, B. M. *Coins*, *Phoenicia*, and J. H. S. 1911, 56; Wroth, *B. M. Coins*, *Galatia* &c. (Syria).

⑦ Dussaud in *P. W. s. v.*; *Syria* III, 219.

伽斯(*Atargatis*)[①]——琉善笔下的“叙利亚女神”，原先是一个尖石头(*betyl*)，但很久以前在入侵的波斯女神阿纳西塔(Anahita [Anaîtis])的影响下变为女性了；随后，她时常成为一位希腊城市女神，[②]到了她嫁给“神显者”安条克时，她成为叙利亚最伟大的女神。[③] 为她建造的最著名的神庙是那些位于赫拉波里斯的神庙，来自亚洲各地的人们在两年一度的节日上不论出于什么目的都在她的圣池中求得净化，驯服的狮子和熊生活在附近地区。她在阿斯卡隆(Ascalon)是一条美人鱼，有着当地的名字德塞托(Derceto)；不论她到哪里，她的圣池和圣鱼都伴随着他，幼发拉底河的鱼在她出生时曾帮助过她，因此得到回报，在黄道十二宫中有一个位子；她的鱼池、宦官和狮子都使她与幼发拉底河的阿耳特弥斯(Artemis of Ephesus)和安纳托利亚女神“狂热的小姐”有关。她的神庙是一群群鸽子的家，就像今天的一些清真寺一样。哈达德在公元前100年以前就已到达提洛岛，但阿塔伽斯走得更远；她是“叙利亚阿佛洛狄忒”(Syrian Aphrodite)的一个元素——另一个是腓尼基的阿施塔特(Phoenician Astarte)。她传播到希腊世界各地，甚至传播到马其顿，[④]她在雅典的俱乐部分享着她的女性亲属安纳托利亚母神的领域。[⑤]

阿塔伽斯在叙利亚并不是惟一的尖石头(*betyl*)。这其中在推罗还有著名的一对。[⑥] 伊米撒(Emesa)的黑石和埃拉格巴尔(Elagabal)的黑石后来在罗马起着很大的作用，另一块石头则位于皮埃里亚的塞琉西亚，给这座塞琉古城市带来了光明。因为塞琉

① Lucian, *De dea Syr.*: Dussaud l. c.; Cumont, *Dea Syria* in P. W.; Honigmann, *Hierapolis*, *ib.*; Str. 748.

② Cumont, *Mon. Piot* XXVI, 14; coins.

③ Tarn, *Bactria*, 193.

④ 目录在 Cumont, *Dea Syria*; 'Αρχ. Δελτ. II, 144 no. 1 (马其顿)。

⑤ Poland 478.

⑥ S. A. Cook 160.

西亚崇拜的两位神灵是雷神，宙斯·克劳尼奥斯[①](Zeus Keraunios，
343 可能是“上帝”巴尔萨蒙[Balsamem])和宙斯·卡西欧斯(Zeus Kasios)——[②]在卡西欧斯山(Mount Kasios)附近被奉为神的圆锥形石头；塞琉西亚因此正式地采纳了地方土著崇拜，就像杜拉采纳了来自巴比伦的哈达德(Adad)、纳纳伊亚(Nanaia)一样。宙斯·卡西欧斯传播到埃及，继而也传播到提洛岛；但在塞琉西亚，他仍旧是一块石头，直到哈德良时代才获得人型。同样地，阿莫尼特人的米勒公(Ammonite Milcom[摩洛神 Moloch])作为一个希腊化了的拉巴-阿蒙神(Rabbath - Amman[Philadelphia])留存下来。[③] 加沙的马恩(Marnes)——“我们的上帝”——必定不会被忘记；他是反对基督教最强有力的异教挑战者，一直坚守阵地直到马奈昂(Marneion)在公元 401 年被毁灭为止。[④] 但最让人感兴趣的神是科马根(Commagene)小城多利切(Doliche)的一位地方神灵[⑤]，这位神灵“居住在出产铁的地方”；[⑥]因为他是真正的泰斯巴斯神(Teïsbas，赫梯神或胡里安神[Hurrian]，财富神特斯伯[Teschub])，他是奇怪四散的卡尔迪(Chaldi 或卡力贝[Chalybes])民族——中国西域最伟大的铁匠——之神；该民族曾经统治亚美尼亚的王国(the Kingdom of Van)，但以群体形式散居在有铁供他们建立铁匠铺，操持祖业的地方；后来，就像朱庇特·多利刻努斯(Jupiter Dolichenus)一样，他们的带着铁锤的小铁神(人们可在这个形象中看到赫梯人的双斧)伴随着罗马之剑的扩张而传播到罗

① Cumont，*Balsamem* in P. W.；*Études Syriennes* 221；Cook 217，H. Seyrig，*Syria* XX，301.

② Salač，B. C. H. 1922，160；Roussel，*Les Cultes Égyptiens à Délos*，95 no. 16；Cook 157.

③ Hill，*B. M. Coins*，Arabia XXXIX.

④ Cook 180 - 186.

⑤ Cumont，*Ét. Syr.* 196.

⑥ Inscriptions in Cumont；Suidas，Χαλυβες；Schol. Ap. Rhod. 1，1323 (cod. Paris). Cf. Str. 223 - 224 (饮铁“增长”的铭文)；Plin. XXXVI，125 (大理石)；Hippolytus，cited Reitzenstein，*Poimandres* 85 (所有矿物).

马帝国境内各地。

安纳托利亚 我们已经描述了小亚细亚的神庙国家(参阅第 4 章)。关于对安纳托利亚自然女神及其儿子、配偶的崇拜究竟有多么久远,我们尚不清楚;但希腊人有一个固执的传统看法,即认为世界最古老的种族是"弗里吉亚人"(Phrygians),①他们的宗教也比埃及宗教古老。真正的安纳托利亚崇拜或许比弗里吉亚人或赫梯人要古老得多,但无法说清楚的是可以把这追溯到哪个已经消失的民族,或者女神及其儿子的东方名字是什么,这些东西经过口耳 344
相传总会发生变化;或许玛(Ma)看起来是最古老的。由于一代代入侵者的到来,使原先的崇拜被一层层覆盖、混合了;赫梯人显然祭献了农夫神,这增加了神的数量;印欧语系的弗里吉亚人带来了他们的天空之神,他被拥入到圣所之中,以女神为代价被提升到神的地位,获得宙斯这一可敬的名字;②波斯人带来的神灵是阿纳提斯(Anaïtis),她增加了女神的数量。巴比伦的神妓也出现了,但说不清楚是从哪里借用来的,或者两者是否都可以追溯到某个更早的时期。可以肯定的是,尽管希腊人把他们自己的神灵带到各个城市里,但在安纳托利亚的许多希腊姓名是土著神灵的现代称呼。安纳托利亚女神与希腊女神之间的联系或许是极其久远的;但是就希腊化时代而言,尽管安纳托利亚母神(Anatolia Mother)米特(Meter)在公元前 4 世纪就被雅典人崇拜,③玛(Ma)或库柏勒最终传播到了马其顿、④苏萨⑤和罗马,阿提斯(Attis)、阿多尼斯(Adonis)也渗透到了希腊化俱乐部,⑥但总的来看,安纳托利亚宗教仍旧根植于深厚的安纳托利亚土壤。不过在其本土,她还是非常强大的;甚至在以弗所,阿耳特弥斯直到吕西马库斯时代在那个

① Herod. II, 2; cf. Hippolytus, *l. c.* p. 83.

② Cf. Calder, *J. H. S.* II, 247.

③ Poland 214.

④ Baege, *De Mac. sacris* 113; ʽΑρχ. Δελτ. VIII, 267.

⑤ Cumont, *Mém. Délég. en Perse* XX, 80 no. 2.

⑥ Michel 982; Ditt.[3] 1098.

国家之内还保持着隆重的状态。我们在位于希腊城市之外的吕西亚[①]这个最希腊化的城市获得了一些有价值的统计数字;117块铭文提到希腊崇拜,237块铭文提到亚洲崇拜,这其中有112块与安纳托利亚女神及其儿子有关;这些数字非常充分地表明希腊精神是不能够征服安纳托利亚的,并且这些数字包含了整个罗马时期,就单独的希腊化时代统计数据而言将更加无法令人满意。

345 孟·阿斯卡诺斯(Mēn Askaenos)[②]——可能是安纳托利亚神与巴比伦月亮神辛(Sin)融合的结果——在这方面是非常著名的。塞琉古王朝在建造彼西底的安条克(Pisidian Antioch)时就发现因为土著定居者的缘故很有必要在城市附近的卡拉库尤山(Mount Karakuyu)建立一座新的孟圣所;圣道与仪式堂现在已经被挖掘出来,其中的铭文表明在公元1世纪居住在安条克的希腊人也在崇拜孟。奥古斯都以他自己的代理人取代了祭司,因此也就使自己成为神灵——农夫的神;孟神尽管居住在一个希腊化大城市的旁边,但他长久以来抵制了每一次取代他的企图。他最初的仪式象征——月亮神的新月——是马蹄铁U的形状,等同于在苏格兰发现的最古老的马蹄铁U形状;我们很乐意去幻想在希腊人出生时高举马蹄铁以求幸运的人,是古老的异教崇拜仪式的最早践行者。

巴比伦占星崇拜 巴比伦最伟大的贡献是星辰崇拜,外界称之为占星术。[③] 它的起源可以追溯到很久以前;尽管在塞琉古时代,

---

① J. Keil in *Anatolian Studies* 239.

② Ramsay, *C. R.* 1905, 418; *B. S. A. XVIII*, 37; *J. H. S.* 1912, 151; *J. R. S. VIII*, 107; *Anderson*, J. R. S. III, 267; M. M. Hardie (mrs. Hasluck), *J. H. S.* 1912, 111.

③ Bouché-Leclercq, *L'astrologie grecque*, 1899; Cumont, *Astrology and Religion among the Greeks and Romans*, 1912; tr. Boll and C. Bezold, *Sternglaube und Sterndeutung*, 3rd ed. By W. Gundel, 1926; H. Gressmann, *Die Hellenistische Gestirnreligion*, 1925; Gundel, *Sternbilder und Sternglaube* in P. W. see also the works by Gundel and Bidez cited p. 295 n. 2, and Gundel, *Neue Astrologische Texte des hermes Trismegistos*, Abh. Bay. Ak. Heft 12, 1936; Cumont, *L'égypte des Astrologues*, 1937.

许多巴比伦天文学家拒绝提及占星术，但占星术在巴比伦还是发展为一种成熟的体系。星辰，特别是行星显然是在天穹上依据固定的规律在运动；“天人感应”的说法也就出现了——这是极其重要的事情，根据这一说法，上面的天空与下面的土地彼此之间是相对应的事物，星辰世界所发生的事情在地上也会重复发生。但星辰世界的运动是固定的；那么，假如存在天人感应的话，在地上所发生的事情也是固定的；并且人的行为也是固定的，因为人是微观世界，一个小世界，是大世界或宇宙相对应的部分，人的心灵是在星空中闪烁的星辰之火的火星。从这种说法中引申出一个恐怖的 346
永远压抑人性的原则，即巴比伦的海马门尼(Heimarmene)或命运，它同样统治着星辰、大地和人类；它们所有的运动都是由永恒的力量在固定，这种永恒的力量与道德无关，既没有爱也没有恨，冷酷无情地坚持自己的原则，就像行星穿过浩瀚的天空一样。

希腊人大约在公元前 400 年就知道占星术；柏拉图在晚年表现出对占星术略知一二，攸克多索、提奥弗拉斯图斯知道迦勒底人会算命。[①] 大约在公元前 280 年，贝罗苏斯(Berossus)把真正的巴比伦星辰崇拜知识带给了希腊人，但是真正产生效果是在公元前 2 世纪，那时的科学开始衰落，罗马前进的步伐不可抵抗，这似乎真的是命运之尘世的对应部分。占星术最终渗透到许多宗教中，并丰富了这些宗教。天文学或许能扼杀占星术；不过恰恰相反，到公元前 2 世纪末，占星术扼杀了天文学(参阅第九章)，自那时起直到哥白尼时代，占星术有着非常广阔的活动空间。占星术在公元前 2 世纪也到达了埃及，那时(公元前 150 年以前)出现的一类著作把占星术的发现归结于一位神秘的埃及法老奈切普索(Nechepso)和他的祭司佩托斯里斯(Petosiris)；占星术把往来便利的亚历山大里亚当作第二个中心，从而传播到地中海世界各地。星辰崇拜的细节或许在整个罗马时期可以得到进一步详细说明。有不止一个占星术体系；在一个体系中，行星是最突出的，在另一个体系中，黄道

① W. Capelle, *Hermes* LX, 373.

带的12个征兆是最突出的，在埃及则发展为36个十分度的黄道，对应着埃及年360年，由36位魔鬼统治着，这些魔鬼有着奇特的名字[1]——希努门和希纳希努门(Chnumen and Chnachnumen)、斯玛特(Smat)、斯拉特(Srat)、斯卡特(Sikat)等等，这些魔鬼统治着身体的36个部分。不过，行星体系占星术有着更大的影响力；七大行星——太阳、月亮、水星、金星、火星、木星、土星——是命运的解释者，是可怕的“世界统治者”所在地，它们后来对人类灵魂来说是邪恶的和敌对的。这七大行星都有自己的颜色，对应着巴比伦神
347 庙的七个阶段，七大行星也有着自己的矿石、植物和动物；希腊字母的七个元音成为它们的符号；从它们那里又延伸出“七”[2]的惯常用法，这存留于我们的(希腊化时代的)星期制度，[3]也出现在长眠七圣、世界七大奇迹、人类的七个时代(莎士比亚从占星术中获得的)、[4]伊西斯的七件圣衣、密特拉(Mithras)的七个步行阶梯、萨拉铁启示录(Salathiel apocalypse)中七件正当的快乐、《启示录》的七位天使和七只碗、地狱的七道大门和天空的七道大门之中。

黄道宫图的征兆决定着各个民族[5]和城市[6]的命运；铸币证实安条克、尼西比(Nisibis)处于白羊座的统治之下，伊德沙(Edessa)处于宝瓶座统治之下，辛加拉(Singara)和雷萨纳(Rhesaena)处于人马座统治之下。但对于人来说最重要的是，人的命运是由出生时所属星辰所固定了的，一位有能力的占星术士能够通过占卜出生时的星位而预测人的命运。英语词汇中充满了有关这类信条的废弃了的术语；人们仍旧是属于木星的、水星的或土星的，谈论事件与命运之间的关联、相信不吉利的数字、感激属于自己的星座。到了公元1世纪，命运在相当程度上要取代更加温和的运气来作为

① Bouché - Leclercq 222.

② 有人以为这早于占星术。

③ F. H. Colson, *The Week*, 1927.

④ Given Bouché - Leclercq 501.

⑤ Cumont, *Klio* IX, 263.

⑥ Hill, *B. M. Coins*, *Arabia &c.*, *s. v.*; Cook 207, 166 n.

人生的仲裁。后来，可能是在斯多噶派的影响下，一些人欢迎命运（Fate），以便从运气（Fortune）的反复无常和希望的欺骗中逃避出来；但对大多数人来说，命运是对自由的否定，是难以忍受的僭主，[①]要不是有某些当下显示的逃避方法，人类心灵上的压力将不能忍受。

斯多噶与占星术　不幸的是斯多噶派——该学派的许多主要代表人物来自亚洲——在从事占星术活动，不过这也许是不可避免的；[②]斯多噶主义的弱点是它与科学精神的分离，占星术是斯多噶主义的阴暗一面。据说芝诺从一开始就受占星术的影响；[③]确定无疑的是，克里斯普（Chrysippus）把迦勒底占星术当作同盟，[④]两个体系之间的相似性是清晰的。对两个体系而言，宇宙是一个有机的 348
整体，由一位全能的神灵统治，由某种东西把宇宙约束在一起，斯多噶派把这种东西称为同感，[⑤]巴比伦人称之为天人感应；对每一种体系来说，人都是一个小宇宙，他的心灵都是天火的闪烁；在每一个世界期结束的时候，两个体系中世界的毁灭和世界的再生在一些形式上是相同的。但也存在一个至关紧要的差异：巴比伦的命运是一种非道德的力量，斯多噶派的命运是一种道德的神旨，这种道德的神旨一开始就为人做了预见。斯多噶主义竭力把命运铸造为酷似神旨的样子，这是不合逻辑的，但人的需要是强烈的；阿拉图斯的《物象》（*Phaenomena*，参阅第 274 页）持续不断的名声可能部分是因为该书认为神旨创造了星辰。让人尊敬的是，伊壁鸠鲁的学校摈弃了占星术。卡纳德斯（Carneades）攻击占星术就像他攻击斯多噶派一样起劲，他指出它的症结所在："人为什么会注定在同一艘失事的船舶上，在不同的时间死去？"[⑥]但占星术需要摆脱

---

① Boll-Bezold 22,79.

② Cf. M. Pohlenz, *N. J. Kl. Alt.* 1926,257.

③ Nilsson, *G. G. A.* 1916,44.

④ *S. V. F.* II, fr. 954=Cic. *de fato* ll *sqq.*

⑤ K. Reinhardt, *Kosmos und Sympathie*, 1926.

⑥ Cic. *De Fato* ll *sqq.*

比这更大的困境，它还需要逃避胜过特殊理论、具有普遍影响的理论。但是，伟大的斯多噶派学者罗德岛的潘奈修斯（Panaetius of Rhodes）——波里比阿和西庇阿（Scipio）的朋友——从他的体系中剔除了占星术和流行神灵；重要的是潘奈修斯的斯多噶主义是合理的、有强烈道德感的斯多噶主义，通过西庇阿的文化团体，斯多噶主义传到了罗马；罗马首先从斯多噶那里汲取的仅仅是行动哲学。或许做的比卡纳德斯更多是希腊天文学家希帕库斯（Hipparchus，参阅第 297 页）；假如他运用他极高的数学天赋来修补而不是破坏阿里斯塔库斯的太阳中心说，他或许会提前许多世纪从占星术中把这个世界解救出来；因为太阳中心说对于占星术来说就意味着（或将意味着）死亡。事实上，希帕库斯仅仅颠倒了欧洲和亚洲的传统角色；当波斯湾的塞琉古（Seleucus）——迦勒底人的信徒——捍卫太阳中心说时，希帕库斯正在支持心灵与星辰之
349 间的联系。[①] 但是，不管希帕库斯在这方面要负多大的责任，对在欧洲稳固占星术及其体系贡献的最大人物是潘奈修斯的继承者波塞冬尼乌斯。

波塞冬尼乌斯　叙利亚阿帕米亚的波塞冬尼乌斯（Poseidonius of Apamea，公元前 135—前 51 年）[②]在罗德岛工作，并在那里担任高级市政官；他是罗马没有干涉之前，希腊化时代产生得最后的伟大知识精英；他的学识涵盖许多领域，西塞罗是他的学生。就像埃拉托色尼（Eratosthenes）笼罩着公元前 3 世纪晚期一样，波塞冬尼乌斯笼罩着公元前 1 世纪上半期。作为历史学家、地理学家、记述作家的波塞冬尼乌斯，其著作已经引起了注意；这暴露出他的强项与弱点，即一颗知识范围非常广泛和对知识无限渴求的心，但缺乏批评性，也没有科学精神。作为哲学家，波塞冬尼乌斯把柏拉图主

---

① Pliny II, 95; Rehm, *Hipparchos* in P. W., 1680.

② Bevan, *Stoics and Sceptics*; Reinhardt, *Poseidonios*, 1921 (emphasizes the Greek side of his thought); 常见的观点汇总见，Wendland, *Hell. Röm. Kultur* 134, Otto, *Kulturgesch*. 128. Lifer: Jacoby, *F. Gr. Hist*. II, C, p. 154。

义和斯多噶主义混合在一起；但他远不只混合而已。就宗教哲学活动而言，他是最难以把握的一个人；他这方面的材料一点也没有保存下来，后来作家的大量材料中也很少有被明确地认定是归功于他的。波塞冬尼乌斯的每件东西都曾普遍被以为展现出某些趋势，并展现出他身上的一种双重精神，他站在东西方之间并从双方汲取营养，既是哲学家又是科学家，但同时又是占星术士、东方神秘主义者等；他是伟大体系的创立者，这个伟大体系包含那个时代所有流行的趣味，科学与迷信，星辰崇拜与大众信仰，天与地，人、神和魔鬼；他就是这样一个人物，所有的事情汇聚在他的身上，所有的事情又从他身上散发出去，影响了未来。这就是波塞冬尼乌斯，或者仅是一个公元前 1 世纪的精神标签吗？他的方方面面或许太模糊以至于不能太武断地判断；波塞冬尼乌斯引发的影响通常是混合物，几乎难以理顺。可以肯定的是，波塞冬尼乌斯把宙斯的位置放在命运之上，而不是把两者等同；[1]也就是说，波塞冬尼乌斯的世界是宗教的世界，这个世界由理性与意志来统治。似乎有可能的是，他真制定了一个计划；他想证明天与地之间紧密的相互 350
关系。到目前为止，科学与哲学一直各行其道；波塞冬尼乌斯想混合两者，但要科学服务于他的哲学。说他想在科学中发现事物理性的说法是不真实的；他想在那里发现的是他所认为的事物的理性以及天与地之间的联系；他费尽精力来表明月亮支配着潮汐，气候影响着种族，太阳赋予印度孔雀以美丽的色彩，或太阳也使阿拉伯矿藏中的绿宝石成熟起来，因为所有这些事情对他的论题有用，对他的生命力学说有用，天通过生命力作用于地，生命力通过宇宙在搏动。他收集了大量材料，目的是说明地球表面的变化，而这一切意味着证明地球与人类之间的相似性，火与水在地球的脉络里流动，就像血液与气体在人的血管里流动一样；阻碍了脉络的话，两者所遭受的结果是同样的——火山会爆发，人的血管会爆裂。

但除了天与地、宙斯与人类之外，还有什么别的东西进入他的

---

① Aetius p. 324, Diels.

宇宙体系吗？我们知道神的确存在其中，并在一定程度上可以肯定占星术的存在。[①] 他曾批评对迷信的责难；他的泛神论神灵——内在于在宇宙的每一部分——是自然；自然中存在的每一件事情中是平等的。问题的症结在于他所接受的存在事物的数量。他信仰占卜，并撰文论述占卜；[②]这是很自然的。他撰文论述魔鬼；[③]有足够的材料可以表明他相信灵魂会变为魔鬼，并居住在天空上层。[④]超自然的存在物会在梦中向人说话。[⑤] 他自己的体系——他那在神圣旨意统治下的宇宙相互关联的观念，即便在一些方面是崇高的——与我们所称的那个时代的精神相差并不是很远；他的宇宙容纳了太多的东西，因为他没有区分已经存在的东西和人们相信会
351 存在的东西。他为魔鬼研究以及其他许多研究打开了大门。他没有随民众进入这扇大门并不重要；重要的是他让民众意识到自己的行为是可敬的。因为，假如在梦中出现了魔鬼，为什么不是以清楚的形式，假如是以清楚的形式的话……这样的疑惑无休无止。那些雇佣流浪埃及人用一些朱鹭蛋和大蒜来祈求魔鬼的人，即每一个被爱人抛弃之人或投机商，可能会宣称他们这样做就是依据伟大的波塞冬尼乌斯学说得出的逻辑结论。

命运 我们遇到了一些可使人们逃避命运的途径，其中之一由上天自身提供。某些现象，比如彗星，不归属于任何规定秩序，因此除了天体规定的旋转以外，还有一些事情在起作用。相应地，占星术本身容纳了相当多不符合逻辑的因素；于是它设法合并“命运”，并马上提供了一种“机会”学说，即一个足够胆大的人可能会抓住幸运行星。但一般说来人们试图逃离其所属行星时依三条主线，它们均依赖于一个信念，即有些神比统治众神的命运还要强

---

① Cumont, *Astrology and Religion*, 84

② Περι μαντικνς: *Cic de Div*. 1,6; Cf. Susemihl II, 132 n. 166.

③ Περι ηρωων και δαιμονων: Macrob. *Sat*. 1,23,7.

④ 假定 Sext. Emp. *adv. Math*. IX, 71－74 是他的；Bevan 108, Reinhardt 473 也一样。

⑤ Cic. *de Div*. 1,64; Reinhardt 467.

大；这是人类思想为其自己所做的反应，以反抗宿命论之重负，并宣告我本不该有此，人们经常这样；这三条主线就是灵知、魔法和东方神秘宗教。灵知意味着知识，但并不是哲学家的知识；一些神灵曾直接向某些受选心灵揭示宇宙的密钥，有人能发现那种不为另一些人所知的知识，这种人不受命运的影响；他绕过了星辰。命运或许折磨他的身体，但是他的心灵超越了命运所能到达的地方；因为理性高于命运。[①] 灵知产生了某些崇高的学说，尽管灵知之根 352
可以追溯到希腊化时代，但它的鼎盛时期还没有到来；所有这些伟大的体系在本质上都晚于基督教时代。

巫术　没有哪个时代或哪个国家能够免于魔法的影响。[②] 但在公元前 2 世纪，一股来自亚洲的新洪流紧随占星术灌注到希腊世界；所有的“水流”——亚述、巴比伦、安纳托利亚、波斯、犹太——都汇聚在作为贮藏地的埃及，又从埃及[③]出发蜂涌向了世界。它的基本观念是：使用适当的方法能够给神灵之手施加压力；一个推动月亮的方案说：“您必须这样做，不管您是否喜欢”。[④] 对于一些人来说，它几乎是希腊那种古老的自由意志再次在另一个领域复兴；它能够迫使神灵或魔鬼改变你的命运。但对大多数群众来说，这意味着星辰崇拜并是一种特别难以忍受的制度，而对于一些流浪的迦勒底人及其占星术来说，魔法仅仅是你想获得某些重要事情的捷径。我们已经知道许多有关魔法的纸草文献，每一类的个人利益都有相应的规则与仪式；它们将在恋爱、赚钱、治愈疾病、驱邪、消灭敌人方面使使用之人成功；这中间还有适用于任

① *Corp. Herm.* XII, 9 (= Nock - Festugière, *Hermès Trismégiste* I, 1945, 177, and App. E, p. 193); cf. Reitzenstein *Mysterienreligionen*[3], 300, 408.

② Generally: Th. Hopfner, *Griech. - ägyptische Offenbarungszauber*, 1921 and 1924, and Mageia in P. W.; cf. Weinreich, *Phil. Woch.* 1925, 795; K. Preisendanz, *Papyri Graecae magicae* I, 1928; II, 1931.

③ 我们的文本是罗马时期的，但材料是希腊化时期的，见 A. J. Festugière, *La Révélation d'Hermès Trismégiste* I, 1944。

④ C. Wessely, *Griech Zauberpapyrus von Paris und London*, p. 31 no. 2242, see p. 32 ll. 11, 16.

何目的的符咒选集。各类材料都被使用，从廉价的洋葱到配方、公式——很少被使用，其开始时需要“拿一块价值极高的绿宝石，并将之刻为一只甲虫”；[①]神圣的朱鹭和狒狒，奥西里斯尸体的发现者，自然是极为重要的部份。召唤的恶魔出现方式可能很多；魔法师会让你在水中、在墨水中、在晶体中看到他，启发建议起着相当重要的作用，但是他也可由个人自己产生；假如适当地装备一下的话，你暂时就是他的主人，但是之后他或许会伤害你，除了那些保护性的符咒外，还有一些规则可以让魔鬼很快地再回到他自己的
353 地方，中世纪巫术在这个方面是极其薄弱的。通常情况下，你可以从媒介空气中召唤一位魔鬼或一位幽灵；但是也能够召唤伟大的神灵，就像堤丰(Typhon)[②]的著名符咒。威胁魔鬼最好的办法是要大声叫喊它的真名；但魔鬼可能会小心地将之隐藏，并且定使你读到一连串毫无意义的词语，发音也是所有亚洲语言的混乱组合；堤丰可被召唤，就是因为它在“百余标识姓名”中，犹太魔法师则毫无顾忌地使用雅赫维(Yahweh)这个名字；[③]不过其中最有力的，假设人们可以学会，是圣名(Ineffable Name)——所罗门曾用它将魔王集会中的19999魔鬼封印在一个青铜罐中。[④] 一些公式里实际上并没有包含什么东西，除了名字；犹太人艾赛尼派发誓永不泄露天使的名字，[⑤]这意味着他们出于魔法目的在使用这些名字。魔法几乎成为一种宗教制度，许多诚实的人信仰它，而且有纸草文献含有助人摆脱其属星的经文。[⑥] 它与灵知的低级形式有关，你能迫使神灵把他的秘密知识传授给你。但处于高级形式的灵知是排斥魔法的；命运——按照一份赫尔墨斯(Hermetic)的著作来说——

① *Ib*. p. 132 l. 231.

② C. Wessely, *Griech Zauberpapyrus von Paris und London*, p. 49 ll. 179 *sqq*.

③ *Ib*. p. 51. l. 252; p. 79 l. 1380.

④ Reitzenstein, *Poimandres* 295 n. 1.

⑤ Jos. *B. J*. II, 142.

⑥ *Poimandres* 78 n. 1.

并不是可被强迫的。[1]

神秘主义宗教　但远比魔法更加重要的是希腊化时代的神秘
主义宗教。[2] 魔法可能会改变你的命运，但入教仪式完全把你高抬
到命运范围之上；神灵能够而且愿意照顾他自己的信徒，尽管星辰
也可以让它们的意志在你身上作用，对你的心灵产生作用，甚至对
你今生的生活产生作用，但神灵是超越了星辰所能到达的位置，信
徒死之后将上升到星辰所管辖的范围之外，到达神圣的领域，并与
神灵居住在一起——你在事实上被“拯救”了。神秘宗教的普遍基 354
础是寻求这种 *soteria*（“拯救”），通过个人与曾死而复生的救世神
灵联合实现；使用广为人知的俄耳普斯话来说，你不再是一位崇拜
者、不再是一位肩扛阳物的人，而成为一位巴克斯（Bacchus），你就
是神灵本身。神秘主义在希腊是一个古老的现象；所呈现的新东
西是那种极大的吸引力，伴随着希腊宗教的衰落，神秘主义现在使
这种吸引力更大了。骗子、淫乱被用来随意控告神秘主义信徒，但
是一种宗教并不是由那些宣称信仰它的坏人来决定的。这些宗教
给有抱负者带来一种新的罪恶感，一种新的神圣概念；入会仪式毫
无疑问是一种感性经验，在可拯救人的知识中达到顶峰。从公元
前 2 世纪起，人们的宗教感加深了。有许多神秘宗教都宣称拥有
独创的入会仪式，具有普世力量；且都声称其他的派别仅仅在其他
名目下崇拜他的神灵。传承下来的较古老的形式、俄耳甫斯主义
（Orphisin）的某些阶段、宗教狂热、纯洁观念、灵魂与肉体相对抗的
观念都相当盛行；俄耳甫斯颂歌可能在帕迦马获得显著发展。但
在这里必须注意的是那些新形式是通过占领安纳托利亚和埃及而
进入希腊世界。

---

① Cited Reitzenstein, *Myst. Rel.*^{2} 301 (said to be lost).

② Generally: W. R. Halliday, *The Pagan Background of Early Christianity*, 1925, ch. VIII; S. Angus, *The Mystery - Religions and Christianity*, 1925; Reitzenstein, *Mysterienreligionen*^{3}, 1927; O. Kern and th. Hopfner *Mysterien* In P. W. XVI; W. K. C. Guthrie, *Orphesus and Greek Religion*, 1935, esp. ch. VIII; I. M. Linforth, *The Arts of Orpheus*, 1941.

安纳托利亚神秘主义 安纳托利亚神秘主义的正规形式——就像在卡拉库尤（Karakuyu，参阅第 345 页）所实践的——由已故的拉姆齐爵士（Sir W. Ramsay）[1]从各种材料中重新构建出来；但就其价值而言，学者们有很大的争议。撇开卡拉库尤不管，在一些神秘仪式里，新加入者目击了神灵的死亡与复活，并听到祭司宣布安慰的消息："保持愉快的欢呼、神秘信徒、神灵被拯救；只有这样做，我们才会经过磨炼之后发现拯救"。[2] 在一些神秘主义中，也存在男神与女神神圣婚姻的神秘表现形式；同时，在一些神秘主义
355 中，根据伊西斯仪式（标杆仪式）来类推，入会仪式必定会把新入会者本人当作神灵而结束。拉姆齐特别强调这些神秘主义中所存在的神圣婚姻现象，这代表了道德、文明、高级法律的发展，与神妓形成了鲜明对比。这种观点已经产生了争议，[3]因为妇女的集体生活是不进入历史的；但是，一种并不必存在的事情也会产生很大的影响，比如，社会契约——道理很简单，难道人们就没有思考过存在过或曾经存在过这类事情吗？人们似乎这样做过，希腊人不公平地把男女乱交归咎于第一批雅典人，[4]归咎于同时代的蛮族，[5]就像把埃及人认为是最早的人类一样。[6]

塞拉皮斯 不过，侵入爱琴海世界的所有神秘主义宗教中最重要的是埃及人的神秘主义宗教。位于提洛岛的塞拉皮翁神庙揭示出希腊化时代影响极大的三位一组神灵并不是伊西斯、塞拉皮斯及他们的儿子荷鲁斯（Horus，或哈波克拉特斯［Harpocrates］），而是伊西斯、塞拉皮斯和阿努比斯——[7]引导灵魂到永生王国的神

---

① *B. S. A.* XVIII, 37; *J. R. S.* VIII, 132. Cf. Picard, *Ephèse et Claros*, 1922.

② Firmicus Maternus *de err. Prof. rel.* 22, s99 及以下。

③ Farnell, *Greece and Babylon*, 277.

④ Clearchus, *F. H. G.* II, 319.

⑤ Agatharc. *G. G. M.* 1, pp. 130, 133, 143, 153. Cf. Plut. *Mor.* 328 C.

⑥ 圣婚由 Isis 开创，Ditt.[3] 1267, see p. 359 and n. 3。

⑦ Roussel, *Les Cultes égyptiens à Délos*, 277; add *I. G.* XII, 3, 43, and B. C. H. 1926, 425 no. 48 (Thespiae).

灵；从公元前1世纪开始，宗教强调它给人类最大的礼物是永生这一事实，[①]而伊西斯也清楚地表明她是高于命运的，[②]且对那些她的崇拜者，命运也没有太多的支配力。到了公元1世纪，似乎可以肯定的是，假如存在一种普世宗教的话，那仅仅可能是这种宗教。各地的人们都转向把塞拉皮斯和伊西斯当作是救世主；对它们的崇拜传播得很广，这种崇拜的渗透力是如此之强，以至于伊西斯成功地进入了巴比伦的乌鲁克神庙，[③]这是惟一进入该神庙的外来神灵；同时，塞拉皮斯也到达了印度。[④] 塞拉皮斯[⑤]应该是由当时人成 356
功塑造的惟一神灵。在孟斐斯的埃及人以阿匹斯的形式奥西里斯-哈比（Osiris-Hapi）来崇拜奥西里斯，对希腊人来说是奥索拉匹斯（Osorapis）；托勒密一世或者他周围那些人把这位神灵与希腊因素混合在一起，因此实际上形成了一种新神——塞拉皮斯；他的意思可能是要以一种共同的崇拜来联合希腊人和埃及人。但埃及人不愿接受这位神灵，尽管他也保持着奥西里斯的特征，也把伊西斯当作他的配偶；他成为亚历山大里亚的希腊神灵，他的雄伟塑像——金头[⑥]和宝石镶嵌的眼睛从黑暗的神龛中闪烁光芒——成为那座城市最辉煌的荣耀之一。塞拉皮斯和伊西斯在人世间的代表是神圣的托勒密夫妇，宙斯、哈德斯、阿斯克勒庇俄斯（Asclepius）和马杜克（Marduk）都为塞拉皮斯的本质贡献过要素；他成为全宇宙的

---

① Also *P. Oxy.* 1380 ll. 13,242.

② Apul. XI, 6,15.

③ Schroeder, *Berl. S. B.* 1916,1180，名字混合了 Isi-和 Esi-。

④ Huvishka' 硬币：P. Gardner, B. *M. Coins, Greek and Scythic Kings of bactria and India* 149。

⑤ Wilcken, *U. P. Z.* 1,77,82; Kaerst, *op. c.* 242; *Bevan Hist. of Egypt*, 41; O. Weinreich, *Neue urkunden zur Sarapisreligion*; Sethe, *G. G. A.* 1923, 106; Roeder, *Sarapis* in P. W.; Lehmann-Haupt, *Sarapis* in Roscher; T. A. Brady, *The Reception of the Egyptian Cults by the Greeks* (330 - 30 B. C.), Univ. of Missouir Studies X, 1935, 5. 'Serapis' at Babylon in Arr. VII, 26, 2 (见 Lehmann-Haupt above) is Ptolemy I's propaganda; 见 Kaerst, *op. c.* 244; Nock, *J. H. S.* 1928,21 n. 2; Tarn, *Alexander* II, 70。

⑥ Brady, *Harvard Stud. in Class. Philo.* LI, 1941,61.

统治者，他的崇拜者可以按照自己的意愿来为自己构建塞拉皮斯的形象。

公元前 3 世纪，埃及的许多城市都有对塞拉皮斯生动的宣传活动；[①]对他的崇拜也很快传播到爱琴海世界，[②]有时候就像在厄里特里亚(Eretria)一样，塞拉皮斯进入伊西斯的一座更古老的神龛，对伊西斯的崇拜时常就是为对塞拉皮斯的崇拜铺平道路，就像在雅典所发生的情况一样。[③] 一开始，对塞拉皮斯的崇拜就像对伊西斯的崇拜一样是局限在私人协会之中的；但是后来它时常成为官方的行为，就像在雅典、[④]狄米特里阿斯(Demetrias)、塔纳哥拉(Tanagra)、林都斯(Lindus)、狄奥尼索波里斯(Dionysopolis)、喀罗尼亚(Chaeronea)、萨洛尼卡(Thessalonica)[⑤]和提洛岛一样。比如在提
357 洛岛，[⑥]一位埃及祭司——阿波罗尼戊斯——在公元前 300 年前把塞拉皮斯引进来，自那以后，这位神灵寄居在这里达两代人之久，阿波罗尼戊斯的孙子还为他建造了一座神殿；到公元前 166 年，已有三座供奉塞拉皮斯的神庙，也就是在这一年(或更早一些)，提洛岛接收了一座神庙；后来这座官方的塞拉皮翁神庙得到了很大扩建。据目前所知，在埃及已有 42 座供奉塞拉皮斯的神庙[⑦](或许有些夸张)，但塞拉皮斯的主座位于亚历山大里亚和孟斐斯的神庙：据说托勒密一世从雅典把欧墨尔波斯家族的提莫休斯(Eumolpid

---

① *P. Cairo Zen.* 59034，59168；*P. S. I.* IV，435.

② Kaerst *op. c.* 255 - 258，有许多参考目录。添加了 Paton 和 Hicks 371 (Cos)；*B. C. H.* 1927，219 (Thasos)；*I. G.* XII，2，511 (? Methymna)；Tod，*B. S. A.* XXIII，86 (Macedonia)；一些在 n. 6 *post*，更多的见 M. N. Tod，*J. E. A.* XXXI，1945，104；见 Brady *op. c*。

③ 'Αρχ. Δελτ. 1，115；Ditt^3. 280；Roussel *op. c.* Add. 见 Sterling Dow，"The Egyptian Cults in Athen"，*Harvard Theol. Rev.* XXX，1937，183。

④ Paus. 1，18，4；有许多已知的祭司。

⑤ *I. G.* IX，2，1101，1107；Michel 890；Ditt^3 765(5)；762；1207；*B. C. H.* 1927，228.

⑥ *I. G.* XI，4，1299；一般见 *ib.* 1215 - 1295，及 Roussel *po. c*。

⑦ Aristides εις του Σαραπιν，1，p. 96 (ed. Dindorf).

Timotheus)请来为他的以厄琉西斯人(Eleusinian)为谱系的神秘主义举行仪式。纸草文献时常间接提到一些被称为卡托古伊(*catochoi*)①的神秘人,他们住在孟斐斯塞拉皮翁神庙辖地之内。维尔肯教授(Wilcken)的解释是,他们是一些为神灵所支配的宗教皈依者,但他很难解释的是,假如他们想离开为什么又不能够离开;沃斯(Woess)的见解是他们是神庙避难所里的难民(这种可能性更大),他们不能够离开(因为害怕血亲复仇或某些这类原因),有时要离开的话,为避免被逐出,也要把自己献身于神灵(别的地方也有此事),②甚至是寻求入会仪式。一个最新的、或许也是③更合理的解释是,市政权力机关禁止他们离开,随后僧侣也开始如此。亚历山大里亚的塞拉皮翁神庙及其塑像在公元 391 年被主教提奥菲勒斯(Theophilus)毁灭了,这一震惊世界的事件是基督教明确获得胜利的外在标志。

伊西斯 尽管塞拉皮斯变得如此重要,但他和伊西斯几乎是不可同日而语的;如果没有伊西斯的话,塞拉皮斯从不会被人乞求,而伊西斯时常被单独乞求。④ 在希腊化时代所有神灵的无数伟大名字中,伊西斯⑤或许是最伟大的。她在实际中被等同于每一位女神,以及已知世界中每一个被神化的女性;她是惟一的存在,所有 358
的东西在她面前都是有瑕疵的。她是圣母、全知之眼、全能者,人类居住世界的女王;她是大海的星辰、生命的主宰者、立法者和救世主;她是优雅与美丽、运气与财富、真理、智慧和爱。⑥ 所有的文

---

① Wilcken, *Archiv* VI, 184; VII, 299; *U. P. Z.* 1,52. Sethe, *Gött. Abh.* XIV, 5; *G. G. A.* 1914,385;1923,106. Woess, *Asylwesen* 140-164. *Reitzenstein*, *Myst. rel.*[3] 198. Bevan *op. c.* 296.

② New fr. Of Alexis, cited Woess 164.

③ Cu,omgt, *L'égypte des Astrologues*, 149 n. 1.

④ Roussel *op. c.* 276.

⑤ Meyer and Drexler, Isis in Roscher,最为全面。Cf. Roeder, *Isis* in P. W.; F. Legge, *Forerunners and Rivals of Christianity* I, 56. 见 Brady and Dow 引用 *ante* 的著作。

⑥ P. Oxy. Xi, 1380.

明都是她的馈赠并处于她的管理之下。她的塑像所呈现出的是年轻的主妇，穿着端庄的服饰，有着文雅、慈善的特点，头戴兰色荷花或娥眉月，有时在怀里还抱着婴儿荷鲁斯。人们每天向她提供祭品，就像在班彼士(Bambyce)[①]每天向阿塔伽斯提供祭品，在埃克巴塔那(Ecbatana)每天向阿纳提斯(Anaïtis)提供祭品一样；[②]但仅仅一些盛大的节日才把伊西斯的真正肖像向崇拜者展示，她穿着华美的长袍，戴着闪闪发光的宝石，因为她的身着黑色长巾的祭司明白每一个仪式艺术都会吸引人们。11月大典，伊西亚(Isia)，代表奥西里斯的激情——奥西里斯死于堤丰之手，伊西斯忠诚地寻找奥西里斯的躯体，他得神圣复活；更有意义的是春天里船下水的节日，那时要庆祝开航，华丽的游行队伍(阿普列乌斯[Apuleius]做了非常生动的描述)列队从神庙到海滩来庆祝女神的象征船只下水。[③] 她的参拜仪式以战争为典型；新入会的人是她军队的士兵。入会仪式并非不重要的事情；新入会者在女神"召集"他之前可能要服务多年，没有召集而进入伊西斯的神龛就意味着死亡。[④] 应召后由秘法家指引进入神龛后也意味着死亡，但这是过去生活的死亡，新生活的诞生，生命的拯救。在仪式本身中，候选人首先用水来净化，然后在地狱黑暗的地方徘徊，就像奥西里斯在其死亡与再生之间徘徊一样，忍受某种审判——实际上他可能"死亡了"、"被埋葬了"，或许这类暗示起着很大的作用；最终，他走入一束光中，
359 并穿上圣衣，手持火把，作为神灵在集会上显现，他的心灵自此以后不再受命运与死亡的支配。[⑤]

但是在伊西斯崇拜中有着比仪式，或者甚至比神秘主义更重要的东西，尽管仪式和神秘主义也很重要。伊西斯是一种现象，一种在之前的地中海世界历史长河中并没有出现的现象，但这一旦出

---

① Lucian, *de Dea Syr*. 44.

② Isidore 6.

③ Apul. XI, 8, *sqq*., 16.

④ Paus. X, 32,13－18; Reitzenstein, *Myst. rel*^{3} 254.

⑤ Apul. XI; Reitzenstein *op. c.* 19.

现就不会再停止；她是妇女的女神，之前一半的人类在天庭里没有一个朋友。雅典娜是人类惟一的女神；假如妇女在分娩时向阿耳特弥斯(Artemis)痛哭的话，那在很大程度上是因为没有别的神灵存在。对于一般正派的妇女来说，生活的主要事实就是：她是妻子和母亲；她与资助艺术的处女战神，或冷苦月亮的处女猎手没有什么共通之处，也与古老女家长时代的肥沃女神几乎没有什么共同点，甚至与阿佛洛狄忒(Aphrodite)没有什么共同点，尽管毫无疑问人们能够神化任何事情。但是现在她们有了一个朋友，并且是所有朋友中最伟大——她曾经是妻子和母亲，她曾经遭受过她们受的痛苦，她理解她们。伊西斯本人毫无疑问保留着这个意义；她是“妇女的荣耀”，她赋予女性以“与男人平等的权利”。① 她的信条上写着“我是伊西斯”——这个信条写在爱奥斯(Ios)发现的伊西斯颂歌里②——“我是所称呼的那位女神，我颁布命令男人应该爱女人；我使妻子和丈夫在一起，并发明了婚姻契约。我颁布命令女人应该生孩子，孩子应该爱他们的父母……”伊西斯就以这种力量扫荡了地中海世界。当基督教最终取得胜利，宙斯和阿波罗、塞拉皮斯和星辰神灵都被从他们的位置上被推翻时，在某种意义上只有伊西斯存活于那种普遍的衰败；在塞拉皮翁神庙被洗劫之前，处女崇拜已被引入，伊西斯的的忠实信徒也悄悄地将对她的崇拜转变为 360
对一位圣母的崇拜——怎样悄悄地，有时可以从这看出，据我们所知，她的许多塑像之后被当作圣母玛丽亚的肖像供奉。③

希腊化时代的宗教与基督教 希腊化时代宗教的重要性就在于这些宗教描述了其中兴起了基督教这样一个世界。这个世界所提供的不仅仅是共同文明这一媒介来让基督教在其中传播；它在

---

① *P. Oxy.* 1380 ll. 130,214. More crudely, Diod. 1,27.

② Ditt.[3] 1267 = Werner Peek, *Der Isishymnus von Andros und verwandte Texte*, 1930,123; ... See further A. J. Festugière, ‘A Propos des Arétalogies d'Isis’, *Harvard Theol. Rev.* 1949,209.

③ Meyer and Drexler 431, cf. 428 - 430; C. W. King, *The Gnostics and Their Remains*[2], 173 (the ‘Black Virgins’)，另见 L. Brélier, *C. R. Ac. I.* 1935,379。

一定程度上也为基督教的传播铺平了道路。人类寻求统一，必定会将不同的神和对它们不同的崇拜抛在身后，甚至亚历山大曾经宣称所有人类都是一个圣父的子孙；同时，罗马内战所带来的让人恐怖的混乱也极大地加强了已经存在的对救世主的渴望，许多人已在人类世界之外寻求他。尽管希腊化世界一直试图满足这种渴望，或许以净化（即便仅仅在仪式上）或信仰这种令人鼓舞的感觉出现，但新宗教中存在的两个至关重要的东西是希腊化时代没有的，更何况创立者的精神境界，希腊化时代未曾触及。柏拉图曾宣称所有的灵魂是不朽的，一些犹太人也把握了这种一般的相同概念，同时斯多噶派公认高尚的灵魂在末世后才可永生，在此之前他仅有有限的生命；而对希腊化世界而言，一般永生仅属于他们慷慨的赞助人或某些密宗的创始人；它并不是为了普通大众，哪怕他们的墓志铭表现得非常哀婉动人。所有希腊化时代的信条之中没有一个信条是基于人性之爱的；没有一个信条表达出有关穷人和不幸的人、包税商和罪人的消息。斯多噶主义走得最近，它以新价值观重新评估某些世俗价值，芝诺至少没有因那些来到他面前的遭人厌恶的穷人、悲惨人而愤怒；但是它没有为爱留下空间，它也很少接触悲惨世界去告诉矿山里的奴隶，只要他仅仅思考正确的话，他就会快乐。那些劳作、身负重担的人欢迎希腊化世界能够提供的任何希望。

参考书目

K. J. Beloch, *Griechische Geschichte*, IV, ed. 2, Berlin - Leipzig, 1925 - 1927

E. R. Bevan, *The House of Seleucsu*, London, 1902

E. R. Bevan, *A History of Egypt under the Ptolemaic Dynasty*, London, 1927

A. Bouché - Leclercq, *Histoire des Lagides*, Paris, 1903 - 1907

A. Bouché - Leclercq, *Histoire des Séleucides*, Paris, 1913

J. B. Bury and others, *The Hellenistic Age*, Cambridge, 1923

Cambridge Ancient History (*C. A. H.*), VI, 1927; VII, 1928

G. Cardinali, *Il regno di pergamo*, Turin, 1906

E. Cacaignac, *Histoire de l'Antiquité*, III, Paris, 1914

G. Colin, *Rome et al Grèce de* 200 *à* 146 *av. J. C.* , Paris, 1908

J. G. Droysen, *Geschichte des Hellenismus*, ed. 2, Gotha, 1877

W. S. Ferguson, *Hellenistic Athens*, London, 1911

W. S. Ferguson, *Greek Imperialism*, London - New York, 1913

M. Holleaux, *Rome, la Grèce, et les monarchies hellénistiques au IIIe siècle au. J. C.* (273 - 205), Paris, 1921

P. Jouguet, *L'Impérialisme macédonien et l'hellénisation de l'Orient*, Paris, 1926 (Trans. as *Macedonian Imperialism*, 1928)

J. Kaerst, *Geschichte des Hellenismus*, II, ed. 2, Leipzig, 1926

B. Niese, *Geschcichte der griechischen und makedonischen Staaten*, II and III, Gotha, 1899, 1903

W. Otto, *Kulturgeschichte des Altertums*, Munich, 1925

M. Rostovtseff, *A History of the Ancient World*, I, Oxford, 1926

P. Roussel, *La Grèce et l'Orient*, Paris, 1928

W. W. Tarn, *Antigonos Gonatas*, Oxford, 1913

P. Wendland, *Die hellenistish - römische Kultur*, ed. 3, Tübingen, 1912

U. von Wilamowitz - Moellendorf, *Staat und Gesellschaft der Griechen*, ed. 2, Leipizig - Berlin, 1923

索　引

注意：索引中的页码为原书的页码，即本书的边码。

译后记

威廉·塔恩爵士(William Woodthorpe Tarn，1869—1957)是英国著名的古典学家，尤擅长希腊化世界整体研究，1928 年成为英国社会科学院成员，后又被三一学院授予荣誉研究员(实际上塔恩一生都是利用业余时间进行历史研究的)。他也是爱丁堡大学荣誉博士获得者，多家学术机构海外院士的获得者。1952 年被封为爵士。[①]

出生于 1869 年的塔恩在著名的伊顿公学接受教育，后来又到剑桥大学三一学院读书，在这里成为古典学家亨利·杰克逊(Hen-

① 主要著作有：*Antigonos Gonatas*，Oxford：Clarendon Press，1913 (Oxford University Press，1969；Chicago：Argonaut，1969；Nabu Press 2010)；*The Hellenistic Age*：*Aspects of Hellenistic Civilisation* (with J. B. Bury，E. A. Barber，Edwyn Bevan；Cambridge：Cambridge University Press，1923)；*Hellenistic Civilisation* (London：Edward Arnold & Co.，1927.；2nd，rev. ed.，1930. 3rd ed.，with G. T. Griffith，1952)；*Seleucid-Parthian Studies* (Proceedings of the British Academy；XVI；London：Humphrey Milford，1930)；*Hellenistic Military and Naval Developments* (Cambridge University Press，1930；New York：Biblo and Tannen，1998)；*Alexander the Great and the Unity of Mankind* (London：Humphrey Milford，1933)；*The Greeks in Bactria & India* (Cambridge University Press，1938；3rd，revised ed. Chicago Ridge，IL：Ares Publishers，1997)；*Alexander the Great*. Vol. I，Narrative；Vol. II，Sources and Studies (Cambridge University Press，1948；New ed.，2002)；*Treasure of the Isle of Mist* (Oxford University Press，1959)。另有《剑桥古代史》(*Cambridge Ancient History*)中的许多章节。1996 年巴勒斯诺贝尔(Barnes and Noble)出版社出版了塔恩与查尔斯沃斯(M. P. Charlesworth)合著的《从共和国到帝国：罗马内战公元前 44—前 27》(From Republic to Empire：*The Roman Civil War 44B. C-27B. C.*)。

ry Jackson，1839—1921）的信徒，随他学习希腊语。毕业后的塔恩直接进入法律界，并很快成名，但1905年的一场大病迫使他退出法律界。他一生的大部分时间过着乡村绅士生活，他的家乡在苏格兰，首先在丁沃尔（Dingwall）附近的杰拉德山，然后在因弗内斯附近的缪尔顿（只是除1914—1918年之间的战争岁月外，这段时间他一直在伦敦从事学术研究，第一次世界大战时到伦敦为英国陆军部收集情报）。早年法律训练给他带来的敏锐与精确，体现在其历史研究中。

塔恩的第一本著作《安提柯·贡纳图斯》（*Antigonos Gonatus*）出版于1913年，该书不但表现出作者对哲学研究的兴趣，而且表现出作者把哲学观念与政治史的解释结合在一起的非凡能力，这为他的希腊化研究赢得了广泛的认可。随后塔恩所发表的许多文章加强了他在这一领域的地位。

两次世界大战争之间的这段时期是塔恩最多产的时期。在一个偶然的场合，有人邀请塔恩为《剑桥古代史》撰稿，[①]后来塔恩为《剑桥古代史》第六卷（1927年）撰写了五章，第七卷撰写了四章（1928年），这些章节涉及希腊化世界的形成时期与辉煌时期，以简明扼要，善于描写人物与事件而著称。这其中最引人注目的是那些有关亚历山大的描述，这些描述充满着对亚历山大这位历史人物的崇拜之情。美国内布拉斯加州大学里麦斯（Jeanne Reames）教授认为"塔恩笔下的亚历山大形象把马其顿征服者转变为得体的苏格兰贵族（就像塔恩本人一样）。有时急切地想尽一切办法来为亚历山大不可理解的决定做出辩护，塔恩把亚历山大描述为骑在马背上的有独特见解的哲学家，这位有骑士风度的年轻国王把优雅的希腊文化传播到贫穷未开化的蛮族地区……塔恩2卷本的《亚历山大传记》和他为《剑桥古代史》所写的文章影响了未来一代学者的思想，即使在哈佛大学的恩斯特·巴迪安（Ernst Badian，

---

① 塔恩为《剑桥古代史》（第一版）中的四卷撰写了许多章，特别著名的是他对亚历山大熠熠生辉的叙述和对帕提亚的叙述。

1925—2011)彻底颠覆了塔恩的理论之后,其在学术圈子里的影响还是比较大的。事实上,亚历山大在中学、大学世界历史教科书中的形象仍旧是塔恩笔下的亚历山大形象,而不是塔恩之后别人所叙述的形象”。里麦斯也注意到塔恩对英国作家玛丽·雷诺(Mary Renault, 1905—1983)有关亚历山大历史小说三部曲的强烈影响,尤其是那些浪漫情节——尽管雷诺认识到亚历山大的同性恋倾向——但塔恩认为古代史料中这些说法是“污蔑”,因为马其顿国王是反对同性恋的。塔恩笔下的亚历山大具有人类大同思想,亚历山大远征正在这一思想驱动下进行的,这一说法源自古代作家普鲁塔克(Plutarch,约公元 45—120 年)。

在这期间,塔恩完成了一系列有关这一时期各个方面的文章,一切都是为了证明“希腊化文明”这一概念的合法性。[①] 集大成者是《希腊化文明》一书,该书出版于 1927 年,体现了作者的兴趣广泛和学问高深。出版后引起了广泛的影响,众多名家纷纷做出评论。[②] 第二版由 Edward Arnold and Co. 于 1930 年出版,对第一版做了一些修正,并补充了一些细节和参考文献。1952 年发行第三版,增加了地图。[③] 第三版变化不大,或者至少在基本观点上没有什么变化,只是变动了部分章节,特别是有关塞琉古帝国的章节,作者本人亲自做了充分修改,但受年高影响,他与格里菲思(G. T. Griffith, 1908—1985)进行了合作。经过修订后的《希腊化文明》日臻完善,已成为这一领域的经典著作。牛津大学弗雷泽教授(P. M. Fraser, 1918—2007)是这样评价第三版的:“该书自最早的版本起就被认为在这一复杂的、困难的研究领域无可匹敌。不仅可

---

① 如在 1923 年初版的由伯瑞(J. B. Bury, 1861—1927)主编的论文集《希腊化时代》(*The Hellenistic Age*)中,塔恩的文章是“公元前 3 世纪的社会问题”(The Social Question in the Third Century)。该书 2009 年再版,可见其影响。

② 著名学者如高麦(A. W. Gomme, 1886—1959)、小克雷默(Casper J. Kraemer, Jr., 1895—1958)等人都写过第一版的书评。

③ 如日文版《ヘレニズム文明》于 1987 年出版,由角田有智子、中井義明翻译,东京,思索社。

以让初学者兴奋，而且让那些娴熟文献的学者也获益匪浅”。①

塔恩的另一个兴趣表现在剑桥大学三一学院的 Lee - Knowles Lectures 讲座上（1930 年），他讲座的题目是：“希腊化时代军事和海军的发展”（Hellenistic Military and Naval Developments），后来结集同名著作出版。②

塔恩与《剑桥古代史》的关系继续维持着，在第十卷中，他与查尔斯沃思（M. P. Charlesworth, 1895—1950）密切合作，撰写了从恺撒之死到克丽奥帕特拉之死这段时期的历史，使克丽奥帕特拉这一形象得到清晰再现。塔恩为第九卷撰写了有关帕提亚的章节，在这里比较平衡地处理了中国史料与西方古典史料之间的关系。他现在从事的是一件开拓性的研究，1938 年出版的《希腊人在大夏和印度》（*The Greeks in Bactria and India*）标志着塔恩在中西交通史研究中占有一席之地。塔恩利用古典作家的材料和印度的材料以及钱币学材料，对希腊人在这些地区的征服与统治做了全面的研究，对希腊—巴克特里亚人、印度—希腊人的历史做了广泛的探讨。他是这一研究领域的开拓者，为后人的研究奠定了基础。这本书体现出作者睿智与对不同文献的把握能力。③

晚年的塔恩受邀为《欧洲的遗产》撰写了希腊罗马文明的概览，从希腊化的角度来解释罗马共和晚期的历史。④ 塔恩认为“所

---

① P. M. Fraser, “Reviewed work(s): *Hellenistic Civilisation* by W. W. Tarn; G. T. Griffith”, in *The Journal of Hellenic Studies*, Vol. 73(1953), p. 169.

② *Hellenistic Military & Naval Developments*, 1930 年由剑桥大学出版社出版，后来分别于 1975、1978、1984、2010 年再版。

③ 后来又有几家出版社分别于 1951、1966、1980、1984 年再版了此书，剑桥大学出版社 2010 年又再版了一次，可见该书的价值。

④ 由恩斯特·巴克爵士（Ernest Barker, 1874—1960）、乔治·克拉克爵士（George Clark, 1890—1979）、沃切尔（P. Vaucher, 1887—1966）教授主编的《欧洲遗产》（*The European Inheritance*, The Clarendon Press, 1954 年）分三卷，由八个部分组成。塔恩撰写古代希腊、罗马部分，分别是：到亚历山大时代的希腊世界、希腊化世界、罗马共和时代、罗马帝国时代及文献等部分（原书第 159—264 页）。负责本书其他部分都是当时欧美著名的学者，比如第一卷中柴尔德（V. Gordon Childe, 1892—1957）负责史前部分，多德（C. H. Dodd, 1884—1973）（转下页）

谓希腊化文明(公元前323—前30年)是在新环境里发展出来的希腊文明,并延伸到亚洲地区”。他的这一思想贯穿于其毕生的学术研究。

除学术研究外,塔恩过着一种热情好客的田园贵族生活。他是一位优秀的射手、钓鱼能手,对偶然到来的学者访问非常高兴,来访者给这位几乎与世隔绝者带来各地的消息——在生命的最后二十年里,塔恩过着基本与世隔绝的生活。固有的疾病和妻子的去世冲淡了他的快乐生活。除了每年一度去他女儿的城市斯凯(Skye),都是呆在家里,直到89岁高龄去世。①

最后要交代翻译的相关事情。本书译文中所提到页码都是原书的页码,即本书的边码,索引中的页码也是指本书的边码,便于读者查找原文,特别提醒读者注意。该书是由三人翻译,具体分工如下:倪华强翻译第1—6章、李月翻译第8、9章,7、10章由我翻译,最后我进行统校。虽前后反复校对几次,但由于塔恩喜欢长句子(有时整个段落就是一句话),加上这段历史时期的内容相对比较枯燥,涉及的空间、时间、知识、专业都非常广泛,给译者带来诸多困难,因而译文难免会存在一些问题——虽然我们一直在尽力避免可能出现的问题。当然这不是为译文中可能存在的错误寻找借口,而是真诚恳请高明读者不吝赐教,便于再版时修订(如果可能

(接上页)负责犹太人和基督教会初期部分,冈肖普(F. L. Ganshop, 1895—1980)负责中世纪部分;第二卷中克拉克(G. N. Clark)负责早期近代世界部分,保罗·沃切尔(Paul Vaucher, 1887—1966)负责18世纪政治、经济和社会发展部分,丹尼尔·莫奈(Daniel Mornet, 1878—1954)负责18世纪文学、文化发展部分;第三卷中杰弗里·布鲁恩(Geoffrey Bruun, 1898—1988)负责19世纪部分,埃德蒙(Edmond Vermeil, 1878—1964)负责1914—1950年部分,恩斯特·巴克(Ernest Barker)负责评论和结余部分。这些人均为当时史学界风云人物、执牛耳者。除史前部分外,每个部分都收录相关的原始文献。中文版已经翻译完毕,校对中。

① 相关生平叙述参阅了阿德科克(F. E. Adcock)所写的“Sir William Tarn”,刊*Gnomon*(30. Bd., H. 4, 1958, pp. 317—319)以及《时报》(*Times*)所刊登的讣告。

的话），这也是另一种形式的薪火相传吧，学无止境，纠正错误的过程也是一种学术积累，更是学术发展的一种源动力。

本书为上海市地方本科院校“十二五”内涵建设项目（知识服务平台）之上海市教师教育培训服务基地建设子项目世界文明通识教育与公众教育专项的成果，是上海高校一流学科世界史（B类）建设计划上海师范大学世界史规划项目、上海高校都市文化E-研究院研究成果，得到教育部新世纪优秀人才支持计划资助，在此表示感谢。更要感谢上海三联书店的黄韬总编辑，我们合作多年，感谢他的包容、支持与信任；也要感谢殷亚平博士，感谢她的耐心与细致，校出不少问题。他们的专业眼光与深邃见解是一部学术著作得以顺利出版不可或缺的。再次表示感谢！

陈　恒

2013年2月18日

上海三联人文经典书库

已出书目

1.《世界文化史》(上、下) [美]林恩·桑戴克 著 陈廷璠 译
2.《希腊帝国主义》 [美]威廉·弗格森 著 晏绍祥 译
3.《古代埃及宗教》 [美]亨利·富兰克弗特 著 郭子林 李凤伟 译
4.《进步的观念》 [英]约翰·伯瑞 著 范祥涛 译
5.《文明的冲突:战争与欧洲国家体制的形成》 [美]维克多·李·伯克 著 王晋新 译
6.《君士坦丁大帝时代》 [瑞士]雅各布·布克哈特 著 宋立宏 熊莹 卢彦名 译
7.《语言与心智》 [俄]科列索夫 著 杨明天 译
8.《修昔底德:神化与历史之间》 [英]弗朗西斯·康福德 著 孙艳萍 译
9.《舍勒的心灵》 [美]曼弗雷德·弗林斯 著 张志平 张任之 译
10.《诺斯替宗教:异乡神的信息与基督教的开端》 [美]汉斯·约纳斯 著 张新樟 译
11.《来临中的上帝:基督教的终末论》 [德]于尔根·莫尔特曼 著 曾念粤 译
12.《基督教神学原理》 [英]约翰·麦奎利 著 何光沪 译
13.《亚洲问题及其对国际政治的影响》 [美]阿尔弗雷德·马汉 著 范祥涛 译
14.《王权与神祇:作为自然与社会结合体的古代近东宗教研究》

(上、下) [美]亨利·富兰克弗特 著 郭子林 李岩 李凤伟 译
15.《大学的兴起》 [美]查尔斯·哈斯金斯 著 梅义征 译
16.《阅读纸草，书写历史》 [美]罗杰·巴格诺尔 著 宋立宏 郑阳 译
17.《秘史》 [东罗马]普罗柯比 著 吴舒屏 吕丽蓉 译
18.《论神性》 [古罗马]西塞罗 著 石敏敏 译
19.《护教篇》 [古罗马]德尔图良 著 涂世华 译
20.《宇宙与创造主：创造神学引论》 [英]大卫·弗格森 著 刘光耀 译
21.《世界主义与民族国家》 [德]弗里德里希·梅尼克 著 孟钟捷 译
22.《古代世界的终结》 [法]菲迪南·罗特 著 王春侠 曹明玉 译
23.《近代欧洲的生活与劳作(从 15—18 世纪)》 [法]G. 勒纳尔 G. 乌勒西 著 杨军 译
24.《十二世纪文艺复兴》 [美]查尔斯·哈斯金斯 著 张澜 刘疆 译
25.《五十年伤痕：美国的冷战历史观与世界》(上、下) [美]德瑞克·李波厄特 著 郭学堂 潘忠岐 孙小林 译
26.《欧洲文明的曙光》 [英]戈登·柴尔德 著 陈淳 陈洪波 译
27.《考古学导论》 [英]戈登·柴尔德 著 安志敏 安家瑗 译
28.《历史发生了什么》 [英]戈登·柴尔德 著 李宁利 译
29.《人类创造了自身》 [英]戈登·柴尔德 著 安家瑗 余敬东 译
30.《历史的重建：考古材料的阐释》 [英]戈登·柴尔德 著 方辉 方堃杨 译
31.《中国与大战：寻求新的国家认同与国际化》 [美]徐国琦 著 马建标 译
32.《罗马帝国主义》 [美]腾尼·弗兰克 著 宫秀华 译

33.《追寻人类的过去》 [美]路易斯·宾福德 著 陈胜前 译
34.《古代哲学史》 [德]文德尔班 著 詹文杰 译
35.《自由精神哲学》 [俄]尼古拉·别尔嘉耶夫 著 石衡潭 译
36.《波斯帝国史》 [美]A. T. 奥姆斯特德 著 李铁匠等 译
37.《战争的技艺》 [意]尼科洛·马基雅维里 著 崔树义 译 冯克利 校
38.《民族主义:走向现代的五条道路》 [美]里亚·格林菲尔德 著 王春华等 译 刘北成 校
39.《性格与文化:论东方与西方》 [美]欧文·白璧德 著 孙宜学 译
40.《骑士制度》 [英]埃德加·普雷斯蒂奇 编 林中泽 等译
41.《光荣属于希腊》 [英]J. C. 斯托巴特 著 史国荣 译
42.《伟大属于罗马》 [英]J. C. 斯托巴特 著 王三义 译
43.《图像学研究》 [美]欧文·潘诺夫斯基 著 戚印平 范景中 译
44.《霍布斯与共和主义自由》 [英]昆廷·斯金纳 著 管可秾 译
45.《爱之道与爱之力:道德转变的类型、因素与技术》 [美]皮蒂里姆·A. 索罗金 著 陈雪飞 译
46.《法国革命的思想起源》 [法]达尼埃尔·莫尔内 著 黄艳红 译
47.《穆罕默德和查理曼》 [比]亨利·皮朗 著 王晋新 译
48.《16世纪的不信教问题:拉伯雷的宗教》 [法]吕西安·费弗尔 著 赖国栋 译
49.《大地与人类演进:地理学视野下的史学引论》 [法]吕西安·费弗尔 著 高福进 等译
50.《马丁·路德的时运》 [法]吕西安·费弗尔 著 王永环 肖华峰 译 [即出]
51.《希腊化文明与犹太人》 [以]维克多·切利科夫 著 石敏敏 译
52.《古代东方的艺术与建筑》 [美]亨利·富兰克弗特 著 郝

海迪　袁指挥　译

53.《欧洲的宗教与虔诚:1215—1515》［英］罗伯特·诺布尔·斯旺森　著　龙秀清　张日元　译

54.《中世纪的思维:思想情感发展史》［美］亨利·奥斯本·泰勒　著　赵立行　周光发　译

55.《论成为人:神学人类学专论》［美］雷·S.安德森　著　叶汀　译　王作虹　校

56.《自律的发明:近代道德哲学史》［美］J.B.施尼温德　著　张志平　译

57.《城市人:环境及其影响》［美］爱德华·克鲁帕特　著　陆伟芳　译

58.《历史与信仰:个人的探询》［英］科林·布朗　著　查常平　译

59.《以色列的先知及其历史地位》［英］威廉·史密斯　著　孙增霖　译

60.《欧洲民族思想变迁:一部文化史》［荷］叶普·列尔森普　著　周明圣　骆海辉　译

61.《有限性的悲剧:狄尔泰的生命释义学》［荷］约斯·德·穆尔　著　吕和应　译

62.《希腊史》［古希腊］色诺芬　著　徐松岩　译注

63.《罗马经济史》［美］腾尼·弗兰克　著　王桂玲　杨金龙　译

64.《修辞学与文学讲义》［英］亚当·斯密　著　朱卫红　译

欢迎广大读者垂询,垂询电话:021-24175971

图书在版编目(CIP)数据

希腊化文明/(英)塔恩著;陈恒,倪华强,李月译.—上海:上海三联书店,2014.12
ISBN 978-7-5426-4979-9

Ⅰ.①希… Ⅱ.①塔…②陈…③倪…④李…
Ⅲ.①文化史-研究-古希腊-公元前323～公元前30
Ⅳ.①K125

中国版本图书馆CIP数据核字(2014)第255208号

希腊化文明

著　　者/[英]威廉·塔恩
译　　者/陈　恒　倪华强　李　月

责任编辑/殷亚平
装帧设计/鲁继德
监　　制/李　敏
责任校对/张大伟

出版发行/上海三联书店
(201199)中国上海市都市路4855号2座10楼
网　　址/www.sjpc1932.com
邮购电话/24175971
印　　刷/上海展强印刷有限公司

版　　次/2014年12月第1版
印　　次/2014年12月第1次印刷
开　　本/640×960　1/16
字　　数/400千字
印　　张/26.5
书　　号/ISBN 978-7-5426-4979-9/K·297
定　　价/58.00元